Paul Münch · Gesammelte Werke
Band 3

PAUL MÜNCH

Gesammelte Werke

BAND 3

Mit Zeichnungen des Verfassers

Herausgegeben von Dr. Franz L. Pelgen

VERLAG PFÄLZER KUNST · DR. HANS BLINN
LANDAU IN DER PFALZ

Gewidmet meiner Frau Brigitte, meinen Kindern Franz Stephan, Christoph und Anne-Marie und meinen Enkeln — stellvertretend für die unzähligen Paul-Münch-Freunde.

Alle Rechte vorbehalten
Jede Art von öffentlicher Wiedergabe, Sendung und Veröffentlichung auf mechanischem oder elektronischem Wege ist nach dem Urheberrecht nur im Einvernehmen und mit Genehmigung durch den Bearbeiter und Herausgeber des Nachlasses gestattet

© Verlag Pfälzer Kunst Dr. Hans Blinn, Landau in der Pfalz
Reproduktionen: Gräber Reprotechnik GmbH, Neustadt · Claus Hölzer, Hagenbach
Satzherstellung: Roman Leipe GmbH, Hagenbach
Druck: KOMET Druck- und Verlagshaus GmbH, Pirmasens
Buchbinderei: J. Schäffer GmbH & Co. KG, Grünstadt

Titelzeichnung: Selbstbildnis Paul Münch, 22. 4. 1950 (Bleistift)

ISBN 3–922580–78–5

10. Dezember 1999

Gesamtinhalt

1. Theater
2. Lieder
3. Texte für Nikolaus-Feiern
4. Gedichte aus der Pennäler- und Studentenzeit
5. Schul- und Verbindungs-Gedichte
6. „Dichtergaul" und andere Widmungs-Gedichte
7. Illustrierte Karten und gedichtete Briefe
8. Gereimte Glückwünsche und andere Gelegenheitsgedichte
9. Der Blinddarm und Die letzten Verse
10. Zeichnungen und Skizzen aus dem Nachlaß und zu Arbeiten anderer Autoren
11. Römische Kunst
12. Fotos. Dokumentarische Aufnahmen und Aufnahmen aus dem Familien-Album
13. Nachträge
14. Schach-Aufgaben und Rätsel
15. Berichtigungen und Verbesserungen

Vorwort

Liebe Pfalzfreunde,

endlich halten Sie den dritten Band der „Gesammelten Werke" von Paul Münch — unserem unvergeßlichen großartigen Pfälzer Mundartpoeten — in Händen. Es war mir ein Herzensanliegen, Dr. Franz L. Pelgen und Dr. Hans Blinn in ihrem Bestreben, dieses Buch zu veröffentlichen, zu ermutigen und zu unterstützen. So kann ich mit Freude vermelden, daß die „Stiftung Pfälzische Hypothekenbank AG", die kulturelle Vorhaben in der Pfalz fördert, ebenso die „Daniel-Theysohn-Stiftung" sowie die „Stiftung Rheinland-Pfalz für Kultur" dankenswerterweise bereit waren, die Herausgabe dieses dritten Bandes zu ermöglichen. An dieser Stelle sei allen Verantwortlichen für dieses Pfalz-Projekt herzlich gedankt!

Nach dem ersten Band, der alle bis zum Tode Paul Münchs erschienenen Werke umfaßte, und Band zwei, der einen Teil des literarischen Nachlasses veröffentlichte, wird mit dem vorliegenden Band das Lebenswerk des Pfalz-Dichters vortrefflich abgerundet. Mit unermüdlichem Forschungsdrang hat Dr. Pelgen Verse und Gedichte aufgespürt und Fotos zusammengetragen. Pfälzische Themen veröffentlicht niemand mit mehr Leidenschaft als der Einmann-Verlag Dr. Blinn. Die beiden Pfalzliebhaber verneigen sich mit diesem Band der „Gesammelten Werke" auf die bestmögliche Weise vor Paul Münch!

Auf den Tag genau zur 120. Wiederkehr des Geburtstages von Paul Münch, 90 Jahre nach Erscheinen der „Pälzischen Weltgeschicht", können wir jetzt die Pfalz-Sammlung in unserem Bücherschrank hervorragend bereichern. Ich hatte die Freude, Dr. Blinn gelegentlich über die Schulter sehen zu dürfen, so daß ich Ihnen versichern kann, daß der dritte Band der „Gesammelten Werke" literarische und pfälzische Kleinodien birgt, die zu entdecken sich lohnen und Freude bereiten!

Paul Münch hat mit seinem Schaffen die Pfalz und die pfälzische Kultur wesentlich geprägt. Nicht zuletzt deshalb sind seine eigenen Worte über die Pfalz so zutreffend: „Vor alle annere Länner, nix uf der Welt is schenner."

Rainer Rund
Regierungspräsident

Vorwort des Herausgebers

Daß fünfzehn Jahre nach Erscheinen des 2. Bandes der „Gesammelten Werke" von Paul Münch im Jahre 1984 nun — genau am 120. Geburtstag des bekanntesten Mundartdichters der Pfalz — vom Verlag Pfälzer Kunst, Dr. Hans Blinn, der dritte, abschließende Band der Gesamtausgabe vorgelegt werden kann, erscheint dem Herausgeber fast wie ein kleines Wunder. Denn lange Jahre sah es so aus, als ob die Ausgabe unvollständig bleiben würde und viel Arbeit, Mittel und Zeit umsonst aufgewandt worden seien.

Vor fünfzehn Jahren hatte die Pfälzische Verlagsanstalt, der Verlag, in dem die Bände 1 und 2 erschienen sind — schriftlich und mündlich — mehrfach öffentlich erklärt, daß sie den Band 3 1985 herausbringen werde. Damals waren schon fast alle Texte für den Band 3 gesetzt und die Satzfahnen von mir korrigiert. Außerdem waren schon von einer Reihe von Abbildungen die Klischees angefertigt. Doch nach jahrelanger Verzögerung des Projekts durch den Verlag, teilte mir die PVA am 11. 4. 1989 mit, den Band 3 überhaupt nicht mehr herauszubringen. Später gab der damalige Geschäftsführer der PVA, Dr. Rolf Schäfer, vor dem Landgericht Frankenthal zu, daß der komplette Satz und die bereits angefertigten Klischees vernichtet worden sind. Der PVA-Lektor Karl-Friedrich Geißler hatte mir außerdem im Auftrag von Dr. Schäfer mitgeteilt, daß man „nicht das Geschäft gemacht" habe, das „man" sich „mit Paul Münch versprochen" habe. Ferner teilte er mir — mit Brief vom 11. 4. 1989 — mit, daß es „eine falsche Entscheidung war, den guten Paul Münch als ‚Klassiker' hochzuloben".

Die Bände 1 und 2 wurden damals von der PVA aus der Preisbindung herausgenommen und verramscht — ohne daß die für ein solches Vorgehen erforderliche juristische Grundlage gegeben war.

Bei den unerfreulichen Auseinandersetzungen mit der PVA war letztendlich ein Prozeß leider nicht zu vermeiden. Denn zudem waren in der PVA auch noch zehn Original-Zeichnungen von Paul Münch, die dem Herausgeber von den Erben des Dichters zu treuen Händen übergeben worden waren, „verloren" gegangen. Die 7. Zivilkammer des Landgerichts Frankenthal verurteilte die PVA, „die Originalzeichnungen von Paul Münch...an den Kläger herauszugeben". Doch bis heute hat dies die PVA nicht getan! Zu einer Verurteilung der PVA, den Band 3 der „Gesammelten Werke" von Paul Münch — wie vereinbart — noch herauszubringen, dazu sah sich das Gericht nicht in der Lage, da dies — wie Dr. Schäfer vorgetragen hatte — ein „Verlust-Geschäft" für sie bedeutete. Damit schien der Abschluß des Projekts einer Edition des literarischen und künstlerischen Gesamtwerkes von Paul Münch „erledigt" zu sein. Zumindest war die von Mundartfreunden und von Fachleuten in Rezensionen hochgelobte Paul-Münch-Edition zunächst einmal auf unbestimmte Zeit gestoppt.

Schließlich trat 1995 Regierungs-Präsident Rainer Rund an mich heran und drängte mich, das Werk meiner Paul-Münch-Edition abzuschließen. Ein Verleger wurde gefunden, der bereit war, den das Projekt abschließenden Band 3 in sein Verlagsprogramm aufzunehmen, sich für Paul Münch zu engagieren und sein Werk tatkräftig zu fördern: der von mir seit Jahrzehnten hochgeschätzte Dr. Hans Blinn mit seinem „Verlag Pfälzer Kunst" in Landau/Pfalz. So nahm ich nach den unerfreulichen Erfahrungen mit Dr. Schäfer von der PVA und daraus resultierender jahrelanger Unterbrechung die Arbeit an dem Projekt der Gesamtausgabe der Werke von Paul Münch wieder auf.

Wieder begann die schwierige, zeitaufwendige und mit vielen Reisen verbundene Suche in Archiven und Bibliotheken nach Werken von Paul Münch, die ich vorher noch nicht gefunden hatte, und anderen, von deren Existenz ich bisher nichts gewußt hatte. Viele Monate intensiver Arbeit mußte ich brieflich, telefonisch und bei Studien „vor Ort" dafür verwenden. Dies fiel mir zu dieser Zeit insofern leichter, weil ich mich inzwischen im sogenannten „Ruhestand" befand.

Dank der überaus angenehmen Zusammenarbeit mit Roman Leipe, Adam Keipert und Claus Hölzer, die mit mir aus dem umfangreichen Text- und Bild-Material und nach meinem „Fahrplan" ein Buch gemacht haben, kann nun der abschließende Band 3 der Gesamtausgabe der Werke von Paul Münch den Freunden der Pfälzer Mundartdichtung und der Pfalz endlich vorgelegt werden.

Nach dem im Nachwort zu Band 1 (S. 557 ff.) skizzierten „Anmerkungen zur Arbeit an der Edition der ‚gesammelten Werke' von Paul Münch, zu dessen Schreibweise und zur Aussprache" hat der Herausgeber auch die Werke in Band 3 behutsam sprachlich überarbeitet und vereinheitlicht — im dort dargelegten Sinn von Paul Münch und natürlich ohne ein Wort zu verändern.

Anmerkungen zu den einzelnen Kapiteln und Werkgruppen und zu einzelnen Werken geben Aufschluß über die Herkunft und Beschaffenheit der Druck-Vorlagen, über Zeit und Anlaß der Entstehung der Werke etc.

Was für die Bände 1 und 2 galt, gilt auch für Band 3: die Edition sollte „lesbar" bleiben. Deshalb wurde bewußt auf einen „großen wissenschaftlichen Apparat" verzichtet. Denn dem Herausgeber geht es in erster Linie um die Vorstellung der im Nachlaß erhaltenen und zusätzlich ausfindig gemachten unbekannten Werke von Paul Münch für ein breites Publikum.

Mit dem Band 3 liegt nun das Gesamtwerk von Paul Münch — soweit erhalten und nachweisbar — vollständig im Druck vor. Einiges muß wohl — zumindest zum jetzigen Zeitpunkt — als nicht erhalten gelten. Dazu zählen „Die Mär vom Fladenstein", die beiden Theaterstücke „Die verliebten Malleute" und „Die Spinnstube" — und wie dem Herausgeber erst nach Erscheinen von Band 2 bekannt wurde — der Text eines Puppenspiels, „De Schwittjeh".

Nieder-Olm, 27. Oktober 1999   Dr. Franz L. Pelgen

Theater

Anmerkungen des Herausgebers:

Außer den in Band 1 veröffentlichten Theaterstücken „Pfälzers Höllen- und Himmelfahrt" (Uraufführung 1930), „Die Weltachs" (Uraufführung 1931) und „Pfälzer im Schlaraffenland" (Uraufführung 1936) hat Paul Münch noch weitere Stücke für die Bühne verfaßt.

Die verliebten Malleute

In einem – undatierten – Brief aus seiner Münchner Studentenzeit an seinen Bruder Hermann (Forstassessor, geboren am 1. 6. 1884 in Kusel, gefallen am 3. 11. 1914 bei Ypern) erwähnt Paul Münch sein – wohl – erstes Theaterstück: „Ich habe nämlich ein Drama gedichtet in 5-füßigen Jamben, das ich an die ‚Jugend' oder sonst ein derartiges Witzblatt einsenden werde. Es betitelt sich ‚*Die verliebten Malleute*'... Ich hatte auch mit den ‚Fliegenden' mein Glück versucht u. einen Witz eingeschickt, doch wurde er mir schmählings wieder zurückgeschickt." – Die Suche des Herausgebers nach dem erwähnten „Drama" und sonstigen, evtl. weiterführenden Erwähnungen und Notizen blieben ergebnislos.

Die Spinnstube

Etwas mehr war über ein weiteres, ebenfalls verschollenes Theaterstück von Paul Münch zu ermitteln: „*Die Spinnstube*". Das Werk wird in Verzeichnissen der 1910 von dem Schriftsteller Heinz Lorenz initiierten und von Karl Kleeberger und Jörg Kraus (= Wilhelm Schaefer) betreuten „Pfälzischen Heimatbühne" des Literarischen Vereins der Pfalz und des Pfälzerwald-Vereins aufgeführt. Die Aufzählung der zur Verfügung stehenden Stücke umfaßte bei Ausbruch des Ersten Weltkrieges 108 Titel. In diesen Verzeichnissen der „Pfälzischen Heimatbühne" wird „Die Spinnstube" (bzw. nur „Spinnstube" genannt) von Paul Münch aufgeführt. Das Thema des mit der Spinnstube verbundenen Brauches dürfte in der Zeit vom Anfang des Jahrhunderts bis zum Ausbruch des Ersten Weltkriegs mit der damals einsetzenden Pflege des alten Brauchtums für die „Pfälzische Heimatbühne" sehr interessant gewesen sein. Außer der „Spinnstube" von Paul Münch werden in den Verzeichnissen noch folgende Bühnenwerke über dieses Thema genannt: „Spinnstubb" bzw. „Pälzer" oder „Altpfälzische Spinnstube" von Daniel Kühn (Speyer), „Kunkelstubb" bzw. „Konkelstubb" von Wilhelm Göring (Ludwigshafen/Rhein) und „Kunkelstubb" von Anna Palmer (Steinweiler bei Landau). Den Anfang der Spinnstuben-Vorführungen mit Liedern und Darstellern in altpfälzischen Trachten machte der „Verein zur Hebung des Billigheimer Purzelmarktes". Näheres über Aufführungen der „Spinnstube" mit Spielhandlung und Liedern in Kaiserslautern, Ludwigshafen, Lachen, Kirchheimbolanden usw. erfahren wir aus der Presse von damals, genauer: aus der Zeitschrift „Der Pfälzerwald. Organ des Pfälzerwald-Vereins, des Pfälzer Verschönerungsvereins . . ." und in der Sonntagsbeilage „Zeitbilder. Illustrierte Zeitschrift für den Fremden- und Touristenverkehr in der Pfalz" der „Pfälzischen Presse", Erscheinungsort Kaiserslautern. So veröffentlichte die Zeitschrift „Der Pfälzerwald" in ihrer Ausgabe vom 15. Dez. 1908 u. a. ein Foto mit der Bildunterschrift „Pfälzer

„Pfälzer Spinnstube", Kaiserslautern 1908, Foto: Fr. Hartmann, Kaiserslautern

Spinnstube. Szene aus dem vom Verein für Fraueninteressen und dem Pfälzerwaldverein in Kaiserslautern veranstalteten Volkstümlichen Abend (7. Nov. 08)". Dasselbe Foto veröffentlichte die Sonntagsbeilage „Zeitbilder" vom 15. November 1908 und nennt in ihrem Bericht über diese Veranstaltung als deren Leiter den Konrektor Dr. Georg Heeger, „der in seinem Bemühen von gleichgesinnten Freunden wacker unterstützt wurde". Dieser „Volkstümliche Abend" fand im „großen Saale der städtischen Fruchthalle in Kaiserslautern" statt. Weiter heißt es darüber in den „Zeitbildern": „Den Hauptanziehungspunkt bildete dabei die Vorführung einer Pfälzer Spinnstube, allwo sich Jung und Alt, die Burschen und Mädchen, gekleidet in historisch-getreuer Tracht, am wohligen Herd zusammengefunden hatten. Gespaßige Zwiegespräche, schelmische Fragen und Antworten, gutmütige Verspottung geheimen Herzeleids um den ungetreuen Geliebten. Dazwischen, aus der jeweiligen Stimmung heraus, der Gesang eines Volksliedes, bald schwermütig und bald lustig, bald gemeinschaftlich, dann wieder im schalkhaften Duett oder Einzelgesang unter Einfall der Spinnstuben-Gemeinschaft im wiederkehrenden Endreim. Lokale Neckschnurren und ein Pfälzer Kindermärchen wurden erzählt. Darüber ruhte die Arbeit natürlich nicht; lustig schnurrten die Rädchen und fleißig wurde das Fädchen gedreht. Welch anziehendes Bild diese Spinnstube gewährte, das ersehen unsere Leser an der photographischen Aufnahme, die wir reproduzieren." Im Archiv des Pfälzerwald-Vereins, Ortsgruppe Kaiserslautern, dessen Altbestand im August 1944 einem Bombenangriff zum Opfer fiel, befindet sich heute eine Einladung zu dem „Volkstümlichen Abend" vom 7. November 1909 mit dem Zusatz „Mundartdichtungen, Volkslieder im Rahmen einer Spinnstube und Bauernkerwe". Der Autor des Stückes wird auch dabei nicht namentlich genannt. Ebenso nicht in dem Bericht im „Pfälzerwald" vom 15. April 1909 über die Wiederholung des „Volkstümlichen Abends" am 20. März 1909 in Ludwigshafen, wieder mit der „Pfälzer Spinnstube", die den Schluß des Abends bildete. Dort heißt es: „Obwohl der kunstsinnige Arrangeur des aus einem Guß bestehenden Ganzen, Konrektor Dr. G. Heeger – Kaiserslautern, infolge Krankheit nicht anwesend sein konnte, fühlte man unbewußt aus dem einheitlichen Zusammenwirken heraus seine Leitung. Den Löwenanteil des Erfolges errang sich unstreitig im Fluge der in weiteren Kreisen bisher fast unbekannte pfälzische Dichter Paul Münch – Kaiserslautern. Seine pfälzischen Dialektvorträge eigener Dichtung sowie seine klangvoll gesungenen Baritonlieder zur Laute waren Kabinettstückchen. Auch die von zwei anmutigen Mägdelein in altpfälzischer Tracht gesungenen von Paul Münch auf der Laute begleiteten pfälzischen Volkslieder nahmen Herz und Ohr

„Altpfälzische Spinnstube", Lachen 1909, Foto: Thieme, Kaiserslautern

der Hörer gefangen. Geradezu klassische Kunstleistungen aber auf dem Gebiete der Dialektrezitation waren die hierauf folgenden von Anna Jung – Kaiserslautern vorgetragenen Rich. Müllerschen Dichtungen."

Eine pfälzische Spinnstube stellte am 12. Dezember 1909 auch der Frauenverein des Roten Kreuzes, Zweigverein Lachen, anläßlich eines Wohltätigkeitsfestes vor. Nach einem Bericht mit Foto in der Sonntagsbeilage „Zeitbilder" vom 9. Januar 1909 handelte es sich dabei um lokalpolitische Spielszenen um das alte Brauchtum, in denen Mädchen und Burschen in altpfälzischer Tracht beim Spinnradschnurren lustige Lieder sangen und schäkerten. Auch in diesem Bericht wird der Autor des Spiels um die pfälzische Spinnstube nicht mit Namen genannt. Auch Nachforschungen nach dem verwendeten Spieltext blieben ergebnislos.

Es dürfte heute, da so viele Unterlagen der ausführenden Vereine die Jahrzehnte mit zwei Weltkriegen, wirtschaftlicher Not, Nazi-Verfolgung usw., außerdem mit wechselndem Personal und zeitbedingten Zerstörungen und Schäden nicht überstanden haben, sehr schwer sein, Genaueres zu ermitteln, welcher Text wo tatsächlich bei diesen Spinnstuben-Spielen verwendet worden ist. Im Falle der „Spinnstuben" in Kaiserslautern und Ludwigshafen können wir – m. E. – annehmen, daß Paul Münch der Autor des Spiels war, dessen Aufbau und „roter Faden" sicher auch von Dr. Georg Heeger (geboren 1856 in Westheim, gestorben 1915 in Würzburg) beeinflußt waren. Heeger, der bekannte Volkskundler und Volkslieder-Sammler, war Lehramtskollege in Kaiserslautern von Paul Münch, wanderte und kletterte mit ihm im Pfälzer Wasgau. Der „Heegerturm" bei Erfweiler ist nach der Erstbesteigung durch ihn benannt. In dieser Zeit dichtete und komponierte Paul Münch eine ganze Anzahl von Liedern, die in diesem Band erstmals im Druck veröffentlicht werden. Paul Münch war der Sänger seiner eigenen Lieder, aber auch der Sänger der Pfälzer Volkslieder, die Heeger gesammelt hat. Unter den „gleichgesinnten Freunden" von Georg Heeger war Paul Münch *der* Autor. Er war zu dieser Zeit auch der „Hausdichter" des Pfälzerwald-Vereins von Kaiserslautern (vgl. Band 2, S. 158–180). Er wirkte auch bei der Gestaltung des Festumzugs anläßlich des Gesamtausflugs des Pfälzerwald-Vereins nach Kaiserslautern am 5. Juni 1910 mit. Thema des ersten Festwagens war eine „Pfälzer Spinnstube mit hübschen Spinnrädchen und noch hübscheren Mädchen". Unter den Verantwortlichen für „Anordnung und Stellung der Gruppen" des Festzuges werden u. a. Heeger und Professor Münch in „Der Pfälzerwald" vom 1. Juli 1910 namentlich genannt. Er, Paul Münch, kommt – m. E. – am ehesten in Betracht für den „Rahmentext" und die „Spiel-Szenen" der Pfälzer Spinnstube, so wie sie in Kaiserslautern und Ludwigshafen vorgestellt wurde. Für die „Spinnstube" bei der Veranstaltung in Lachen ist die Verwendung des Textes von Paul Münch vorstellbar, wenn auch nicht so zwingend anzunehmen wie für Kaiserslautern und Ludwigshafen. Die Spinnstuben-Spieltexte von Daniel Kühn (u. a. aufgeführt in Germersheim und Rhodt), Wilhelm Göring und Anna Palmer kommen, da keinerlei direkte Beziehungen zum Pfälzerwald-Verein Kaiserslautern nachweisbar sind, nach meinem Dafürhalten nicht für die genannten Aufführungsorte in Betracht.

Mehr und absolut Sicheres war von einer „Pfälzischen Schpinnschtub" in Erfahrung zu bringen, die die Ortsgruppe Kirchheimbolanden des Pfälzerwald-Vereins am 18. März 1911 aufführte. In der Sonntagsbeilage „Zeitbilder" der „Pfälzischen Presse" vom 16. April 1911 findet sich eine eingehende Beschreibung mit Bild der Aufführung. Außerdem wird dort ausdrücklich Paul Münch als Autor genannt. Es heißt dort: „Mit diesem Stück, das der bekannte Mundartdichter Paul Münch verfaßt hat, hatte man einen guten Griff gemacht. Es war ein echtes, wahres Bild dieses schönen alten Brauches auf dem Lande, der leider fast überall jetzt verschwunden ist. Dralle Dirnen drehen eifrig die Spindel, hurtig und lustig surren die Räder, muntere Rede würzt die Arbeit. Das junge Volk schäkert und plaudert und von Zeit zu Zeit schallt gemeinsamer Gesang durch den Raum. Besonders der ‚Großvater' und die ‚Großmutter' waren charakteristische Figuren, und auch die forsche ‚Budderbärwel' verdient besondere Erwähnung. Die mitwirkenden Damen und Herren waren Mitglieder des Vereins, denen für ihre Mühe und Opferwilligkeit aufrichtige Anerkennung gezollt wurde. Die echten farbenprächtigen Kostüme, die flotte Darstellung und die Liebe zur Heimat und zum Volk, die das Ganze durchzieht, verhalfen der Aufführung zu einem vollen Erfolg. Zur Erheiterung ließ sich dann die ganze ‚Schpinnschtub' photographieren und es bildet die originelle Gruppe, bei der leider nicht alle Mitwirkenden vertreten sind, ein hübsches Andenken an den schönen Abend im Pfälzerwald Verein."

Kirchheimbolander „Schpinnschtub" 1911

„De Schwittjeh"

Im Jahre 1934 kündigte die „Puppenbühne des Landestheaters für Pfalz und Saargebiet" in Kaiserslautern die Aufführung von fünf „Pfälzischen Grotesken" bzw. „Schwänken" an, die von den Pfälzer Autoren Paul Münch, Karl Räder, Ernst Kiefer, Fritz Bönninghaus und Ernst Schäfer eigens für sie geschrieben wurden. Sie wurden erstmals auf dem Dürkheimer Wurstmarkt ab dem 2. Samstag im September 1934 aufgeführt, bevor sie danach auch mit großem Erfolg in der ganzen Pfalz und im Saarland gespielt wurden. Unter den Stücken befand sich „De Schwittjeh" von Paul Münch. Das Stück mit einer Spieldauer von etwa einer halben Stunde hat Paul Münch als „Dramatische Bearbeitung" der Erzählung „Das wohlfeile Mittagessen" von Johann Peter Hebel geschrieben. Außerdem führte die „Puppenbühne des Landestheaters" von ihm auch als abendfüllendes Erfolgsstück „Pfälzers Höllen- und Himmelfahrt" auf. Gründer und Künstlerischer Leiter der Puppenbühne, die mit Stockpuppen wie beim Kölner „Hänneschen-Theater" arbeitete, war Fritz Bönninghaus, der bereits 1928 ein „Rheinisches Puppentheater für die Pfalz" ins Leben gerufen hatte. Er hatte immer wieder nach Notzeiten, Krieg, einem Autounfall usw. als Puppenspieler neu angefangen, bis er etwa 1952 – fünf Jahre vor seinem Tod – endgültig aufhörte und die von ihm geschnitzten Puppen, die Spieltexte und alle Unterlagen, die er über den 2. Weltkrieg gerettet hatte, nach übereinstimmender Auskunft seiner Söhne „nach Neustadt" („Kulturamt"?, „Stadtmuseum"?) gab. Dort verliert sich jede Spur. Und: da der Text von Paul Münchs Puppenspiel „De Schwittjeh" nicht gedruckt vorlag und sich auch nicht in seinem Nachlaß befand, muß er wohl als verschollen gelten.

Wollte man Faber-Kaltenbachs Ausführungen in seinem Buch „Rheinpfälzische Literatur", der ersten pfälzischen Literaturgeschichte, Kaiserslautern 1928, S. 191, wörtlich nehmen, hätte Paul Münch zwei weitere Theaterstücke geschrieben: *„Liselott"* und *„Ruprecht vunn de' Palz"*. Doch dürfte Faber-Kaltenbach wahrscheinlich nur die beiden Gedichte aus der „Pälzisch Weltgeschicht" gemeint haben, die sich seiner Ansicht nach für eine Dramatisierung eignen würden. Daß Paul Münch Stücke mit diesen Themen tatsächlich geschrieben hätte, dafür gibt es keinerlei Hinweise und Beweise. Wie so manches in dieser pfälzischen Literaturgeschichte – besonders was die Erweiterung für die 2. Auflage, Kaiserslautern 1944/47 betrifft –, kann die Nennung dieser beiden „historischen Pfalzdramen" nicht für bare Münze genommen werden.

"Der Bauernkrieg in der Pfalz und die Gräfin Eva von Neuleiningen"

Fragment (1. Akt, komplett, 14 Seiten; 2. Akt, angefangen, 2 Seiten); Manuskript, handschriftlich; undatiert; Titel: Hrsg.; Nachlaß, in Umschlag „Entwurf zu einem Volksstück".
Uraufführung: 28. 12. 1980 in Neustadt/Weinstraße zum 30. Todestag von Paul Münch.
Dabei wurde das Fragment „vervollständigt", indem die Handlung weitergeführt wurde durch die Rezitation der handlungsmäßig daran anschließenden Verse des Gedichts „Die Gräfin Eva vun Neileininge" aus der „Pälzisch Weltgeschicht".
In dem Fragment von Paul Münch ist „im Kern" ein Volksschauspiel in großartiger Weise „angerissen".

1986 schrieb der Pfälzer Schriftsteller Heinrich Kraus (Miesau) als Auftragsarbeit ein Volksschauspiel mit dem Titel „Eva von Neuleiningen", in das er originalgetreu, wortwörtlich und komplett die Szenen von Paul Münch integrierte, ohne daß er einfach dort weiterschrieb, wo Paul Münch aufgehört hatte. Er hat die Grundzüge der Handlung über die im Fragment von Paul Münch erkennbare und die bekannte „story" hinaus fortgeführt, ebenso die von Paul Münch skizzierte „Zeichnung" der handelnden Personen. Dabei erweiterte er das Thema, indem er die bekannte Geschichte von der Gräfin Eva von Neuleiningen, die die aufständischen Bauern, die vor die Burg gezogen waren, hereinbittet und sie bewirtet – und sie so von ihrem zerstörerischen und mörderischen Vorhaben abhält –, vor dem tragischen Hintergrund des blutigen Bauernkrieges behandelt. Dabei werden – neuvertont – die Gedichte des ehemaligen Melodrams vom Bauernkrieg aus der „Pälzisch Weltgeschicht" von Paul Münch, vorgetragen von fahrenden Sängern, ebenfalls in das neue Stück integriert. Auch viele, literarisch und dramaturgisch überzeugende, „farbige", poetische und atmosphärestarke Details – z. T. mit Überraschungseffekt à la Paul Münch – in der Handlung und Personenzeichnung machen das „gemeinsame" Werk von Paul Münch und Heinrich Kraus zu einem Volksstück von herausragender literarischer Qualität und Bühnenwirksamkeit. Dies bestätigten einerseits 1987 die Uraufführung – mit großem Erfolg! – bei den Burgspielen Landstuhl und andererseits die Auszeichnung des Sückes mit dem 1. Preis im Mundarttheater-Wettbewerb der Kaiserslauterner Universitätsbuchhandlung Gondrom.

Die Szenenfotos im Text stammen von der Uraufführung des Fragments 1980 in Neustadt/Weinstraße, Foto: Bernd Franck (S. 43) und von der Uraufführung des Volksschauspiels „Eva von Neuleiningen", in das der Text von Paul Münch integriert ist, durch die Burgspiele Landstuhl in der Spielzeit 1987 (S. 26 und S. 35).

Der Bauernkrieg und die Gräfin Eva von Neuleiningen

Entwurf zu einem Volksstück

Handelnde Personen (in der Reihenfolge ihres Auftretens)

1. Akt (Wirtszimmer):

Kunz, Feldwaibel
Wirt (Schofwert)
Wirtin (Bawett)
Marie
Der „rote Heiner" (Spielheiner) von Nußdorf, Anführer der Bauern
Bachschitzejörg von Lustadt
Grusselphilp von Lachen
Peter (Schreiberpeter) von Gimmeldingen
Jab (Staffeljab) von Böchingen
Adam
Michel von Altenglan
Andrees
Franz
Sepp
Klaus
Fritz von Rammelsbach
Jockel von Dansenberg

2. Akt (Burghof):

Sechs Landsknechte
Kunz, Feldwaibel

Gesamtzahl der Mitwirkenden: 21 m, 2 w

I. Akt

Wirtszimmer

KUNZ:
Also, Schafwirt, vier große Fässer. Schöne, große Fässer!

WIRT:
Ehr kennen eich druf verlosse, vier scheene, große Fässer vum beschte, wu ich hebb.

KUNZ:
Vom besten, jawoll, das möchte ich mir aber auch ausgebeten haben. – Aber heut muß er noch hinaufgebracht werden aufs Schloß.

WIRT:
Wann ich emol sag', ehr kennen eich druf verlosse. Bis heit owend kennen ehr'n schun anstecke drowe.

WIRTIN *(kommt herein):*
Draus im Hof stehn se jo schun ufgelade. In ere vertel Stunn kann de Michel fortfahre damit.

KUNZ:
Bong! *(trinkt aus)* Auf das hin werde ich mir noch einen genehmigen. Frau Wirtin, noch einen derartigen!

WIRTIN:
Gell, der schmackt Ihne? Ja, wissen ehr, der is vum Parre draus in Wacherem, un do weeß mer a, was mer hot.

KUNZ:
Jawoll!

WIRT:
Ei jo, wissen ehr, das Weinschmeere dät sich doch a gar nit basse for so e geischtliche Mann. Un dann hot er a gar keen Brunne in seim Parrhof.
(Setzt die Kanne hin)

KUNZ:
Na also denn, Prosit!

WIRT u. WIRTIN:
Proscht! Wann er eich nor schmackt.

KUNZ:
Ja, halt mal, da hab ich ja noch was fast ganz vergessen: ihr habt doch drei fette Schweine draus im Stall?

WIRTIN:
Jo, drei scheene, fette Sai.

KUNZ:
Bong, zu deutsch „gut". Diese schönen, fetten drei Schweine oder Säue, wie ihr euch auszudrücken pflegt, schickt ihr zugleich mit dem Wein hinauf zur gnädigen Frau Gräfin aufs Schloß!

WIRTIN:
Ach Gott, ach Gott! Ja, was wenn ehr dann dodemit in dene beese Zeite? Jo, un wammer froge derf, was wenn ehr dann jetzt noch mit dem viele Wein?

KUNZ:
Jetzt noch?!

WIRTIN:
Ei jo, weeß Gott, henn am End morge, iwermorge die Bauersleit schun eier ganz Schloß verbrennt.

WIRT:
Jo, un schlagen eich allminand dot do owe.

KUNZ:
So, so! Schloß verbrennen! Besatzung totschlagen! Das stellt ihr euch ja sehr einfach vor! Ja, das wär das Wahre. Ich war elf lange Jahre Feldwaibel bei die Landsknechte, habe fast ganz allein in blutrünstiger, männermordender Schlacht den Peutelsteiner Paß gestürmt, war sozusagen die rechte Hand des Herrn Georg von Frundsberg, und nun sollen mich so ein paar Bauernraudi mir nichts, dir nichts totschlagen.

WIRTIN:
Ja, awer fer was brauchen ehr dann nochher die drei Sai?

KUNZ:
Die!? – Zur Erhöhung des Mannschaftsbestandes. Ha ha!

WIRTIN:
Ach Gott! Dun eich nit versindige, wann ehm's Wasser schun bis doher steht!

KUNZ:
Ja, aber was glaubt ihr denn? Was sollen denn diese Bauernkerle mir antun? Pah! Elf Jahre lang Feldwaibel bei die Landsknechte. Rechte Hand des Herrn Georg von Frundsberg!

WIRT:
Das isch jo alles recht gut un bravo! Awer wissen ehr, sie henn ach die Scharfeneck abgebrennt un die Käschteborg un die Madeborg, un do erscht vorgeschtert die Altleininge, un 's sin doch aach Leit drin gewest, wo ebbes versteh vum Fechte un vun so Sache.

WIRTIN:
Jo, hall dei Maul un redd nit soviel un geh enaus un hol die Sai aus em Stall, daß se de Michel glei mit enuf ufs Schloß treiwe kann.

KUNZ:
Jawoll, das meine ich aber auch.
(Wirt ab)

WIRTIN:
Ja, Herr Feldwaibel, Sie werren mer's nit iwel nemme, wann ich so frog. Awer wie steht's dann nochher mit dem Geld for die Sai un for das Fuder Wein?

KUNZ:
Aber da muß ich doch schon bitten! Ist Ihnen meine hochverehrte gnädige Frau Gräfin schon jemals einen Heller, Batzen oder Kreuzer schuldig geblieben?

WIRTIN:
Nee, ach Gott, nee, awer – ach Gott, wann's jo so weit käm, daß die Bauere alles dotschlage däte drowe uf em Schloß – wie däte mir dann do zu unserm Geld kumme?

KUNZ:
So, so! Pfeift der Wind aus *dem* Loch? Ich habe euch doch vorhin schon im Vertrauen mitgeteilt, daß ich elf lange Jahre Feldwaibel war bei die Landsknechte. Habe fast ganz allein in blutrünstiger, männermordender Feldschlacht den Peutelsteiner Paß erstürmt, war sozusagen die rechte Hand des Herrn Jörg von Frundsberg!

WIRTIN:
Ja, awer das wissen doch die Bauere gar nit; un do hen se am End gar kee Angscht vor eich.

KUNZ:
Wenn der Feind das Sausen meines Breitschwertes hört, wird er zerstäuben wie Spreu vor dem Wind.

WIRTIN:
Ach Gott, was sin ehr doch for e schneidiger un stolzer Mann!

KUNZ:
Jawoll, niemand vermag mir zu widerstehn. Weder der Feind in der Schlacht, noch das Mägdlein, das ich ansehe, noch die Frau, die...

WIRTIN:
's isch wohr. ehr hen so e paar scheene schwarze Ääge im Kopp, un der Schnorres der lang –
(streichelt den Schnurrbart)

KUNZ:
Frau Wirtin, ich werde euch einen Kuß auf den Mund verabfolgen!

WIRTIN:
Ach Gott, nee, wann's mei Mann sehne dät!

KUNZ:
Da könnte er höchstens lernen, wie ein richtiger Kuß beschaffen sein soll.
(Er verfolgt sie und drängt sie in die Ecke)

WIRTIN:
Ach, liewer Gott, lossen mich doch dorch! Ach, was sin ehr e beeser Mann!

KUNZ *(macht Anstalten zum Kuß)*

WIRT *(steckt den Kopf durchs offene Fenster, kann die beiden jedoch nicht sehen)*:
Die Sai sin schun fort!

(Kunz und Wirtin fahren erschreckt auseinander, Kunz vor seinen Weinkrug und die Wirtin hinter die Schenke)

KUNZ:
Auf das hin muß ich mir noch ein Bratwürstchen genehmigen.

WIRTIN:
Sell ich eich eens mache losse?

KUNZ:
Jawoll, deren zweie.

WIRTIN *(ruft durch die Türe in die Küche)*:
Marie, richt emol dapper e paar Brotwerschtche her for de Herr Feldwaibel vum Schloß!

KUNZ:
O heiliges Karthaunenrohr! Da hätt ich ja bald die Hauptsache vergessen!

WIRTIN:
Na un das wär?!

KUNZ:
Meine gnädige Frau Gräfin läßt euch sagen, ihr sollt selbst noch heute Abend aufs Schloß kommen, um die Oberleitung der Küche für heute und morgen zu übernehmen.

WIRTIN:
Ach Gott nee, sell kann ich nit! Wann morge die Baure kumme un stermen's Schloß, dann däten se mich jo aach mit dotschlage!

KUNZ:
Frau Wirtin! Ich war elf lange Jahre Feldwaibel bei die Landsknechte...

WIRTIN:
Nee, nee, ich trau mich nit enuf.

KUNZ:
Bitte, laßt mich doch ausreden! Habe fast ganz allein in blutrünstiger, männermordender Feldschlacht den Peutelsteiner Paß erstürmt...

WIRTIN:
Ach Gott, ich kann jo nit enuf, so geern ich's dät!

KUNZ:
War sozusagen die rechte Hand des Herrn Jörg von Frundsberg, und ihr wagt es nicht, euch unter meinen Schutz zu stellen?

WIRTIN:
Ja, awer sagen mer doch um Gottes Wille, for was soll dann die groß Kocherei sein uf'm Schloß, jetzt in dene schwere Dage? Mer meent jo grad, ehr wollten noch selbscht eier Leicheesse mitmache. Nee, ich *kann* nit enuf!

KUNZ:
Und wenn der Bauernhaufe angestürmt käme zu Tausenden, so würde ich mich schützend mit meinem ganzen Leibe vor euch stellen und euer Leben schützen wie den Apfel meines Auges.

WIRTIN *(begeistert)*:
Herr Feldwaibel, ich geh mit.

MARIE *(bringt auf einem Telle zwei Bratwürste)*:
Gu'n Appetit, Herr Feldwaibel!
(ab)

KUNZ:
Ja, Frau Wirtin, ich schwöre euch, wenn der Feind anrücken sollte zu Millionen, schnaubend nach Blut und Mord, so werde ich euch beschützen mit den Schlägen meines schlachtgewohnten Breitschwertes, daß des Feindes Leichen sich türmen wie dort einst auf dem Peutelsteiner Paß!

(Unterdessen hört man ganz in der Ferne kriegerische Musik, die langsam näherkommt)

WIRT *(atemlos hereinstürzend)*:
Die Bauere kummen, de rot Heiner vun Nußdorf is dabei. Sie sin schun glei do.

KUNZ:
Wa... Was? Da muß ich aber schleunigst hinauf zum Schloß, meine gnädige Frau Gräfin beschirmen mit dem Mute eines alten Landsknechts und der Schärfe meines Schwertes!
(Setzt schnell das Barett auf und sucht durch das Fenster zu fliehen)

WIRT:
Ach, Herr Feldwaibel! Eier Werschtcher!

KUNZ *(springt schnell nochmal zurück und steckt die Wurst ein)*

WIRT:
Dapper, dapper, Herr Feldwaibel, sie werrn gleich do sein.

(Feldwaibel springt durchs Fenster)

WIRTIN:
Ach Gott, wann er nor gut enuf kummt.

KUNZ *(noch einmal durchs Fenster):*
Also, nicht wahr, Frau Wirtin, Sie kommen also bestimmt noch im Laufe des heutigen Abends aufs Schloß?
(ab)

WIRTIN:
Ich kumm, awer enerscht morge frih.

WIRT:
Was hot er gesagt? Du sellscht ufs Schloß kumme?!

WIRTIN:
Frog nit so dumm! Ich bin doch schun efter drowe gewest!

WIRT:
Ja, awer net in so Zeite wie alleweil.

WIRTIN:
Zeite hin, Zeite her, jetzt hew ich's emol versproche, un do werd's aach gemacht.

WIRT:
Do soll doch e Gewidderdunnerkeit eneinschlage! Du bleibscht hunne!

WIRTIN:
Do werr ich lang noch dir froge!

WIRT:
Millionedunnerkeil, was sollschde dann schaffe drowe?

WIRTIN:
Was weeß ich? Koche soll ich un brote.

WIRT:
Die sellen an Sterwe denke do owe un nit ans Esse un Drinke!

WIRTIN:
Jo, klopp mer kee so große Sprich.

WIRT:
Fraa, ich will der ebbes verrote, weil ich's jetzt doch nimmi länger verschweige kann.

WIRTIN:
Das werd mer widder ebbes Scheenes sein.

WIRT:
Numme d'Gosch gehalte un ufgebaßt. Also die Sach is eso. Geschtert hemmer nämlich drauß e Versammlung g'hat...

WIRTIN:
So, warum weeß ich dann do nix devun?!

WIRT:
Un do hemmer ausgemacht minand, daß mer hie aach nit hinnedran bleiwe wenn, wann die annere Bauere for Freiheet un Gerechtigkeet Krieg mache. Un do henn se mich zum Anfihrer gemacht.

WIRTIN:
Un du hoscht's angenumme?!

WIRT:
Angenumme hew ich's. Un dann hemmer ausgemacht, daß morge owe 's Schloß niedergebrennt werd un alles umgebrocht, was drin is.

WIRTIN:
Was! Du Lumpesäckel, du miserablicher, du Schofkopp, du Dunnerwetterser! E Gewidder soll dich verzehre! So ebbes willscht du unserer brave, liewe Gräfin andun? Du Helledeiwel, du roter!

WIRT:
Do is jetzt nix meh dran zu mache. In e paar Minute werd do in de Wertschaft Kriegsrat abgehalte un du kannscht jo zuheere, was ausgemacht werd. 's is awer nix meh dran ze mache.

WIRTIN:
Nix dran ze mache? E Gewiddernochemol. Ich sag der numme das Eene: Wann drowe uf em Schloß eem ebbes bassiert, dann hoscht's mit meer zu dun, du Dunnerkeil, du blutiger! Kenn gude Dag sollscht meh hawe in deim ganze Lewesdasein, du, du...

WIRT:
Halt dei Maul, ich meen jo, de Kriegsrat kummt schun.

WIRTIN:
Hortig, stell emol schnell die Stihl do, do owe anne de Großvadderstuhl for de Hauptmann.

WIRT:
Schick die Marie nab in de Keller, sie soll Wein hole vun dem vordere Fässel! Später kammer vun dem annere nemme, wu die Treschterbrih drin is for die Stadtleit.

(Die Tür geht auf. Herein treten der rote Heiner von Nußdorf, der Grusselphilp von Lachen, der Bachschitzejörg von Lustadt und andere Bauernführer.)

ROTER HEINER:
Gu'n Dag!

WIRT:
Gu'n Dag!

HEINER:
Sin ehr do Schofwert?

WIRT:
Ija, ich bin de Schofwert.

WIRTIN:
Jo, meh Schof als Wert.

HEINER:
Als besser wie gar nix.
(Gelächter)

HEINER:
Ehr sin de Hauptmann vun de Bauersleit hie?

WIRT:
Ija, sie ham mich geschtert gewählt dezu. Un wer sin dann ehr, wammers wisse derf?

HEINER:
Ich hab gemeent, ehr kenne mich. Ich bin de Spielheiner vun Nußdorf.

JÖRG:
D'Leit sagen numme do „rot Heiner" zu em, 'aß mer saigt.

HEINER:
Der do is de Bachschitzejörg vun Loscht, un der do is de Grusselphilp vun Lache, un seller de Staffeljab vun Böchinge, un seller de Schreiberpeter vun Gimmeldinge, un vun de annere hot e jeder ach sein ehrliche Name.

WIRTIN *(stellt die Krüge hin)*:
Uf gut Glick!

DIE ANDERN:
Dankscheen aach.

HEINER:
Der Wein isch gut.

PHILP:
's esch en schweri Sort, awer gut.

JÖRG:
Mer schmackt's, is Unnerlänner.

HEINER *(erhebt sich)*:
Meine Herrn! Also mer sin heit do zammekumme beim Schofwert, for um minand auszemache, wie mer unser gerechti Sach handhawe wenn. Bis jetzt kimmer numme recht zufriede sein mit dem, wie's uns bis jetzt gange hot.

PETER:
Jo, so is es aach. Proscht, Grusselphilp!

HEINER *(wiederholend)*:
Wie's uns bis jetzt gange hot. Gewelgert hemmer uns im Tyrianneblut. Kee Schloß, wu mer zammegebrennt hen als wie en alte Strohhaufe. Umgebrocht hemmer se, die Junker und Tyrianne as wie e Mick an der Wand.

PHILP:
Die henn ausgetyriannt.

HEINER:
Also, was die Freiheet anbelangt, do kimmer bis jetzt recht zufriede sein, do hew ich nix auszesetze, nit's Schwarz unnig 'em Nagel. Meine Herrn! *(trinkt)* Also heit simmer hierhergezoge von wegem Neuleininger Schloß. Wie'n ehr all wissen, is der Tyriann do owe nimmig am Lewe, un sei Wittfraa, die fehrt jetzt es Regiment.

WIRT:
Un nit for schlecht. Die hot Hoor uf de Zähn!

JÖRG:
So, is es so e gefährlichi?

WIRT:
Die, die hot sich gewäsche!

ADAM:
Die weeß, was se will.

HEINER *(klopft auf den Tisch):*
Jetzt halten emol eier Mailer! Also gut. Ich heb also geschtern en Mann zu ere geschickt, sie sellt gutmitig ehr Schloß iwergewe, 'aß mer's zammebrenne däte. Wie's mit ihrem Lewe bestellt wär, das dät se dann schun gewahr werre. 's is gut gewest. Un wissen ehr aach, was se uns hot ausrichte losse? Mer sellten numme kumme, sie dät doch grad Kerwe halte und do dät se uns all druf einlade.

JAB:
Des hot se sage losse?!

JÖRG:
Herrgottnochemol!

PETER:
Jetzt horch emol do anne!

WIRT:
Ja, die hot e Maul wie e Schwert!

ADAM:
Ei de dät basse zu meiner Karlin.

(Gelächter)

JÖRG:
Herrgottnochemol!

HEINER *(sehr laut):*
Also, meine Herrn, was sell mer do mache?
(Setzt sich. Pause)

WIRTIN:
Was mer do mache soll?! Reschpekt soll mer hawe for ere, so re kuraschierte Fraa.

HEINER:
Die Weibsleit hann's Maul zu halte, wann die Mannsleit ehr's uffmache.

WIRTIN:
Ehr sin je allminand nit soviel wert als wie die een Fraa do owe.

HEINER:
Do sellscht dei Maul halte!

WIRT:
Jo baß rechter uf, wann d'Leit austrinke!

WIRTIN:
Sei doch *du* ruhig. Mit dir werr ich nochher noch e Wertel zu redde hawe.

HEINER *(schlägt auf den Tisch)*:
Geruucht jetzat! Also, ich frog nochemol, meine Herrn: was solle mer jetzt mache mit dere Gräfin?

JAB:
Ich bin fors Spießrutelaafelosse, Gewiddernochemol!!

ADAM:
Nee, so en ehrliche Dot hot se gar nit verdient. Ich bin fors Uffhenke.

PHILP:
Was uffhenke!? Mer meent, ehr hätten Gehannstrauwebrih in de Oodre. Ich bin fors Vierdeele.

WIRTIN:
Ach Gott, ach Gott! So e bravi, orndlichi Fraa.

JÖRG:
Ich bin ach fors Vierdeele. Uns so ebbes sage zu losse.

HEINER:
Also, meine Herrn, wer fors Spießrutelääfe is, soll sich in die Höh stelle!
(Zwei stehen auf)

HEINER:
Also bloß zwee! Wer es fors Uffhenke?
(Drei stehen auf, darunter auch die zwei vorigen)

HEINER:
Ehr waren doch alleweil for Spießrute.

MICHEL:
Jetzt simmer fors Uffhenke.

HEINER:
Also gut: drei. Das is nix. Also wer is fors Vierdeele?

(Alle stehen auf, nur der Wirt bleibt sitzen; wie er aber sieht, daß sich alles erhebt, steht auch er langsam auf mit scheuem Seitenblick auf seine Frau)

Also 's is alles defor. Also gut. Abgemacht. Fertig.

(Alles setzt sich)

WIRTIN *(macht ihrem Mann wütend eine Faust)*:
Na wart numme, wammer widder alleen beinand sin, du Merder, du blutiger! Du Menschefresser, du schwarzer! Wart numme bis nochher, dann kannscht der graduliere.

WIRT *(erhebt sich scheu und eingeschüchtert)*:
Meine Herrn! Indem daß ich ums Wort bitte mecht, dät ich noch geere ebbes sage; wann's de Herrn recht is.
(Unwilliges Gemurmel)

HEINER:
Jetzt hallen eier Göscher, de Schofwert is jetzt an de Reih!

JÖRG:
Mer wenn kenn heere, wo off die Weibsleit horcht.

JAB:
Meenscht vielleicht, weil deini deheem is in Loscht!

JÖRG:
Hall dei Mail, du schloppscht jo vor der deine ins Butterfässel. Du Feigling, du unseliger.

HEINER:
Herrgott! Geruucht jetzt. De Schofwert hot jetzt zu redde un sunscht niemand.
(Klopft auf den Tisch)

WIRT:
Meine Herrn! Also, ich meen, mer sellten's uns doch nochemol dorch de Kopp gehe losse, ob mer die Gräfin Eva werklich vierdeelen oder ob mer nit doch nochemol mit ere unnerhannele sellen.

MICHEL:
Was?! Unnerhannele?!

JÖRG:
Heb ich's nit gesagt, er is e Weiberheld?

PHILP:
Du bischt jo selwer fors Vierdeele gewest!

WIRT:
Des hew ich nit so bees gemeent. Un ich meen, mer sellt. . .

ADAM:
Do gitt's gar nix meh zu meene, mer henn jo schun abgestimmt.

HEINER:
Dunnerkeil! Jetzt heeren doch off zu dischbeteere, de Schofwert sell vortrage, was er weeß!

WIRT:
Also, meine Herren, ich heb also numme gemeent, mer sellt sich's doch nochemol iwerlege mit dere Vierdeelerei. Dann sie is, mei Seel, e gudi un e bravi Fraa, wo's Herz am rechte Placke hot.

WIRTIN:
Jo, un was hot se nit schun alles gedan for die arme Leit?!

WIRT:
Un, verrecke will ich, wann ich e besseri Kundschaft hebb for mein Kramlade, do is se mer noch nie nix schullig gewest. Nit's Schwarz unnig 'em Nagel.

PETER:
Aha, do peift de Wind her!

ANDREES:
Allewei werd's Dag!

JÖRG:
Nachtigall, ich heer dich laufen!

WIRTIN *(zum Wirt)*:
Schofkopp, wu de bischt
(Wirt setzt sich)

MICHEL:
Herrgottdunnerschdag, mer henn jo doch schun driwer abgestimmt.

JAB:
Gevierdeelt werd se!

JÖRG:
Tyrianneblut muß fließe!

ADAM:
Do isch gar nix meh driwer zu redde!

HEINER *(klopft fest auf den Tisch):*
Meine Herren! Es hot gar keen Wert, wammer dessentwege so en Spetakel machen. Un for so Kriegsmänner wie mer, do baßt sich nit, wammer e Herz hot so zart wie e Schnook!

JAB:
Bravo. Sell meen ich ach!

HEINER:
Also, die Gräfin kann sein, so lieb un brav un orndlich wie se will: Sie hot Tyrianneblut en sich un drum muß se sterwe. Geveerdeelt werd se. Fertig, abgemacht!

JAB:
Gevierdeelt werd se. Bravo!

MICHEL:
Bravo! Proscht, ehr Herre!

HEINER:
Proscht! For Freiheet und Gleichheet!

PETER:
Un hoch sell lewe de Bundschuck. Proscht!

ALLE *(lärmend):*
Proscht! Hoch de Bundschuck.

HEINER:
So, meine Herrn, also de Kriegsrot geht weiter. Also, was mache mer dann nochdert mit de annere Leit, wo noch drowe sin im Schloß? Schofwert, du muscht jo wisse, wer alles drowe is.

WIRT:
Do sin emol drowe die zwee Kinner vun de Gräfin, e Bibche un e Mädelche.

PETER:
Wie alt sin dann die?

WIRT:
Der een werd achte sein, das anner sechs.

JÖRG:
Do henn se schun grad genunk Tyrianneblut en sich.

WIRTIN:
Was hen se?! Das sin e paar liewe, herzige Kinn, e paar brave.

JÖRG:
Do bringen mer Wein, un lossen eier Gosch aus 'em Speel!

HEINER:
Wer is *noch* drowe?

WIRT:
Dann is noch do, de Herr Kunz, wo friher Feldwaibel war bei de Landsknecht, sagt er; der fehrt's Kommando owe iwer d'Besatzung.

HEINER:
Was mache mer mit dem, wammern kriegen?

JÖRG:
Landsknecht war er? Do verdient er en ehrliche Dot. Ich bin aach Landsknecht gewest in Welschland drunne. Ich bin defor, 'aß mern Spießrute lääfe losse.

MICHEL:
Bravo! For en ehrliche Mann en ehrliche Dot.

HEINER:
Also is alles for Spießrute?

(Schweigen)

Also is kenner degege.

(Wirt erhebt sich)

WIRT:
Meine Herrn! Ich will Ihne emol ebbes weise.

(Geht zur Schenke)

Bawett, geb emol die Dafel her vum Herr Feldwaibel!

(Wirtin gibt sie ihm)

Also, meine Herrn, das sin die Schulle, wo der Herr Feldwaibel bei uns hot.

MICHEL:
Die gehn uns nix an.

JÖRG:
En Landsknecht dirf Schulle haun, so veel als er will, dessentwege derf er doch en ehrliche Doût sterwe.

PETER:
Schulle machen kenn ehrlicher Mann un-ehrlich!

JAB:
Jo, sell wär noch schenner.

ADAM:
Nix, er derf Spießrutelääfe.

PHILP:
Dessentwege brauche mern noch lang nit uffzuhenke.

(Große Unruhe)

WIRT *(sucht sich vergebens verständlich zu machen, indem er fortgesetzt beginnt):*
Meine Herrn! — Meine Herrn!

FRANZ:
Nee, er werd nit offgehenkt.

SEPP:
Unsereens hot ach Schulle, Gewitternochemol!

ANDREES:
Wammer sagen, er sell Spießrute laafe, no muß er Spießrute laafe.

KLAUS:
Wertshausschulle sin iwerhaupt kee Schulle.

WIRT:
Meine Herrn!

JÖRG:
Er brauch bloß Spießrute laafe. Fertig. Abgemacht!

PHILP:
Jo, sell meen ich awer ach.

HEINER *(sehr laut mit dem Hirschfänger auf den Tisch klopfend):*
Herrschaft, jetzt emol keen so en Spetakel gemacht! Mer meent jo, 's wär Kirwe un keen Kriegsrot dohenn. Ruhig jetzert, un lossen de Schofwert vorbringe, was er weeß.

WIRT:
Also, meine Herrn! Die Sach is eso. Ich ben jo gar nit defor, daß mer'n uffhenke, ich ben ach net defor, daß mer'n vierdeelen...

JÖRG:
Sell wär *noch* schenner!

WIRT:
Un ich ben ach nit defor, daß er in d' Spießrute kummt.

SEPP:
Witt en vielleicht rädere? Du Geldsuckler, du neidischer!

ANDREES:
Der mecht en am liebschte hexebrenne.

PHILP:
Nix, do werd nix draus!

HEINER:
Gewitter, jetzt ruuchen doch emol! De Schofwert hot ze redde und ehr henn 's Maul ze halle!

WIRT:
Jetzt lossen em doch emol zu Wort kumme! De Herr Feldwaibel soll iwerhaupt nit umgebrocht werre! Wie sellt ich dann sunscht zu meim Geld kumme?

JÖRG:
Des isch jo wohr, do hot er recht.

PHILP:
Do loßt sich nix degege sage.

WIRT *(zeigt wieder die Tafel vor)*:
Do gucken emol her, was ich noch alles vunnem zu gut hab! Serrer zwee Johr hot er noch keen halwe Kreizer bezahlt, gar nix, nit's Schwarz unnig 'em Nagel, un heit is er schun alles in allem 207 Taler schullig. – Bawett hoscht die siwwe Kreizer vun vorhin schun droffg'schriwwe?

WIRTIN:
Nee, die sin noch nit dabei.

WIRT:
Un drum meen ich, meine Herrn, mer sellt enn am Lewe losse. Awer bezahle muß er, sunscht bin ich fors Uffhenke.

JÖRG:
Also, do meen ich, mer lossen en lewe.

PHILP:
Meintwege kann er ach lewebleibe.

ANDREES:
Also gut! Do ben ich ach fors Lewelosse.

HEINER:
Meine Herrn! Ich mecht numme zu bedenke gewe, 'aß von so're Lebeschackerei gar nix steht in unsere Satzunge. Das kimmer also nit so eenfach abmache.

WIRT:
Satzunge hin, Satzunge her! Vun unsere Satzunge kriegt mer kee Schulle bezahlt!

JÖRG:
Meenscht am End vunnem alte Landsknecht?

WIRT:
Als noch ehder als wie vun eiere Satzunge.

HEINER:
Also, wer is defor, 'aß mer'm 's Lewe schenke, der sell sich in d'Heîch stelle!
(Alle stellen sich, auch der Wirt)

PETER *(zum Wirt)*:
Halt, du derfscht net mitstimme! Du hoscht en Vordel dran.
(Wirt setzt sich langsam)

HEINER:
Also, no't is mer's ach recht. Awer, 's geht gege d'Satzunge.
(setzt sich)

WIRTIN *(stemmt die Arme in die Seite und stellt sich neben Heiner)*:
Jetzt will ich eich emol ebbes sage. Is des jetzt ach noch e Recht un Gerechtigkeit, 'aß mer die Gräfin umbringt, weil se alles scheen un orndlich bezahlt, un de Feldwaibel loßt mer am Lewe, weil er Schulle hot wie en Musikant?
(Zu ihrem Mann)
Un do duscht du noch mit, du Reweller, du nixnutziger?!

ANDREES:
Was ben ich so froh, 'aß ich noch leddig ben.

HEINER:
Das hat alles keen Wert. Die Gräfin is e Tyrianneblut. Fertig! Un der Feldwaibel is en orndlicher Landsknecht.

JÖRG:
Bravo! Sell meen ich ach.

HEINER:
Also, meine Herrn, do wärn mer also dodemit fertig. Also emol, Proscht, meine Herrn!

(Alles trinkt)

ALLE:
Proscht!

PHILP:
De Bundschuck soll lewe hoch. Proscht!

KLAUS:
's Tyrianneblut muß fließe!

HEINER *(laut)*:
Geruucht, meine Herrn! Ja, was mache mer dann nocher mit de annere Leit vun de Besatzung owe, un mit de Knecht un de Weibsleit?

JÖRG:
Dot werrn se geschlage!

WIRT:
Meine Herrn! Ich meen, die Weibsleit sellt mer am Lewe losse.

PETER:
Jo, wann se scheen sin un jung.

(Lachen)

JAB:
Ja, dann bin ich ach defor.

(Lachen)

ANDREES:
Wann se so scheen sin wie do d'Schofwertin, bin ich ach fors Lewelosse.

WIRTIN:
Hallen eier Maul, die sin allminand scheener wie ich.

(Lachen)

PHILP:
Dann sin's jo lauter Engel.

HEINER:
Also gut, wann's Engel sin, wemmer se lebe losse. 's steht awer nix devun in de Satzunge. – Also, wer isch defor, daß mer ach d'Weibsleit umbringt?

SEPP:
Do de Michel vun Alteglan dohinne wär glei defor, wann sei Alti debei wär.

MICHEL:
Meini is ach kee *Engel!*

JÖRG:
Wann se so is wie du, dann hot se ach gar kee Talenter defor.

MICHEL:
Na, ich will der ebbes sa'n. Wann se aach nit grad e Engel is, dann is se doch e dichtig Weibsbild, wo em die Haushaltung in Ordnung halt.

HEINER:
Also, isch enner defor, 'aß mer se umbringen d'Weibsleit?

(Alles bleibt sitzen.)

Also gut. Fertig, abgemacht! –

JÖRG:
Ja, awer d'Gräfin werd geverdeelt, do isch nix se dippe.

WIRTIN:
Awer grad die is de scheenscht Engel, wu drowe is.

PHILP:
Awer Tyrianneblut hot se en sich.

ANDREES:
Sterwe muß se!

HEINER:
Do brauch mer gar kee Worte meh ze verliere, die esch schun so gut wie geverdeelt. Peter schreib's of.

WIRTIN:
Erscht missen ehr emol 's Schloß eingenumme hawe, un do kennen ehr eich noch en manche Stockzahn ausbeiße!

JAB *(zur Wirtin):*
Na, 's werd nit so schlimm sei – mit eierm Kopp kennt mer die Mauere dorch un dorchrenne, 'aß d'Steen numme so rumfliege.

(Großes Gelächter)

WIRTIN *(zum Wirt):*
Was?! Un du hockscht do un leidschd des, 'aß der do so freche Sprich kloppt, so unverschämte?

FRANZ:
Ei, lossen eier sieß Mailche aus unserm Kriegsrot draus!

WIRT:
Jetzt heeren uf ze uhze, 's hot jo kenn Wert!

(Fritz und Jockel treten ein)

FRITZ:
Gu'n Dag, beinaner!

PETER:
Gu mol, do sin se jo schun unser zwee Spionierer. Gu'n Dag!

HEINER:
Na, was henner ausg'spioniert minand?

FRITZ:
Also, ich un de Jockel do vun Danseberg, mer hann uns die ganz Gejend scheen angeguckt, de Grawe un die Mauere, Zugbrick un was mer alles so wisse muß.

HEINER:
Na, un?!

FRITZ:
Na, no't hammer gesiehn, daß . . .

HEINER:
Do sauf emol erscht!

FRITZ:
Also Proscht, ehr Herre!

PETER:
Da, Jockel, sauf mit *mer!*

JOCKEL:
Proscht!

FRITZ:
Na, also gut, do hammer halt gesiehn, daß mer das Schloß ganz leicht einnemme kann, wammers richtig anfangen.

JOCKEL:
Jo, 's is gar nix dabei. In Zeit vun zwee Stunn hammer die ganz Budscheeri.

(Großes Jubelgeschrei)

HEINER:
Ja, was meenen ehr dann, 'aß mer mache sell?

JOCKEL:
Also, ich un de Fritz do vun Rammelschbach hen 'es Schloß vun hinne betracht. Uf dere Seit is jo nit viel ze mache. Awer, liewer Gott, vorreher is de Grawe nit in Ordnung, un ich mach e Wettung, daß mer do eniwer kumme, ohne daß mer *een* Mann verleere.

JÖRG *(begeistert):*
Hann er's g'heert! Uhne, 'aß mer een Mann verlieren!

FRITZ:
Un, ach Gott, was hammer lache misse, die Zugbrick is jo gar nit mit Kette angemacht, am Wäschseel lossen se se erunner un enuf.
(Großes allgemeines Gelächter)
PHILP:
Jo, sell esch nit wohr!
JOB:
Jo, gehn eweg, ehr machen Spuchte!
FRITZ:
Also, wann ich's eich emol sa'. Wäschseeler han se dran.
ANDREES:
E Gewiddernochemol, hen ehr schun so ebbes g'heert?!
(Großes Gelächter)
HEINER:
Also, meine Herrn, do meen ich, hot's gar nit veel Wert, wammer lang Worde mache.
MICHEL:
Jo, do hupsen mer enei mit gleichlinge Fiß.
WIRT:
Meine Herrn! Ich meen, mer sellten uns die Sach am Enn doch nit so leicht vorstelle, dann wissen ehr, die Besatzung owe sin lauter kräftige un schneidige Mannskerl. Un was de Feldwaibel betrefft –
MICHEL:
Jo, bis die uf drei zähle kinn, sin se dotgeschlage.
KLAUS *(der aufgestanden ist und dem man schon die Betrunkenheit ansieht)*:
Tyrianneblut muß fließe!
WIRT:
Un wissen ehr, was de Feldwaibel betrefft, das isch e Kerl, wu schun ebbes mitgemacht. Der isch debeigewest, do . . . bei . . ., Bawett, wie sagt er als?
WIRTIN:
Beim Peutelsteiner Paß, sagt er als. Un do stellt er sich als so hin dezu un korgelt mit de Ääge wie'en Eidotter, 'aß mer Angscht kriege kinnt.
PETER:
Gewidder uf e Zitter, des esch jo e ganz Gefährlicher!
HEINER:
Jetzt emol nit soveel gebabbelt. Also, meine Herrn, wie mache mer's mit'em Sturm ufs Schloß?

FRITZ:
Do, de Jockel un ich han's schun ausgemacht, daß mer die Zuckbrick erunnerschneiden mitenanner.

(Großes Beifallsgeschrei)

ALLE:
Proscht Fritz. Proscht Jockel!

WIRT:
Un wer helft mer mit, de Wißbaam trage, fors Dor eneizebollere?!

JÖRG:
Do ben ich un de Philp do de Mann dezu.

(Erneutes Beifallsbrüllen)

HEINER:
Un ich mit meine Nußdorfer, mer stellen die Leetre an die Mauer.

(Beifall)

ALLE:
Proscht Hauptmann, Proscht Heiner!

KLAUS *(auf Michel deutend)*:
Un mer zwee schmeißen Feier ufs Dach.

PETER:
Bravo, do helf ich ach mit mei Gimmeldinger.

JAB:
Un mer Böchinger helfen 's Dor stereme.

ANDREES:
Un ich trag de Bundschuck.

FRANZ *(bezecht)*:
Un mer stellen de Galje uf.

KLAUS:
Bravo! Tyrianneblut muß fließe! Hoch de Bundschuck!

ALLE:
Hoch de Bundschuck!

(Geschrei)

HEINER:
Also, meine Herrn, do wäre mer also so weit. E jeder weeß, was er zu dun hat mit seine Leit.

FRANZ *(bezecht)*:
Mer stellen de Galje uf.

HEINER:
Was er mit seine Leit zu dun hat. Also un daß e jeder weeß: morje frih um neun Uhr geht's los. Hot enner ebbes dagege?

KLAUS:
Tyrianneblut muß fließe, um neun Uhr simmer do.

FRANZ *(lallend)*:
Mer stellen de Galje uf.

HEINER:
Also um neun Uhr is e jeder do vorm Wertshaus mit seiner Mannschaft. Un dann geht's los for Ruhm un Ehr vun de Bauersleit un for d'Freiheet un for d'Gerechtigkeet. Un bis mer morge owend widder zammekumme gitt's en Locke Tyrianne weniger in de Palz. Un jetzt, meine Herrn, wenn mer de Schwur ablege uf de Bundschuck, daß mer Blut un Lewe, Hab un Gut, Ehr un Seligkeet einsetze wenn for unser Sach. – Andrees, bring de Bundschuck!

(Andrees hält die Bundschuhfahne waagrecht, alle treten im Kreise drum herum und legen die linke Hand auf die Standarte, die Rechte halten alle zum Schwur aufgehoben.)

HEINER:
Also Gut un Blut, Weib un Kinn, Ehr un Seligkeet wemmer losse for Freiheet un for Gerechtigkeet!

ALLE:
For Freiheet un for Gerechtigkeet!

FRANZ *(lallend):*
Un mer stellen de Galje uf – de Galje uf.

PETER *(hat unterdessen die Zupfgeige vom Nagel geholt und beginnt zu singen. Sofort fällt alles ein)*

ALLE:
Wann emol die Baure greife zu de Waffe,
Dun se sich Recht un Gerechtigkeit schaffe.
||: Hunger un Dorscht un Elend heert uf,
Die Steiere un de Zehnte aach owedruff. :||

Herre un Junker, die dun mer verriwwele
Un unsern Korferscht, den dun mer schun zwiwwele
||: Schlesser un Kleeschter, die brenne wie Hei,
Daß mer aach merkt: de Bauer is frei. :||

Un wann die Städter es Dor nit ufmache,
Losse mer eenfach die Feldschlange krache.
||: Un aus de Stadtleit mache mer Brei,
Daß mer aach merkt: de Bauer is frei. — :||

(Während der Wiederholung des Refrains der letzten Strophe verlassen die Bauern das Zimmer. Der Refrain wird so lange wiederholt, bis alle fort sind. Der Wirt verläßt als letzter das Zimmer.)

WIRTIN *(heimlich zu ihrem Mann):*
Also, ich geh morge frih enuf ufs Schloß, wie ich der gesagt hab.
(Mit erhobener Faust)
Awer wart, *du* kriegscht dei Fett, wann de heem kummscht heit owend.
(Der Vorhang fällt)

II. Akt

Das Innere des Burghofes. Rechts (vom Zuschauer) das Tor

1. LANDSKNECHT:
Heiliger Sebastian! Das werd mer ebbes gewe. Ich meen als bis de Owend werre mer's gewahr werre, ob mer noch lewendig oder schun dot sin.

2. LANDSKNECHT:
Jo, 's is meiner Seel e Schann, wie alles so schlecht im Stann is do howe. Kee Grawe in Ordnung, die Zugbrick krumm un wackelig, die Mauere nit in Stann gehall —

3. LANDSKNECHT:
Dös kennst halt glei, daß a Weiberregiment is da herobn.

4. LANDSKNECHT:
Ja, 's wär besser, mer dät sich uf un devun mache un zu de Bauere gehn. 's hot jo kee Wert, dohinn ze warte, bis mer dotgeschla' werd.

2. LANDSKNECHT:
Hall dei Maul un du dich nit versinnige!

5. LANDSKNECHT:
Nee, sell wär e Schlechtigkeet vun uns.

1. LANDSKNECHT:
Das meen ich awer ach! Die Gräfin is orndlich ge'n uns, do missen meer aach orndlich sein gege die Gräfin.

4. LANDSKNECHT:
Jo, ich hab doch norre Spaß gehat. Mer meent jo doch norre.

6. LANDSKNECHT:
Dann dät ich awer doch liwer kee so Sprich kloppe, so iwerzwerche.

2. LANDSKNECHT:
Nee, dodefor hall ich doch die Gräfin zu hoch. Was kann dann die defor, daß se e Weibsbild is. Courage hot se for zeh' Mannsleit. Un wann se ach die Befeschtigung nit grad so in Stann halt wie sich's geheert, dodefor is se halt ach kee Mannskerl.

5. LANDSKNECHT:
Na, wissen ehr, wammer sich uf *Landsknecht* nimmi verlosse kennt, uf wen sollt mer sich dann do iwerhaupt verlosse kenne?

3. LANDSKNECHT:
Seid's stad, dr Feldwaibel kimmt ums Eck!

6. LANDSKNECHT *(leise)*:
Gewidder, heit macht er e Kopp wie am Peitelsteener Paß.

ALLE *(stehen auf und ziehen das Barett ab)*:
Gude Morge, Herr Feldwaibel!

KUNZ:
Guten Morgen, Leute. Wer hat die Nachtwache gehabt?

2. LANDSKNECHT:
Ich, Herr Feldwaibel!

KUNZ:
War alles in Ordnung? Hast du nichts Verdächtiges bemerkt?

2. LANDSKNECHT:
Nichts, Herr Feldwaibel!

KUNZ:
Hast du dir wohl wieder ein Schläfchen genehmigt?! Die Bauern sind doch schon im Ort.

2. LANDSKNECHT:
Jawohl, Herr Feldwaibel, 'es Lagerfeier vun de Baure hot die ganz Nacht gebrennt draus vorm Ort.

KUNZ:
Bong! Sonst war alles ruhig?

2. LANDSKNECHT:
Jawohl, Herr Feldwaibel.

KUNZ:
Also, meine Landsknechte, stellt euch in die Reihe.

(Ordnen sich schnell)

Stillgestanden!!

(Geht einige mal gravitätisch vor der Linie auf und ab, nachdenklich das Kinn stützend.)

Aufpassen!

(Pause)

Wir wollen diesen schweren und bedeutungsvollen Tag nicht beginnen, ohne daß ich an euch eine meiner zündenden Ansprachen halte. Stillgestanden! Aufpassen! Ihr alle seid alte, ausgediente Landsknechte. Jeder von euch ist schon mit unserm großen Obrist Jörg von Frundsberg zu Feld gezogen gen Welschland. Jeder von euch hat schon dem Feinde Auge in Auge gegenüber gestanden und seine Leiche in den Staub gestreckt, ohne zu zucken mit den Wimpern seiner treuen Landsknechtsaugen. Jeder von euch hat die Leichen seiner Feinde sich türmen sehen unter dem furchtbaren Ansturm der Schlachtlinie von die Landsknechte. Sagt, habe ich nicht recht, ihr wackeren Kriegsmänner?

LANDSKNECHTE:
Jawohl, Herr Feldwaibel!

KUNZ:
Diese feste Burg und unsere gnädige Frau Gräfin steht also in gutem Schutz, und wenn heute der wütende Bauernhaufe anstürmt gegen diese trutzigen Mauern, gegen diese Türme und dies Tor, so wollen wir fechten und nimmermehr wanken und die treue Kriegersbrust lieber dem Todesstoß der feindlichen Partisanen aussetzen, als mutlos unsere gütige Frau Gräfin im Stiche lassen. Ja, unsere Augen blitzen alle kampfesfreudig. Und jetzo wollen wir uns gegenseitig geloben, zu fechten bis zum letzten Tropfen unseres köstlichen Lebenssaftes, bis der reisige Feind abziehen muß unter Hohn und Spott, oder zu fechten bis unsere tapferen Leichen den weiten Burghof bedecken. Wollt ihr mir das schwören, ihr tapferen Kriegeshelden?

(Es klopft ans Tor)

2. LANDSKNECHT:
Herr Feldwaibel! Alleweil hat's am Tor gebollert.

KUNZ:
Donnerwetter! Wer kann denn das sein?! Es wird doch nicht gar der Feind sein! Ist denn keine Wache aufgestellt? Oder ist's die Wache selbst!

(Es klopft wieder etwas heftiger)

5. LANDSKNECHT:
Nee, Wache sin jo gar kee ausgestellt!

KUNZ:
Ja, um Gotteswillen, warum denn nicht? Ich habe es doch ausdrücklich angeordnet.

5. LANDSKNECHT:
Des isch jo alles recht un gut, awer die gnädig Fraa hot gesagt, die Wach sellt numme widder reinkumme, do dät mer die Baure numme nexe demit.

(Es klopft heftig)

KUNZ:
Um Gotteswillen, was für ein Spektakel. Das ist gewiß der Feind, der wut- und racheschnaubende Feind.

WIRTIN *(vor dem Tor):*
Gewitternochemol, jetzt machen doch of dodren!

3. LANDSKNECHT:
O mei, dös is jo a Frauenzimmer, hobt's ös nöt g'hört? I geh un mach auf.
(will gehen)

KUNZ:
Nein, um des Himmelswillen, bleib! Es ist eine Kriegslist, eine ganz verteufelte Kriegslist.

3. LANDSKNECHT:
Is scho wohr a, kunnt scho sei a!

(Es poltert noch lauter)

WIRTIN:
Herrgott, ich schlag eich 's ganz Dor nei, wann ehr net offmachen!

KUNZ:
Ha, ihr Mannen, hört ihr, wie der Feind schnaubt nach Blut und Mord? Auf, besetzet das Tor, senkt die Gewaffen, rucket vor! Marsch!

(Die Landsknechte senken die Spieße und stellen sich im Halbkreis um den Toreingang)

WIRTIN:
Vorwärts! Offgemacht!

(poltert)

KUNZ:
Rase nur, Feind! Rase und wüte wie des Donners Krachen.

(Zu den Landsknechten:)

Bleibet fest und unerschütterlich wie die Eichen Deutschlands! Ich werde mich unterdessen mit der gnädigen Frau Gräfin ins Benehmen setzen und einen Schlachtplan ausarbeiten, gewaltig, wie damals auf dem Peutelsteiner Paß. Aber laßt mir ja um Gotteswillen niemand herein, bis ich wieder erscheine.

(Schnell ab. Im Hintergrund:)

Wie auf dem Peutelsteiner Paß.

(Ganz in der Entfernung:)

Wie auf dem Peutelsteiner Paß!

Lieder

Anmerkungen des Herausgebers zu den Liedern

Bis zur Auffindung des Nachlasses von Paul Münch im Jahre 1980 (siehe P. M., G. W., Bd. 2, S. 7—10) waren Lieder des Autors nicht bekannt. Man konnte lediglich etwas darüber lesen in einem Brief von Dr. Arnold Lehmann, veröffentlicht zum 70. Geburtstag des Dichters in „Pälzer Feierowend. Kleine Hauspostille der ‚Rheinpfalz' für besinnliche und heitere Stunden", Jg. 1, Nr. 23, vom 10. Dezember 1949. Arnold Lehmann, Freund und Kollege von Paul Münch und Halbjude, den der Dichter während der Judenverfolgung in der Nazizeit unter höchster persönlicher Gefährdung versteckt und ihm so das Leben gerettet hatte, schreibt in diesem „Brief eines Freundes": „Denkst Du noch unserer Sturm- und Drangzeit, als wir kurz nach der Jahrhundertwende, in den unbeschwerten Jahren vor 1914, mit einem Dutzend Gleichgesinnter an Abenden schöner Geselligkeit Deinem Guitarrespiel und Deinen zarten und rauhen Liedern lauschten?" Oft schüttelte unser Dichter an Samstagen den Schulstaub ab und dann ging die Fahrt mit Rucksack, Seil und Kletterschuhen zusammen mit Georg Heeger, dem großen Kenner und Sammler des pfälzischen Liedgutes, und anderen Kletter- und Wanderfreunden z. B. in den Wasgau. In dem Brief Arnold Lehmanns heißt es weiter: „Als Frucht dieser Fahrten entstand Dein schönes, von Dir selbst vertontes ‚Wasgaulied' und die Erzählung der ‚Mär vom Fladenstein'" — letztere leider bis heute verschollen. Zum 10. Todestag von Paul Münch gedachte Arnold Lehmann, Oberstudiendirektor i.R., seines langjährigen Weggenossen und Freundes in der „Rheinpfalz" vom 31. 12. 1960 in einem Beitrag „Etwas vom ‚unbekannten' Paul Münch". Darin heißt es: „Viele Abende seiner Geselligkeit sind uns noch in Erinnerung, deren wir dankbar gedenken, wenn Paul, unser Paul, aus dem schier unerschöpflichen Schatz seiner meist selbstverfaßten Lieder uns mit seiner Sangeskunst erfreute."

Die meisten der Lieder von Paul Münch, die hier erstmals im Druck vorgestellt werden, fand der Herausgeber im Nachlaß. Ein weiteres („Ein geistlich Schlemmerlied") wurde ihm von anderer Seite zur Verfügung gestellt.

I. Text und Komposition von Paul Münch

Was bekümmert's mich,
wohin ich wandre
in so schöner Sommerzeit.
Ist's die eine nicht,
so ist's die andre
und was bekümmert's mich,
wohin ich wandre
morgen geht's in aller Früh,
morgen geht's in aller Früh.

Manuskript; Noten und Text; handschriftlich in schwarzem Notizbuch von 1912–1914; Nachlaß

Silbern ruht auf Gass' und Dach
hell des Mondes Schein,
dringt durchs dichte Rebendach
an ihr Fensterlein.
Kommet still zu ihr gegangen,
koset leise ihre Wangen
und die goldnen Löckelein.

Manuskript; Noten und Text; handschriftlich in schwarzem Notizbuch von 1912—1914; Nachlaß

Jetzt nun ist der Schluß gemacht,
Schönster Schatz, nun gute Nacht!
Zum Beschluß einen Kuß,
Weil ich von dir scheiden muß

Manuskript; Noten und Text; handschriftlich in schwarzem Notizbuch von 1912—1914; Nachlaß

Rosmarin

1. Es wollt ein Mädchen früh aufstehn,
wollt in des Vaters Garten gehn,
Rotröslein wollt sie brechen ab,
davon wollt sie sich machen
ein Kränzelein so schön,
ein Kränzelein so schön.

2. Es sollt ihr Hochzeitskränzlein sein,
dem feinen Knab', dem Knaben mein,
ihr Röslein rot, ich brech' euch ab,
davon will ich ihm winden
ein Kränzelein so schön,
ein Kränzelein so schön.

3. Sie ging im Garten her und hin,
statt Röslein fand sie Rosmarin,
so bist du mein Getreuer tot.
Kein Röslein ist zu finden,
kein Kränzelein so schön,
kein Kränzelein so schön.

4. Sie ging im Garten her und hin,
statt Röslein brach sie Rosmarin,
das nimm du, mein Getreuer, hin,
leg zu dir unter Linden
dies Totenkränzlein schön,
dies Totenkränzlein schön.

Manuskript; Noten und Text; handschriftlich auf Notenblatt; bezeichnet und datiert:
„P. Münch 1913"; Nachlaß

Ein geistlich Schlemmerlied

1. Weil ich ein froh Gemüte han
und einen leichten Sinn,
ja Sinn,
klagt Mucker mich und Pfaffe an,
daß ich ein Schlemmer bin,
ja bin.
Doch nur weil ich den Mammon hass',
lieg ich mit Fleiß am vollen Faß,
bis ich von Hab und Gut und Geld
genesen bin auf dieser Welt,
ja Welt.

2. Und nach dem Evangelium,
das Lukas hat verfaßt,
verfaßt,
hab ich das rechte Christentum,
das allen Mammon haßt,
ja haßt.

Auch was den leichten Sinn betrifft,
so halt ich's mit der heil'gen Schrift,
die keine Sorgen leiden mag
von einem auf den andern Tag,
ja Tag.

3. Und wenn der letzte Taler dann
die Kehle durchgerollt,
ja rollt,
hab ich ein christlich Werk getan,
das mir erschaffen sollt,
ja sollt
den Himmel und die ew'ge Ruh,
ein' ewiglichen Durst dazu
und volle Humpen tief und weit,
von Ewigkeit zu Ewigkeit.
Amen.

Variante
(musikalisch und textlich z. T. von der vollständigen Fassung abweichend):

>Weil ich ein froh Gemüte han
>und einen leichten Sinn,
>ja Sinn,
>klagt Mucker auch und Pfaffe an,
>daß ich ein Schlemmer bin,
>ja bin.
>Doch nur, weil ich den Mammon haß,
>lieg ich mit Fleiß am vollen Faß
>bis ich von Hab und Gut und Geld
>genesen bin auf dieser Welt,
>ja Welt.

Manuskript; Noten und Text; handschriftlich in zwei Fassungen auf zwei Notenblättern
a) mit drei Strophen; bezeichnet und datiert „P. Münch 1914"; früher im Besitz von Frau Gertrud Lorch
b) mit nur einer Strophe, z. T. von der vollständigen Fassung abweichend; unbezeichnet und undatiert; Nachlaß

Der schüchterne Jüngling

1. Es war ein Jüngling wohlgestalt'
mit rund dreitausend Mark Gehalt,
der hat ein Mägdlein gerne.
Er liebt es innig, treu und still,
es hatte achtunddreißig Mill(e)
und Äuglein wie die Sterne.

2. Er war so schüchtern, so verzagt
und niemals hat er es gewagt,
sie herzhaft zu liebkosen.
Oft hatte er den Vorsatz zwar,
doch wenn er wieder bei ihr war,
sein Herz fiel in die Hosen.

3. Ein andrer Jüngling, derb und stark,
doch nur mit achtzehnhundert Mark,
auch sonst recht minderwertig,
der wußte, wie man's machen muß,
er sah sie, gab ihr einen Kuß
und drückt sie ungebärdig.

4. Getäuscht[1] von solcher Stürmischkeit,
verliebte[2] sich in ihn die Maid
und zwar von ganzem Herzen.
Der andre Jüngling, grambewegt,
hat selber Hand an sich gelegt
aus[3] Liebesqual und Schmerzen.

---

[1] andere Fassung: Berauscht; [2] verlobte ... mit ihn ... und liebte ihn von Herzen; [3] vor

Zu „Der schüchterne Jüngling"

Manuskript; Noten und Text; handschriftlich in z. T. abweichenden Fassungen auf Notenblättern; eines davon bezeichnet und datiert „P. Münch 1919"; Nachlaß

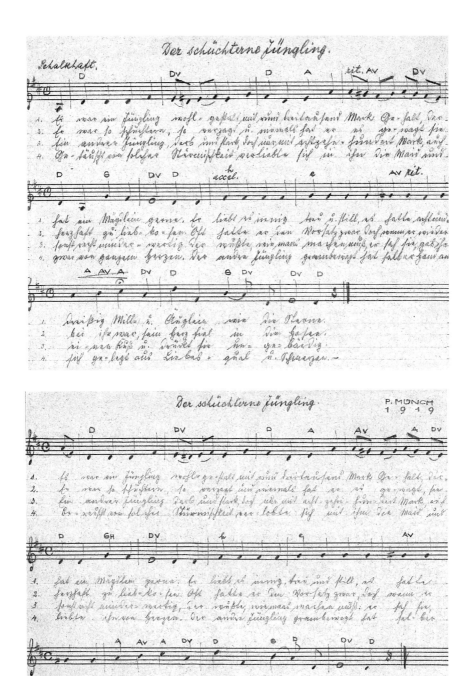

In ihrer Kemenaten

1. Wohl eine schöne, stolze (feine) Maid,
die hab ich mir errungen,
mein Lautenspiel, mein frohsam Art (froh Gemüt)
hat ihr das Herz bezwungen,
da ich in schwüler Sommernacht
ein minnig Liedchen dargebracht
vor ihrer Kemenaten.

2. Und, horch! Das Pförtlein tat sich auf,
wer kam daher gegangen?
Feinsliebchen war's und alsobald
hielt ich sie heiß umfangen,
und leise stiegen wir zu zwei'n
auf heimlich stillen Treppelein
zu ihrer Kemenaten.

3. Ist nur (Es ist) ein Stübchen klein (lieb) und traut,
darein mein Liebchen (Schätzlein) wohnet:
ein Tisch, ein Stuhl, ein blankes Bett,
darauf ein Himmel thronet.
Vom Fenster flutet Silber gleich
des Mondes Schimmer sanft und weich
durch ihre Kemenaten.

4. Der Mond ist ein verschwiegner Freund
von stillen Liebespaaren
und ein Geheimnis, das er kennt,
tut treulich er bewahren.
Und heilig gilt ihm auch das Glück,
das er erschaut bei seinem Blick
in ihre Kemenaten.

5. Und als der Tag im Osten bleicht,
der Hahn fing an zu krähen.
„Leb wohl, leb wohl, mein Maidlein schön,
nun muß ich von dir gehen!"
Ein letzter Kuß, ein letzter Blick,
und heimlich sacht schleich ich zurück
aus ihrer Kemenaten.

6. Wer ist's, der dieses Lied ersann
und sang nach neuer Weise?
Das tat ein froher Spielemann
der liebsten Maid zum Preise.
Bei allem, was er tracht' und dicht',
ist (bleibt) stets sein Sinn auf sie gericht'
und ihre Kemenaten.

Manuskript; Noten und Text; handschriftlich in z. T. abweichenden Fassungen auf zwei Notenblättern, eine weitere dritte Fassung davon nur mit 1. Strophe und ohne Titel; alle Fassungen unbezeichnet und undatiert; Nachlaß

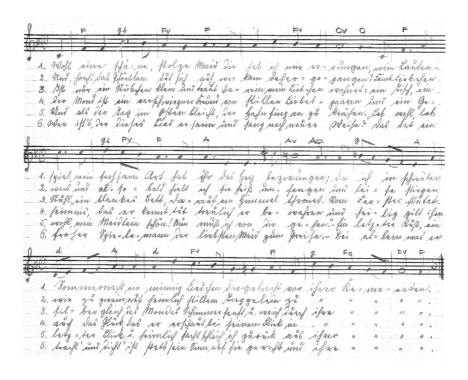

Ständche

1. Meim Schatz han ich e Lied gesung,
heit nacht, heit nacht.
Mei Gittar hat dezu geklung
so sieß, so sacht.
Der Mond nor un mei Schatz alleen
han mich gesiehn im Gaarde stehn
un han mich heere singe.
Tra-la-la ...

2. Un horch, ganz langsam geht die Deer,
so sacht, so sacht,
wer schleicht de Gaardepad doher
un winkt un lacht?

Jetzt fallt der Mondschein hell un klor
uf ihr Gesichtche un ihr Hoor,
es is mei Schatz, mei guter.
Tra-la-la ...

3. E Amschel hat im Busch gesung,
heit nacht, heit nacht
bis an die Morge-Dämmerung,
so sieß, so sacht.
Un Mond un Amschel han zu zwett
belauschtert unser Seligkeet
am Hollerbusch im Gaarde.
Tra-la-la ...

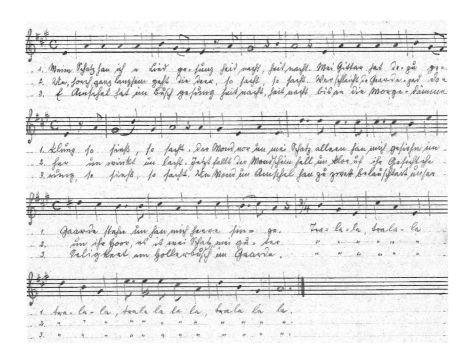

Manuskript; Noten und Text; handschriftlich auf Notenblatt ohne Titel, unbezeichnet und undatiert; Vertonung des Gedichtes „Ständche" aus „Mei Herzerweiterung" (siehe P. M., G. W., Bd. 1, S. 251—252) mit z. T. abweichendem Text; Nachlaß

Bauremädche, nemm dich zamme!

1\. Bauremädche, nemm dich zamme!
Geb mer norre acht!
So e Herz steht glei in Flamme,
wammer's nit bewacht.
Wie e Dieb
kummt die Lieb
leis un sacht
iwer Nacht.
Bauremädche, hüt dich wohl!
So e Herz is ball gestohl.

2\. Hüt' dich vor de feine Herre
un vor ihre Sprich!
Wann die Stadtleit freindlich werre,
das sein lauter Schlich.
Dere Sort
glaab kee Wort,
dann's is jo
doch gelo'!
Bauremädche, sieh dich vor!
Mancher hat schun falsch geschwor.

3\. Doch mei Baureborsch, die lob' ich,
das sein brave Leit.
Sein se aach als grob un klobig,
sein se doch gescheit!
Baureblut
brav un gut.
Städter-Art
falsch un zart.
Bauremädche, iwerle':
Korz die Lieb un lang die Eh.

Manuskript; Noten und Text; handschriftlich auf zwei Notenblättern; jeweils Abweichung in der 3. Strophe; beide Fassungen bezeichnet „P. Münch"; undatiert; Vertonung des Gedichtes „So e Herz is ball gestohl" aus „Mei Herzerweiterung" (siehe P. M., G. W., Bd. 1, S. 272—273) mit kleinen Textabweichungen; Nachlaß

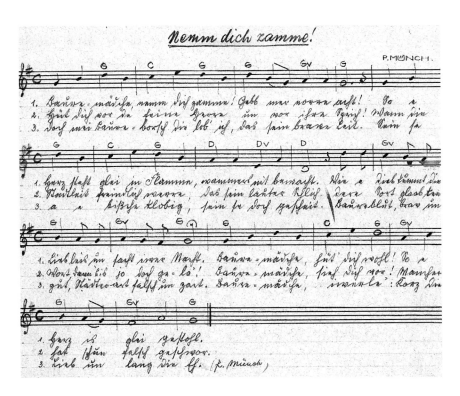

Wasgau-Lied

Heraus aus Stadt und Stubenluft
der Wasgau schwelgt im Blütenduft
und frischem Grün der Wälder.
Schon singt's und jubelt's im Gehölz,
und trutzig schaut der Drachenfels
auf segenschwangre Felder.
Sei Gott mit dir, du schöne Au,
du (mein) lieber deutscher Wasgengau,
o (mein) Wasgengau!

O Busenberg, du trautes Nest,
mit deiner Linde breit Geäst,
dir schlägt mein Herz in Minne.
In deiner Gassen Sonntagskleid
ein Bild von deutscher Friedsamkeit
und deutschem Biedersinne.
Sei Gott mit dir, du schöne Au,
du (mein) lieber, deutscher Wasgengau,
o (mein) Wasgengau!

Hoch in des Äthers Blau hinein
Ragt wild und kühn der Wasgenstein,
Umrauscht von grauen Sagen.
Und alte Märe wird uns kund
von Walter und von Hildegund
und von dem grimmen Hagen.
Sei gott mit dir, du schöne Au,
du (mein) lieber deutscher Wasgengau,
o (mein) Wasgengau!

O Wasgenwald, o Burgenpracht,
die ihr die Menschen fröhlich macht,
zu wandern und singen.
Deutsch bleibst du wie das Herz in mir,
deutsch bleibst du trotz des Franzmanns Gier,
es soll ihm nicht gelingen.
Sei Gott mit dir, du schöne Au,
du lieber, deutscher Wasgengau,
o Wasgengau.

Manuskript; Noten und Text der 1. und einer weiteren (4.) Strophe handschriftlich auf Notenblatt; unbezeichnet, undatiert und ohne Titel; Nachlaß. Außerdem: 1. Strophe handschriftlich in Kalender von 1918/19; Nachlaß. Und: Strophen 1–3 mitgeteilt von Arnold Lehmann in „Rheinpfalz" vom 31. 12. 1960. — Datierung nach Arnold Lehmann: „vor 1914"

Pfälzer Landsknechtslied

Der erste Föhnwind weckt die Welt,
Da zieht der Landsknecht in das Feld,
Zum Kampfe anzutreten.
Gen Welschland ist der Marsch gericht'.
O Pfälzer Maid, vergiß mein nicht
Un schleuß mich in dein Beten!

Durch Städtlein und durch Dörflein viel
Ziehn wir mit Trumm und Pfeifenspiel,
Gar stattlich anzuschauen.
Aus Tür und Fenstern beiderseit
Winkt manche minnigliche Maid
Und manch holdselig Frauen.

Ob auch im fernen Welschland hier
Die Maidlein und die Frauen mir
Viel heiße Blicke schenken,
So geht mein Sinnen doch allein
Zu dir, mein Pfälzer Maidelein.
Woll' du auch mein gedenken

Manuskript; handschriftlich, ohne Noten; bezeichnet „Paul Münch", undatiert; in Umschlag „Gedichte und gedichtete Briefe an Friedel" im Nachlaß. — Wohl auf die Melodie des „Wasgau-Liedes" zu singen

Der Schnapphahn

1. Mein Hab und Gut ist ganz verpraßt;
nun bin ich ledig aller Last,
ein Strolch von Gottes Gnaden.
Mein Bett steht auf der blum'gen Au,
des Winters bei der Kuh und Sau
wohl zwischen Dreck und Fladen.

2. Als Schnapphahn find ich mein' Erwerb,
mein Wanst wird rund und fett und derb
wie eines Pfaffen Ranzen.
Denn, was ich brauch an Trunk und Fraß,
das han ich nun im Übermaß,
mir einen Bauch zu pflanzen.

3. Ich pfeif auf jed Gesetz und Recht,
auf Schergen und auf Büttelknecht,
mein Recht sind die Pistolen.
Und wenn ich einst am Galgen henk —
und krieg ich als ein Lump die Kränk,
mag mich der Teufel holen.

4. He! Wirtin, schenk die Gläser voll!
Heut sauf ich mich noch voll und toll,
bis sich die Wände drehen.
Denn bald vielleicht als stinkig Aas
gereicht mein fetter Wanst zum Fraß
den Raben und den Krähen.

Manuskript; Noten und Text; handschriftlich auf Notenblatt; unbezeichnet und undatiert; Nachlaß

Ein Strolchlied

Mein Hab ist hin, mein Gut und Geld.
Juchhei! Nun fahr ich in die Welt,
Ein Strolch von Gottes Gnaden.
Für Nachtquartier und täglich Brot,
Da sorgt der liebe, treue Gott,
Der läßt die Äpfel wachsen
Und fette Schweinehaxen.

Das Kleid, so mir am Leibe hängt,
Ward mir von milder Hand geschenkt,
Die Weste, Wams und Hose.
Die Stiebeln und das Hütlein fein,
Die fand ich an dem Straßenrain
Und trag sie jetzt in Ehren
Als ob sie neue wären.

Mein treustes Liebchen, das ich han,
Die Laute ist's mit Bändern dran,
Sie führ ich unterm Arme.
Und sitz ich wo im weichen Moos,
Nehm ich sie traulich auf den Schoß,
Dann singen wir zu zweien
Wie Vögelein im Maien.

Allein in kalter Winterzeit,
Wenn rauh der Wind, wenn's friert und schneit,
Dann ist's ein traurig Wandern.
Doch wenn im Herbst die Zwetschge blaut,
Wenn reif die Rübe und das Kraut,
Das ist für Herz und Magen
Ein wonnig Wohlbehagen.

Mit keinem Bürger in der Stadt,
Und wenn er auch Millionen hat,
Möcht ich mein Dasein tauschen.
Denn Haß und Mißgunst sind mir fremd.
Und hab ich auch kein sauber Hemd,
Heidi! Was soll das schaden
Dem Strolch von Gottes Gnaden?

Manuskript; handschriftlich ohne Noten; datiert und bezeichnet „20. Juni 17. P. M."; Nachlaß

O schöne, wonnige Frühlingsnacht!

1. O schöne, wonnige Frühlingsnacht,
da unsere Herzen sich fanden,
als ich im Gärtlein vor dem Tor
mein Lieben dir gestanden.
Du botest mir zum Kuß den Mund,
Juchhei! Da ward mein Herz gesund
in jener seligen Stund.

2. O schöner, wonniger Frühlingstag!
Wir wanderten fröhlich zu zweien
und träumten von der Liebe Glück
und ringsum blühte der Maien
und ew'ge Treue schwur dein Mund.
Juchhei! Das war ich von Herzensgrund
glückselig in jener Stund.

3. Es war ein sonniger Erntetag,
froh kehrte ich heimwärts vom Wandern,
da stand im Gärtlein vor dem Tor
mein Lieb bei einem andern.
Gelogen hat ihr falscher Mund.
O Gott! Mein Herz ist gar so wund,
so weh seit jener Stund.

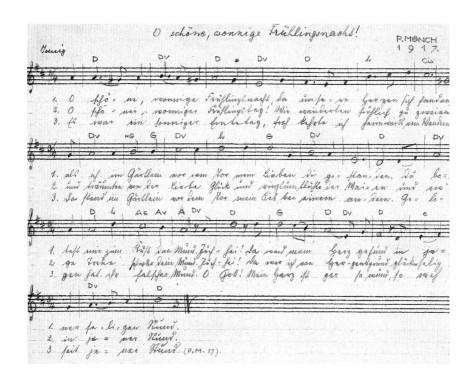

Manuskript; Noten und Text; handschriftlich auf Notenblatt; bezeichnet und datiert
„P. Münch 1917"; Nachlaß

Vermißt

1. Ein einsam Plätzchen tief im Wald,
da blühen die Blumen mannigfalt,
dort bist du mein geworden.
Und der Maientag lachte, die Waldvögelein
frohlockten dazu und sangen darein
und jubelten allerorten.

2. Als reif im Feld der Roggen stand,
da rief zum Kampfe das Vaterland,
da mußt er von ihr scheiden.
Und sie schmückt ihm mit Rosen den Helm und die Wehr,
stolz blickte ihr Auge, doch das Herz war ihr schwer,
dann zog er gen Welschland zum Streiten.

3. Leis fielen die Flocken vom Himmel herab,
da fielen sie auch auf ein schmucklos' Grab,
dort ist ein Tapfrer geblieben.
Doch im Kämmerlein weint um die selbige Zeit
ein Mägdlein vor bitterstem Herzeleid:
ihr Liebster hat nicht mehr geschrieben.

Manuskript; Noten und Text handschriftlich auf Notenblatt, bezeichnet und datiert „P. Münch 1917"; Nachlaß

Es starb einmal ein Pfälzer Mann

Es starb einmal ein Pfälzer Mann,
Mit Sünden schwer beladen.
Er klopfte an der Hölle an,
Der Teufel hat ihm aufgetan,
Ihn knusperig zu braten.
Er knufft (pufft) ihn, daß die Schwarte knackt
Und hat ihn wütend angepackt
An seinem Kamisole
Mit höllischem Gejohle.

Der Pfälzer hub in seiner Not
Zu boxen an und raufen,
Sie wurden beide blau und rot
Und drückten sich schier mausetot
Und konnten kaum mehr schnaufen.
Der Teufel aber ist ein Schuft,
Er hat gekitzelt und gepufft
Und mit dem Bein gehackelt;
O weh! Da hat's geschnackelt.

Es fiel der arme Pfälzer — bauf! —
Auf seinen breiten Hintern.
Der Teufel hub den Ärmsten auf,
Setzt ihn auf einen Stuhl hinauf,
Ihm seinen Schmerz zu lindern.
Ach, war mein Pfälzer da blamiert,
Denn auf den Stuhl war Pech geschmiert
Und dies klebt durch die Hose
Bis auf die Haut, die bloße.

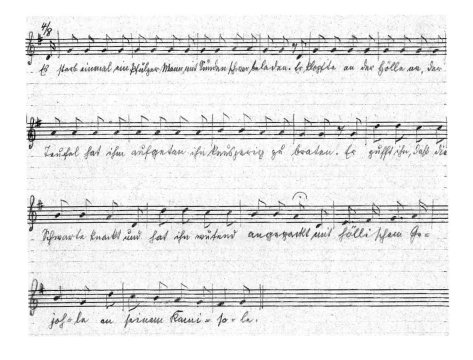

Manuskript; Noten und Text der 1. Strophe handschriftlich auf Notenblatt; unbezeichnet, undatiert und ohne Titel; Nachlaß. — Lied (3-strophig) aus „Pfälzers Höllen- und Himmelfahrt" (siehe P. M., G. W., Bd. 1, S. 296—298)

Es starb einmal ein Bretzelbu

Es starb einmal ein Bretzelbu, bri bra, bri bra, Bretzelbu,
Zu Speyer an dem Rheine.
Kaum hatte er die Augen zu,
Da kam der Teufel Beelzebu, bi ba, bi ba, Beelzebu,
Packt ihn beim Hammelbeine.

Jedoch der Speyrer Bretzelbu, bri bra, bri ba, Bretzelbu,
Der war ein starker Lümmel.
Er boxte wie ein Känguruh,
Vermöbelte den Beelzebu, bi ba, bi ba, Beelzebu
Und fuhr alsdann zum Himmel.

Vorm Tore stand der Bretzelbu...
und tat um Einlaß pochen.
Sankt Peter sprach: „Pfui, stinkest du!
Fahr du hinab zum Beelzebu, ...
Der mag dich gründlich kochen."

Der arme Speyrer Bretzelbu...
Erhub ein groß Gezeter:
„Remigius, so hilf mir du,
Errette mich vom Beelzebu, ...
Und von dem heil'gen Peter!"

Remigius sprach zum Bretzelbu: ...
Laß ab von deinem Schrecken!
Geh mit mir in die ew'ge Ruh.
Wir pfeifen auf den Beelzebu ...
In unserer Pfälzer Ecken.

Nun sitzt der Speyrer Bretzelbu...
Trotz seiner Missetaten
Gemächlich in der ew'gen Ruh,
Anstatt beim Teufel Beelzebu...
Im Brotzeltopf zu braten.

Manuskript; Noten und Text der 1. Strophe, unvollständig, handschriftlich auf Notenblatt; unbezeichnet, undatiert und ohne Titel; Nachlaß. — Lied komplett aus „Pfälzers Höllen- und Himmelfahrt" (siehe P. M., G. W., Bd. 1, S. 352—353)

Manuskript; Noten und Text der 1. und 2. Strophe handschriftlich auf Notenblatt; unbezeichnet, undatiert und ohne Titel; Nachlaß. — Außerdem: Abdruck mit Noten und 4 Strophen und einer Zeichnung; bezeichnet „P. Münch" in „Kaiserslauterner Heimatbrief an unsere Soldaten", Nr. 23 und 24, Nov./Dez. 1941; Original-Druckvorlage im Besitz der Tochter von Dr. Hermann Moos, Frau Ilse Rohnacher. Und: Manuskript; handschriftlich; fünf Strophen mit Varianten; Nachlaß

Die schönen Kanoniere

1. Die schönen Kanoniere, da kann das deutsche Heer die schönsten Leute nur beziehen von ganzem Militär. Und wenn wir's in das Musterung fahre, da tut der Habtacht und bescht und sagt: "Den nehmen wir-a-ir zum schönen Kanonier."

2. Wir schönen Kanoniere
Wir sind weit und breit
Vor all den Herren Soldaten
Die allerschönsten Leut';
Wohl an Gestalt und im Gesicht
Kein schöner Leute findt man nicht,
Drum sind uns treu wie Go-o-old
Die Mädchen so hold.

3. Nie Schöners kann's nicht geben
Auf dieser weiten Welt,
Als wenn wir's mit dem Mörser
Marschieren in das Feld,
Da kommt das Mädchen heraus
Und küßt uns fast den Schnurrbart ab
Und weint und spricht zu mi-a-ir:
"Leb' wohl, mein Kanonier!"

4. Und draußen in dem Feld
Wohl in der heißen Schlacht
Da schieß ich mit dem Mörser,
Worauf es knallt und kracht
Und jedesmal bei jedem Schuß,
Da denk ich an Feinsliebchens Kuß,
Den wo sie mir so za-a-art
Küßt hat in stiller Nacht.

5. Und kehr'n wir nach dem Kriege
Zurück in die Kasernen,
Wie freut sich da das Mädchen,
Wie weint es schon von fern
Und drückt mich stolz an ihre Brust
Und spricht: "Ja du bist meine Lust,
Ja, ich bin stolz mit di-a-ir,
Mein schöner Kanonier!"

II. Text von Paul Münch, Komposition von anderen

Kneip-Lied
Seiner lieben F.V.M.K. gewidmet von ihrem P. Münch.
Musik von K. Soyter.

1.
Höher schlägt das Herze mir
Wie von junger Liebe,
Wenn von meiner Bude ich
Auf die Kneipe schiebe;
Denn in froher Freunde Kreise,
Bei der Lieder hehrer Weise
Leg' die Sorgen ich zur Seite,
|: Und ich schwimm in eitel Freude. :|

2.
Euch, ihr Freunde, bringe ich
Meinen ersten Becher:
Treue Freundschaft lebe hoch!
Stoßet an, ihr Zecher!
Wohin das Geschick uns trage,
Wohin es auch uns verschlage,
Unsre Herzen bleiben nah.
Prosit! Hoch F.V.M.K.!

3.
Wenn zu Ehren freier Kunst
Froh der Humpen kreiset,
Wenn ein Rundgesang erbraust,
Der die Freundschaft preiset:
Dann stimm' ich in den Gesang
Ein mit urgewalt'gem Klang
Und der Humpen bis zum Grund
Fließt durch meines Halses Schlund.

4.
Wenn ein lust'ger Bierquatsch steigt
Urfidelen Stiles,
Danken wir nach uns'rer Art
Mächtigen Gebrülles.
Und ist trocken dann die Kehle
Durch des Beifalls laut Gegröhle
Leere ich auf einen Zug
Bis zum Boden meinen Krug.

5.
Wenn auf holder Mägdlein Wohl
Laut die Gläser klingen,
Eilt mein Herz zu ihr zum Rhein
Auf der Sehnsucht Schwingen.
Und ich träume, in die blauen,
Treuen Augen ihr zu schauen,
Und von ihren holden Lippen
Höchste Seligkeit zu nippen.

6.
Jetzt erschallt ein mächt'ger Chor
Zu der Freundschaft Preise,
Wehmut steigt in mir empor
Bei der lieben Weise.
Denn, ach, schon in wenig Tagen
Muß der Freunde ich entsagen,
Als Philister, alt und fad,
Zieh' ich aus der Musenstadt.

7.
Doch was hilft's, wenn ich mir jetzt
Trennungsschmerz bereite,
Noch bin ich ja unter euch,
Noch blinkt mir die Freude;
Allen Kummer, alle Sorgen
Spare ich mir auf bis morgen,
Denn den Augenblick, den süßen,
Will ich ungetrübt genießen.

8.
Nur der Kater morgen früh
Ängstigt mich gewaltig,
Wenn er mir im Schädel rast,
Wild und ungestaltig.
Durch die nöt'ge Anzahl Schoppen
Wird auch diese Angst gehoben,
Wenn die Welt mit großer Schnelle
Wirbelt wie im Karusselle.

9.
Rosenfing'rig schon entsteigt
Eos ihrem Pfühle.
Ach! Mein Anblick weckt in ihr
Heißes Mitgefühle.
Denn des Hauses harte Schwelle
Dient mir heut als Bettgestelle;
Mitleidsvoll mit meiner Qual
Küßt sie mich mit güld'nem Strahl.

Einblatt-Druck; ohne Noten; Datierung (d. Hrsg.): vor 1902; Nachlaß. Außerdem Manuskript; handschriftlich mit Abweichungen im Text in hellbraunem Notizbuch, Nachlaß

Wenn mich die Sorgen plagen,
Wenn mich ein Kummer drückt,
Wenn wild mir an den Kragen
Der Gott-sei-bei-uns rückt,
Dann treibt's mich von der Bude fort
Zum heiligsten und hehrsten Ort
Zur Kneipe, zur Kneipe.

Dort mag die ganze Hölle
Sich setzen zu mir her,
Ich weich nicht von der Stelle
Und fürchte mich nicht sehr.
Ich setze ans Präsidium mich
Und dann eröffne lässig ich
Die Kneipe, die Kneipe.

Manuskript; handschriftlich; ohne Noten, in hellbraunem Notizbuch; Nachlaß

Stell ich mir den Himmel
Noch so herrlich vor,
All die sel'gen Engel
Und das güldne Tor,
Mit verklärtem Leibe
All der Englein Schar,
Dann bleibt doch die Kneipe
Schöner mir fürwahr.
Sitz ich dort beim Biere
In der Freunde Kreis,
Tausch' selbst mit dem Herrgott
Ich um keinen Preis.

Manuskritp; handschriftlich; ohne Noten in hellbraunem Notizbuch; Nachlaß

Fahrende Schüler
(Melodie: „Ein Rattenfänger...")

Fahrende Schüler
Ziehen durchs Land,
Staubige Brüder,
Sonnenverbrannt;
Leer ist der Beutel,
Voll ist das Herz,
Übervoll Freude,
Leichtsinn und Scherz.
Fehlt's auch an Batzen,
Kundengeschlecht
Trägt Gold im Herzen;
Das nur ist echt!

Früh kräht der Gockel,
Flugs aus dem Nest,
Eh' noch Frau Sonne
Schauen sich läßt,
Und wir marschieren,
Singen so brav,
Wecken die Leutchen
Schnöd' aus dem Schlaf.
Ja, wenn wir so singen
Früh gar so fein,
Muß selbst ein Vogel
Neidisch schier sein!

Wir Wandervögel
Ziehen so frei
Hierhin und dahin
Ganz einerlei.
Ladet zum Bade
Kühlende Flut,
Wär' es doch schade,
Wenn man's nicht tut.
Also die Stunden
Herrlich vergeh'n,
So ungebunden
Lebt sich's halt schön!

Knurrt uns der Magen,
Machen wir Rast,
Laden einander
Freundlich zu Gast;
Zünden manch Feuer
Drinnen im Wald,
Kochen und schmoren
Auf grüner Hald.
Läuft dann der Förster
Zornig daher,
Wandern wir weiter
Kreuz und die Quer!

Vagantenleben
Hat seinen Reiz,
Sag' nicht, wir lernten
Nicht viel Gescheit's;
Lernen uns finden
Allein zurecht,
Paßt es zuweilen,
Auch noch so schlecht;
Niemals verläßt uns
Fröhlicher Mut.
Sind Wandervögel,
Lustiges Blut!

bezeichnet „P. M." Melodie: „Ein Rattenfänger..."; Abdruck — ohne Noten — in „Der Wandervogel. Zeitschrift des Bundes für Jugendwanderungen. ‚Alt-Wandervogel'", 4. Jg., Sept. 1909, Nr. 9, S. 185

Pfalzweinlied

Hab so manches schöne Land
Heiter'n Sinn's durchzogen,
Fand die Herzen überall
Munter'm Gast gewogen.
Fröhlich geh'n die Herzen auf,
Sitzt man fest beim Weine.
Doch am besten trinkt sich's doch
In der Pfalz am Rheine.

Nirgends ist man aufgelegt
So, wie hier, zu Scherzen,
Liegen auf der Zunge doch
In der Pfalz die Herzen.
Kühl der Kopf, die Herzen warm,
So bei Groß, wie Kleine.
's lebt ein prächt'ger Menschenschlag
In der Pfalz am Rheine.

Daß so ganze Kerle hier
In dem Ländchen leben,
Danken wir dem Pfälzer Wein,
Danken's seinen Reben.
Rassig, wie der Pfälzer ist,
Würzig, klar und feine,
Also ist ja auch der Wein
In der Pfalz am Rheine.

Drum ein Hoch dem Pfälzer Wein,
Keiner hält ihm stande,
Wächst ein guter Tropfen auch
In manch ander'm Lande.
Ungstein, Deidesheim und Forst,
Perlen aller Weine!
Solch ein Tröpflein wächst halt nur
In der Pfalz am Rheine.

Einblatt-Druck; ohne Noten; bezeichnet: Singweise: „Keinen Tropfen" mit handschriftlichem Zusatz „Als ich schlummernd (= „Die Lindenwirtin", K.: Franz Abt; Studentenlied, Kommersbuch); Nachlaß

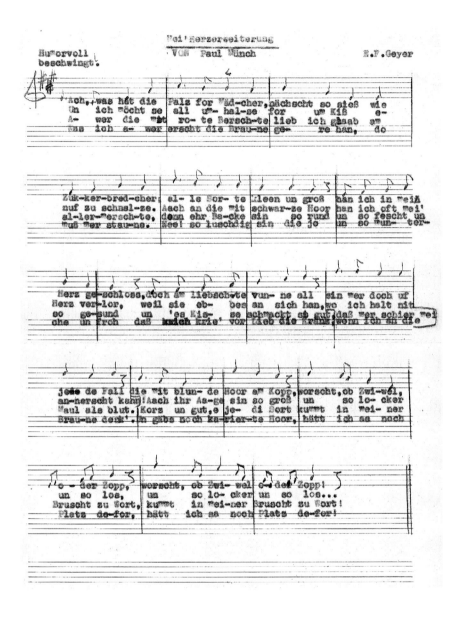

Komposition nach 1945; Text vgl. P. M., G. W., Bd. 1, S. 225—228; Original im Nachlaß. Abdruck in „Westrich-Kalender" 1965, S. 130 ff.

Pälzer Mädche, nemm dich zamme

Text: Paul Münch
Komposition: E. F. Geyer

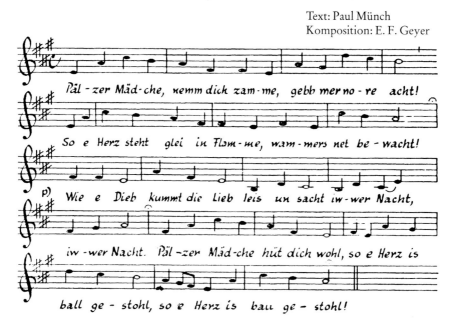

Päl-zer Mäd-che, nemm dich zam-me, gebb mer no-re acht!
So e Herz steht glei in Flam-me, wam-mers net be-wacht!
Wie e Dieb kummt die Lieb leis un sacht iw-wer Nacht,
iw-wer Nacht. Päl-zer Mäd-che hüt dich wohl, so e Herz is
ball ge-stohl, so e Herz is bau ge-stohl!

Hüt' dich vor de feine Herre un vor ehre Sprich!
Wenn die Fremde freindlich werre, das sein lauter Schlich!
Dere Sort glaab kee Wort, alles Lug : un Betrug :
Pälzer Mädche, iwwerlee: : Korz die Lieb un lang die Eh! :

Nach Beendigung der 2. Strophe sprechen: „Drum" und dann die 1. Strophe wiederholen.

Text vgl. P. M., G. W., Bd. 1, S. 272—273; Original im Nachlaß. Abdruck im „Westrich-Kalender" 1965, S. 130 f.

Ständche

Paul Münch

Ein pfälzisches Liedlein

für eine Singstimme mit Klavier komponiert

von

Erich Kahl.

Zu dieser Partitur:
Auch abgedruckt in „Unsere Pfalz. Blätter. . . . Heimat-, Wirtschafts-, Kultur- und Literaturgeschichte der Pfalz" Nr. 7, Kaiserslautern, 8. September 1923, Beilage zu „Pfälzer Volksbote" – „Westricher Tageblatt"

Ständche.
(P. Münch.)

Ein pfälzisches Liedlein für eine Singstimme mit Klavier.

Komposition Erich Kahl 1923; Partitur; Nachlaß. — Vgl. Text in P. M., G. W., Bd. 1, S. 251—252
Text auf Rückseite der Partitur: „Verlag Studienrat Erich Kahl, Kaiserslautern. Druck der Buchdruckerei ‚Pfälzer Volksbote' A.-G., Kaiserslautern"

Komposition R. W., „geschrieben 14. 8. 46"; Original im Nachlaß

Partitur; handschriftlich; Nachlaß

III. Komposition von Paul Münch, Text von anderen

Langemarck
Melodie: P. Münch, Text: W(illi) Vesper

1. Wir haben ein Grab gegraben
für lauter junge Knaben,
ist jeder noch ein Kind.
Sie liegen in langen Reihen
und auch zu zweien und dreien,
wie sie gefallen sind.

2. Sie haben so tapfer gestritten,
den bittern Tod erlitten,
getrunken als wäre es Wein.
Sie liefen mit Gesange,
es war ihnen gar nicht bange,
weit in den Feind hinein.

3. Sie warfen ihn über die Yser,
da blühten Lorbeerreiser
ringsum im flandrischen Feld.
Und noch im Taumel des Falles
klang Deutschland über alles,
über alles in der Welt.

4. Und nicht eine Hand voll Erden
soll ihnen nun davon werden,
sie liegen im fremden Land.
Das macht ihnen keinen Kummer,
weil jeder im tiefen Schlummer
die ew'ge Heimat fand.

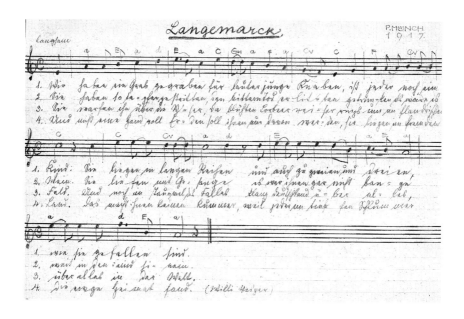

Manuskript; handschriftlich auf zwei Notenblättern; musikalisch z. T. voneinander abweichend; beide bezeichnet und datiert „P. Münch 1917"; Nachlaß

Der Posten

Text: Fr. Langheinrich, Melodie: P. Münch

1. Ich stehe vor dem Feind auf Wacht.
Der erste Reif fällt diese Nacht.
Der löscht vor meiner Liebsten Haus
wohl manche schöne Blume aus,
ja Blume aus.

2. Die blanke Waffe fest zur Hand
späh' ich hinaus ins dunkle Land.
Dort liegen Blumen kalt und tot,
die blühten früh noch frisch und rot,
noch frisch und rot.

3. Der scharfe Frost, der sie geknickt,
der hat auch mir ins Aug' geblickt.
Mein Leben liegt in deiner Hand,
mein Vaterland, mein Vaterland,
mein Vaterland.

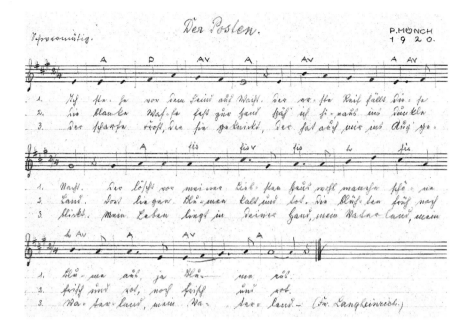

Manuskript; handschriftlich auf zwei Notenblättern; Text und Komposition identisch; bezeichnet und datiert „schwermütig" (a) bzw. „mit Gefühl" (b) „P. Münch 1920" (beide): Nachlaß

Dragonerart

Melodie: Paul Münch, Text: Kurt Siemers

1. Wisch dir die Tränen vom Gesicht!
Mein Schatz, du bist die erste nicht,
die ich ans Herz gedrückt.
Es ist bei den Dragonern Brauch,
daß man von jedem Rosenstrauch
die schönste Blume pflückt. —

2. Dragoner reiten pfeilgeschwind
und ihre Treu verfliegt im Wind,
das ist Dragoner Art.
Verlang von dem Dragoner nicht,
daß er dir von der Ehe spricht
und dir die Treue wahrt.

3. Der Mädchen Freud, der Feinde Schreck,
Dragonertreu hat keinen Zweck,
wir haben keine Zeit.
Und reiten wir zum Tor hinaus,
so ist auch unsre Liebe aus;
leb wohl in Ewigkeit.

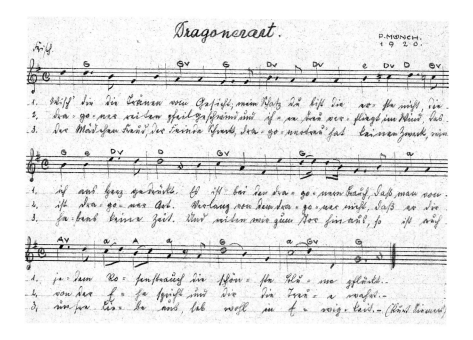

Manuskript; handschriftlich auf drei Notenblättern mit jeweils vollständigem Text, an zwei Stellen Noten-Abweichungen; bezeichnet und datiert „Paul Münch 1920"; Nachlaß

Der weltliche Mönch

Melodie: Paul Münch, Text: Kurt Siemers

1. Im Dornhag glänzen blaue Schlehn
und rote Hagebutten.
„Jungfraue, laßt mich mit euch gehn
trotz Skapulier und Kutten.
Der Weg zum Himmel ist zu weit
mir armen Mönchlein worden,
das viele Fasten ward mir leid;
fahrt Kloster wohl und Orden!"

2. Im blauen Sternensilberschein,
eh es beginnt zu tagen,
da war die schönste Frauen mein
und ich darf's niemand sagen.
Die Seligkeit, die ich gewann,
bleibt lebtags mir gewonnen:
Mein Himmel hebt auf Erden an,
ein Himmel voller Wonnen.

3. Und wenn ich alt geworden bin
in Seligkeit und Sünden,
bitt' ich die Himmelskönigin,
sie woll' den Weg mir künden
aus dieser Welt und Zeitlichkeit
wie andern reuigen Laien.
Gott Vater in der Ewigkeit,*)
der wird mir auch verzeihen.

*) Text-Abweichung in anderer Fassung: Gottvater, der so viel verzeiht,

Manuskript; handschriftlich auf zwei Notenblättern mit jeweils vollständigem Text, eine Text-Abweichung am Schluß der 3. Strophe, Melodie-Abweichungen; Nachlaß

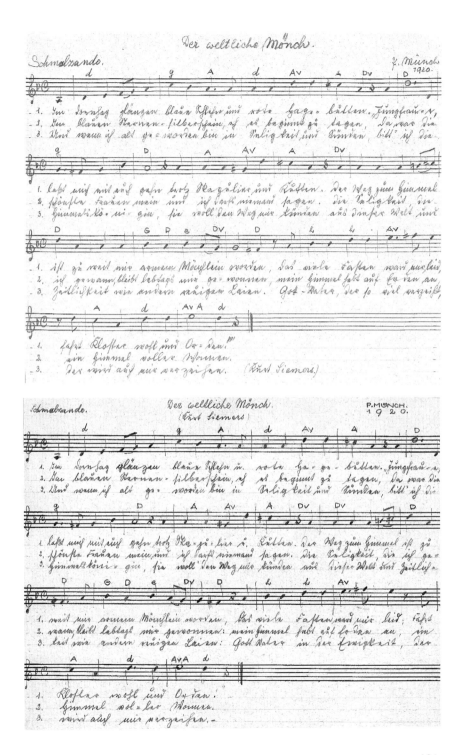

IV. Text und Komposition nicht-eigener Lieder,
geschrieben von Paul Münch
und Zeichnungen dazu

Mei Amiche

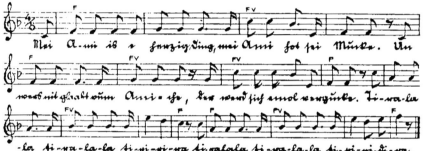

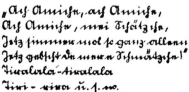

Abdruck mit Noten, Text und drei Zeichnungen (bezeichnet „P. M.") in „Kaiserslauterner Heimatbrief an unsere Soldaten", Nr. 33, 34, 35 und 36, Sept.—Dez. 1942, S. 499

Altes Pfälzer Volkslied

Abdruck mit Noten, Text und drei Zeichnungen, bezeichnet „P. M.", in „Kaiserslauterner Heimatbrief an unsere Soldaten", Nr. 49/50, Jan./Febr. 1944, S. 618

Texte für Nikolaus-Feiern

Anmerkungen zu den „Texten für Nikolaus-Feiern":

Die Texte hat Paul Münch für Nikolaus-Feiern im Kreise seiner Freunde geschrieben. Den Nikolaus spielte er selber.

Nikolaus-Predigt in Fischbach bei Kaiserslautern

Ihr lasterhaften Sündenlümmel!
Wie ich grad vorhin hoch vom Himmel
Aus des heiligen Abrahams Schoß
Herunterschau auf den Erdenkloß,
Da qualmt aus der Mitte der Pfalz hervor
Ein furchtbarer Stank zum Himmel empor.
Der roch nicht nach Nelken noch Veilchen noch Astern,
Vielmehro nach greulichen Sünden und Lastern,
Nach Saufen und Fressen und scheußlichen Zoten
Und nach allem, was unser Herrgott verboten.
Dazu ein Johlen, Krach und Geschrei!! —
Voll Schrecken rief ich *St. Petrum* herbei.
„*O sancte Petre*, kannst du mir künden,
Woher dieser Pfuhl von Lastern und Sünden?"
Der schaute und lauschte mit langem Hals
„*Me Hercule*", sprach er, „das ist in der Pfalz,
Und zwar im Kaiserslautrer Bezirk.
Man meint ja, da haust der leibhaftige Türk!"
Und winkte wutentbrannt die drei
Westricher Heidenapostel herbei,
Pirmin, *Disibod* und *Remigium*,
Und sprach: „Ist *das* das Christentum,
Das ihr den braven pfälzischen Heiden
Habt beigebracht zu Olims Zeiten?
Die hättet ihr besser als Heiden gelassen
Mit ihrem Kreischen und Saufen und Prassen!
Mir scheint, ihr drei habt euer Amt
Als Heiden-Apostel scheußlich verschlampt."

Da sprach beleidigt der heil'ge *Pirmin*
Und schaute genau auf die Erde hin:
„O Petrus, sei still, jetzt ist es genunk!
Denn all der greuliche Lasterstunk,
Der sündige Brocken und Höllengraus,
Der dringt doch, man sieht's ja, aus Fischbach heraus!
Der Ort liegt außerhalb meines Sprengels.
Was kann ich für solche Lasterbengels?

Für meine Pirmasenser Leute,
Da leist' ich Garantie noch heute!" —
So sprach er mit Worten voller Verdruß.
Dann nahm das Wort *St. Remigius*
Und sprach mit Worten sanft wie ein Engel:
„Der Ort liegt auch nicht in *meinem* Sprengel!"
„In meinem *auch* nicht, Potzschwerenot!"
Sprach drauf der heilige *Disibod.*
Darauf *St. Peter:* „Dann ist es kein Wunder,
Drum geht dort alles drüber und drunter!
Dort ist noch alles infolgedessen
Vom sündhaften, heidnischen Wesen besessen.
Dort hat kein Apostel die Heiden bekehrt
Und keiner das Evangelium gelehrt.
Da muß ich sogleich einen Heiligen senden,
Um denen des Christentums Segen zu spenden."
„*Sankt Nikolaus*", sprach er voll heiligem Eifer,
„Geh, mache dich auf wie Johannes der Täufer,
Und eile nach *Fischbach,* ich tu' dich schön bitten,
Und schaffe dort Ordnung und christliche Sitten!"
Und, schwupp, schon in ein'gen, wen'gen Sekunden
War ich vom Himmel in Fischbach unten.
Da hab ich sogleich bei Jungen und Alten
Die allergründlichste Nachschau gehalten
Und merkte zu meinem Erstaunen geschwind,
Daß die Fischbacher alle ganz tugendhaft sind,
Und wollte schon wieder in eiligem Lauf
Zurück zum Himmelreich hinauf,
Um gütlich mit *St. Petro* zu sprechen
Und für Fischbach warm eine Lanze zu brechen.
Da aber plötzlich — Gott stehe mir bei —
Drang hier aus dem Hause ein greulich Geschrei,
Ein Chorus schrecklich wie das Gröhlen
Im Fegefeuer brotzelnder Sünderseelen,
So daß ich gleich dran denken mußte:
Hier ist der Lasterpfuhl, der bewußte,
Hier sitzen die Heiden in scheußlichen Klumpen
Und opfern dem Wotan Hekatumben.
Da brannte mir heiliger Zorn im Blute,
Schon schwang ich grimmig meine Rute,
Euch eure Steiße zu verklopfen,
Ihr bösen, lasterhaften Tropfen,

Um eure Seelen so von hinten
Zu reinigen von allen Sünden.
Jedoch ich dämpfte den Ingrimm eilig,
Denn unsereiner ist sanft und heilig.
Nun stehe ich da. — Und wenn ich genau
Euch sündigen Lackel alle beschau,
So merk ich mit tödlicher Sicherheit,
Daß ihr ja gar nicht von Fischbach seid.
Von Lautern seid ihr, ihr Höllenbraten,
Das macht noch abscheulicher euere Taten,
Denn ihr tragt eure scheußlichen städtischen Laster
Heraus auf das reine, ländliche Pflaster
Und senkt in die Seelen der Dorfinsassen
Den Stachel der Sünde, das Saufen und Prassen.
Denn darauf richtet sich all euer Denken,
Die Kehle mit Bier, Wein und Schnäpsen zu schwenken.
Da sitzt ihr auf euern Lastergesäßen
Vor vollen Schüsseln und vollen Gemäßen
Und Beefsteaks freßt ihr Lumpenseckel,
Groß wie ein doppelter Abtrittsdeckel,
Und Bratwürsten fast von Kuhschwanzlänge,
Nebst Sauerkraut in großer Menge
Mit sündhaft freudevollem Schmatzen,
Bis euch beinah die Wänste platzen.
Und in den kurzen Atempausen,
So zwischen Sauferei und Schmausen,
Da hört man dann aus euern Hälsen
Sich schauderhafte Töne wälzen,
Als schrie leibhaftig der Beelzebu
Und tausend Teufel noch dazu.
Und sowas nennt ihr sauberen Brüder
Dann schnöderweis' Studentenlieder.
Und dann der Inhalt!! Zoten die Meng!
Ad exemplum das Lied vom Ochsenzwengzweng,
Oder gar die scheußliche Schundromanze
Vom Bauern und jener Brennesselpflanze!
Pfui Deiwel! *Das* hört man im Himmel nicht gern
Von sogenannten besseren Herrn!

Vortrags-Manuskript; handschriftlich (Bleistift); Fragment, zweiter (persönlicher) Teil nicht erhalten; Nachlaß

MEINER LIEBEN FRIEDEL GEWIDMET.

Nikolaus-Predigt 9. 12. 27

Potz Himmel! Bomben und Granaten!
Wo bin ich denn *da* hineingeraten?!
Da scheint eine saubere Bande zu hausen,
Die nur im Saufen, im Prassen und Schmausen,
In Unflat, in zotigen Witzen und Fluchen
Ihr schmutziges Ideal tut suchen.
Und wenn ich euch sehe, wie ihr da hockt,
Hoffärtig grinsend und sündenverstockt,
Erinnert sich meine Seele klar,
Wie ich vor Jahresfrist bei euch war.
Da habt ihr geschworen mit heiligen Eiden,
In Zukunft Sünden und Laster zu meiden,
Die Tugend mit heißem Begehren zu lieben
Und Frömmigkeit, Sitte und Anstand zu üben.
Doch all diese Schwüre und Eide verpufften
Bei euch verstockten, meineidigen Schuften.
Pfui Teufel! Das ist eine Affenschande!
Ihr seid ja eine verruchte Bande;
Besonders ihr Männer seid böse Wutzen,
Bei denen keine Ermahnungen nutzen, —
Die grunzend vor Wollust und bis zu den Hälsen
Sich im Moraste des Lasters wälzen,
So daß ich am liebsten vor Ekel und Graus
Entwiche aus diesem greulichen Haus.

Doch weil ich als Heil'ger verpflichtet bin
Zu einem milden, sanftmütigen Sinn,
So will ich mit Worten, mit einigen kräftigen,
Mich liebevoll weiter mit euch beschäftigen,
Um keine Gelegenheit zu verpassen,
Euch an dem Zipfel der Ehre zu fassen,
Um euch an diesen Rudimenten
Zur Tugend zu lenken und hinzuwenden.

Doch wenn man zu euch als Gesamtheit spricht,
So hat das keinerlei Wirkung nicht,
Weil ihr bei all euerer Lüderlichkeit

Noch obendrein Pharisäer seid,
Wo jeder denkt: der St. Nikolaus,
Der schimpft nicht mich, bloß die andern aus.
Drum werd ich die Herren mir einzeln fischen
Und nehme jeden gesondert dazwischen.

O Heinrich Raab! Stell dich empor!
Du kommst zuerst, weil du Senior.
Sag', hast du noch nie drüber nachgedacht,
Daß Seniorsein auch Pflichten macht?
Und, daß sich's für dich geziemen müßte
Zu kämpfen wider Sünden und Lüste
Und deine jüngern Klubkumpanen
Zu steter Tugend zu ermahnen?!
Statt dessen bist du selbst schiergar
Der Schlimmste der ganzen Lumpenschar
Und freust dich, wenn man wüst radaut,
Boxt, schreit und aufeinanderhaut;
Und wenn man recht stinkige Witze macht,
Bist du's, der am herzlichsten grinst und lacht.
Pfui schäm' dich vor deinen silbernen Haaren!
Ein Mann in deinen gesetzten Jahren,
Der sollte die Welt mit ihrer Lust
Ertötet haben in seiner Brust;
Der sollte sich besser dazu bequemen,
Sein evangel'sches Gesangbuch zu nehmen
Und — reuig die Augen niedergeschlagen —
Den sündigen Leib in die Kirche zu tragen.

Statt dessen wird mit steigendem Alter
Die Sünde in dir stets heißer statt kalter.
O Heinrich Raab! O Rabenvater!
Er bleibt dir nicht aus, der moralische Kater!
Und wenn du's im Leben so weiter treibst
Und bis ans Ende so sündhaft bleibst,
Der Kater kommt *doch!* Aber ungeheuer
Zermartert er einst dich im Fegefeuer. —

Drum höre mich an, den wohlwollend Heiligen!
Geh in dich! Tue dich schleunig beeiligen,
Das Laster in deiner Seele zu dämpfen

Und auch bei den anderen zu bekämpfen!
Und wenn ich im nächsten Jahr wiederum
Vom Himmel auf Erden herniederkumm,
Dann hoff' ich, daß du ein Engel bist,
Wie hier dein Weib schon heut einer ist:
Sanftmütig, milde, die Sünde verachtend
Und nur nach Gutem und Schönem trachtend.

Wie schamhaft blickt sie doch immer zu Boden,
Wenn's losgeht mit stinkigen Witzen und Zoten.
Und während die eklige „Pfarrerspredigt"
Ihr sichtlich seelische Schmerzen abnötigt,
Entfaltet sich grad bei dieser Piece
Dein innerer Abgrund in scheußlicher Größe.
Und wenn der Paul Münch, der schamlose Wicht,
Erzählt die abscheuliche Speckschwartengeschicht,
Dann brüllst du vor Wonne, jedoch dein Weib
Erschauert vor Schreck an dem ganzen Leib,
Denn ihre feine inn're Struktur
Erträgt die edelsten Witze nur. —

O schlechter Rabenvater! Wie weit
Hast du bis zu solcher Vollkommenheit!

Doch fasse nur Mut und strenge dich an!
Verlasse des Lasters breitspurige Bahn,
Dann hoff ich, dich nächstes Jahr vorzufinden
Blitzblank und sauber von all deinen Sünden.

Nun aber zu meines Herzens Kummer
Komm ich zur schlimmsten Kegelbahnnummer,
Zum Abschaum und Schandfleck der arischen Rasse
Zum Exponenten der hintersten Klasse.
O Hermann Hussong, hoffärtiger Lümmel!
Steh auf von dem Stuhl, wenn ein Heil'ger vom Himmel
Mit dir verhandelt. Du hast in mir
Keinen schlappschwänz'gen, blöden Stadtrat vor dir.
Denn weißt du, mich hältst du nicht zum Narren,
Mich kaperst du nicht mit Zehn-Pfennigs-Cigarren.
Sag', hast du noch niemals in deinem Leben
Dir Rechenschaft über dich selbst gegeben?

Gewißlich noch nie! Ja, willst du denn immer
Noch schrecklicher werden, *noch* ärger und schlimmer?!

Wohl weiß ich, daß nur von deinem Amt
Dein scheußliches Rauhbauz-Betragen stammt,
Wo man von jeher recht rüde und roh
Verkehrt mit dem ehrsamen Publiko;
Doch leider ist dieser Sauherdenton
Schon Einheit geworden mit deiner Person
Und ist von dir nicht mehr wegzudenken;
Schon fängst du an, auch die Freunde zu kränken
Und sprichst: „Das muß ein Freund doch ertragen,
Ihm offen und ehrlich die Wahrheit zu sagen!"
O Hermann Hussong! Laß dich belehren!
Deine Meinung und Absicht in allen Ehren!
Die Wahrheit muß doch nicht immer verwunden
Und ist doch nicht zwingend mit Grobheit verbunden?
Drum suche nur immer feinfühlig und zart,
Auf eine möglichst verbindliche Art
Die Freunde, die dich doch lieben und ehren,
Zu deiner Meinung zu bekehren,
So daß auch der Tonei, der gute Mann,
Deine Wahrheitsknödel verschlucken kann. —

Das präge dir tief in die Seele ein,
Du grobes und widerborstiges Schwein!

Ach Gott! Dein braves und zartbeseeltes
Seit achtzehn Jahre mit dir vermähltes,
Dich treu und innig liebendes Weib,
So weich an Gemüte, wie zart an Leib!
Sie hat nur immer zu laufen und springen,
Um alles das wieder in Ordnung zu bringen,
Was du mit groben Fäusten und Knochen
Zu Scherben geschlagen, zerknaxt und zerbrochen.

O, laß doch ein Teil von ihrer Güte
Hinüberströmen in dein Gemüte,
Dann wird es auch in den Mittelstandskreisen
Bald wieder voller Begeisterung heißen:
„Gottlob, daß die schlechten Zeiten vorüber!

Der Hussong wird wieder netter und lieber
Und ist bald wieder, wie einst er war,
Wie ein süßer, blondlockiger Stadt-Vikar."

Und weiter send' ich die Augen im Kreis
Und wieder kocht mir die Seele heiß,
Denn einen Menschen muß ich erspähen,
Den ich im Vorjahr nicht bei euch gesehen,
In welchem ich aber mit einem Blick
Erkenne den Sünder und Galgenstrick.
Da schaut ihn euch an, den Bazi! Da hockt er
Der Weiher Tonei, Professer und Dokter.
Da wühlt er täglich mit Schweiß und Müh
Tief in den Schächten der Philosophie
Und hofft dort, neue Erkenntnis zu schürfen,
Um neue Laster sich leisten zu dürfen,
Und hält sich voll heimlicher Eitelkeiten
Für Dr. Heinrich Faustum, den zweiten.
Mit solcher Romantik, o Anton Weiher,
Verfällst du einst jählings dem Fegefeuer.

Ja, ja! So täglich ein Gretchen verführen,
Am Blocksberg mit Hexen herumharmonieren,
Der Kenntnis von allen Dingen auf Erden
Mit leichter Mühe teilhaftig zu werden,
In jedes Verhältnis, in alle Ecken
Neugierig den schnuppernden Rüssel zu stecken
Und doch noch selig zum Himmel zu schnorren,
Das tät dir so passen, du sündiger Knorren!
Nein, Fauste secunde! Ein solcher Fall
Passiert uns nicht wieder zum zweiten Mal.

Und wenn du wie jetzt von Sünden beladen
Und stinkend vor ekligen Lasterschwaden
Dereinst erscheinst vor der himmlischen Pforte
Und stammelst einlaßbegehrende Worte,
Dann wird St. Peter mit Nagelstiebeln
Gehörig deinen Hintern verzwiebeln. —

Drum, Anton Weiher, befolg' meinen Rat:
Verlasse in Bälde des Lasters Pfad,

Beginne dein Leben neu und von vornen
Und stürz' dich beherzt in die Disteln und Dornen,
Die auf dem Wege der Tugend wachsen,
Und achte nicht Ritzen noch Wunden am Haxen,
Denn niemand hat jemals den Himmel errungen,
Der nicht auf Erden sein Fleisch bezwungen.

So wie du 's jetzt treibst, o Anton Weiher,
— Tagtäglich die nämliche Sündenleier —
Stets auf der Suche und Lauer nach neuen
Und ärgeren Lastern und Lumpereien,
Wirst du dereinst als saftiger Braten
Dem Satan in seine Klauen geraten.
Ich will's vor der Gattin hier nicht offenbaren,
Was du, als du gen Italien gefahren,
An Schand- und Missetaten verbrochen,
Du klassisch gebildeter Lasterknochen!

Auch was du drüben bei den Hellenen
An Greueln verübt und sündigen Szenen,
Ist wie ein Orakel, dunkel und delphisch
Und stinkig wie ein verdorbener Schellfisch.

Sag, dachtest du nie an Weib und Kinder?
Du abgebrühter, hoffärtiger Sünder!
An deine Lu, die Tag und Nacht
In treuer Minne an dich gedacht?
Ja, glaubst du, man könne mit Kartengrüßen
So bittere Pillen dauernd versüßen?!
Das wäre ja wirklich äußerst bequem,
Doch passend zu deinem Lebenssystem.

O höre, Lulei, das einzig Wahre:
Halt fest deinen Tonei an der Kandare
Und laß ihm nicht Platz zu Seitensprüngen,
Dann wird dir's gewiß auf die Dauer gelingen,
Die guten Kerne, die doch in ihm stecken,
Zu raschem Wachstum aufzuwecken.
Doch damit von diesem Sünder genunk!
Ich gehe nun weiter zum nächsten Halunk,
Der zwar, wie ich ehrlich gestehen muß,

Nicht ganz so ein schrecklicher Luftikus,
Als wie die drei vorherigen ist,
Doch trotzdem ein miserabeler Christ.
Ich will gar nicht reden vom Kirchenschwänzen,
Das tut ihr ja alle, ihr scheußlichen Stenzen!

Hans Dietrich! Ich glaube, du bildest dir ein,
Im ganzen ein braver Bürger zu sein.
Und wirklich! Wer nur die obere Haut
Und nicht das verruchte Innre beschaut,
Der läßt sich wohl täuschen durch solch eine nette
Und prachtvoll geheuchelte äußere Glätte.
Doch vor den Blicken des Sankt Nikolausen
Dreht sich dein innerer Unflat nach außen
Und steigt als ein übelduftender Brodem
In meine Nase und nimmt mir den Odem.
Ich weiß, du begehst wohl nach außen hin
Kein einzig Verbrechen im üblichen Sinn
Und scheinst ein höchst biederer Ehemann,
So wie ihn Frau Three sich nur wünschen kann.
Doch diese Frau Three, die hat dir den Zaum
Ins Maul gelegt, da der Geifer und Schaum
In blutigen Batzen vom Maule dir tropfen,
Sobald du versuchst auf die Seite zu hopfen.

Doch wer, wie ich, dir im Herzen liest,
Der sieht, was dort für ein Unkraut sprießt,
Der sieht auch, wie es dich beißt und juckt,
Und wie es dich kitzelt und bitzelt und druckt,
Und wie gern du über die Stränge schlügest,
Wenn du nicht Zaum und Zügel trügest. —

O Hans! *Die* Tugend kann nichts nützen,
Die man von außen her muß stützen;
So eine Tugend gilt bei uns Heiligen
Für schlimmer als wie sich am Laster beteiligen.
Das *Herz* ist die Hauptsach, nicht aber die Taten!
Trotzdem, Frau Therese, lasse dir raten:
Halt stramm ihm die Zügel unbeirrt,
Solang Hänschens Herz nicht sauberer wird!
Halt stramm, bis Hänschen im Alter ist,

Wo er das Laster von selbst vergißt
Aus mangelnder Kraft und mangelnder Jugend,
Dann wandelt das Laster von selbst sich zur Tugend;
Dann wird auch *dein* Leben leichter und netter;
Dein Hans wird dann fromm und jedes Jahr fetter
Und wird ein geachteter Bürger von Lautern.
Dann wird auch dereinst St. Petrus nicht zaudern,
Ihn einzulassen ins Paradeis,
Dieweil er von deinem Hänschen weiß,
Daß er im Alter gebüßt und bereut,
Was er Schlechtes gedacht in früherer Zeit.

Doch wenn ich mich nun von Hans Dietrich wende,
Ist die Reihe der Lumpen noch lang nicht zu Ende.
Ich sehe vielmehr bei euch Lumpenschar
Ein eigenartiges Prachtexemplar.
Steh auf, Karl Bachmann, und leg deinen Kopf
Demütig in Falten, du sündhafter Tropf!

Ich habe gar oft aus himmlischen Höhen
Kopfschüttelnd auf dich heruntergesehen
Und habe zu meinem Ärger erschaut,
Daß du, Karole, oft scheußlich und laut
Dich Freitag abends bei Schuck benimmst
Und wohlig im Kegelbahnpfuhle schwimmst.
Und wirfst mit den Stühlen, mit Bieruntersätzen,
Bist oftmals beteiligt beim Raufen und Hetzen,
Gebrauchst deine Zunge, die Freunde zu hänseln,
Zu bissigen Worten und frechen Sentenzeln.
Und jede Zote und Sauerei
Und jeder Unflat, wie schlimm er auch sei,
Entpreßt deiner Kehle ein Freudengewieher;
Pfui Teufel, für einen Mädchenerzieher!

Nun könnte man ja der Meinung sein,
Daß dieses Rasen und Raufen und Schrei'n
Ein Ausfluß wäre von männlicher Kraft
Und ungebändigter Leidenschaft.

Da aber klafft an deiner Person
Ein Riß von erheblicher Dimension.

Du Lackel bist nämlich von doppelter Art,
Halb männlich, halb femininisch zart.
So bist du z. B. wie ein Backfisch so eitel
Vom Schuhwerk unten bis aufwärts zum Scheitel:
Die Schuhe müssen stets glänzen und spiegeln,
Die Hosen läßt du fast täglich bügeln
Und parfümierst dich mit kölnischem Wasser,
Du hermaphroditischer Lackel, du krasser.

Im Gasthaus, statt Männergetränke zu trinken,
Frißt du mit Schlagrahm gefüllte Merinken.
Bei Malambree pflegst du stets stehen zu bleiben,
Schaust tropfenden Mauls durch die Fensterscheiben
Und drückst dir an ihnen die Nase platt
Und glotzst und wirst nicht zu glotzen satt.
Was soll denn das heißen, wozu ist das nutz?!
Du knittrige, zittrige, zwittrige Wutz!

O Bachmann! Für echte germanische Recken
Geziemt sich kein weibisches Bonbonschlecken.
Kreuzdonnerwetter! Von heute an
Verläßt du diese abschüssige Bahn,
Und alle die Gutsel, Bonbons und Konfekt
Die du bis dato täglich geschleckt,
Das bring deiner Lina, sie schleckt's zu dem ihren
Und wird dir's mit Dank und Liebe quittieren,
Mit Knödel, mit Ripperl und Schweinehaxen;
Die Sachen ließ Gott für uns Männer wachsen.
Denn, wenn du weiter so feminin handelst
Und immer weiter zum Weibe dich wandelst,
Dann wirst du schließlich noch Kinder gebären
Und sie am eigenen Busen ernähren.
O diese Schande! O Dunnerkeil!! —
Drum stärke in dir den männlichen Teil,
Auf daß, wenn mich wieder nach Jahresfrist
Zu euch herabschickt der heilige Christ,
Du frei erscheinst von Fehl und Makel,
Du Pralineebazi und Schlagrahmlackel. —

Und laß ich nun weiter die Augen schweifen,
So kann ich es wirklich kaum begreifen,

Daß doch *einer* von euch in *solchem* Morast
Sich sauber hielt wie ein Engel fast.
Da schaut ihn euch an und seid auf ihn stolz,
Auf das Muster der Tugend, auf euern Herrn Folz.
Noch nie, seit er Mitglied der Kegelbahn,
Hat Folz den Mund dazu aufgetan,
Um Zoten zu reißen und Stinkigkeiten,
Die ehrbaren Leuten Schmerzen bereiten.
Er klammert sich fest an zwei Idealen:
Recht tüchtig zu kegeln und ehrlich zu zahlen. —

Bewaffnet mit Kreide und Engelsgeduld
Steht er voll Würde am Kegelbahn-Pult,
Indem er zu schlichten und ordnen sucht
Und peinlich die Resultate verbucht.

Er wehrt dem Beschiß der Gegenpartei
Und jeder sonstigen Mogelei.
Z. B. wenn's hohe Hausnummern gibt
Und hiebei Frau Three miserabel schiebt,
Dann mag sie sich noch so sehr bemühen,
Ihn kokettierend ins Garn zu ziehen,
Dann mag sie ihr schönstes Lächeln ihm weisen,
Sie bringt ihn auf keinerlei Art zum Bescheißen.
Und rückten auch sämtliche Damen der Bahn
Mit all ihrer Kunst der Verführung an,
Die Lina, die Friedel, das Kattchen, die Lu
Und schließlich sein eigenes Weib noch dazu,
Er würde doch fest und ehrlich bleiben,
Und keine Ziffer betrügerisch schreiben;
Kurz! Wie Antonius von Padua,
So makellos sauber stünde er da.

O braver Herr Folz, drum muß ich dich loben
Auf Erden hier, wie im Himmel droben;
Und man könnte dich jetzt schon heilig sprechen,
Wenn nicht doch ein'ge, ganz kleine Gebrechen
An deiner Seele vorhanden wären,
Die etwas das schöne Gesamtbild stören.

Die Ursache dieser Gebrechen stammt
Aus deinem Dienste, aus deinem Amt.

Gelt, spiele mir nicht den Gekränkten, mein Lieber!
Du Betonstampfer und Walzenschieber!
Ich glaube, du hältst dich, seitdem du städtisch,
Für anbetungswürdig gleich einem Fetisch;
Ja, ja! Das steckte euch so in der Nase. —

Seit wann sind die Bürger der Amselstraße
Nur Bürger vom zweiten und dritten Rang?
Soll diese Straße wohl jahrelang
So liegen bleiben im Baberatsch,
Des Sommers *ein* Staub, des Winters *ein* Matsch!
Ich rate dir gut; mach keine Zicken
Und laß diese Straße schleunigst flicken
Und zwar besonders gut und fein!

Dort oben wohnt doch Eugen Rhein,
Den deine Frau seit Jahr und Tag
So herzlich gerne leiden mag,
So daß sie's kaum ertragen kann,
Daß dieser brave, gute Mann
Zu seinem Ärger und Verdruß
Auf schmutzigen Wegen wandeln muß. —

Nun käme als letzter Ehemann
Der Schlimmste der Schurken, Paul Münch, daran,
Von dem ich im Vorjahr mir vorgenommen,
Bei meinem jetzigen Wiederkommen
Ihn so gehörig zusammenputzen,
Zurechtzufeilen und zuzustutzen,
Daß es ihm sollte für alle Zeiten
All seine Schurkereien verleiden.
Doch es scheint, der Kerl hat Lunte gerochen
Und hat sich feige und schnöde verkrochen.
Denn vorhin war doch der Gauner noch da,
Als ich vom Himmel heruntersah,
Da verschlang er ein riesiges Schweinerippchen,
Fraß Erbsen und Kraut aus mächtigen Dippchen.

Doch da seh' ich Friedel, sein Eheweib sitzen;
Steh' auf, dich will ich als Dolmetsch benützen.

Du richtest dem Lumpen das Folgende aus
Als Botschaft vom heiligen Nikolaus:

Er sei ein Heuchler vom dicksten Kaliber,
Ein ganz raffinierter Gesinnungsschieber,
Der es versteht, mit Listen und Tücken
Sich schön in bengal'sche Beleuchtung zu rücken,
Den braven und biederen Bürger zu spielen
Und hiebei nach seinem Profit zu schielen.
Wie kann denn ein solcher Halunke es wagen,
Den Presbyterwürden nachzujagen
Mit Kniffen gemeinster Reklamekunst,
Mit Lug und Trug und blauem Dunst,
Ein Kerl, der nie in die Kirche geht
Und längst in der Liste des Satans steht?
Ein Kerl, an welchem die Laster hängen
Wie Zwetschgen am Baum in schrecklichen Mengen.
Sag', schämst du dich nicht, mit solch einem Schwein
In eh'licher Liebe verbunden zu sein?!
   Friedel: „O nein!!"
Wie? Was? Du wagst es zu widersprechen,
Und nimmst dadurch teil an den schweren Verbrechen,
Die täglich dein Konkubinator begeht
Bar aller Tugend und Pietät.

Du Luder bist selbst sogar am End
In ihm das treibende Element,
Das nur im Glanz und im strahlenden Golde
Der Presbyterkrone sich spiegeln wollte.

Du wärst auch imstand, deinen Ehegefährten
Zu zwiebeln, Mitglied des Stadtrats zu werden,
Wo dann dein armer und harmloser Mann
Den Trottel des Hussong machen kann.
Doch dem sei, wie ihm wolle! Ich will nicht entscheiden,
Ob ihr alle zwei oder wer von euch beiden
Verantwortlich ist für alle die Sünden,
Die sich auf Paul Münchs Konto befinden.

So, damit hätt' ich in meiner Predigt
Die sämtlichen Ehemänner erledigt —
Im ganzen grad sieben, die heilige Zahl,
De facto aber ein Schweinestall,
Ein Rattenkönig und scheußlicher Knäuel

Der allergemeinsten und schmutzigsten Greuel.
Ist das der Segen, der reich und voll
Dem Ehestande entströmen soll?!

Und ich würde wahrhaftig vor Schreck und Graus
Entfliehen aus diesem abscheulichen Haus,
Wär nicht ein Junggeselle zugegen,
Bestrebt die Tugend und Sitte zu pflegen.
Fritz Korter, wisse! Du hast mir von allen
Den Männern, die hier sind, am besten gefallen.
Kein schmutziges Wort, keine dreckige Geste
Hast je du verbrochen. Mit reiner Weste
Kannst du mir heut gegenüberstehn
Und offen und ehrlich ins Auge sehen.
Wohl hast ja auch *du* an deinem Herzen
Manch dunkelen Flecken auszumerzen.
Z. B. jene Figur aus Stein
In schamloser Nacktheit an Leib und Bein,
Die du gesetzt hast grad vis à vis
Der Kirche der hochbenedeiten Marie.
Das war eine Sünde. — Sie sei dir vergeben,
Dieweil du in deinem sonstigen Leben
Dir Mühe gibst, die Tugend zu üben
Und keine Heiligen je zu betrüben.

Und so was erkennen wir Heiligen an,
Und sind dir drum herzlich zugetan.
Wir stehen dir überall, wo es auch sei,
Unsichtbar, aber kräftiglich bei,
Z. B. als du mit Zagen und Bangen
Vor einigen Monden auf Brautschau gegangen,
Da haben *wir* die Regie übernommen.
So bist du zur trefflichsten Braut gekommen,
Zu einer Braut, wie du sie kaum
Dir vorgestellt in dem kühnsten Traum.

Wir Heil'gen aber vom Himmel droben,
Wir wollen dich nicht nur glücklich *verloben*,
Wir führen dich auch mit gnädiger Hand
In einen glücklichen *Ehestand*.
Und um den Haushalt, den du willst gründen,

Zu komplettieren und abzuründen,
Haben die Heil'gen dir etwas gespendet
Und heute durch mich heruntergesendet,
Um es dir selber zu überreichen.
Nimm es, o Korter, entgegen zum Zeichen,
Daß ich dir ferner gewogen bleibe,
Dir, deinen Kindern und deinem Weibe. —

Doch setz deinen Ehrgeiz weiter darein,
Ein Muster an Tugend und Bravheit zu sein;
Dann plätscherst du weiter im stärkenden Bade
Des eh'lichen Glücks und der himmlischen Gnade.

Nun hab ich die Männer ja alle acht
Mit einer warnenden Mahnung bedacht
Und hielt einen Spiegel vor ihre Seele,
Daß sie erkennen, wo's ihnen fehle,
Denn die Erkenntnis der eigenen Sünden
Ist dringend notwendig, den Weg zu finden,
Der aus dem Pfuhle, in dem ihr versinkt,
Euch zu den Wonnen der Seligkeit bringt.
Ihr Weiber aber sollt *ja* nicht glauben,
Ihr wäret so unschuldsvoll wie die Tauben,
Weil ich euch heut nicht zusammengestaucht.
Ihr hättet's wahrhaftig nötig gebraucht,
Denn ihr habt euch trotz meiner letzten Predigt
Auch dieses Jahr wieder abscheulich betätigt.
Euch Ludern reiß ich im nächsten Dezember
Den Schleier herunter bis auf die Hember.

Nun grüß ich euch alle in Gottes Namen. —
Im nächsten Dezember auf Wiedersehn! Amen!

Vortrags-Manuskript; handschriftlich; bezeichnet und datiert am Schluß des Manuskripts „P. M. 27"; Nachlaß

Nikolaus-Predigt 17. 12. 27

Kreuz, Himmel, Bomben und Granaten,
Wo bin ich denn da hineingeraten?!
Da scheint eine saubere Bande zu hausen,
Die nur im Fressen, im Prassen und Schmausen,
In Unflat, in zotigen Witzen und Fluchen
Ihr schmutziges Ideal tut suchen.

Und wenn ich euch sehe, wie ihr da hockt,
Hoffärtig grinsend und sündenverstockt,
Erinnert sich meine Seele klar,
Daß ich im Vorjahr schon bei euch war,
Und daß ihr schon damals die schlimmste Bande
Gewesen seid im pfälzischen Lande;
Da hab ich euch gründlich zusammengestaucht
Und manches unhimmlische Wort gebraucht,
Um eure Laster und Sünden und Tücken
Euch grell vor Augen und Ohren zu rücken.

Und damals schwurt ihr mit heiligen Eiden,
In Zukunft Sünden und Laster zu meiden,
Das Saufen und Schwelgen und sonstige Prassen
Bußfertig und reuigen Herzens zu lassen,
Die Tugend mit heißem Begehren zu lieben
Und Frömmigkeit, Sitte und Anstand zu üben.

Doch leider mußt' ich aus himmlischen Auen
Bei jeder euerer Kneipen erschauen,
Daß nutzlos euere Eide verpufften
Bei euch verstockten, meineidigen Schuften.
Pfui Teufel! Das ist eine Affenschande!
Ihr seid ja eine abscheuliche Bande,
Bei welcher keine Ermahnungen nutzen;
Ihr kommt mir vor wie die richtigen Wutzen,
Die grunzend vor Wollust und bis zu den Hälsen
Sich im Moraste der Sünde wälzen
Und tiefer und tiefer darin versinken
Und immer ärger nach Jauche stinken,
Bis euch der Pfuhl, in dem ihr patscht,

Todbringend über die Schädel klatscht.
Am liebsten würd ich vor Schreck und Graus
Entfliehen aus diesem abscheulichen Haus;
Und nur weil ich amtlich verpflichtet bin
Zu einem milden, sanftmütigen Sinn,
So will ich mich weiter mit euch beschäftigen
Mit Warnungsworten, mit einigen kräftigen,
Um keine Gelegenheit zu verpassen,
Euch an dem Zipfel der Ehre zu fassen,
Und euch an diesen Rudimenten
Zur Tugend zu kehren und hinzuwenden.

Doch weil ihr bei all eurer Lüderlichkeit
Noch obendrein Pharisäer sein,
Wo jeder denkt: „Der St. Nikolaus,
Der schimpft nicht mich, bloß die andern aus",
So fürcht' ich, daß meine Predigt nix nützt
Und daß ihr dieselbige schleunig verschwitzt;
Denn an euch läuft jede Mahnung und Lehre
Herab wie das Wasser zur Regenröhre.
Wie scheußlich — trotz meiner letzten Predigt —
Habt ihr auch diesjahr euch wieder betätigt!
Denn wo es was gab zum Fressen und Saufen,
Da sah man euch hocken in scheußlichen Haufen,
Da habt ihr achielt, geschrien und gelumpt,
Den Magen mit Alkohol vollgepumpt,
Bis viele auf allen Vieren liefen
Und ein'ge den *sanctum Ulricum* riefen.

Und ihr laßt „gebildete Leute" euch schimpfen
Und wollt über andre die Nase rümpfen
Und pocht auf eure Gelehrsamkeit
Und bildet euch ein, daß ihr würdig seid,
Dereinst zum Himmel zu fahren als Engel,
Ihr aufgeblähten, hochmütigen Bengel!

O magna stultitia! Mit all euerm Wissen
Seid ihr ja doch nur blamiert und beschissen.
Denn wenn ihr dereinst von Weisheit beladen,
Doch stinkend vor ekligen Lasterschwaden
Dort oben erscheint vor der himmlischen Pforte
Und stammelt einlaßbegehrende Worte,

Dann wird euch *St. Petrus* gewiß nicht fragen,
Ob ihr wohl stets in den irdischen Tagen
Den *conjunctivum* nach „*ut*" verwendet
Und ob ihr als Schüler den Sprachgeist geschändet
Durch „*davit*" statt „*dedit*", durch „*facitur*".
O nein! Ihr Toren! Dann fragt er euch nur,
Ob du auf Erden ein frommer Christ
Nach Vorschrift des Pfarramts gewesen bist.
Dann ist es dem *Petrus* wurscht, ob du weißt,
Wie auf Französisch „die Filzlaus" heißt
Und ob du die Wurzel kannst ziehen aus Zahlen
Mit dutzendstelligen Dezimalen
Und ob du noch weißt, in welchem Jahr
Die Schlacht an dem Berge Gaurus war.

Das alles gilt droben als Weisheit von Narren,
Als Krempel und Plempel und greulicher Schmarren,
Und öffnet euch nicht millimeterweit
Die Pforte zur ewigen Seligkeit;
Vielmehr wird *St. Peter* mit Nagelstiebeln
Euch furchtbar eure Hintern verzwiebeln,
Daß ihr durch sämtliche Weltenräume
Vermittelst gewaltiger Purzelbäume
Zum Teufel hinab in die Hölle fliegt,
Der euch sofort am Schlafittich kriegt,
Um euch in den heißesten Kessel zu tunken,
Euch Weisheitsprotzen und Bildungshalunken!

Ja, habt ihr noch nie drüber nachgedacht,
Daß Bildung und Weisheit auch Pflichten macht?!
Und daß sich's für euch geziemen müßte,
Zu kämpfen wider Sünden und Lüste,
Daß ihr dem Volke ein Beispiel sollt geben
Zu einem braven und christlichen Leben?
Statt dessen benützt ihr die Weisheit allein
Um recht raffiniert im Laster zu sein.
Und baut für euch selber mit vieler Müh
So eine Art Hausmacher-Philosophie
Und hofft, dort neue Erkenntnis zu schürfen,
Um neue Sünden euch leisten zu dürfen,
Und manche halten sich unbescheiden
Für Dr. Heinrich Faustum, den zweiten.

Ja, ja! So täglich ein Gretchen verführen,
Am Blocksberg mit Hexen herumharmonieren,
Der Kenntnis von allen Dingen auf Erden
Mit leichter Mühe teilhaftig zu werden,
In jedes Verhältnis, in alle Ecken
Den lastergierigen Rüssel zu stecken
Und *doch* einst selig zum Himmel zu schnorren,
Das tät euch so passen, ihr sündigen Knorren!

O nein! Ihr Lackel! Ein solcher Fall
Passiert uns nicht wieder zum zweiten Mal.
Denn damals schon als der richtige Faust
Als seliger Engel zum Himmel gesaust,
Da haben fast sämtliche Heilige droben
Beim Herrgott den schärfsten Protest erhoben.

Und nun kommt ihr und bildet euch ein,
Euch ließe *St. Peter* zum Himmel herein
Und gäbe euch Plätze vorn auf dem Balkon
In möglichster Nähe von Gottes Thron!?
O homines stulti! Wie seid ihr so dumm!
Ja, weshalb denn? Wieso denn? Weswegen? Warum?
Ja, glaubt ihr vielleicht, etwas Bessres zu sein
Durch eueren Junggesellenverein?
Bei dem doch der bloße Name schon lügt,
Mit dem ihr Gott und die Welt betrügt!
Denn die meisten aus euerem sauberen Klüngel,
Und zwar gerade die schlimmsten Schlingel,
Sind Ehekrüppel seit langen Zeiten,
Doch lüstern nach ledigen Lustbarkeiten.
Gelt, schaut mir nicht so beleidigt herüber,
Ihr ganz raffinierten Gesinnungsschieber.
Wir Heil'gen im Himel müssen's doch wissen,
Wir schauen ja hinter die dicksten Kulissen
Und sehen, wie ihr armseligen Stoffel
Zuhause euch windet unterm Pantoffel.
Und dabei bildet ihr Lumpen euch ein,
Im ganzen recht tüchtige Bürger zu sein.
Und wirklich! Wer nur die obere Haut
Und nicht das verruchte Innre beschaut,
Der läßt sich wohl täuschen durch solch eine nette

Und prachtvoll geheuchelte äußere Glätte.
Doch vor den Augen des St. Nikolausen
Dreht sich euer innerer Unflat nach außen
Und steigt als ein ekelhaft stinkender Brodem
In meine Nase und raubt mir den Odem.
Ja, ja! Ihr begeht wohl nach außen hin
Kein schweres Verbrechen im üblichen Sinn
Und erscheint als höchst biedere Ehemänner —
Doch ich weiß es besser als Seelenkenner.

Denn euere Weiber haben den Zaum
Ins Maul euch gelegt, daß der Geifer und Schaum
In blutigen Batzen vom Maule euch tropfen,
Sobald ihr versucht, auf die Seite zu hopfen.

Doch wer wie ich euch im Herzen liest,
Der sieht, was dort für ein Unkraut sprießt,
Der sieht auch, wie es euch beißt und juckt,
Und wie es euch kitzelt und bitzelt und druckt,
Und wie gern ihr über die Stränge schlüget,
Wenn ihr nicht Zaum und Zügel trüget.

Nur hier in diesem sauberen Kreis
Macht ihr euch selbst und den andern was weiß,
Ihr wäret noch frei wie in ledigen Tagen
Und hättet zuhause noch etwas zu sagen.

Versucht's doch, wider den Stachel zu löcken,
Und schwingt einmal den Kommandostecken!
Ihr armen Trottel! In wenigen Stunden
Ist euch derselbe wieder entwunden;
Und rachedürstend schwingt ihn das Weib
Mit Wucht auf den männlichen Hinterleib.
Und langsam zieht dann von hinterwärts
Die Tugend wieder ins Sünderherz.
Doch sagt! Ist das Tugend und Sittsamkeit,
Was nur unter so strenger Knute gedeiht?

O nein! *Die* Tugend gilt bei uns Heiligen
Für schlimmer als wie sich am Laster beteiligen.
Das *Herz* ist die Hauptsach! Ist dieses rein,
Dann stellt sich von selbst keine Sünde ein.

Drum höret mich an und folgt meinem Rat!
Verlasset von nun an des Lasters Pfad!
Beginnt euer Leben neu und von vornen
Und stürzt euch beherzt in die Disteln und Dornen,
Die auf dem Wege der Tugend wachsen,
Und achtet nicht Ritzen noch Wunden am Haxen.
Denn niemals hat jemand den Himmel errungen,
Der nicht auf Erden sein Fleisch bezwungen.

So wie ihr's jetzt treibt, ihr Ungeheuer,
Tagtäglich die nämliche Sündenleier,
Stets auf der Suche und Lauer nach neuen
Und immer gemeineren Lumpereien,
Müßt ihr dereinst als saftige Braten
Dem Satan in seine Klauen geraten. —

Am besten würdet ihr euch bequemen,
Brevier und Gesangbuch zur Hand zu nehmen,
Um — reuig die Augen niedergeschlagen —
Den sündigen Leib in die Kirche zu tragen. —

Bei *St. Augustino*, dem Kirchenvater!
Er bleibt euch nicht aus der moralische Kater.
Und wenn ihr's im Leben so weiter treibt
Und bis an das Ende so sündhaft bleibt,
Der Kater kommt doch! Aber ungeheuer
Zermartert er euch einst im Fegefeuer.

O höret auf mich, den wohlwollend' Heiligen!
Geht in euch! Tut euch schleunig beeiligen,
Die sündige Glut im Herzen zu dämpfen
Und auch bei den anderen zu bekämpfen.
Dann plätschert ihr bald im wohligen Bade
Der christlichen Tugend und himmlischen Gnade.
Und lebt wohl in Gottes Namen
Und bessert euch bald und gründlich! Amen!

Vortrags-Manuskript; handschriftlich (Bleistift); in dicken Karton geheftet; Nachlaß

Nikolaus-Predigt 7. 12. 28

O magna stultitia hominum!
Zu deutsch: Was sind doch die Leute so dumm!
Denn, ihr blöden Hammel, bildet euch ein,
Es sei ein Vergnügen, ein Heil'ger zu sein.
Als sei es ein Spaß, ewig Psalmen zu singen,
Zu rosenkranzeln und Weihrauch zu schwingen
Und unter lauter Heil'gen und Engeln
Sich ewig im Himmel herumzudrängeln,
Wo niemals ein Seitensprünglein erlaubt,
Nicht im besondern und nicht überhaupt.
O glaubt mir, es ist kein Zufall, daß „heilig"
Ein trefflicher Reim ist auf „langeweilig".

Und weil es im Himmel also bestellt ist
Und weil zwar sehr sündhaft, doch lustbar die Welt ist,
So hab' ich mit Freuden das Amt übernommen,
In jedem Dezember zur Erde zu kommen,
Um nach euch Menschenlackeln, euch schundigen,
Und euern Weibern mich zu erkundigen.
O heiliger Petrus! Vom Regen zur Traufen
Bin ich da leider hineingelaufen,
Denn was ich da sehn und erleben muß,
Ist so ein entsetzliches Ärgernus,
Daß ich als heiliger Weihnachtsmann
Es nur als „Saustall" bezeichnen kann.
Nur selten, daß eine Seele dabei ist,
Die einigermaßen von Sünden frei ist.
Meist ältere Nonnen und Diakonissen,
Die nirgends eine Gelegenheit wissen.

Doch sonst ist die Menschheit ein einziges Babel
Und steckt im Pfuhle bis über den Nabel.
Ach, alle Stände und Klassen und Kreise
Sind also besudelt in scheußlicher Weise;
Am schlimmsten jedoch die gebildeten Schichten,
Wo sich die Sünden zu Orgien verdichten.
So auch bei euch, ihr Kegelbande,

Ihr seid die Allergemeinsten im Lande;
Da gibt's keine Demut noch Christenstolz —
Ja, wenn das geschieht am grünen Holz,
Wie soll's am dürren werden, in Schichten,
Die sich nach euerem Beispiel richten?

Doch was mich am meisten entsetzt und empört,
Was einfach abscheulich und unerhört,
Das ist der Umstand, daß auch die Frauen
Mit Lust in die nämliche Kerbe hauen,
Viel feiner natürlich und viel versteckter.
Doch mich als der Menschheit Sitten-Inspekter,
Mich könnt' ihr nicht täuschen. Ich seh durch die Kleider
Bis auf das Hemd und, wenn nötig, noch weiter.
O Gott! Was ist da für Dings zu erblicken!
Entsetzliche Bosheit, Neid, Klatschsucht und Tücken
Und allerlei sonstige „saubere" Sachen,
Die mich ganz saumäßig fuchtig machen.
Na, wartet, ihr Luder und Halunkineusen,
Euch werde ich heut die Leviten lesen!
Statt daß eure Männer, die Trottel, die blöden,
Dies selbst euch Kanaillen besorgen täten.

Drum werde ich jede mir einzeln fischen,
Um ihr die Gröbsten herunterzuwischen.

Es kommt mir als erste heraus die — München!
Du pflegst dich heuchelnd mit Tugend zu tünchen,
Trägst raffiniert und unendlich schlau
Eine harmlose Unschuldsmiene zur Schau,
Und bist doch im innersten Seelenkern
Die Zuchtrute für deinen Eheherrn
Und schwingst den Pantoffel in maßloser Wucht,
So oft er nur aufzmucken versucht.
Und *er* muß kuschen und muß sich ducken
Und traut sich kaum mit der Wimper zu zucken.

O Friedel! Du Kratzberscht von Satans Gnaden,
Du niederträchtiger Höllenbraten!
Du weißt doch, es rächt sich jegliche Schuld:
Und schließlich reißt auch dem Paul die Geduld,

Dann wirst du staunend stehn und erschrecken,
Dann greift er verzweifelt zum spanischen Stecken
Und zwiebelt dir grausam und enorm
Des Hinterns doppelte Kugelform. —
Und wehe, wenn er dann Blut geleckt hat
Und wenn er den Weg zur Freiheit entdeckt hat,
Dann wird deine Herrschsucht gründlich gezügelt,
Indem er dir täglich den Südpol verprügelt;
Dann wirst du um Schonung und Gnade wimmern
Und gräßlich wird sich dein Los verschlimmern;
Denn er, der bisher keine Freiheit gewohnt war
Und so von den Tücken des Daseins verschont war,
Er wird dann haltlos und wonnetrunken
Im Strudel des Daseins untertunken
Und untersinken von Sünden beschwert,
Weil *du* ihn zuvor nicht das Schwimmen gelehrt.

Drum spanne niemals im Übermut
Den Bogen mehr als es recht ist und gut.

Ein Mann, wie der deine, von *der* Qualität,
Der mit Recht im besten Geruche steht,
Den muß man zart und pfleglich behandeln
Und darf ihn nicht per Pantoffel verschandeln.
Das merk dir, du widerborstiges Hinkel!
Leg' ab deine Herrschsucht und deinen Dünkel
Und mühe dich, das wieder gut zu machen,
Was du an ihm gesündigt, du Drachen!
Es ist ja zu deinem und seinem Glück.
Laß' Monat für Monat ein kleines Stück
Die Zügel lockrer in deiner Hand
Doch langsam — langsam, daß er nix spannt!

So bleibt er dir fügsam und biegsam wie Wachs
Und landet ohne seelischen Knax
Im köstlich erfrischenden Bade der Freiheit,
Dann seid ihr zwo die einigste Zweiheit.

Und wenn ich dann wieder im nächsten Jahre
Vom Himmel herab auf die Erde fahre,
Dann hoff' ich, gebessert dich vorzufinden,

So daß ich dem lieben Gott kann verkünden:
Der Paul und die Friedel da unten auf Erden
Verdienten es, heilig gesprochen zu werden. —
So, damit bist du entlassen in Gnaden.
Doch, liebes Friedel, lasse dir raten:
Beherzige meine Ermahnungen gründlich
Und denke derselben täglich und stündlich!
Empfange den Segen aus meinen Händen!

Nun will ich zu andern Weibern mich wenden. —
Doch alle ihr Weiber, wie ihr da hockt,
Seid fast ohne Ausnahme sündenverstockt;
Wo fange ich an? Wo höre ich auf?
Kaum weiß ich die richtige Antwort drauf.

Ihr kommt mir jetzt einzel heraus und stets
Genau nach der Folge des Alphabets. —

Es erhebet sich also demgemäß
Frau *Lina Bachmann* von ihrem Gesäß.

Wohl weiß ich, daß deine Seele vor Angst
Und zitternd in deinem Leibe ranzt,
Als wär sie gespickt mit greulichen Lastern
Und rings tapeziert mit höllischen Pflastern.
Doch wisse, ich der St. Nikolaus,
Ich weiß, wie ich dran bin, ich kenne mich aus.
Denn Weiber, die zitternd zur Beichte kommen,
Das sind grad die braven und tugendfrommen;
Die andern aber, die selbstbewußt
Den Beichtstuhl betreten in Hoffahrtslust,
Grad diese sind meist im Herzen drinnen
Die allergefährlichsten Sünderinnen,
Wir werden ja nachher ein Beispiel sehen,
Wenn zu Frau Dietrich wir übergehen.

Dir aber, Frau Lina, sehe ich's an:
Du bist die bravste der Kegelbahn.
Und wenn der Tonei, die gräßliche Wutz,
Mit Sprüchen daherkommt, robust und nixnutz,
Dann senkst du die Augen sittsam und mild
Und züchtig wie ein Madonnenbild.

Wie oft schon trat vor die Himmelstür
Ich mit dem heiligen Petrus herfür
Und habe mit schuckernder Gänsehaut
Euch schandbarer Bande zugeschaut —
Und du mittendrin mit reinem Gemüt,
Wie ein Röslein, das hold auf dem Misthaufen blüht.
Ein Flecklein nur haftet an deiner Seele,
Ein Mangel, den ich dir nicht verhehle,
Das ist deine Kegelbahnschwänzerei.
Da wäre ja schließlich nichts Schlimmes dabei,
Frau Dietrich, z. B., die gräßlich freche,
Die leidet ja auch an der nämlichen Schwäche;
Doch du wirkst halt durch deine Person
Verbessernd ein auf den Kegelbahnton.
Drum komme doch öfter! Ermanne dich!
Der Münch hat doch so eine Schwäche für dich
Und ist, so oft er dich hört und erblickt,
Bis in die innerste Seele entzückt.

Ja, auch als Hausfrau und Stütze des Gatten
Stellst du die andern all in den Schatten:
Die Kleidung, welche Karl Bachmann trägt,
Ist feinstens geschniegelt und herrlich gepflegt,
Denn an den Hosen die Bügelfalten,
Die läßt du ihm immerfort neu gestalten;
Und von berückender Eleganz
Sind seine Schuhe durch Form und Glanz.
Die Schlipse aber um seinen Hals
Sind Tagesgespräche der ganzen Pfalz.
So bezeuget Karl Bachmann wandelnden Leibes
Die häuslichen Tugenden seines Weibes.

Und nun, liebes Linchen, setze dich wieder!
Und wenn ich das nächstemal komme hernieder,
Sollst du noch immer durch Tugenden glänzen
Und bist wohl geheilt vom Kegelbahnschwänzen.

Es folgt nun die nächste im ABC.
Dieselbige nennt sich, wie ich seh,
Sophia Binger, geborene Raab. —
Wenn ich es recht in Erinnerung hab,

So bist du ja erst vor etwa elf Wochen
Ins Joch der heiligen Ehe gekrochen.

Natürlich gab's in der kurzen Zeit
Für mich noch keinerlei Möglichkeit,
Dich richtig zu prüfen, wohin du zielst,
Und ob du schon heimlich Pantoffelches spielst.

Das will ich nicht hoffen! Das wäre ja scheußlich.
Nein, gute Frau Sophie, bleib milde und häuslich,
Wie Binger dich schätzen lernte und lieben
Und wie du es, hoff' ich, bis heute geblieben.

Dir aber, o Binger, rat' ich das eine:
Stell' dich gleich fest auf die Hinterbeine!
Principiis obsta! sagt der Lateiner,
(Es ist mir entfallen, was für einer,
Ich glaube, es war der Ovidius Naso),
Drum, Binger, sei schlau und tue du a so. —

Du aber jungglückliche Ehefrau,
Sei deinerseits ebenso pfiffig und schlau.
Unmerkbar fein wie an seidenen Schnüren
Mußt du ihn klug und strategisch führen.
Denn in den Ehen ist es gewöhnlich
Als wie im Krieg und Manöver so ähnlich;
Da darf man nicht gleich die letzten Reserven
Beim ersten Geplänkel ins Feuer werfen;
Auch schießt man nicht mit schweren Kanonen
Auf nebensächliche Positionen,
Und darf doch kein Mittel unversucht lassen,
Den Gegner entscheidend am Krutzen zu fassen.
Doch sobald derselbe am Boden liegt,
So lass' ihm den Glauben, *er* habe gesiegt,
So daß der Ehemann unentwegt
Von sich die irrige Meinung hegt,
Daß er zuhause der Herrscher ist —
„Der *Glaube* macht selig", sagt der Psalmist.
Bedenke ferner: die Liebe des Manns
Die sitzt im Magen, in seinem Panz.
Drum mußt du öfters in jeder Wochen

Die Leib- und Lieblingsspeise ihm kochen,
Wie Kalbsfrikassee und Löffelchesbohnen,
Er wird dir's mit Liebe und Treue belohnen.

Und wenn ich im nächsten Jahr wiederum
Vom Himmel auf Erden herniederkumm,
Dann muß der Binger mit Wohlbehagen
Ein speckiges Bäuchlein spazieren tragen,
Anmutig gewölbt und von stattlicher Höhe,
Als Zeugnis seiner glücklichen Ehe. —
Auch alles andre, was ich soeben
Als himmlische Weisheit von mir gegeben,
Das sollst du dir tief in die Seele prägen.
Leb' wohl, Frau Binger! Empfang meinen Segen!

Nun fahre ich weiter im ABC:
Erheb dich in Demut vom Stuhle, Frau *Three!*
Und tritt zu mir her, bescheiden und still,
Und höre, was ich jetzt sagen will!
Du hast dir wohl nie in schlafloser Nacht
Gedanken über dich selber gemacht,
Und hast wohl noch nie von Reue zerfressen
Und weinend auf deinem Bette gesessen?
Beim heiligen Himmel! *Ich* glaube es nicht.
Die Hoffahrt strahlt ja aus deinem Gesicht
Und all die gefährlichen Eigenschaften,
Die schwarz und zäh im Herz dir haften,
Die Herrschsucht, der Jähzorn, das Kokettieren
Sind unvermindert an dir zu spüren.

O du entsetzliche Höllenpflanze!
Du unverbesserlich schlimme Wanze!
Ich möchte wahrhaftig die Rute holen
Und dir gehörig den Blanken versohlen.

Ja, Bomben, Granaten und Kanonen!!
Dein Kokettieren mit Mannspersonen
Entwickelt sich immer schlimmer und schlimmer
Und höher geht es wahrhaftig nimmer.
Denn nicht mehr so wie in früherer Zeit
Betreibst du's mit einiger Harmlosigkeit,

Nein, heute steht dir erprobte Methode
Und glänzende Technik zu Gebote.
Und so verschaffst du, verruchtes Weib,
Dir allerlei Gaudi und Zeitvertreib.
Doch deine Opfer, die armen beschiss'nen
Und tief in tiefster Seele zerriss'nen
Das sind dir Puppen, die läßt du zappeln,
Wie Vögel, die auf die Rute krabbeln.

Schon hast du, wenn ich nicht heftig irre,
Den Vater Raab ganz entsetzlich kirre,
Und neuerdings suchst du den guten Foltz
Zu locken auf das geleimte Holz,
Versuchst es methodisch mit tausend Schikanen
Ihn wegzuziehn von der Tugend Bahnen.
Und führe ich heute nicht ernstlich dazwischen,
Du würdest den Ärmsten wirklich erwischen.

Pfui Teufel, Frau Three! Das ist doch nicht artig!
Sag, ist dein Gewissen so stumpf und so schartig,
Daß du auch jetzt noch schmunzelst und lachst
Und tausend kokette Grimassen machst?
Ich glaube, du Schlange bildest dir ein,
Mit deinen Künsten imstande zu sein,
Auch mich, den Heiligen, kirre zu machen
Durch dein verflixtes Sirenenlachen.
Du kommst mir grad recht! Hier in dem Sack
Trag ich zur Hölle dich huckepack;
Dein Hänschen hilft sicher mit großem Vergnügen,
Dich hier in den Sack hineinzuverfügen.
Wie? Was? Du wehrst dich? Was glaubst denn du,
Du dreifach geschmortes Höllenragout?!
Hopp, Hänschen, pack zu! Nur fest um die Taille!
Heut wirst du erlöst von dieser Kanaille.
Kreuzdonnerwetter! Die Katze hat Kraft
Und wehrt sich voll ängstlicher Leidenschaft!

Nur wenn du mir hoch und heilig schwörst,
Daß du niemals mehr einen Mann betörst,
Es sei denn, daß es dein eigener ist,
Dann geb ich dir nochmals Bewährungsfrist.

Versprichst du dieses? Sag nein oder ja!!
Gut! Heut übers Jahr bin ich wieder da,
Doch wehe, wenn du's noch schlimmer getrieben
Und nicht bei deinem Versprechen geblieben.

Nun setzte dich wieder! — Es kommt die nächste
Von euren schlimmen Sitten behexte.

Frau Foltz, komm' her und schau mich an!
Auch du bist zermürbt durch die Kegelbahn,
Auch deine Moral und deine Sitten
Sind morsch geworden und haben gelitten;
Und grade auf *dich* hat der Himmel bis jetzt
Die felsenfeste Hoffnung gesetzt,
Du würdest den Ton dieser Kegelbahnlumpen
Zu sittlichen Höhen aufwärts pumpen.
Statt dessen versinkst du selber im Strudel
Und fühlst dich dort wohl, du sündhafte Nudel!
Ja, einst in Kleinasien, dort bei den Derken,
Da warst du noch reich an christlichen Werken
Und prangtest in wahrhaft sittlicher Größe
Wie eine heilige Apostoleuse;
Dort hast du, ohne es selbst zu wissen,
Die Moslems zum Christentum hingerissen. —

Und jetzt inmitten der eignen Nation
Wo längst das Christentum Staatsreligion,
Verkehrst du leider in Kreisen und Klüngeln
Von wüsten Halunken und gottlosen Schlingeln
Und wehrst mit keinerlei ernstem Worte
Dem gottlosen Tun der schandbaren Horde;
Ja, plätscherst noch selber frohen Gejodels
In dieser Kloake voll schmutzigen Odels. —

Doch leider ist dies das Schlimmste noch nit!
Du plätscherst nämlich nit bloß so mit,
Nein, du schwingst selber mit wilder Pläsir
Des Lasters abscheuliches Feldpanier
Und feierst, wie ich vom Himmel gesehen,
In deinem Garten Freß-Orchideen
Mit anderen gleichgesinnten Lumpen

Bei wein- und schnapsgefüllten Humpen,
Bei Zwetschgenkuchen und Mohnsamenstriezeln,
Die wollustschwanger den Gaumen kitzeln.

O Schwester Elma! Wir Heiligen alle
Stehn tief ergriffen vor solchem Falle.

Wo soll das hinaus?! Und wie soll das enden?!
O gürte wie weiland Hiob die Lenden!
Bekämpfe den Teufel der Kegelbahn,
Dem Herz und Seele du aufgetan;
Noch hast du die Kraft, ihn am Krutzen zu holen
Und ihm den höllischen Steiß zu versohlen.
Denn von der früheren Heiligkeit
Aus deiner Türken- und Heidenzeit
Sind immer noch ganz erhebliche Batzen
Aus deiner Seele herfürzukratzen.
Die wirst du pflegen wie deine Kakteen,
Auf daß sie bald wieder in Blüte stehen;
Sonst geht dir der letzte Rest noch verloren.
Das merk' dir und schreibe dir's hinter die Ohren!

Nun haben als nächste herfürzutreten
Zwei ganz besondere Spezialitäten,
Zwei Weiber, die wohl nach außen hin
Wie Röslein duften und milder Jasmin;
Doch wenn man nur an der Kruste kratzt,
Dann erschauert die Seele und ist entsatzt;
Dann sieht man an ihren Fingern und Zehen
Entsetzliche Tigerkrallen entstehen,
Da wachsen Haare auf Zunge und Zahn,
Da starren gräßliche Stacheln uns an
Und stechen die Seele uns dorch und dorch.
Heraus Frau Hussung und Fräulein Lorch!!

Da schaut sie euch an, wie sie dastehn und gucken,
Als könnten sie keine Mücke verdrucken,
Als flösse nur Honig und Confiture
Aus ihren gefährlichen Schnüßlein herfür,
Als wären sie Lämmlein weiß wie Schnee. —
Doch wenn sie losgelassen, o weh!!

Dann schuckert dem Hermann serienweis'
Die Gänsehaut über Buckel und Steiß,
Dann ist ihm kein Mausloch zu eng und zu klein,
Er zwängt sich voll starren Entsetzens hinein.
Und *er*, der den eisernen Willen hat,
Der Tyrann und Diktator der ganzen Stadt,
Er kommt erst wieder hervorgekrochen,
Wenn Kraft und Gewalt des Sturmes gebrochen.

O schämt euch bis in das Mark des Gebeins,
Daß so etwas vorkommt Fliegerstraß 1.
Und glaubt ihr denn, der St. Nikolaus
Sei blind und brächte das nicht heraus?

Nein, unsereiner täuschet sich nicht.
Da hilft kein Madonnen- noch Engelsgesicht. —
Schaut, Hermann ist doch im häuslichen Kreis
Der gefügigste Babbe, von dem ich weiß.
Nur wenn ihm das Amt der Baupolizei
Verdruß bereitet und Sauerei,
Ja, lieber Gott, da wird halt schließlich
Der allergemütlichste Babbe verdrießlich.
Dann müßt ihr ihn trösten den Ärmsten und streicheln,
Ihn krodeln am Kinn, ihm schöntun und schmeicheln.

Ich würde ihm immer in solchen Fällen
Saumagen auf den Mittagstisch stellen
Vom feinsten Gewürze; doch habet wohl acht,
Daß er — der Magen — euch nicht verkracht;
Dann spürt er — der Hermann — ein wohliges Prickeln,
Dann könnt ihr ihn um die Fingerchen wickeln.

Im übrigen hört man im Himmel droben
Euch beide oft und besonders loben,
Weil ihr in Ehren und Distinktion
Gemieden den rüden Kegelbahnton
Und weil ihr euch ehrliche Mühe gegeben,
Die Sitten dortselbst in die Höhe zu heben. —
Dies war ja nun leider völlig vergebens
Trotz schönstem Beispiel des eigenen Lebens.
Doch guter Wille will auch was heißen

Und darum muß ich euch loben und preisen. —
Lebt wohl, ihr beiden! Und haltet in Ehren
Des heiligen Nikolaus' himmlische Lehren! —

Nun tritt vor dem heiligen Weihnachtsmann
Frau Nini, die Rabenmutter an!

Ich war mit deinem Betragen hienieden
In jeder Beziehung wirklich zufrieden.
Drum wäre an sich kein Grund zu sehen,
Dich heftig zu tadeln oder zu schmähen;
Ich soll dir vielmehr das Wohlgefallen
Bekunden von uns Heiligen allen.

Wenn ich nun trotzdem einige schlichte,
Doch kräftige Worte an dich richte,
So tu' ich es bloß zur Warnung und Lehre,
Auf daß ich in Zukunft nichts Schlimmes höre.

Nachdem die Tochter, die du geboren,
Sich einen Ehemann auserkoren,
So taten sich deine Würden und Ehren
Um ein höchst schwieriges Amt vermehren:
Ich meine die Schwiegermutterwürde,
Ein heikeles Amt, eine schwere Bürde! —
Die Weiber nur, welche Verstand und Gemüte
Und eine mild erwärmende Güte
Zur klingenden Harmonie gestalten,
Die können ein solches Amt verwalten.
Ich kenne dich und drum weiß ich genau:
Du bist dazu die geeignete Frau.
Doch weil sich gewöhnlich bös verrennt,
Wer sagt, daß er die Weiber kennt,
Drum werd ich in Zukunft vom Himmel blicken
Und Schleichpatrouillen herunterschicken,
Die dich belauschen und ständig bespitzeln,
Um es mit Schläue herauszukitzeln,
Wie du als Schwiegermutter es treibst,
Und ob du auch lieb und ordentlich bleibst.
Doch wehe, wehe! Wenn es dann heißt,
Daß du ein Schwiegerdrachen seist,

Daß du dem Binger die Drachenklauen
Ins schwiegersöhnliche Fleisch gehauen,
Und daß du den Himmel der jungen Leute
Zur Hölle verwandelst in teuflischer Freude.

Kreuzdonnerwetter! Dann könnt es was geben,
Dann tätest du aber etwas erleben!
Dir müßte der Schädel qualmen und rauchen,
So würde ich dich zusammenstauchen.
Ich schlüge dich, ohne dich spitz zu machen,
Tief in den Boden, dich Schwiegerdrachen.
Ja, ja! Frau Nini, ich rede zwar eben
Im Irrealis, doch sollt ich's erleben,
Daß Wirklichkeit wird aus der Nichtwirklichkeit,
Dann mach dich aufs Schlimmste gefaßt und bereit.

Gottlob, ich kenne dich viel zu gut
Und dein gemäßigt fließendes Blut,
Als daß ich nicht wüßte: die Mutter Raab
Bleibt Engel und harmlos bis in das Grab
Und wird ihre Seele bewahren vor Schaden.
So, damit bist du entlassen in Gnaden.

Nun fahre ich weiter im ABC
Und komme dabei an das große „W";
Weh, Wehe! Mir will es die Seele zerquetschen
Wie trockene Pflaumen und dürre Zwetschen,
Denn dieser Buchstabe „W" enthält
Ein Weib, das alles in Schatten stellt,
Was je an Missetaten und Sünden
In diesen Räumen war aufzufinden.

Wie sonderbar! Da werden zugleich
Zwei Weiber am Tische auf einmal bleich,
Als würden die beiden von ihren Gewissen
In gleicher Wut gepetzt und gebissen.

So sind halt die Weiber! Man braucht diese Rippen
Nur irgendwie, irgendwo anzutippen,
Dann schauen aus allen Poren schier
Die heimlich versteckten Sünden herfür;

Das nennen sie Schmiß und Charme u. s. w.
Und die Männer, die Lumpen, schätzen dies leider.
Doch halt, ich bin ja vom roten Faden
Bedenklich und heftig abseits geraten.
Wir standen beim „W" — drum tritt nun zu mir
Frau Studienprofessor Lu *Weiher* herfür.
Hier stelle dich her! Schau reuig zur Erde
Und horche, was ich jetzt sagen werde.

Dein Sündenkonto ist so gewaltig,
So vielgestaltig und mannigfaltig,
Daß man mit Staunen die summa sieht,
Wenn man addiert und das facit zieht.

Nur was du allein an Sünden getan
All-freitags hier auf der Kegelbahn,
An Tritten und Stößen auf Männerbobos,
An Petzen und Zwicken, du greuliches Oos,
An Werfen mit Kreide und Abwischlumpen,
An Kratzen und Beißen, an Boxen und Stumpen,
Das übersteigt ja schon allein
Die Hutschnur an meinem Heiligenschein.
Und sag! Was hast du denn an den Ohren
Des Studienprofessors Paul Münch verloren?
Willst du dieselben zu Hackfleisch verkrutzen
Durch Knabbern und Beißen, durch Schlabbern und Schlutzen?
Sag! Hat denn ein Ohr, ein außerehliches,
Für dich so etwas Unwiderstehliches?!
Wahrhaftig! Da steh ich als Weihnachtsmann
Vor Rätseln, die ich nicht lösen kann,
Denn wir naiven Heil'gen entbehren
Vollständig den Sinn für solche Affären. —

Doch liegt es mir ferne, all deine Sünden
Profanen Ohren jetzt laut zu verkünden,
Obwohl mir das bis zur Morgenröte
Gelegenheit zur Entrüstung böte.
Doch wo die Schatten tief sind und dunkel,
Da blitzt auch meist herrliches Lichtgefunkel.
Dies strahlt aus den trefflichen Eigenschaften,
Die *auch* sehr zahlreich im Herzen dir haften.

Denn ich weiß ja, wie reich und schön dein Gemüt
An Tugendknospen und Blumen blüht.
Und ich weiß auch, wie sehr du unter der Last
Des Haushalts dauernd zu stöhnen hast.
Und wenn man dann noch in Erwägung stellt,
Wie klein und mager dein Haushaltsgeld
Und was du mußt leisten mit diesem Krempel,
Das ist wahrhaftig fast ohne Exempel,
Dann leuchten deine Tugendblüten
So schön wie Rosen aus dem Süden.
Dann muß man wahrhaft auf die Zunge sich beißen
Den Eh'mann nicht „knickrigen Knochen" zu heißen.
Doch hoff' ich, derselbe wird fürderhin
Die Lehre aus diesen Worten ziehn
Und deine Finanzen beträchtlich steigern;
Doch sollte er etwa sich sträuben und weigern,
Dann werde ich ihm den Steiß versohlen
Und lotweis soll ihn der Teufel holen.

Und nun leb' wohl, Frau Studienprofessern!
Versuch's, deine Sitten weiter zu bessern,
Bis daß du ein wirkliches Muster wirst
Und nie mehr vom Pfade der Tugend irrst. —

Der Herr sei gepriesen, gelobt und bedankt!!
Denn endlich bin ich zur letzten gelangt.
Ein unbeschrieb'nes Kegelbahnblatt,
Die fast noch keine Vergangenheit hat.
Frau *Weihsbrod,* tritt näher und höre in Ruh
Den Worten des heiligen Nikolaus zu.

Du hast nun vernommen, wie sehr alle andern
Auf sündigen Wegen und Straßen wandern
Und hast gehört, wie sehr ich sie schimpfte
Und meine geräumige Nase rümpfte.

Nun seh ich mit Schreck, wie die Kegelbahn schon
Nachteilig einwirkt auf deine Person;
Denn schon ist die fromme Freisinger Art
Mit allerlei Kegelbahnunfug gepaart,
Schon hast du offene Ohren und Augen

Für Reden und Taten, die wo nix taugen;
Doch *noch* hast du sittlichen Überschuß,
Ein sogenanntes moralisches Plus. —

Doch wehe dir, Weib, wenn je ich bemerke,
Daß deine moralische Kraft und Stärke
Erlahmt vor der Lockung und vor den Tönen
Der männ- und weiblichen Kegelsirenen,
Dann wirst du von mir an den Haaren gepackt
Und durchgebläut im 6/8 Takt,
Bis es dir unklar und zweifelhaft ist,
Ob du ein Weib oder Manderl bist.

Drum hüte dich, Weib! — Ich bin zwar gewöhnlich
Sehr freundlich und duldsam und mild versöhnlich,
Doch wehe! Wehe! Wenn mich die Wut,
Der Rooches und Zorn übermannen tut, —
Dann setzt es Späne, dann fliegen Fetzen,
Dann zittern die Sünder in starrem Entsetzen.
Drum hüte dich, Weib! Ich will dich nur warnen;
Laß dir nicht weiter die Seele umgarnen
Und halte den Freisinger Tugendrest
Auch hier im Pfuhle der Kegelbahn fest.
Und stemme dich kraftvoll der Sünde entgegen!
Leb' wohl, mein Kind! Empfang meinen Segen!

Nunc autem laudo sanctam trinitatem.
Zu deutsch: Nun preis' ich in einem Atem
Gottvater, den Sohn und den heiligen Geist,
Dieweil es sich immer aufs neue erweist,
Daß jegliches Ding auf dieser Erden
Bestimmt ist, einmal beendigt zu werden;
So ist auch, gottlob, die heutige Predigt
Ans Ende gekommen und glücklich erledigt. —

Doch meine Lehren schreibe sich jeder
Ins Herz mit feuriger Schönschreibefeder.
Damit ihre Glut den sündigen Lüsten
Den Garaus mache in eueren Brüsten.
Und nun, ihr lieblichen Sünderinnen,
Verlasse ich euch und gehe von hinnen

Und bete zu Gott, er wolle in Gnaden
Euch künftighin führen auf Tugendpfaden,
Die zwar durch Dornen und Disteln sich winden,
Doch alle am Schluß in das Himmelreich münden.

Ihr Männer jedoch, so wie ihr da sitzt,
Voll Schadenfreude und hämisch verschmitzt,
Mit scheint, ihr saudummen Hammel glaubt,
Ihr wäret nun fehlerlos überhaupt,
Weil ich mit euch nicht gedonnerwettert
Und euch nicht in den Boden hineingeschmettert. —

Ihr seid mir die richtigen Pharisäer!
Mit euch Halunken befaß' ich mich näher
Im nächsten Jahr um die nämliche Zeit. —
Und dann habt ihr *Weiber* Gelegenheit,
Den *Männern* höhnisch die Nasen zu drehen
Und schadenfröhlich zuzusehen,
Wie diese Lumpen hier vor mich treten
Mit übervollen Hosenböden.
Das ist dann ein Fressen für euch Damen.
Nun lebet wohl und bessert euch! — Amen!

Vortrags-Manuskript; bezeichnet und datiert am Schluß des Manuskripts „7. 12. 28 P. M."; innerhalb des Manuskripts Überarbeitung (rot) für eine evtl. weitere spätere Fassung, die aber plötzlich abbricht; Nachlaß

Nikolaus-Predigt 18. 12. 36

Der Herrgott schickte auch heuer wieder
Vom Himmel mich auf die Erde hernieder.
Und gerne, beinah allzu gern,
Befolge ich diesen Auftrag des Herrn
Und stürze mich freudig ins Erdengewimmel,
Entfliehend dem öden Gleichmaß im Himmel,
Wo niemals ein irdisch Vergnügen erlaubt,
Nicht im besondern und nicht überhaupt.

Und weil es im Himmel also bestellt ist,
Und weil zwar sündhaft, doch lustbar die Welt ist,
So bin ich voll Freude herabgekommen —
Zur Warnung der Bösen, zum Lobe der Frommen —
Und kam so zur Mühle von Hohenecken,
Um schnuppernd die Nase hereinzustecken.

Denn letzthin hab ich aus himmlischen Höhen
Kopfschüttelnd auf euch heruntergesehen
Und sah euch hier hocken in scheußlichen Haufen
Beim Schmatzen und Schlorpsen, beim Fressen und Saufen
Und alles tobte vor Wonne und lachte,
Wenn einer Unflat und Zoten machte,
So daß ich als heiliger Weihnachtsmann
Dies nur als „Saustall" bezeichnen kann.

Doch weil ich keineswegs kleinlich bin,
So dachte ich damals in meinem Sinn:
Schulmeister sind's! Die sind halt verschroben
Und einmal im Jahre läßt man sie toben,
Denn sie pflegen zumeist nach solchen Exzessen
Zwölf Monde lang brav aus der Hand zu fressen
Und still zu sitzen auf harmlosem Steiße. —

So dachte ich mir törichterweise,
Und frohen Herzens trat ich hier ein,
Um Zeuge euerer Tugend zu sein.
Um euch zu treffen in diesem Zimmer

In stiller Andacht beim Christbaumschimmer,
Die Augen verklärt in heiligem Glanz
Und in den Händen den Rosenkranz.

Doch wehe, wehe, dreimal wehe!!!
Denn seit ich dieses Amt versehe,
War ich in meiner Hoffnungsfreude
Noch niemals so enttäuscht wie heute.

Denn wenn ich euch sehe, wie ihr da hockt,
Hoffärtig grinsend und sündenverstockt,
Ein Rattenkönig und scheußlicher Knäuel
Der allergemeinsten und schmutzigsten Greuel,
Dann treibt's mich zu fliehen vor Graus und Schrecken
Aus dieser Mühle von Hohenecken.

Ja, feiert man *so* die Zeit des Advents,
Ihr Sündenbazi, ihr Lackel, ihr Stenz!?

Doch weil ich als Heil'ger verpflichtet bin
Zu einem sanften und milden Sinn,
So will ich mit Worten mit einigen kräftigen
Mich liebevoll weiter mit euch beschäftigen;
Denn keine Gelegenheit will ich verpassen,
Euch an den Zipfeln der Ehre zu fassen,
Um euch an diesen Rudimenten
Zur Tugend zu kehren und hinzuwenden. —

Doch weil ihr bei all eurer Lüderlichkeit
Noch obendrein Pharisäer seid,
Wo jeder denkt: der St. Nikolaus
Der schimpft nicht mich, bloß die andern aus,
So fürcht' ich, daß meine Predigt nix nützt
Und daß ihr dieselbe schleunig verschwitzt,
Denn an euch läuft jede Mahnung und Lehre
Herab wie das Wasser zur Regenröhre.

Pfui Teufel, das ist eine Affenschande!
Ihr seid eine niederträchtige Bande,
Bei welcher nicht Lob noch Tadel nutzen;
Ihr kommt mir vor wie die richtigen Wutzen,

Die grunzend vor Wollust und bis zu den Hälsen
Sich im Moraste der Sünde wälzen,
Bis euch der Pfuhl, in dem ihr patscht,
Als Höllenpfuhl über die Glatzen klatscht.

Und ihr laßt „gebildete Leute" euch schimpfen
Und wollt über andre die Nase rümpfen
Und haltet euch für besonders gescheit,
Weil ihr studiert habt und Schulmeister seid.
Da bläht ihr euch auf und macht euch dick
Mit Sprüchen aus der Chemie und Physik,
Mit mathematischem Schwindel und Krempel,
Mit wirtschaftskundlichem Schmus und Blembel,
Mit geographisch-historischem Quatsch,
Mit neuphilologischem Baberatsch,
Mit Zeichenkünsten, die grad noch genügen,
Euch selbst und den Schülern was vorzulügen,
Und bildet auf Grund dieses Schwindels euch ein,
Prädestiniert für den Himmel zu sein.
O summa stultitia! Mit all euerm Wissen,
Seid ihr ja doch nur blamiert und beschissen:
Das alles gilt droben als Weisheit von Narren,
Als lachhafter Humbug, als greulicher Schmarren
Und öffnet euch nicht millimeterweit
Die Pforte zur ewigen Seligkeit;
Vielmehr wird St. Peter mit Nagelstiebeln
Euch furchtbar eure Hintern verzwiebeln,
Daß ihr durch sämtliche Weltenräume
Vermittels gewaltiger Purzelbäume
Zum Satan hinab in die Hölle fliegt,
Der euch sofort am Schlafittich kriegt,
Um euch in den heißesten Kessel zu tunken,
Euch Weisheitsprotzen und Bildungshalunken.

Sagt, habt ihr noch nie drüber nachgedacht,
Daß Bildung und Weisheit auch Pflichten macht,
Daß ihr dem Volke ein Beispiel sollt geben
Zu einem braven und züchtigen Leben?
Zu fein geschliffener Lebensgestaltung,
Zu edlen Worten der Unterhaltung?
Zu Umgangsformen höchster Kultur? —

Doch nirgends davon die geringste Spur.
Im Gegenteil! Seit Jahren schon
Pflegt ihr den abscheulichsten Umgangston
Gleich Troglodyten und Anthropophagen
Roh, zynisch, stinkig wie aus den Kloaken.
Ausdrücke, wie in der Gosse geboren,
Beleidigen unaufhörlich die Ohren,
Arschlöcher führt ihr leichthin im Munde,
Die Roheit herrscht in eurer Runde;
Und jede Zote und Sauerei
Und jeder Unflat, wie schlimm er auch sei,
Entlockt eurer Kehle ein Freudengewieher.
Pfui Teufel, über euch Jugenderzieher!

Und trotzdem! Gern wollt ich das alles verzeihn,
Wenn ich nicht wüßte, daß euer Verein
Zum Großteil aus Ehemännern besteht.
O welch eine saubere Sozietät!!

Ja, gelt, das würde euch Lumpen so schmecken,
Tagtäglich am Honig der Ehe zu schlecken
Und nebenbei noch euch vollzufressen
An außerehlichen Delikatessen —
Doch heimlich wie Diebe so schlau und gewandt,
Daß um Gottes willen die Alte nix spannt.

Gelt, schaut mir nicht so beleidigt herüber,
Ihr ganz gemeinen Gesinnungsschieber!
Mir macht ihr nichts vor, ich kenne mich aus:
Armselige Trottel seid ihr zuhaus
Und euere Weiber haben den Zaum
Ins Maul euch gelegt, daß Geifer und Schaum
In blutigen Batzen vom Maul euch tropfen,
Sobald ihr versucht, auf die Seite zu hopfen.
Nur hier in diesem sauberen Kreis
Macht ihr euch gegenseitig was weiß,
Ihr hättet zuhause das Heft in der Hand.
O homines stulti! Euch fehlt's am Verstand.

Versucht es doch, wider den Stachel zu löcken,
Und schwingt einmal den Kommandostecken!

Armselige Trottel! In wenig Sekunden
Ist euch derselbe wieder entwunden,
Und racheschnaubend schwingt ihn das Weib
Mit Wucht auf den männlichen Hinterleib.
Und schmerzhaft zieht dann von hinterwärts
Die Reue ins männliche Sünderherz.

Dann stellt ihr in großer Pose euch hin:
Seht her, welch ein sittlicher Herr ich bin!
O jeh! Ist das Tugend und Sittsamkeit,
Was krampfhaft unter der Knute gedeiht?
Nein, solche Tugend gilt bei uns Heiligen
Als schlimmer wie sich am Laster beteiligen.

Euch aber, ihr damischen Junggesellen,
Euch will ich damit keinen Freibrief ausstellen
Als wollte ich urbi et orbi verkünden,
Ihr hättet ein Reservatrecht auf Sünden
Und nur die Ehemänner müßten
Die Hände lassen von Lastern und Lüsten,
Nachdem sie zuhaus ihre Pflicht getan.
O vanitas atrox! Welch grausiger Wahn!
Denn wisset, ihr Sünder! Was das betrifft:
Die zehn Gebote der heiligen Schrift,
Die gelten für jeden, für alle Kreise,
Für ledig und ehlich, in gleicher Weise.

Drum höret auf mich und folgt meinem Rat:
Verlasset von nun an des Lasters Pfad,
Beginnt euer Leben neu und von vornen
Und stürzt euch beherzt in Disteln und Dornen,
Die auf dem Wege zum Himmelreich wachsen,
Und achtet nicht Ritzen noch Wunden am Haxen.
Bekämpft den höllischen Urian,
Dem Herz und Seele ihr aufgetan,
Noch habt ihr Kraft, ihn am Krutzen zu holen
Und ihm mit Wucht den Steiß zu versohlen.
So, damit wäre ich langsam am Ende. —

Bevor ich mich aber von hinnen wende,
Um euch für heuer zu verlassen,

Muß ich euch nochmals ins Auge fassen,
Um eure Visagen fest und klar
Mir einzuprägen fürs nächste Jahr.

Dies also ist *Wanscher*, ein Lüstling, ein geiler,
Und dies der Waidwerkstrunzer *Sailer*,
Dies *Mohr*, ein alkoholischer Lottel,
Dies *Gockel*, des Balbo Kassentrottel,
Hier*Brünings*, reinarischer Vollblutindianer,
Hier*Haas*, Nußknacker und Eisenbahner,
Hier *Fischer*, der spekuliert und baut,
Hier *Scharff*, der gern möchte, sich aber nicht traut,
Und hier? Ja, Bomben und Granten,
Wie bist denn du zu der Bande geraten?
Ein weiblich Wesen bei dieser Horde?
Ich stehe erschüttert, mir fehlen die Worte.
Wahrhaftiger Himmel! Das ist ja die *Hilde*!
Aha! So, so! Jetzt bin ich im Bilde.
Jetzt geht mir ein Licht auf: *Du* bist die Hexe,
Bist das gefährliche Gewächse,
Das alle Mannsleut hier betört hat
Und ihren Seelenfrieden gestört hat,
Das mit kokettem Augenblitze
Die Männer verzaubert zu brünstiger Hitze. —

Da schaut sie euch an, wie sie dasteht und guckt,
Als habe sie nie eine Mücke verdruckt,
Als wär sie ein Lämmlein weiß wie Schnee,
Unschuldig hüpfend im grünen Klee.

O du entsetzliche Höllenpflanze,
Du unverbesserlich schlimme Wanze!!
Ich glaube, du Schlange bildest dir ein,
Mit deinen Künsten imstande zu sein,
Auch mich, den Heiligen kirre zu machen
Durch dein verflixtes Sirenenlachen.

Hierher, du Luder! Hier in dem Sack
Trag ich zur Hölle dich huckepack.
Wie, was? Du wehrst dich? Was glaubst denn du,
Du doppelt geschmortes Höllenragout?!

So, packt das Luder nur fest um die Taille
Und steckt sie tief in den Sack, die Kanaille!

Nur wenn du mir hoch und heilig schwörst,
Daß du niemals mehr einen Mann betörst,
Wenn's nicht ein richtiger Bräutigam ist,
Geb ich dir nochmals Bewährungsfrist.

Jedoch zum Zeichen, daß du bereust
Und von heute ab dein Leben erneust,
Gib einen Kuß mir, weich und milde,
Auf meine Hand, du Hexenhilde!

Nun aber bin ich zum Schlusse gelangt.
Der Herr sei gepriesen, gelobt und bedankt! —

Beherzigt die Lehren, die ich gegeben,
Werft ab das sündige Luderleben,
Sonst müßt ihr dereinst als saftige Braten
Dem Satan in seine Klauen geraten.
Am besten würdet ihr euch bequemen,
Brevier und Gesangbuch zur Hand zu nehmen,
Um — reuig die Augen niedergeschlagen —
Den sündigen Leib in die Kirche zu tragen.
Dann plätschert ihr bald im wohligen Bade
Der christlichen Tugend und himmlischen Gnade.
Und nun lebet wohl in Gottes Namen
Und bessert euch bald und gründlich! Amen!

Vortrags-Manuskript; bezeichnet am Schluß des Manuskripts „P. M."; Nachlaß

Gedichte aus der Pennäler- und Studentenzeit

Anmerkungen zu den „Gedichten aus der Pennäler- und Studentenzeit":

Mit der „Pälzisch Weltgeschicht" – „der größte Wurf, der je einem Mundartdichter der Pfalz glückte" (Lorenz Wingerter) – wurde im Jahre 1909 der damals 30jährige Paul Münch schlagartig in der ganzen Pfalz – und weit darüber hinaus – bekannt. Allein neuntausend Exemplare davon wurden im Jahr des Erscheinens dieses Buches verkauft. Innerhalb von nur einer Woche war schon die Erstauflage von 1500 Exemplaren verkauft gewesen. „Es ist fraglich, ob überhaupt je in der Pfalz ein ähnlicher literarischer Vorgang dagewesen ist!" schrieb damals Prof. Oskar Steinel in einem Vorwort dazu. Doch wer z. B. glauben wollte, Paul Münch wäre mit seiner „Pälzisch Weltgeschicht" als Dichter „plötzlich dagewesen", der wird hier in diesem Band eines Besseren belehrt. Paul Münch hat bereits – angeregt durch den Hunsrücker Mundartdichter Peter Joseph Rottmann (1799–1881), die „Reimereien eines alten Grünrocks aus der Pfalz" seines Onkels Karl Eduard Ney (1841–1915) und seinen Vater, den protestantischen Pfarrer Philipp Münch (1823–1929), der selber gerne den „Dichtergaul" bestieg (von ihm hat Paul Münch diese Bezeichnung für den „Pegasus" übernommen) — in seiner Pennäler- und Studentenzeit Gedichte geschrieben. Er selbst scheint sehr viel von seinen frühen „dichterischen Ergüssen" gehalten zu haben, denn er bewahrte sie sehr sorgfältig in der Nürnberger Lebkuchen-Blechkiste auf, die er im 2. Weltkrieg bei jedem Fliegeralarm mit in den Luftschutzkeller nahm und deren Inhalt er bis zu seinem Tod immer wieder durch- und umarbeitete. Die editorische Aufbereitung dieses Nachlasses gestaltete sich sehr schwierig. Denn das Papier, auf das Paul Münch schrieb, war nicht das beste. Vieles schrieb er mit Bleistift und war – durch das oft lange Herumtragen – verwischt. Viele Verse sind öfters überarbeitet worden und z. T. in altväterlichem Steno geschrieben. Zu dessen Entzifferung mußte ein Fachmann hinzugezogen werden: mein inzwischen verstorbener Freund Alfons Kloos. Oft lieferte er mir für einzelne Kürzel und Wörter bis zu acht Deutungen, unter denen – vom Thema, der Gestaltung und dem Versmaß her – die letztlich allein richtige und „passende" Version ermittelt werden mußte. Und dann war da noch manches erst zu identifizieren und zusammenzupuzzeln.

Leiden eines Pennälers

Ach Gott! Ein mühsam Leben! Nur Arbeit, Sorg und Pein,
Nur Büffeln, Ochsen, Streben, abmagernd das Gebein;
Nicht *eine* frohe Stunde, kein froher Augenblick,
Oft jahrelang entbehren sogar das kleinste Glück.

Das ist das Los der Schüler zur gegenwärt'gen Zeit.
Voll Kummer die Gesichter vor Gram und Herzeleid;
Der allerärmste Sklave, das schwerstgedrückte Vieh,
Ein krummgeschaffter Klepper ist besser dran als sie:

Wo man doch jeden Klepper nach jeder Arbeit schont
Und ihm sein hartes Schaffen mit süßer Ruhe lohnt.
Doch einem Schüler gönnet man keine Stunde Rast
Und häufet auf den Ärmsten fortwährend Last auf Last. —

Er hat nicht Zeit noch Mühe, sich draußen zu ergehn,
Um froh im holden Lenze des Waldes Pracht zu sehn,
Ihn freuet nicht die Schöpfung, nicht froher Jodler Schall;
Das Schreckgespenst der Schule umschwebt ihn überall.

Des Nachts, wenn tiefes Dunkel die Welt in Schlummer hüllt,
Wenn Städt' und Dörfer ruhen in Gottes Schirm und Schild,
Wenn leise nur ein Lüftchen die Blätter zart bewegt
Und süß im tiefen Forste die Nachtigall nur schlägt,

Dann sitzt der Schüler stöhnend bei seiner Lampe Schein
Und ochst mit zähem Fleiße viel Wust zum Kopf hinein.
Und hüllt nach harter Arbeit im Bett er dann sich zu,
So gönnen schwere Träume ihm hier noch keine Ruh.

Kaum blitzt die Morgenröte im Osten goldighell,
Dann ruft die Pflicht ihn eisern: „Steh auf, steh auf, Gesell!"
Schlaftrunken, müde schwankt er dann zu den Büchern hin
Und strebt und ochst und büffelt schwer bis zum Schulbeginn.

Doch in der Schul' erwartet der Lehrer mitleidslos
Den schwer geplagten Schüler und fährt gleich auf ihn los:

„Sie sind mir doch ein träger, charakterloser Wicht,
Faul auf der Straße lungernd, vergessen Sie die Pflicht!"

Kein Wort der Gegenrede tönt aus der Schüler Kreis,
Sie hören's starr und schweigsam, gleichsam erstarrt zu Eis.
Mit kümmerlichem Antlitz sitzt rings der Schüler Chor,
Aus tiefer Brust zuweilen ein Seufzer steigt empor:

„Erscheine doch, erscheine, o wonnevoller Tag,
O Tag des Schuljahrschlusses, und ende Sorg und Plag!
Doch ach, in grauer Ferne, in schwarzer Zukunft Nacht
Unfaßbar, unerreichbar liegt dieses Tages Pracht!"

So sitzt in stiller Wehmut rings da der Schüler Hauf. —
Da plötzlich schreit der Lehrer: „Da merkt ja keiner auf!
Mir scheint wahrhaft die Kerle denken schon an das Schulschlußfest,
Das will ich euch vertreiben! — Morgen zwei Stund' Arrest!!" —

Manuskript; handschriftlich (Bleistift) mit roten Unterstreichungen, letztere vielleicht „pädagogische Korrekturen" (?); Titel: Hrsg.; bezeichnet und datiert „P. M. 1896"; Nachlaß. – Ältestes nachweisbares Gedicht von Paul Münch, offensichtlich beeinflußt von der Vergil-Lektüre in der Schule. Erwähnt auf einer Karte Paul Münchs vom 29. Mai 1898 an seine Schwester.

Die Thaten des Fratsch

Hilf mir, o Muse, besingen die Thaten des Fratsch, des Pennälers,
Die er herrlich vollbracht zum Ärger und Zorn der Proleten.
Ja, vom Ochsen und Lernen war Fratsch durchaus kein Verehrer;
Selbst die Gesänge Homers vermochten ihn nicht zu entzücken.
Ja! Statt daß er mit Fleiß zu Haus den Homer präparierte,
Kauft er sich — pfui, welche Schande! — die Schulmannspick zum Ὅμερος*
Ebenso ging's mit Ovid, mit Arrian, Cäsar und Nepos.
Kurz, er gebrauchte zu allem verbotene Mittel der Faulheit.
Deshalb find ich's begreiflich, daß sämtliche Herren Proleten
Ihn mit Verachtung bestraften und täglich dachten und sannen,
Wie sie den Faulenzer Fratsch verwischten und dimittierten.
Oft schon hatten sie ihn bei allerlei Unthat verwuschen,
Immer jedoch mit List schwindelte Fratsch sich heraus.
Oft schon hatte der Pudel im Wirtshaus ihn kneipend getroffen,
Oft auch traf er ihn an auf der Straß', die Zigarr' im Munde.
Jedesmal glaubte der Rex, ihn jetzt dimittieren zu können.
Aber er hatte sich gründlich getäuscht; denn bei dem Verhöre
Wußte der Fratsch durch Lug und durch List die Proleten zu täuschen.
Also daß straflos der Fratsch entging dem Zorn der Proleten.
Freilich bereitete solches den Lehrern kein großes Vergnügen.
Groß war darum die Wut, mit der den Fratsch sie verfolgten.
Ja! Um den Fratsch zu verderben, war ihnen kein Mittel zu schmählich.
Denn sie gebrauchten – o pfui, welche Schande! – ein Mittel, das sonst doch
Nur noch der Jude gebraucht, und begannen ihn sehr zu bescheißen;
Gaben ihm Batzen auf Batzen, statt Einser und Zweier und Groschen.
Ja! Es hatte der Fratsch die Batzen durchaus nicht verdienet;
Denn obwohl er gar faul, war Fratsch doch ein trefflicher Schüler,
Also daß er geschickt den Cäsar vom Blatt übersetzte.
Ferner auch war der Fratsch ein trefflicher Meister der Spickkunst;
Fehlerlos waren daher seine sämtlichen Probearbeiten.
Trotzdem gaben sie immer ihm Batzen nur; nie einen Einser.
Solches erfüllte natürlich den Fratsch mit gewaltigem Zorne.
Und er gedachte deshalb, die Proleten riesig zu ärgern;
Jeder vernünftige Mensch wird solches dem Fratsch gern verzeihen.
„Wart' nur, ihr Kerle", so dachte der Fratsch, „ich werd euch schon zeigen,
Daß es verstehet der Fratsch, das Leben euch sauer zu machen".

* Hómeros

Und Fratsch führte es aus und ärgerte, wie er nur konnte,
Oft in der schändlichsten Art, die schuftige Schar der Proleten.
Oft zertrümmerte Fratsch aus wohlgeborgnem Verstecke
Thüren und Fenster der Herren Proleten mit Steinen und Prügeln.
Klirrend krachte das Glas und klimpernd fiel es zu Boden.
Und es freute der Fratsch sich riesig im sichern Verstecke
Seiner gelungenen That und wollte schier bersten vor Lachen.
Ja, er wagte sogar, die Glatze so manches Proleten
Sicher mit frevelnder Hand mit einem Stein zu berühren,
Also, daß rieselndes Blut dem geborstenen Schädel enttropfte.

Auch in der Unterrichtsstunde vollbrachte der Fratsch manche Unthat:
Denn er summte und brummte und sang gewaltigen Basses
Mitten im Unterrichte, so daß es manchmal dem Lehrer
Völlig unmöglich war, das Brummen zu überschreien.
Oft auch veraußerte Fratsch den Tisch, den Stuhl und die Bänke
Also, daß keiner der Schüler sich wollt in die Bänke begeben.
Oder es legte der Fratsch, um stinkende Luft zu erzeugen,
Gummi mit List auf den Ofen, so daß es stinkend verbrannte.
Oder er trieb mit lächelnder Miene den Hut des Proleten
Ein mit gewaltiger Faust, so daß die bisherige Schönheit
Oder Gestalt dieses Deckels kein Mensch mehr entziffern vermochte.
Einst auch verstopfte der Fratsch das Rohr des Ofens mit Reisig,
So, daß dem qualmenden Rauch der Abzug nach oben versperrt war.
Gleich wie der Krater des Ätna den Rauch in dunkelen Wolken
Ausspeit und ringsum die Lüfte mit stinkenden Gasen erfüllet,
Also auch qualmte der Ofen; aus allen Ritzen und Löchern
Drängten sich Gase und Rauch und rings war verpestet der Schulsaal.
Qualmend ergoß sich der Rauch dem dunkelen Schlunde des Ofens.
Furchtbar war der Gestank und jeder war nah am Ersticken
Und es wurde deshalb die Schul' schon um neun Uhr beendigt.
Riesig freute man sich im Kreis der geplagten Pennäler,
Doppelt freute sich Fratsch; sein Plan war ihm köstlich gelungen.
Groß war die Wut des Proleten; er ballte grimmig die Fäuste,
Daß ihm ein Tag war entgangen, die armen Pennäler zu quälen.
Endlich an anderen Tage entdeckte der Feger des Schornsteins
Mitten im Rohre das Reisig und entfernt' es mit Besen und Kehrwisch.
Einst auch sägte der Fratsch mit List die Beine des Stuhles
Durch mit nervigtem Arm. Doch wurden Beine des Stuhles
Nur zu 3/4 zersägt. Und als nun ermüdet der Lehrer,
Schwer durch die Dicke des Bauches und müde in Folge des Sprechens,

Wuchtig nieder sich setzte, da, knacks, knacks krachte das Stuhlbein.
Schwer auf dem A . . . saß der Lehrer und streckte die Bein in die Höhe.
Ächzend lag er am Boden; es schmerzten ihn Haxeln und Börzel,
Denn es war ihm ein Splitter bis tief in den Mastdarm gedrungen.
Wimmernd und stöhnend und fluchend und hilflos lag er am Boden.
Oh! Es freuten sich riesig der Fratsch und sämtliche Schüler
Über das Unglück des Lehrers und hatten natürlich kein Mitleid.
Furchtbar mühte der Lehrer sich ab, auf die Beine zu kommen.
Aber die Dicke des Bauchs, verbunden mit Steifheit der Knochen,
Ließen solches nicht zu, trotz aller erdenklichen Mühe.
Ach, wie er stöhnte und keuchte und schwitzte an Nase und Stirne!
Schrecklich müht' er sich ab; doch fruchtlos war sein Beginnen.
Endlich erschien der Puddel mit Winde und Stangen und Hebeln.
Dank der vereinigten Arbeit der Winde, des Puddels und Hebels
Stand schon in kürzester Zeit der Lehrer senkrecht am Boden.
Schnell rief den Arzt jetzt der Puddel und mit der gespitzten Pinzette
Und mit der Säge der Knochen entfernte dieser den Splitter
Rasch aus dem Schlunde des Afters und ließ acht Meter sich blechen.
Wenige Tage vergingen; da wandte der Fratsch die Gedanken,
Wieder zu ärgern die Herren Proleten. Und wirklich er hatte
Auch schon einen Gedanken, der gut und köstlich ihm dünkte.
Nämlich im Tische des Lehrers ganz hinten im Ecke der Schublad
Stand, mit Tabak gefüllt, die Dose des strengen Professors.
Diese wurde gar häufig von dem Besitzer benutzet,
Um das Innre der Nase mit schwärzlichem Staube zu färben.
Und es gedachte der Fratsch die Dose mit Pfeffer zu füllen.
Aber es war mit Riegel und Schloß der Katheder versperret.
Also schien es unmöglich, zur Dose des Tabaks zu kommen.
Aber es wußte auch hier der Fratsch einen listigen Ausweg.
Nämlich die Platte des Tisches war fest mit eichenen Bolzen
Mit dem übrigen Tische verbunden; doch listig verstecket
Hatte der Tischler die Bolzen, indem er sie anlackierte.
Aber es hatte der Fratsch doch bald mit List sie entdecket. —
Waren die Bolzen entfernt, so war es natürlich ein Leichtes,
Aufzuheben die Platte des Tischs, um zur Dos' zu gelangen.
Aber es ging nicht so leicht, die Bolzen am Tisch zu entfernen;
Bald versucht er mit Messer und Hammer und bald mit der Pfrieme,
Bald mit dem Nagelbohrer, die Bolzen vom Tisch zu entfernen.
Aber es nutzte nichts; die Bolzen steckten zu feste.
Endlich kam ihm dieser gar köstliche, gute Gedanke:
Listig stahl er zuhaus der Mutter die Nadel des Strickens.

Diese erhitzte der Fratsch glüh'nd weiß im Bauche des Ofens,
Hielt mit der Zange sie fest und führt dann rund um die Bolzen
Rasch die glühende Nadel, so daß ganz locker sie waren,
Hob dann die Platt' in die Höhe und holte heraus dann die Dose.
Diese entleerte er schnelle und füllt sie mit Pfeffer dann listig,
Stellte sie an den Platz und verschloß dann den Tisch mit den Bolzen;
Und er freute sich riesig auf die morgige Katastrophe. —

Fragment; Manuskript; handschriftlich (Bleistift); Titel: Hrsg.; Nachlaß (Umschlag „Verschiedenes"). – Pennäler-Gedicht in der Sprache Homers.

Das Leben ist eine Hühnerleiter

Das Leben ist eine Hühnerleiter
Von oben bis unten — na und so weiter.
Es ist wahrhaftig — mit Plato zu sagen —
Nicht wert, sich lang mit dem Leben zu plagen,
Wenn man sich nicht um des Daseins Öde
Vernünftigerweise hinwegtäuschen täte.
Die Menschen taten aus diesen Gründen
Die närrische Zeit des Faschings erfinden,
Wo alle in andern Gewändern und Rollen
Sich amüsieren und rasen und tollen.
Da läuft der würdige Amtsvorstand
Als Lump und Stromer herum im Land.
Der Pädagog vergißt den Katheder
Und seine rotbesudelte Feder
Und spielt den gerissenen Lebemann,
Dem niemals kein Weib widerstehen kann.
Der Schreiber, der täglich im Büro sitzt,
Maschine klappert und Bleistift spitzt,
Stolziert als Sultan auf Maskenbällen
Und hält einen Harem von Nähmamsellen.
Der biedere Herr aus dem Mittelstand,
Der Hering verkauft und Silbersand,
Der läuft herum als Friedrich der Große
In hohen Stiefeln und schmieriger Hose
Und hofft, mit solcherlei Kleidungsstücken
Die Weiber und Mägdlein baß zu entzücken.
Sogar die jüngsten Herrn Assessoren
Mit feuchten Stellen hinter den Ohren,
Sie binden infolge geringen Gehalts
Ein rotes Schnupftuch um ihren Hals
Und auf den Döz eine Luki-Kappe
Und ins Gesicht eine Nase von Pappe.
So halten sie sich für Zigeuner von Rasse
Und blinzeln nach Mägdlein auf Straße und Gasse.
Kurz, jedes Alter treibt Narretei,
So weise und würdig es sonst auch sei.
Doch nicht nur die Männer, auch Weiberleut

Sind gänzlich verrückt zur Faschingszeit.
Die älteste Jungfer mit tausend Runzeln
Markiert den Backfisch mit fröhlichem Schmunzeln.
Die Köchin zieht aus nach des Tages Schwere
Zur Künstlerredout als Bajadere
Und wiegt im Tanzen mit alten Sündern
Voll Anmut und Takt den geräumigen Hintern.
Die Lehrerin, die im Geruche steht
Der unnahbarsten Autorität,
Sie geht als bräunliche Mulattin,
Als Südseeinsulanersgattin,
Läßt dunkel wie Weizen die Haut sich beizen
Und pflegt mit Reizen nicht zu geizen.
Ja selbst die Weiber von Professoren,
Sonst brav und züchtig wie neugeboren,
Verfallen zu ihres Manns Überraschung
Dem sittenzerstörenden Teufel des Fasching.
Mit ungeheuren Dekolletéagen
Und Röcken bis zu recht hohen Etagen,
So ziehen sie aus mit koketten Blicken,
Um harmlose Männer jäh zu berücken.
Kurzum! Die Welt ist in dieser Zeit
Voll freudiger, lustbarer Närrischkeit.
Und nur der Griesgram, der ganz versauert,
Verblödet, verknöchert und gründlich verbauert,
Der setzt dieser Gaudi allerwegen
Seine ewige Nörgelsucht entgegen
Und mäkelt, nörgelt und queruliert,
Dieweil er's heimlich merkt und verspürt,
Daß er zu blöd ist an Hirn und Bein,
Um noch ein Narr und Lump zu sein.
Ha! Diese Trottel, diese windigen,
Zu feige und faul, um richtig zu sündigen,
Die teils aus Angst vor dem hochgeschätzten
Und heimlich gefürchteten Vorgesetzten
Von ihren langweiligen Tugendpfaden
Nie einen Fingerbreit abseits geraten.
Weh, drei mal weh über jene Stoffel,
Die nur aus Angst vor dem Ehepantoffel
Das Banner der ewigen Treue schwenken
Und nie zum Laster die Wege lenken.

O! Diese Tugend lasset uns hassen,
Doch jede Gelegenheit wollen wir fassen,
Wo uns ein fröhliches Lästerchen winkt,
Wo Lieder man singt, wo Wein uns blinkt,
Wo Weiber von Schönheit, Süße und Güte,
Mit holdem Geplauder erfreun das Gemüte
Und mit vertraulichem Liebesflüstern,
Wo man die Beine tanzeslüstern
Zu irgend einem rhythmischen Takt
Herumschnerrt, daß der Boden knackt.
In diesem Sinne, ihr Kameraden,
Auf, auf zu fröhlichen Faschingstaten.
Laßt uns mit unsern Kameradeusen
Die Seele von Alltagssorgen erlösen
Und laßt uns tollen und rasen wie Bären,
Wie wenn wir wahrhaftig närrisch wären.
Zwar noch ist das Herz und der Geist nicht frei
Von täglicher Sorge und Plackschererei,
Doch, liebe Narren, was dieses betrifft,
Dagegen hilft des Alkohols Gift,
Der jede Hemmung lähmt und erledigt,
Die man heut abend nicht mehr benötigt.
Drum Kameraden und Kameradeusen,
Trinkt schnell und heftig aus euern Gemäßen,
Auf daß die Stimmung mächtig steige
Und ungeahnte Höh'n erreiche.

Manuskript; handschriftlich (Bleistift), später „nachgefahren", damit der Text lesbar bleibt, vom Autor in seinen letzten Lebensjahren überarbeitet; Datierung: während der Münchner Studentenzeit 1898–1902; Nachlaß.

Verse zu einer „Moritat",
die an Fasching herumgetragen ward

Stille ist's, das Laub nur flüstert.
Wie ihr seht, die Nacht noch düstert.
Durch das Laub huscht die Eidechse,
Doch 's ist schon dreiviertel Sechse.
Alles schlief. Nur zwei Banditen
Boeuf à la mode mit Knödel brieten.
Aus dem Kessel süße Düfte
Stiegen wonnig in die Lüfte.
Dieses wüste Mörderpaar
War der Ehre völlig bar.
Don Marscallo war der eine,
Fluchend reckt er die Gebeine,
Und mit Wut den andern stieß,
Welcher Fra Maendolo hieß. —
Sieh, es kam des Wegs daher
Die Hebamme, schleppend schwer
Einen Korb mit der Glystir-
Spritze und Geburtszang hier.
Und die beiden Mordgenossen
Sofort ihren Tod beschlossen.
Sie entziehn sich ihrem Blicke
Hinter eines Eichbaums Dicke,
Werfen dann mit sichrer Hand
Ihr das Beil in den Verstand.
Und das Blut in hohem Bogen
Kam ihr aus dem Kopf geflogen.
Drauf entsteißten sie der Toten
All ihr Geld und die Banknoten.
Dann verstümmelten die Säue
Ihren corpus bis zur Bläue,
Schlugen mit der schweren Keule
Auf den Bauch gar manche Beule.
Haben, als sie weich geschlagen,
Sie zum Feuer hingetragen,
Wo sie das entmenschte Paar
Braten wollte schauderbar.

Und zwar wollte man famose
Braten sie in Mostrichsauce.
Doch des Mordes Rächerinnen
Sausten her schon, die Erinn'en.
Stachen sie mit glühnden Nadeln
In den Rücken, in die Wadeln,
In die Ohren, in den Steiß
Und gar in den Zebedäus.
Dieses schmerzte ganz wahnwitzlich,
Denn man ist dort äußerst kitzlich.
Fliehend stürzten sie daher
Trab, Galopp und Carrière.
Rastlos, ruhlos flohn sie fort.
Seht, so Folgen hat der Mord!
Konnten nie der Ruhe pflegen
Und zum Schlafe hin sich legen.
Und so stellten sich die zwei
Selbst der hohen Polizei,
Denn es glaubten die Bethörten,
So die Qualen los zu werden.
Doch sie wurden inhaftiert
Und ins Zuchthaus abgeführt.
Beim Verhör, das man jetzt pflag,
Trat die Mordschuld klar zu Tag
Mit all ihren Scheußlichkeiten.
Schwer gehn sie nun ein, die beiden.
Und man schickte sie zum Richter,
Der denn auch die Bösewichter
Sofort zu dem Tod verknackt;
So — nun sind sie schwer gelackt.
Wimmernd flehten sie um Gnade.
Doch war's um so Kerle schade?
Nein. — Denn solche Kannibalen
Sollten all dem Strick verfallen.
Und zum Galgen, graus und düster,
Schleppt man die zwei Mörderbiester,
Wo nach einer kurzen Beichte
Sie ihr Schicksal schon erreichte.
Denn der Henker legt den Strick
Ihnen beiden ums Genick.
Als man sie dann zog empor,

Streckten sie die Zungen vor.
Ihre Augen, ihre scheelen,
Traten scheußlich aus den Höhlen.
Hochauf schlenkern sie das Bein,
Gurgelnd tritt der Tod dann ein.
Doch die Raben gierig fraßen
An dem Leichnam Ohr und Nasen.
Es ist nichts so fein gesponnen,
Es kommt endlich an die Sonnen.

Manuskript; handschriftlich; bezeichnet und datiert „Münch Paul. 4. März 1901"; Nachlaß

Fragmente von Ritter-Schauer-Balladen

Der Burggraf Ivo von Gurgelstein
Entbrannte in liebendem Feuer
Für das hübsche, vermögende Töchterlein
Des Banquiers Salomon Meyer.

Der Ritter Ivo von Pumpenfels
Bedurfte dringend des gleisenden Gelds.
Die Kasse, schon mehrere Wochen her,
War gänzlich vertrunken und gähnend leer.

Manuskript; handschriftlich in hellbraunem Notizbuch; entstanden um 1900, ca. 1950 überarbeitet; Nachlaß

Eine gar schauerliche Ballade

Der Ritter Bodo von Pumpenstein
Saß noch mitternächtlich beim Wein.
Ein Humpen von ries'gem Kubikinhalt
War oft schon geleeret mit Durst und Gewalt.
Vom Feuer des Weines entflammt und durchzuckt,
Er nun in die schwielige Rechte sich spuckt,
Ergreifet sein Schwert in wütendem Rasen
Und prahlet gewaltiglich folgendermaßen:
Es lebet kein Ritter auf unserer Erde,
Das schwör' ich bei diesem gewaltigen Schwerte,
Der mir an Mut und an Stärke gleicht,
Die Kraft meiner Muskeln ist unerreichet.
Kein Lindwurm noch greuliches Drachengetier
Ruft Angst meinem starken Herzen herfür.
Und Furcht, wie sie oft selbst den Tapfersten lähmt,
Ist meiner gigantischen Seele fremd.
So prahlet er greulich. — Urplötzlich saust
Sein Weib ins Zimmer mit Besen und Faust.
Der Ritter Bodo von Pumpenstein
Wird bleich wie Kreide und Elfengebein.
Es sträubt sich das Haar, die Stirne wird kraus,
Und schleunigst springt er zum Fenster hinaus.

Manuskript; handschriftlich in hellbraunem Notizbuch, zweiter Teil auf einem eigenen Blatt; entstanden um 1900, ca. 1950 überarbeitet, z. T. in Steno; Titel: Hrsg.; Nachlaß

Kuß und Rausch

Sehr geehrter Herr Professer!
Bei des Bieres braun Gewässer,
Wo man froh sich tat versammeln,
Ziemt sich's, Ihnen Dank zu stammeln
Für den Ausflug, für den großen,
Wunderbaren und famosen.
Zu den allerbesten Bieren
Wissen stets Sie uns zu führen,
Sorgen als getreuer Lehrer
Für die Wohlfahrt Ihrer Hörer
In Bezug auf Leib und Geist,
Wie der heut'ge Tag beweist,
Denn berühmt ist weit und breit
Dieses Biers Fürtrefflichkeit.
Der Genuß von solchem Saft
Gibt dem Hirne wieder Kraft,
Wenn das allzuviele Streben
Eine Schwächung ihm gegeben.
Solch ein Bier weiß Herz und Nieren
Trost und Labung zuzuführen,
Allen unsern Eingeweiden
Muß es Hochgenuß bereiten.
Selbst der biedre alte Magen
Schmunzelt voller Wohlbehagen,
Wenn es so in seine Leere
Träufelt durch die Speiseröhre.
Auch das krause Darmgeschlinge
Ist vergnügt und guter Dinge
Ob der Kühlung, die das Bier
In dem Innern bringt herfür,
Denn die ewig gleiche Wärme
Langweilt längst schon das Gedärme.
Alle unsre innren Sachen
Grinsen, freuen sich und lachen.
Doch ein Bier wie dieses heute,
Wirkt auch auf die Außenseite,
Denn der Leib, wie eine Blunsen,

Wird gewölbt und aufgedunsen,
Und am Halse und im G'nick
Gibt es Speck, beträchtlich dick.
Und die vorher schmalen Wangen
Sieht man nun in Fette prangen.
Jeder so beschaffne Herr
Imponiert den Damen sehr,
Denn es liebt die Weiblichkeit
Stets die runde Leiblichkeit.
Wohingegen magre Herrn
Sieht die Weiblichkeit nicht gern.
Trinket drum mit List und Schläue
Möglichst viel vom Biergebräue,
Denn es hängt das Eheglück
Davon ab, ob man recht dick.
Kurz, der Biergenuß birgt Wonnen,
Wie sie schöner nie ersonnen
Und ein einziges Exempel
Bilde der Bestät'gung Stempel:
Hat man nämlich größre Massen
Bier in sich hinabgelassen,
So entschwebt die Seele weit
In des Himmels Herrlichkeit.
Mit den allerschönsten Engeln
Tanzt man in verzücktem Drängeln,
Und man freut sich seiner Börse
In dem Glauben, doppelt wär' se,
Und man hat, o wär es wahr!
Doppelt so viel Schnurrbarthaar.
Und in der Begeistrung Schwung
Wird das Herz weit und die Lung
Und die wunderbarsten Chöre
Steigen aus des Halses Röhre.
Kalte Herzen tun erwarmen,
Alles möchte man umarmen,
Und die Welt samt ihrer Lust
Drücken an die treue Brust.
Auch der Kuß der schönsten Maid
Gleicht nicht solcher Seligkeit.
Zwar es ist ein schöner Kuß
Wahrlich auch ein Hochgenuß,

Wenn von Liebesdurst durchglüht
Und mit Andacht er geschieht,
Mitten auf den Mund ihn drückend
Herzbetörend, sinnberückend.
Denn, es hänget der Genuß,
Den man spüret bei dem Kuß,
Ganz beträchtlich davon ab,
Wohin man denselben gab.
So ist mir auf alle Fälle
Stets der Mund die liebste Stelle.
Andre drücken auf die Backen
Ihren Kuß mit lautem Knacken.
Wieder einer hält die Hände
Für die besten Gegenstände.
Auch die Stirne schätzt man viel
Als ein schönes Küsseziel.
Auf die Nase dahingegen
Scheint man nicht viel Wert zu legen.
Auf das Grübchen an dem Kinn
Zielt viel häufiger man hin;
Dieses find' ich recht erklärlich:
Schöne Grübchen sind sehr spärlich. —
Wie gesagt: das Küssegeben
Schätz ich für mein ganzes Leben,
D. h. wenn das Kußobjekt
Keine Heirat mit bezweckt.
Solch ein Kuß schmeckt fad wie Brei,
Denn 's ist keine Lieb dabei.
Doch die Küsse, die aus Liebe,
Aus des Herzens reinem Triebe,
Auf den Mund verabfolgt werden,
Sind das Seligste auf Erden.
Dazu gibt's auf alle Fälle
Nur noch eine Parallele:
Gegen einen schönen Rausch
Gäb ich einen Kuß in Tausch.
Kuß und Rausch! Das sind zwei Worte,
Süßer als die beste Torte,
Dieses Wörterpaar enthält
Alle Seligkeit der Welt.
Rausch und Küsse laßt uns üben!

Laßt uns trinken, laßt uns lieben,
Herrn sowohl wie auch die Damen,
Bis wir selig sterben. *Amen!*

Manuskript; handschriftlich (Bleistift) in Umschlag „Verschiedenes"; entstanden in der Münchner Studentenzeit; Titel: Hrsg.; Nachlaß

Katholisch hot die Kunscht zu sei

Am letschte Katholikentag
Bin ich uf Mannem g'loffe.
Do hammer, meiner Seel, nit schlecht
Gekrische un gesoffe.
Des Fresse un die Sauferei,
Das war e Hauptvergniesche!
Mer henn ken schlechte Spaß gehatt,
Gesoffe un gekrische.

Der Schädler, des isch halt e Mann,
E dicker, feschter Parre,
Der hot gered't, daß alle Leit
Gerihrt un glicklich ware.
Mir henn sich selwer in mei'm Aag
Zwee Träne eingeschliche.
No't hammer awer losgelegt,
Gesoffe un gekrische.

Hernoch is ener nuff ufs Pult,
Der red't beinoh noch besser.
's isch e berihmter Herr gewest,
Vun Freiborg e Professer.
Vier Schoppe hab uf dem sei Wohl
Ich ausgelutscht derzwische,
Un Beifall hammer als gebatscht,
Gesoffe un gekrische.

Vun Kinschtler war aach oft die Red,
Wo nack'ge Weibsleit mole.
So Saukerl sollt mer uf der Stell
Des Hinnerfleesch versohle.
Katholisch hot die Kunscht zu sei
Un nit im Dreck zu fische.
Do hab ich ferchterlich geklatscht,
Gesoffe un gekrische.

So henn se noch genunk gered't,
Aach vun de Liwerale,
Die täte sich in eemfort als
Blamiere bei de Wahle.
Die derfte bei der nächschte Wahl
Keen eenz'ge Sitz meh kriesche.
Do hab ich in die Händ gespauzt,
Gesoffe un gekrische.

Mer hot geheert, was mer nor grad
For die Erbauung braucht.
Vor lauter Kreische hab ich mer
De Gorgelknopp verstaucht.
E scheenes Räuschel hab ich g'hatt.
Des kann mer schnell verwische,
Wann mer so viel gesehe hat,
Gesoffe un gekrische.

Manuskript; handschriftlich (Bleistift) in hellbraunem Notizbuch, überarbeitet Ende 1950; Titel: Hrsg.; Datierung: 1902 – nach Auskunft durch das Zentralkomitee der deutschen Katholiken; Nachlaß

Der Glühwurm

Jetzo hab ich zu erfüllen
Eine selten süße Pflicht:
Dir weih ich ein tiefempfund'nes,
Süßholzraspelndes Gedicht.

O verzeihe mir die Kühnheit,
Daß ich frech Dich „Du" anrede.
Doch ich kann mir das erlauben,
Ich, als glänzender Poete.

Nur, was soll ich itzo singen?
Soll ich lyrisch mich begeistern?
Gut! So will ich jambenrasselnd
Schwärzlich das Papier bekleistern.

Einen Minnesang entzückend
Will ich meinem Hirn entzapfen.
Süß und lieblich soll er klingen,
Süßer als ein Apfelkrapfen.

Von dem Glühwurm will ich singen,
Der auf Deiner Hand erglühte,
Welchem also sozusagen
Neidenswertes Los erblühte.

Wenn ich doch der Glühwurm wäre,
Dachte ich mir neidzerfressen.
Denn mein treues Männerherze
Glühte wie der Wurm indessen.

Glühte, glimmte, sengte, nagte
Bis ein Flammenmeer entstand,
Das an Leuchtkraft überragte
Jenen Glühwurm in der Hand.

Nimmer kann den Brand ich löschen,
Hab' auch hiezu keine Lust, —
Solch ein Flammenherze trag ich
Wonneatmend in der Brust.

Allerdings nur wenn ich wüßte,
Daß auch Dein Herz Feuer züngelt,
Welches nicht um einen andern,
Sondern nur um mich sich ringelt.

Und ich glaube fest und sicher:
Jetzt ist jener Zeitpunkt da,
Hundertmal schlägt jetzt Dein Pülslein
Was ich meine, weißt Du ja.

Drum erklär' ich frech wie immer,
Irmgard, heftig lieb ich Dich.
Sage: ja, dann bin ich fertig.
Und das Gedicht beschließe ich.

Manuskript; handschriftlich in hellbraunem Notizbuch; Titel: Hrsg.; Nachlaß. – „An Fräulein Irmgard Schirmer, Lindwurmstraße 201/III. — 7. Juli 1902".

Gekränkte Lieb und Ehre

Pegasus, du Dichterklepper,
Schwing dich in des Äthers Höh'n,
Denn für eine holde Dame
Soll ein Knittelvers erstehn.

Zwar noch weiß ich nicht das Thema,
Über das ich nun soll reimen.
Doch im Schwunge der Begeist'rung
Wird mir ein Gedanke keimen.

Einer Dame soll ich singen,
Die mein Herz so schwer gekränkt,
Daß ich beinah, gramzerfressen,
Mich am Baume aufgehängt.

Als ich ihr am Telephone
Meine Lieb gestehen wollt,
Hat sie meiner hohngelächelt
Und den — Maendl beigeholt.

Alle viertel Stund ein Wörtlein!
Das ist doch gewiß verzeihlich
In *der* Stimmung und Erwartung.
Rache schwur ich wild und greulich.

O, wie wirst du's noch bereuen,
Daß du kränktest meine Ehre.
Du wirst keinen zweiten finden,
Der mir zu vergleichen wäre.

Später wirst du härmend denken:
Hätt' ich jenen doch erhöret,
Als er mir am Telephone
Schwärmend seine Lieb erkläret.

Aber höre, was ich thue,
Jetzt ist mein Entschluß gereift:
In der Isar kalten Fluten
Wird mein schöner Leib ersäuft.

Manuskript; handschriftlich in hellbraunem Notizbuch; Titel: Hrsg.; Nachlaß. – „An Fräulein Fanny Einstein, Thal 58. 9. Juli 1902, Telephon 2648"

Mina oder
Der Lehramtskandidat

1. Es war an hoher Schule
   Ein Lehramtskandidat,
   Der Mina, seiner Buhle,
   Die Treu gebrochen hat.

2. Das hat die Maid, die arme,
   So fürchterlich gekränkt,
   Daß sie vor Liebesharme
   Sich um ein Haar ertränkt.

3. Sie schwor, sich schwer zu rächen
   Ob der gebrochnen Treu —
   Und müßt sie ihn erstechen,
   Es wär ihr einerlei.

4. Sie folgt ihm tags und nächtlich,
   Sie läßt ihn nimmer ruhn, —
   Wie sehr er auch bedächtlich
   Geheim hält all sein Thun.

5. Wann er mit einer andern
   Sich liebend wo bestellt,
   Gleich thut auch sie hinwandern,
   Was ihm die Lust vergällt.

6. Geht er zur „Bauernkirta",
   Um dort sich zu erfreun
   Frei von der Arbeit Bürde:
   Die Mina stellt sich ein.

7. Geht er ins Hoftheater,
   Studenten-Stehparterre,
   (Denn dicke Gerschtel hat er),
   Kommt gleich die Mina her.

8. Geht er, um schwer zu zechen,
   Nach Hölleriegelskreuth,
   Um frei sich zu bewegen:
   Die Mina ist nicht weit.

9. Geht er zum „Bräu der Löwen"
   Mit teurem „Passe-partout":
   Die Mina sitzt daneben
   Und läßt ihm keine Ruh.

10. Wenn er mit dünnem Gelde
    In das Casino schiebt:
    Als ob er sie bestellte,
    Auch sie sich hinbegibt.

11. Wenn abends er zuhause
    Gewaltig schafft und strebt:
    In seines Zimmers Klause
    Kommt Mina angeschwebt.

12. Wenn er voll Furcht des Herren
    Zum Gotteshause wallt:
    Die Andacht ihm zu stören,
    Zeigt Mina sich alsbald.

13. Kurzum auf allen Plätzen,
    Bei Schnee und Regenguß,
    Folgt ihm, 's ist zum Entsetzen,
    Die Mina auf dem Fuß.

14. Gleich einer Eumenide,
    Wie die Gewissenspein,
    Stört sie ihm Glück und Friede
    Und jagt ihm Schrecken ein.

15. Wann endigst du in Gnade
    Den Kummer und die Not
    Des Lehramtskandidate,
    O allgerechter Gott?

16. O, ende seine Plage,
    Gott-Vater, Sohn und Geist,
    Daß bis zum Jüngsten Tage
    Sein Mund dich lobt und preist.

Manuskript; handschriftlich in hellbraunem Notizbuch; bezeichnet und datiert „P. M. 10. Sept. 1902"; Titel: Hrsg.; Nachlaß

Parodie auf eine Szene aus Schillers „Wilhelm Tell"
(Berta und Rudenz)

B: Er folget mir, jetzt kann ich mich erklären.

R: Fräulein, jetzt endlich find ich Euch allein!
   Abgründe schließen rechts und links uns ein.
   In dieser Wildnis fürcht' ich keinen Zeugen.

B: Seid Ihr gewiß, daß uns die Jagd nicht folgt?

R: Die Jagd ist dort hinaus. — Jetzt oder nie!

B: O Freund, da habt Ihr's gleich mit einem Blicke!

R: Ein solches ward in Uri nie gesehn!

B: Ihr habt ein schön Geläute!

R: Es gibt nicht zwei wie der ist im Gebirge.

B: Indem wir sprechen, Gott!, verrinnt die Zeit.

R: Ihr seid mit Blut befleckt. Was hat's gegeben?

darunter:
„Saß tief in die Nacht beim perlenden Wein"

Manuskript; handschriftlich in hellbraunem Notizbuch; Nachlaß. – Parodie im Stil von Hans von Gumppenberg (1866–1928), Arno Holz (1863–1929) u. a.

Muse, nun leihe mir göttliche Kräfte

Muse, nun leihe mir göttliche Kräfte,
Träufe ins Hirn mir ambrosische Säfte.
Hilf' mir, o sangeskund'ger Apoll.
Auf den Kassier der freien Verein'gung
Macht mir ein Loblied gewaltiger Pein'gung.
Hilfe mir, wenn es gelingen soll.

Fragment; „Prolog" oder Gedicht-Anfang für eine Bier-Zeitung? Manuskript; handschriftlich in hellbraunem Notizbuch; Nachlaß

Tugend und Laster

Mancher hält vielleicht beim Lesen
Dies für bloße Hypothesen,
Die je wen'ger sie bewiesen,
Umso heftiger verdrießen.
Gut! Um allen zu genügen
Sollt ihr nun Exempla kriegen!
Und die Leute von der „Freien"
Mögen zum Beweis gedeihen.

Der liebe erste Vorstand Soyter
Repräsentiert das Laster leider.
Das ganze Jahr tagein, tagaus
Übt er die Minne praktisch aus.
Da nun, wie Goethe schon gesungen,
Nichts ohne Übung noch gelungen,
So hat der Eifer, den er zeigt,
Manch schönes Resultat erreicht,
Das, gäb der Tugend er die Ehre,
Gewißlich ausgeblieben wäre.
Die feinsten Weiber, hold und zart
Sind in den Soyter schwer vernarrt.
Ein Beispiel, das uns demonstriert,
Wie sehr das Laster sich rentiert.

Betreffs Charakters ein sehr nobler
Und tugendsamer Mensch ist Tobler.
Als ersten Grundsatz nämlich hat
Er den vom strengen Zölibat.
Und in des Wortes strengstem Sinne
Haßt er die Praxis in der Minne.
Er hält dies, wenn ich's recht verstehe,
Für Unrecht an der künft'gen Ehe.
In solchen Sachen, Georg, bist
Du viel zu sehr noch Idealist.
Der Herrgott, glaubst du, fährt den Braven
Von selbst zum schönsten Ehehafen.
Demgegenüber laß dir sagen:
Er hilft nur denen, die sich plagen.

Nur wer des Fleißes Bahnen wandelt,
Dem wird ein Eh'weib zugebandelt.

Denn das muß man leider sagen:
In den heut'gen schlechten Tagen
Hat die Tugend zwar noch immer
Einen ganz besondern Schimmer,
Doch mir deuchet ihr Besitz
Unrentabel und nichts nütz.
Und wie schlau man sie verwende,
Trägt sie doch niemals Prozente.
Und auch in dem besten Fall
Bleibt sie totes Kapital.
Und gerad in puncto Liebe
Steht es mit der Tugend trübe.
Denn zum Schrecken der Herrn Paster
Triumphieret stets das Laster.

Der Lebenswandel wird beim Geiger
Mit jedem Jahre lasterreicher.
Die Praxis, die er sich verschaffte,
Grenzt direkt an das Fabelhafte.
Ein solcher Fleiß in Jugendtagen
Wird später schöne Früchte tragen.
Und Geiger hat sich auch schon jetzt
An diesen Früchten schwer ergötzt.
Will er am Ehestand sich laben,
Kann er die feinsten Weiberl haben
So zart wie eine, die von Wachs is,
Doch nur vermöge seiner Praxis.
Ein weitres Beispiel, das uns lehrt,
Wie gut man mit dem Laster fährt.

Der Maendl, da er gut erzogen,
Hat sich die Tugend beigebogen
Als Führerin zum Glück des Lebens.
Die Hoffnung, Robert, ist vergebens.
Die Praxis, hat man dich belogen,
Wird durch die Tugend aufgewogen.
O Robert, man betrog dich sehr
Die Praxis wieget zehnmal mehr.
Bist du durch Tugend und Askesen

Auch einmal nur beglückt gewesen?
O, nur das Laster und die Sünden
Sind glückbesät von vorn bis hinten.
Ach Robert, sei ein wenig schläuer
Und wärm' dich an des Lasters Feuer.

Der Reiser und sein Namensvetter
Sind von dem Laster zwei Vertreter.
Der Roman, der in Kocherl's macht,
Hat's darin ziemlich weit gebracht.
Hans, der auf seinen Schnurrbart pocht,
Der will kein Mädel, welches kocht;
Drum aus der Kunstschul sucht der Schlemmer
Sich seine Minne-Opferlämmer.
Und beide haben auch bis heut
Ihr Lasterleben nie bereut
Und werden's nie in Zukunft müssen,
Sind sie einmal heiratsbeflissen.
Die Praxis hilft wie überall
Auch bei der Eh'gesponsin Wahl.

Hans Schlier wie auch der Birkenbach,
Die jagen stets der Tugend nach.
Was ist der Nutzen denn des Betens,
Der Tugend und des Fleischestötens?
Kein Mensch lohnt Sitte und Entbehrung
Durch Anerkennung oder Ehrung.
Bei Nacht selbst seid ihr noch voll Kummers,
Das Laster aber frönt des Schlummers!
Kurzum in allen Lebenslagen
Schafft ihr euch selbst nur Mißbehagen.
Drum weichet ab vom Tugendpfad,
Der doch nur Plag' zur Folge hat.
Des Lasters Weg, den schönen, breiten
Müßt wonneatmend ihr beschreiten.
Man sieht, zwei deutliche Belege,
Daß Tugend Unsinn allerwege.

Der Horbelt ist ein großer Sünder
Wie auch der Illinger nicht minder.
Und beide gehn mit leichtem Sinn
Durchs Leben sorgenlos dahin.

Zwar ist die Praxis im Vergleich
Mit andern nicht sehr umfangreich.
Doch immerhin genügt auch diese
Zur unentbehrl'chen Lebenssüße.
Und später, wenn sie mal gesonnen
Zu schlemmen in des Eh'stands Wonnen,
Dann wird die Praxis schon genügen,
Ein ganz passables Weib zu kriegen.
Was, wenn den Tugendpfad sie gingen,
Gewißlich würde mißgelingen.

Den Feistl würd mit Recht es kränken,
Wollt seiner Laster ich gedenken,
Denn thut man in dem Brautstand stehen,
Ist Tugend nicht mehr zu umgehen.
Erfährt die Braut ein Wörtlein nur,
So macht sie schleunibus retour.
Ein dummer Brauch, den offenbar
Das Mittelalter einst gebar.
Drum will ich lieber von ihm schweigen
Sonst hört die Elsa was dergleichen.

Vom Zimmermann ist evident,
Daß er zum Laster sich bekennt.
Wie ich ihn kenne, hat er nie
Das Laster noch bereut allhie
Und hat auch hiezu keinen Grund,
Denn er ist blühend und gesund.
Die Praxis, der er sich erfreut,
Beut einstens ihm Gelegenheit,
Das schönste Weib, das zu entdecken
Als Eh'gesponsin einzustecken.
Das Laster feiert den Triumph
Und bleibt trotz aller Tugend Trumpf.

Von Münch wird jetzt nichts mehr berichtet
Denn ich bin froh, wenn ausgedichtet.

Und die Moral von der Geschicht:
Befleißigt euch der Tugend nicht.

Wohl für eine Bier-Zeitung; Manuskript; handschriftlich in hellbraunem Notizbuch;
Titel: Hrsg.; Nachlaß

Der Fleiß

Ach, wenn man's so recht bedenkt,
Wie ist doch die Welt durchtränkt
Von des Lasters ekelm Gift,
Von dem Männ- und Weiblein trieft.
Pfui! Des Hochmuts dummer Dünkel
Dringt schon in den tiefsten Winkel.
Haß und Neid in gift'gem Bund
Führt die Menschheit in dem Mund.
Mord und Wucher und Verbrechen
Findet sich an allen Wegen.
Selbstsucht, roher Egoismus
Hemmen jeden Idealismus. —
Jeder läßt in heut'gen Zeiten
Sich von schmutz'ger Selbstsucht leiten.
Und, ach! Grad die Pädagogen
Sind am meisten ihr gewogen.
Auch die Eltern heuzutäglich
Sind deshalb ganz unerträglich.
Nur aus Selbstsucht thun den Söhnen
Sie die Arbeit angewöhnen.
Erstens, um bei den Bekannten,
Bei den Onkels, Vettern, Tanten
Mit den Söhnen zu brillieren
Und gemein zu renommieren.
Zweitens aber thun die Alten
Ihren Sohn zu Fleiß anhalten,
Weil die Arbeit von den Kindern
Die der Alten thut vermindern.

Manuskript; handschriftlich in hellbraunem Notizbuch; Titel: P. M.; Nachlaß

Zu einer Zeichnung im Kneipbuch

Diese Zeichnung formvollendet
Sei ins Kneipbuch euch gespendet,
Und ich hoffe, daß sie Freude
Und Erbauung euch bereite.
Ihrer Formen Schwung und Fluß
Ist ein Idealgenuß.
Tief empfunden und bedacht
Ist sie zu Papier gebracht.
Plastisch wirket der Contour
Beinah wie in der Natur.
Solche Farbenharmonie
Ward noch nie erreicht allhie.
Lernet dran, studiert und strebet,
Daß ihr tief hinein euch lebet
In der Kunst tiefernstes Wesen,
Das aus dem Bilde hier zu lesen.

Widmungsgedicht; Manuskript; handschriftlich in hellbraunem Notizbuch; Nachlaß

Willkommensgruß

Wiedrum bin ich auserkoren,
Unsern Herren Professoren
Und den Herren Assistenten
Den Willkommensgruß zu spenden.
Einen Wunsch hegt meine Seele:
Daß die Feier nicht verfehle,
Durch gedieg'nen Stoff zum Lachen
Eindruck auf die Herrn zu machen.
Von der humorist'schen Seite
Sehen sie uns einmal heute.
Denn in Hör- und Übungssälen,
Wo man sich am Brett muß quälen,
Ist für Witz und für Humor
Nicht der richt'ge Platz davor.
Denn mit ernster Amtesmiene,
Daß sie uns zur Warnung diene,
Steht dort der Professor strenge
In der Hörerschaft Gedränge.
Und infolge dadavon
Herrscht dort kein fideler Ton.
Aber hier, wie Sie bald sehen,
Pflegt es anders herzugehen.
Denn die Muskeln, die zum Lachen
Uns die Götter taten machen,
Werden heute lahm und müde
Durch der feinsten Witze Güte.
Mancher von uns Studios
Schmiedet Witze, die famos.
Mancher hat wohl, wie ich ahne,
Einen Vortrag auf der Pfanne,
Welcher zu der richt'gen Zeit
Steigt zu unsrer Heiterkeit.
Erst mit sechs bis sieben Bieren
Muß man sich die Kehle schmieren.
Erst nach sechs bis sieben Bieren,
Die man tat ins Innre führen
In der Därme krause Krümmung

Stellt sich ein die richt'ge Stimmung.
Witze gibt es dann und Späße,
Wohlgedüngt durch Bieresnässe.
Ach, das Leben ist so schwer
Und wenn der Humor nicht wär,
O, dann hätt' es, liebe Leute,
Keine einz'ge lichte Seite.
Und auf dieser Seite wollen
Wir heut umeinander tollen,
Denn des Lebens Schattenflächen,
Not und Drangsal und Gebrechen,
Kommen ja für jeden Mann
Nur zu oft und häufig dran.
So z. B. der Student:
Streben muß er ohne End.
Bücher, dick wie Bilderbibeln,
Strebt er aus mit scharfem Grübeln.
Schwere Bände von Mechanik
Ochst er vor Examenspanik,
Und ihm graust vor Mathematik,
Denn die hat er nämlich a dick.
Ach, er stehet wie vor Rätseln
Bei der Kurven krummen Bretzeln.
Auch Physik und solche Sachen
Pflegen Kummer ihm zu machen.
Des Examens Schreckgestalt
Dräut aus schwarzem Hinterhalt.
Doch auch andre Sorgen quälen
Der Studenten arme Seelen.
Ach, ein jeder von uns kennt
Dinge, die man Schulden nennt.
Diese pflegen zu geschehen,
Wenn man nicht mit Geld versehen.
Wenn man mitten in dem Monat
Keinen Pfennig, Mark noch Kron' hat,
Wenn man seinen ganzen Wechsel
Fortgelumpt als sei es Häcksel.
Dann verlegt man sich aufs Pumpen,
Um noch weiterhin zu lumpen.
Aber schrecklich sind die Sorgen,
Wenn uns niemand mehr will borgen,

Nur der Jud' auf Wucherzinsen
Geld uns leiht mit Teufels Grinsen.
Dann ergibt sich so ein fader,
Martervoll moral'scher Kater.
Solch ein Zustand ist auf Ehre
Eine schreckliche Misere.
Und ich kenne auf der Welt
Nichts, was mehr die Seele quält
Als das Ding, das der Student
Den moral'schen Kater nennt.
Kurz, man sieht, höchst bitt're Schmerzen
Wohnen im Studentenherzen.
Doch ich will in ein'gen Bildern
Auch die lichte Seite schildern.
Jeder weiß, daß die Laterne
Freundlich leuchtet nah und ferne.
Und dem trunk'nen Wandersmann
Leuchtet sie auf seiner Bahn.
Doch den Studio, der bezecht,
Freut es, wenn sie ausgelöscht,
Wenn der Straße lange Zeile
Dunkel wird zu nächt'ger Weile.
Ratlos ist der Polizist
Alldieweil es dunkel ist.
Doch im Schutz der schwarzen Nacht
Wird manch böser Ulk vollbracht.
Mit dem Stocke, daß es prasselt,
Wird der Laden abgerasselt.
Laut ertönt aus rauher Kehle
Ein entsetzliches Gegröle,
Also daß der Bürgersmann
Nicht mehr ruhig schlafen kann.
Doch der trunkene Student
Freut sich drüber eminent.
Aber auch an anderm Scherz
Freut sich des Studenten Herz.
Ganz besonders gibt die Liebe
Anlaß ihm zum Ulkbetriebe:
Nichts ist doch so lieb und nett
Als ein Kocherl, drall und fett.
Heiß entflammt der Liebe Docht

In dem Mädchen, welches kocht.
Solche Mädels, solche süßen,
Muß man liebend sich erkiesen.
Auch für einen zweiten Schatz
Hat man meist im Herzen Platz.
Doch das höchste Glück verschafft
Uns des Bieres brauner Saft,
Den wir stets in großer Menge
Jagen durch des Halses Enge.
Selbst der biedre alte Magen
Schmunzelt voller Wohlbehagen,
Wenn es so in seine Leere
Träufelt durch die Speiseröhre.
Auch das krause Darmgeschlinge
Wird vergnügt und guter Dinge
Ob der Kühlung, die das Bier
In dem Innern bringt herfür.
Also wollen wir auch heute
Leeren manchen Banzens Weite
Bis des Alkoholes Geist
Uns im Schwunge mit sich reißt,
Bis das alles, was wir sehen,
Sich im Kreis herum tut drehen.

Manuskript; handschriftlich (Bleistift), z. T. schwer lesbar, aber einwandfrei zu entziffern, später (in den letzten Lebensjahren) von P. M. überarbeitet und „nachgezogen"; Nachlaß.

Prolog zur Kneipe am 10. Juni 1902

Ich soll also itzo machen
Den Prolog zur heut'gen Kneipe.
Pegasus, du alter Knochen,
Heftig rück ich dir zu Leibe.

Ich bin immer der Geplagte
Bei den Kneipungsfestlichkeiten:
Nämlich die poet'sche Ader
Schröpft man mir von allen Seiten.

Einen Sang voll Wucht und Feuer
Werd ich meinem Hirn entzapfen
Und mit zielbewußtem Stechschritt
Tret' ich jetzt in Schillers Stapfen.

Und vor allem andern heiß ich
Unsre Gäste hochwillkommen,
Die erwartungsvollen Herzens
Hier zu uns heraufgekommen.

Heftig hoff' ich, daß da keiner
Wird von langer Weil beengt,
Sondern, daß man auch noch später
An die frohe Kneipe denkt.

Außerdem begrüß' ich freundlich
Meine Bundesbruderschaft —
Sei's, daß sie der Drang nach Suffe
Oder sonst was beigeschafft.

Unser Seiling wird sich zeigen
Als der Violine Meister,
Unsre Ohren wird er schmieren
Voll mit süßer Töne Kleister.

Soyter wird mit starkem Arme
Mächtig das Klavier behämmern
Und aus Tristan etwas spielen
Oder aus der Götter Dämmern.

Unser Erdt bringt uns zum Lachen
Mit Couplets von Papa Geis,
Während man bei den Scharwachen
Schwitzt auf thränereichem Steiß.

Mächtig in des Himmels Äther
Steigt der Männerkantus auf.
All dies macht mir gute Hoffnung
Für der Kneiperei Verlauf.

Das will um so mehr ich wünschen,
Als die Götter es beschlossen,
Daß dies meine letzte Kneipe,
Die ich unter euch genossen.

Wenn ich mir das überlege,
Werd ich voll moral'schen Katers,
Denn nun geht's von eignem Gelde,
Nicht wie sonst von dem des Vaters.

Außerdem betrübt's mein Herze,
Wenn im Geist ich repetiere,
Was ich that an Greuelthaten
Angeschwipst vom Wein und Biere.

In der Kneipe mit Gegröle
Ward manch guter Ulk getrieben
Beulen, Wunden, Contusionen*
Sind als ew'ges Mal geblieben.

Und der Heimweg von der Kneipe
War stets der fidelste Gang
Wenn sich äußerten die Schwipse
In der Kehle rauhem Klang.

Ruhestörung ward verbrochen,
Gaslaternen ausgedreht,
Und der Straßendirnen Röcke
Hinterlistig zugenäht.

An den Läden mit dem Stocke
Rasselte man heft'gen Lärms
Und die Knicker fuhren zischend
In das Inn're des Gedärms.

Dies und andere Ulkereien
Machten eminenten Spaß,
Und ich muß mich selbst bedauern,
Bin ich einmal ohne das.

Doch ich schließe jetzt die Dichtung.
Neunzehn Verse hab ich schon —
Wie mir scheint, das Auditorium
Hat auch schon genug davon.

* Quetschungen

Manuskript; handschriftlich in hellbraunem Notizbuch; bezeichnet und datiert „P. Münch, 10. Juni 1902"; Nachlaß

Es quält der Wolf
mit starken Armen

Es quält der Wolf mit starken Armen
Sich am Akanthus zum Erbarmen,
Und weiß mit Kreide, Stift und Kohlen
Des Gipses Reize zu versohlen.
Doch wagt auch öfters frech und dreist er
Sich ans Kopieren alter Meister.
Und auch den Gipskopf pflegt er mächtig
Und imitiert die Lehrer prächtig.
Die Muttermilch der Kunst genoß
Er an den Brüsten Dasios.
Den sonst'gen Wandel hüllet schlau
In tiefes Dunkel diese Sau.
Doch eines kam doch an das Taglicht:
Schon ist sein Zebedäus stachlicht
Vom vielen Umgang schlimmer Weiber
Und der Berührung ihrer Leiber.
O, Herr des Himmels und der Erde,
Vergib ihm, daß er selig werde,
Daß er nicht in der Hölle brate.
Beschirme ihn mit deiner Gnade!
Doch bildet auch der Suff und Schlemmung
Zur Seligkeit ihm eine Hemmung.
Drum sei Gott gnädig solchem Mann,
Daß er den Himmel schauen kann.

Manuskript; handschriftlich in hellbraunem Notizbuch; Nachlaß

Erst ward bei Weihrauch gebetet

Erst ward bei Weihrauch gebetet,
Dann Löcher in den Bauch geredet.
Herr Schädler war ganz Demagog,
Doch mancher dachte: „Geh ma doch!"
Herr Endres that die Kunst versohlen
Das Volk mit blauem Dunst verkohlen.
Eindringlich durch der Stimme Größe
Führt gen die Kunst er grimme Stöße.
Ich bin zwar ein famoser Christ,
Doch sag' ich, das war großer Mist.
Wär ich, so that er mächtig prahlen,
Ein Künstler, würd' ich prächtig malen.
Trifft ihn des Eies Saft, der gelbe,
Dann hochverwundert gafft derselbe,
Noch lauter wie Herr Ahlwerdt schreit er,
Der Gegner zischet und scharrt weiter.
Der Gegner scharrt mit seinen Füßen
Zum Tort des Grafs, des feinen, süßen.
Man sieht, er ist ein Dichter, flotter,
Doch wohlgezielet fliegt der Dotter.
Zu Brei thät ich den Hund verkeilen
Daß nie die Wunde kunnt verheilen.

Manuskript; handschriftlich in hellbraunem Notizbuch; ca. 1950 überarbeitet, z. T. ausradiert und neu darüber geschrieben; Nachlaß

Wenn Seiling
seine Geige meistert

Wenn Seiling seine Geige meistert,
Staunt jeder und ist hochbegeistert.
Denn herrlich er den Bogen führt
Und ihn mit Colophonium schmiert.
Dagegen, welch ein Wort des Lobes,
War Paganini nur ein Stoppes!
Auch bolzt er oft mit viel Gebimbel
Den Flügel und das Klavizimbel
Und komponieret auch zu Zeiten
Ein Musikstück von ein'gen Seiten.
Doch ist der Kerl im sonst'gen Leben
Der Schlemmung und dem Suff ergeben
Und spielt den Lebemann, den stolzen,
Thut Pfeife rauchen, coram bolzen,
Spielt Skat und Tertel, thut Tarocken,
Statt strebend auf dem Steiß zu hocken.

Fragment, Teil eines größeren Gedichts (?) aus der Studentenzeit; Manuskript; handschriftlich in hellbraunem Notizbuch; Nachlaß

Die Minne

Dieses lehret die Erfahrung:
Liebe ist des Herzens Nahrung.
Wie dem Korpus Trank und Speise
Dienlich ist in jeder Weise,
Also auch gereicht die Minne
Jedem Herzen zum Gewinne.
Doch versteh' ich nicht darunter
Jene Minne, die man unter
Brüdern pfleget und Verwandten,
Gegen Eltern, Onkels, Tanten, —
Diese macht das Herz nicht froh,
Denn die hat man sowieso.
Nur das, was wir selbst errungen,
Was durch eigne Kraft gelungen,
Ist dem Menschenherz ersprießlich. —
Dies bezieht sich fast ausschließlich
Auf die Minne, die man pflegt,
Wenn man Heiratsabsicht hegt.
Solche ist, wie man erklärt,
Schön und so erstrebenswert,
Daß fast alle Dichterhelden
Sie zum Lieblingsthema wählten.
Als den ersten diesbezüglich
Nennt man Heinrich Heine füglich.
Ferner war in diesem genre*
Goethe stets gedankenschwanger.
Schiller ist in diesen Sachen
Ebenfalls sehr gut beschlagen.
Auch er weiß, was Liebe sei:
Siehe „Glocke", Seite drei.
All die Verse lauten lieblich
Wie's bei Liebesliedern üblich.
Bei dem Namen dieses Dichters
Sowie ähnlichen Gelichters,
Steht es einem Backfisch gut,
Wenn man scham erröten thut,
(Indem er den Athem hält),
Was den Männern sehr gefällt.
Gottfried August Bürger schließlich

Dichtet etwas wen'ger süßlich.
Doch kann man durch bloßes Lesen
Nicht durchschaun der Liebe Wesen.
Denn die Theorie allein
Pflegt nicht von Erfolg zu sein.
Nur die stete Praxis hat
Ein erwünschtes Resultat.
Dem, der beide in sich paart,
Bleibet Mißerfolg erspart.
Wo er auch nur immer werbe,
Kriegt er nie und nirgends Körbe.
Dieses ist beim Mann genau
Ebenso wie bei der Frau.
Doch nun könnte einer fragen:
„Was will ‚Praxis' hier besagen?
Ist denn Praxis überhaupt
In der Liebe auch erlaubt?"
Sei nicht unwirsch, lieber Leser!
Freilich wär's moralisch besser,
Daß man keine Praxis übt,
Sondern aus dem Stegreif liebt:
Und erst wenn's die Not gebeut
Sich rasieren läßt und freit.
Doch wohin den Blick man lenkt,
Alles ist schon weggeschenkt
An die alten Praktikusse —
Man kommt nicht einmal zum Kusse.
Traurig zieht man wieder ab,
Unverehlicht bis zum Grab.

Eine Ausnahm' ist höchst selten.
Nur von einer kann ich melden,
Wo das jetzt verlobte Paar
Völlig ohne Praxis war.
Und die Braut, drauf bin ich stolz
Ist vom gleichen Stamm und Holz
Als ich selbst. Drum doppelt laut
Klingt mein Hoch der jungen Braut
Und dem Bräutigam dem neuen.
Möge es euch nie gereuen.

* spr. Schanger

Manuskript; handschriftlich in hellbraunem Notizbuch; bezeichnet und datiert „P. M. 1902"; Nachlaß

Ha, ha, der übermütig freche Fant

Ha, ha, der übermütig freche Fant
Gedenkt mich fortzutreiben aus dem Land,
Mich von dem Herrscherthron herabzustürzen,
Mein angestammtes Recht mir zu verkürzen.
Zwar bin ich alt, doch grün mein Mut,
Treibt schneller durch die Adern mir das Blut.
Er soll mir kommen, ich will ihn bekämpfen,
Endgültig seinen frechen Hochmut dämpfen.
Doch halt — wer naht sich hier? Ein ganzer Schwarm
Von jungen Männern, Mappen unterm Arm.
O weh, 's sind junge Künstler ohne Zweifel!
Die Sorte Leute haß' ich wie den Teufel,
Denn meist von Frühling schwärmen sie und Sonne,
Von Blumen, Abendstimmung, Maienwonne.
Auch lieben tun die jungen Leute gern —
Stets waren sie mir widrig, diese Herrn.
Auch haben diese Kerls von guter Kunst,
Wie ich schon bemerkte, keinen Dunst.
Der junge Schnee, den ich mit vielem Fleiß
Zur Erde sende, ist doch immer weiß.
Doch dieser jungen, tollen Künstlerbrut
Gefällt das Weiße offenbar nicht gut.
Drum malen sie, 's ist wirklich ein Gefrett,
Den Schnee im Schatten blau, auch violett.
Den Gipskopf auch, wie Schnee so schön und weiß,
Den ...

Fragment, das Gedicht bricht plötzlich ab (Teil des verschollenen Schauspiels „Die verliebten Malersleut"?); Manuskript; handschriftlich in hellbraunem Notizbuch; ein Wort in Steno; Nachlaß

Mit leichtem Bündel zieh ich daher

Mit leichtem Bündel zieh ich daher
Die Straße im Morgenhauche.
Mein Herz, was schlägst du so trüb und so schwer,
Was schimmerst du, Thräne im Auge?

Werd ich euch, Freunde, von denen ich schied,
Je wieder seh'n und begrüßen?
Du Stadt, zu der mich die Sehnsucht zieht,
Muß ich nun ewig dich missen?

Ob die Lerche auch froh mit jubelndem Schall
Sich jauchzend himmelwärts schwingt,
Was ist's, daß die Klage der Nachtigall
Dem Herzen heut lieblicher klingt.

Das Scherzen der Mädchen und Burschen im Feld,
Ihr Jauchzen und fröhliches Singen,
Das sonst mir freudig das Herz erhellt,
Heut will es wie Spott mir erklingen.

Ich blicke zurück. In Nebel verhüllt
Die Stadt, da die Freunde mir wohnen,
Verschwunden dem Blick, das liebliche Bild!

Manuskript; handschriftlich (Bleistift) in hellbraunem Notizbuch; Schrift z. T. später „nachgezogen"; Nachlaß

Schul- und Verbindungs-Gedichte

Anmerkungen des Herausgebers zu den „Schul- und Verbindungs-Gedichten":

Nach Ablegung des Staatsexamens für das Höhere Lehramt erhielt Paul Münch 1902 seine erste Anstellung als Assistent an der Dammschen Real- und Handelsschule in Marktbreit. In dieser Zeit schrieb er noch Gedichte für die „F.V.M.K.", die Verbindung aus seiner Münchner Studienzeit (vgl. auch „Kneip-Lied", S. 80 und „Gedichte aus der Pennäler- und Studentenzeit"). Von Marktbreit kehrte Paul Münch 1904 zurück in die Pfalz und war – bevor er im September 1907 nach Kaiserslautern kam – an der „Realanstalt am Donnersberg" in Marnheim, Weierhof, als Zeichenlehrer tätig. Dort entstanden für „Vaterländische Schülerfeste" auch die ersten „Bausteine" für seine 1909 erschienene „Pälzisch Weltgeschicht": „'s Paradies", „Die Palz vor de Sindflut", „Die Palz vun sunscht un vun heitzudag" (= „Die pälzisch Kuldur im Mittelalter" / „Die Hunne"), „Die Belagerung vun ere Stadt im Mittelalter", „Die Gräfin Eva vun Neilinge" und das Melodram (zu Musik von Otto Umlauf) „De Baurekrieg".

Lauscht jetzt, liebe Bundesbrüder

Lauscht jetzt, liebe Bundesbrüder,
Andachtsvoll auf meine Lieder!
Meine pädagog'schen Taten
Seien itzo euch verraten:
Ein verlockender Genuß
Wartet deiner, Pegasus.

Nach Franken zog ein Kandidat
Für Zeichnen und Mod'llieren,
Um dort in einer kleinen Stadt
Das Zeichnen zu dozieren.

An der Realschul ist jetzund
Er Zeichenpädagoge
Und rast dort grausam Stund für Stund
Den Schülern auf dem Loche.

Wenn einer faul ist, wird dem Schuft
Das Ohr herausgerissen,
Der Kopf mit Nüssen wüst verpufft
Und, wupp!, hinausgeschmissen.

Wenn einer von den Schülern sich
Erdreistet, leis' zu schwätzen,
Dem bolzt den Steiß er fürcherlich
Zu hunderttausend Fetzen.

Wirft einer nur das Tuschglas um,
Beschmutzend Bank und Boden,
Dem haut er Arm und Beine krumm
Und wimmelt ihn nach Noten.

Wenn einer gar spektakuliert,
Singt oder sonst rumoret,
Der wird blutdürstig attackiert
Und in den Grund gebohret.

Liest einer unter seiner Bank
Karls Mays Radaugeschichten,
Den haut er mürbe, lahm und krank
Und tut das Buch vernichten.

Die Liebe zu der Zeichnerei,
Zur Kunst und allem Schönen
Bringt er den Schülern prächtig bei
Durch Einbolzung von Zähnen.

Wenn einer einen Furz ihm läßt
Und sonst sich schlecht gerieret,
Dem wird der Podex schnell entblößt
Und schrecklich malträtieret.

Macht einer einen krummen Strich
Statt grad, wie sich's gehörte,
Zermalmt er diesen mächtiglich
Zu klebriger Gallerte.

Kommt einer zu ihm in die Klass'
Mit ungewaschnen Händen,
Zerquetscht er diesem Aug' und Nas',
Dem Sauhund, dem elenden.

Wer den geringsten Fehler macht,
Wird fürchterlich verbatschet,
So daß oft Arm und Rippe kracht
Und bis er ganz dermatschet.

Wer den Radiergummi vergaß,
Bleistift, Papier und Farbe,
Dem haut er einen Knochenfraß
Und manche blut'ge Narbe.

Geborst'ner Kopf, gebrochnes Bein,
Herzklopps und Steißverquetschung,
Die bilden seiner Wüterei'n
Authentischste Bestät'gung.

Die Krankenhäuser sind gefüllt,
Die Straßen öd', verlassen,
Die ganze Stadt, ein traurig Bild
Durch sein barbarisch Rasen.

Schon fleht man brünstiglich zu Gott
Und wimmert in Gebeten:
Erlös uns, Herr, aus aller Not,
Die uns jetzt hat betreten! –

O Kilian, unser Schutzpatron,
Erlöse uns hienieden
Von diesem furchtbar'n Satanssohn,
Hör uns, die wir dich bitten!

Manuskript; handschriftlich in hellbraunem Notizbuch; ohne Titel; geschrieben während der ersten Anstellung als Lehrer in Franken, ca. 1950 „überarbeitet" („nachgefahren" und wieder lesbar gemacht); Nachlaß

Dicke Tränen könnt ich heulen

Dicke Tränen könnt ich heulen,
Daß ich nicht bei euch kann weilen.
Einsam sitz ich auf der Bude,
Wehmutsvoll ist's mir zu Mute.
Denn ich sehe euch im Traum
Sitzen bei dem Weihnachtsbaum,
Seh die Lust, die Freud', den Jubel,
All den frohen, frischen Trubel.
Ach, in meinem geist'gen Ohr
Hör ich eures cantus Chor.
Und ein wehmutsvoll Erinnern
Steiget auf in meinem Innern.
Hätt' ich Flügel, hätt' ich Schwingen,
Um die Lüfte zu durchdringen:
Gleich den allerschnellsten Vögeln
Würde heut' zu euch ich segeln,
Dreißig Meter die Sekunde
Hunderttausend in der Stunde,
So daß ich mich in drei Stunden
Hätte bei euch eingefunden.
Aber leider ist's unmöglich
Und mein Schmerz derart unsäglich.
Doch ihr seid auch ohne mich
Recht vergnügt und freudiglich,
Denn mein spießerhafter Sinn
Brächt' euch heute kaum Gewinn.
Schauderhaft bin ich versauert
Und verknöchert und verbauert
Durch den herrlichen Beruf,
Wozu mich der Herr erschuf:
Auf der Schüler faulen Steiß
Schöner Künste edles Reis
Voll Begeisterung zu pfropfen
Durch ein zielbewußtes Klopfen.
O, wie muß ich euch beneiden
Um die wonnevollen Freuden,
Die ihr bei den guten, biedern

Urfidelen Bundesbrüdern
Auf der Kneipe stets genießet,
Wenn des Bieres Bräune fließet.
Heute bei des Christbaums Schimmer
Seid ihr urfidel wie immer.
Euren cantus hör ich schallen
Durch des Hauses weite Hallen,
Aus den stimmgewalt'gen Kehlen
Selbst das hohe „C" sich quälen.
Manch ein Vortrag steigt heut abend,
Herz und Zwerchfell euch erlabend.
Denn ihr seid ja stets dabei,
Gilt es Ulk und Viecherei.
Und wahrhaftig, ihr habt heute
Grund zu ausgelass'ner Freude:
Werft ihr nämlich euren Blick
Aufs vergang'ne Jahr zurück,
Dann in wonniglicher Lust
Wälzt das Herz sich in der Brust.
Stolz und froh darf der Verein
Auf sein tät'ges Wirken sein.
All die Kneipen, all die schönen,
Kann ich jetzo nicht erwähnen,
Noch die schönen Festlichkeiten,
Womit wir die Welt erfreuten.
Doch auch andere Vergnügen
Wußtet ihr euch beizubiegen.

…

Heute zu der Weihnachtsfeier
Klinge mächtig, meine Leier.
Verse will ich jetzo schmieden,
Wie sie schöner nie gerieten.
Verse, wuchtig an Gewalt
Und poetischem Gehalt.

Unsern Gästen, den verehrten,
Die die Schritte zu uns kehrten,
Gilt mein erster froher Gruß
In der Verse Reimerguß.

Mög' der heut'ge Abend Ihnen
Zu Genuß und Freude dienen.
Außerdem die Bundesbrüder
Grüße ich getreu und bieder.

Weihet meiner Braut und mir
Einen heft'gen Schluck und Bier,
Daß ich bald im Ehehafen
Froh und sorgenlos kann schlafen.

Manuskript; handschriftlich auf Doppelblatt; Datierung: nach der Verlobung vom 16. 8. 1904; nach der Zeilenzählung fehlt ein Teil des Gedichtes; Nachlaß

Die Palz vun sunscht un vun heitzudag

Ich bin soviel wie selte enner
Gereest in annre Herre Länner,
In Rußland, Frankreich, Portugal,
Do war ich eich schun iwerall,
Aach bei de Schwede un de Derke;
Ich kann mer's fast schun nimmi merke,
Wie jedes Land mit Name heeßt,
Wo ich schun bin erum gereest. —
Doch wann ich heemkumm, sag ich als:
„Am liebschte haw ich doch die Palz."
Dann unser Palz, die is viel schenner
Als alle ann're Herre Länner;
Die viele Burge uff de Berg,
In jedem Ort e scheeni Kerch,
Die Wälder mit de hohe Eeche,
Wo beinoh an de Himmel reeche!
Doch, liewe Leit! — In alter Zeit,
Do war's viel scheener noch wie heit:
Do war die Palz e mächt'ger Staat
Un hat e eigne Korferscht g'hat.
Die Palz war domols mächtig groß
Un nit e kleener Placke bloß,
Do war se groß un breet un lang
Un is fascht uf kee Landkart gang.
Der greeschte Deel vum heit'ge Bade
War eener vun de Pälzer Staate,
Un aach e scheenes Stick vun Hesse
Hat sellemols die Palz besesse;
Un Kreiznach, wo die Preiße hocke,
War sellemols e Pälzer Brocke.
Un all der riesig Landkumplex,
Hot Palz geheeße, meiner Sechs.
Ich wollt, ich wär in selle Johre
Un nit erscht heitzutag gebore.
's is zwar aach heit noch scheen un fein
E Pälzer Fleesch un Blut zu sein,

Doch 's is nimmi der alt Respekt,
Den wo mer frieher hat erweckt,
So is mer neilich was passiert,
Des hot mich ferchterlich scheniert:
Im Wertshaus war e Disch voll Preiße,
Ich stell mich vor un hock mich bei se,
Un hab de Kellner beigeschellt
Un mer e Pälzer Wein bestellt.
„Pfui Deiwel!" kreischt's an alle Ecke,
„Wie kann 'em so e Giftbrieh schmecke!?"
„Was?" sag ich, „was fallt eich dann ein,
E Giftbrieh is der Pälzer Wein?!"
„Jawohl", sagt dapper do der anner,
„E Giftbrieh is er allminanner,
Aus Weinstee, Bierhef, Sprit, Muschkat,
Ich dank for so e Surregat!"
Do bin ich wild worr wie e Hummel:
„Jetzt sinner ruhig mit dem Geschummel,
Bei eich werd noch viel meh gepanscht,
Den wo de nit genießc kannscht,
Bei eich is halt keen Kuntrolleer
Un steckt eich eier Weingeschmeer."
Un hab mei Gläsche ausgepetzt,
Bezahlt, de Deckel ufgesetzt,
Un bin dann mit verletzter Ehr
Enaus uf Nimmiwiederkehr. —
Jetzt frog ich eich, ihr liewe Leit:
War des aach so in frieh'rer Zeit,
Daß mer en brave Pälzer Mann
So mer nix, der nix uhze kann?
Nee! Des war ganz gewiß nit so;
For des war unser Korferscht do.
Wann der so ebbes hätt' geheert,
Do hätt' er glei' de Krieg erklärt.
Drum hän die Pälzer seller Zeit
Respekt genosse weit un breit.
Un aach aus annre Grinde kann
Mer stolz sein als e Pälzer Mann:
Die Wissenschafte un die Kunscht
Die han geblieht wie nerjends sunscht.
Des liegt halt so im Pälzer Blut,

Daß mer so Sache treiwe dut.
Drum ist die Universität,
Wo jetzt in Heidelberg noch steht,
Aach heitzudag noch so beriehmt,
So wie's halt unsrer Palz geziemt.
Dort kannscht de lerne, was de willscht,
Daß de dein Wissensdorscht der stillscht:
Lateinisch, Griechisch un Botanik,
Hebräisch, Englisch un Mechanik,
Franzeesisch, Logik, Mathematik,
Schemie, Filosofie, Fisik
Un wie des Lumbezeig all heeßt,
Wo do als der Professor lest. —
Un außerdem war aach die Kunscht
Bei uns vun jeher hoch in Gunscht:
Do muß no' Heidelberg mer gehe,
Wo all die scheene Baute stehe.
Do streemt aach heit noch massehaft
Der Kinschtler zamme, guckt und gafft
Un zieht sei Schkizzebuch eraus,
Un benselt der bis dort enaus,
Un is ganz ferchterlich verwunnert,
Was mer vor finf bis sechs Jahrhunnert
In unsrer kunschtgeiebte Palz
Schun sellemols geleischt han als.
Aach was die Molkunscht anbelangt,
So hat se viel der Palz verdankt:
Der Holbein, Deitschlands Ruhm un Stolz,
Der war aus echtem Pälzer Holz;
Aus Grinstadt war der Mann gebertig
Un war e Moler fix un fertig.
Mer sieht halt: Schun in seller Zeit
Do ware unser Leit gescheit.
Un des hot bei de Pälzer aach
Sich fortgeerbt bis heitzudag.
Doch muß ich aach die Schatteseite
Verzähle vun de alte Zeite.
Es is jo manches heit doch besser,
Do ware uf de Berg noch Schlesser
Mit Maure vun e Meter siwwe,
's is meiner Sechs nit iwertriwwe.

Do han die Ritter drin gesesse
Un han getrunke un gegesse,
Gesung, gekartelt un gelacht,
Des hat de Ritter Spaß gemacht.
So hawe se als fort getruwelt
Un kolossal viel Geld verjuwelt.
Uf emol war noch all dem Spaß
Kee Penning Geld meh in der Kass;
Doch des, des war de Ritter schnuppe:
Glei han so z'sammeg'ruf ihr Truppe
Un hawe 's nächschte Dorf geplinnert
Un niemand hat se dran gehinnert. —
Dem hawe se e Kuh gestohle
Un dem e Kalb un dem e Fohle,
Me ann're han se Geld erpreßt,
Des is gewiß nit scheen gewest.
Die Hinkel, Schoof, die Sai und Geeße,
Die hawe se all mitgehn heeße.
Beim Metzger hawe die Halunke
Die Werscht gestohle un die Schunke,
Beim Bäcker sin se eingedrunge
Un hawe all sei Weck verschlunge,
Dann sin se nei' ins Hinkelhaus
Un hewe do die Eier aus
Un hawe se all fortgeschmuggelt,
Zum große Deel aach ausgezuckelt.
Ach liewer Gott! Die arme Baure,
Die kenne 'em jo heit noch daure,
Es war halt doch e schlimmi Zeit
For unser Pälzer Bauersleit. —
Wie hat mer's jetzt doch so gemietlich!
Heit lebt mer ruhig, still un friedlich
Un hockt im Winter an sei'm Owe
Un raacht sein alte Duwaksklowe.
Un denkt sich dann im Stille als:
Ich han dich gern, mei liewi Palz!

Frühe Version von „Die pälzisch Kuldur im Mittelalter" (S. Paul Münch, „Gesammelte Werke", Band 1, S. 81 ff.) und „Die Hunne" (Anfang, S. ebd., S. 61), zuerst veröffentlicht in „Mitteilungen des Verbandes alter Schüler der Realanstalt am Donnersberg", Nr. 34, August 1908, „Hrsg. im Auftrag des Verbandes aller Schüler der Realanstalt am Donnersberg von Dr. W. Ney, Ausschußmitglied. Druck von Jul. Kranzbühler, Pirmasens", S. 283/284; von dem Gedicht gibt es auch einen Einblattdruck; Nachlaß

Doch die Reue kommt zu spat, wenn man schon das Zeugnis hat

Der Schluß des Schuljahres 1906/07
an der Realanstalt am Donnersberg

Was ein Lehrer schaffen muß
Jedesmal zum Jahresschluß,
Dieses weiß der Laie nicht,
Weil der Einblick ihm gebricht.
Aber jeder Leser kann sich
Denken, daß die fünfundzwanzig
Schüler, welche dieses Jahr
Absolvierten, offenbar
Nicht von selber alles wußten,
Was sie dabei wissen mußten.
Darum war die Freude groß,
Unermeßlich, grenzenlos,
Als es hieß: „Es ist von allen
Nicht ein einz'ger durchgefallen,
Allen kann man gratulieren,
Da sie sämtlich absolvieren."

Bei solch' schönem Sachverhalt
Arrangierte man alsbald
Für die unteren fünf Klassen
Hinten auf dem Spielplatzrasen
Nachmittags von zwei bis drei
Ein gewaltig Turnturney:
Erst in anmutsvollem Reigen
Taten sich die Schüler zeigen,
Und sie drückten ihre Waden
Durch wie Militärsoldaten.

Dann erscholl an den Geräten
Das Kommando: „Angetreten!"
Da war es nun staunenswert,
Wie die Knaben an dem Pferd
Ihrer jungen Beine Stangen
Graziös nach oben schwangen.

Auch der Barren ward benützt
Und gewaltig knickgestützt.
Aber auch der „Löwengang"
Machte vieles Amüsemang,
Denn die Gleichgewichtsverschiebung
Macht viel Spaß bei dieser Übung.
Manche in behendem Satze
Sprangen flink wie eine Katze
Über beide Stangen quer,
Als ob das nicht schwierig wär'.

Dann begab man sich ans Reck
Zu dem lobenswerten Zweck,
Unter emsigem Bemühen
Eifrig daran klimmzuziehen.
Aber auch noch andre Dinge,
So z. B. Riesenschwünge,
Aufzug, Kniewell, Leibeswelle
Rollte man behend und schnelle;
Manche unter Schwung und Schwippen
Machten tadellose Kippen;
Selbst im Himmel Vater Jahn
Hatte seine Freud' daran;
Beifall tönte von den Mündern,
Von den Lehrern und den Kindern.

Dann trat man zu dem Wettlauf an,
Welcher auch sogleich begann:
Jeder nahm ein Fähnlein mit sich
Und der Kampf ward schwer und hitzig.
Hei! Wie da die Beine flogen
Und wie sich die Körper bogen!
Sätze machte da ein jeder
Bis zu fünfzehn Dezimeter.
Rot in purpurfarbner Glut
Strömte zu dem Kopf das Blut,
Und in Tropfen, groß und heiß,
Rollte niederwärts der Schweiß. —

Unterdes am Himmelsbogen
Waren Wolken aufgezogen,

Welche sich bemerkbar machten
Dadurch, daß sie Regen brachten,
Und man wurde naß und nasser
Durch das viele Regenwasser.

Deshalb steckte man dem Spiel
Etwas vor der Zeit ein Ziel,
Und die ganze Schülerzahl
Eilte in den Aulasaal,
Auch die Lehrer kamen alle
In des Saales weite Halle.

Herr Direktor stieg darauf
Auf das Podium hinauf.
Dann rief er aus allen Klassen,
Die erwartend vor ihm saßen,
Je den besten Turner auf
Und verteilte ihnen drauf
Als Belohnung für den Fleiß
Jedem einen Bücherpreis;
Und die so beschenkten Knaben
Blickten stolz auf ihre Gaben.

Dann ergingen die Befehle:
„Geht in eure Klassensäle!"
Nun entfernten sich die Buben
In verschied'ne Klassenstuben,
Um mit Jubeln oder Bangen
Dort das Zeugnis zu empfangen.

Mancher schwenkte froh sein Zeugnis:
„Welch' ein freudiges Ereignis!
Wenn ich das nach Hause bringe,
Sind die Eltern guter Dinge."

Andre waren nicht so fröhlich,
Sondern drückten sich allmählich,
Und man sah auf ihren Wangen
Eine kleine Träne hangen.
Denn sie glaubten schon den Stecken
Ihres Vaters zu verschmecken;

Doch die Reue kommt zu spat,
Wenn man schon das Zeugnis hat.

Solche traurigen Gefühle
Gab es, Gott sei Dank, nicht viele.
Gleich darauf ertönte schon
Zum Kaffee der Glocke Ton,
Da ertränkten dann die Schüler
In Kaffee die Schmerzgefühler. —

Gegen sechs Uhr strömten alle
Wieder in die Aulahalle,
Da gab's große Festlichkeit:
Bretzeln standen da bereit,
Bier gab's auch und Apfelwein,
Und man schenkte fleißig ein
In verschiedene Gemäße
Je nach Alter und nach Größe.
Das Orchester musizierte
Und man sang und deklamierte.
Die gewes'ne 6. Klasse
Sang ein Solo tief im Basse,
Wohlbeginn aus vollem Hals,
Sang den „Jäger aus Kurpfalz".

Endlich eilte man nach Haus,
Denn die Festlichkeit war aus
Und man drückte sich die Hände. —

Jetzt ist mein Gedicht zu Ende.

Zuerst veröffentlicht in „Mitteilungen des Verbandes alter Schüler der Realanstalt am Donnersberg", Nr. 30, 15. September 1907, S. 251–252; außerdem Einblattdruck, eine Zeile fehlt im Original, handschriftlich eingefügt in Exemplar im Nachlaß; Titel: Hrsg., Untertitel: Paul Münch

Werbung

Kaum daß man sich eines neuen
Papstes wieder kann erfreuen,
So benutzt an allen Ecken
Man ihn zu Reklamezwecken:
Daß der Papst, so oft er rauche,
Nur die „Marke Cavour" schmauche.
Solches brachte manche Zeitung
Fetten Druckes zur Verbreitung.

Jede treu kathol'sche Haut
Raucht jetzt nur mehr dieses Kraut,
Und es lassen alle Frommen
Nur noch diese Marke kommen,
Weil nur solche Cigarrnstengel
Führen in das Reich der Engel.
Fromm raucht man auf allen Pfarren
Nur noch diese Art Cigarren,
Denn durch solche Cigarrnstümmel
Rauchet man sich in den Himmel.

So schlägt man mit wenig Geld
Konkurrenzen aus dem Feld.
Andre Cigarrnfabrikanten
Werden dadurch jäh zu Schanden,
Denn die sicherste Reklame
Ist des heil'gen Vaters Name.

Bald steht's groß auf den Plakaten
Oder auch in Inseraten,
Daß der neue Papst „Odol"
Braucht für seiner Zähne Wohl.
Weshalb jeder fromme Christ
Auch hiezu verpflichtet ist.
An den Zehen trägt er nur
„Wasmuth's Ringe in der Uhr",
In die Suppe aber gießt er
„Maggi". Kauft es euch, ihr Priester!

Wär' der Schnurrbart keine Sünde,
Trüg' er „Habby's Schnurrbartbinde".
Er benutzt zu jeder Weile
Dörings Seife mit der Eule,
Ißt nur Regensburger Radi:
Kauf' nur solche, Pfarrers Kathi!

Seine einzige Lektür'
Ist der „Bayrische Courier".
Drum wer Frömmigkeit noch hat,
Abonniere dieses Blatt,
Nur wer dieses Blatt sich hält
Scheidet selig aus der Welt.

Manuskript; handschriftlich (Tinte); Titel: Hrsg.; Nachlaß; Datierung: 1903 wurde Pius X. gewählt, 1914 Benedikt XV. Sie sind die einzigen Päpste die in der — nach anderen Kriterien (Handschrift, Papier, Vergleiche etc) — für die Entstehung des Gedichts in Betracht kommenden Zeit ihr Amt antraten. Ob mit dem Namen der Päpste, für die in dem Gedicht genannten Produkte tatsächlich Werbung gemacht wurde, war für den Hrsg. — trotz umfangrecher Recherchen — nicht feststellbar. Nach Auskunft des Deutschen Patentamtes wurde „Odol" am 15. 11. 1894 unter Nr. 3644 und „Maggi" am 12. 10. 1894 unter Nr. 5223 angemeldet und registriert. Die Zeitung „Bayerischer Kurier" existierte von 1857 bis zu ihrem Verbot durch die Nazis am 31. Oktober 1934. Über die anderen genannten Produkte konnten keine Warenzeichen und Daten ermittelt werden. Insofern kommen alle angeführten Artikel als eventuelle Datierungshilfe für die Entstehung des Gedichts nicht in Frage.

Was ist doch der Doktortitel

Was ist doch der Doktortitel
Für ein ganz famoses Mittel,
Um bei Mann, bei Weib und Kinden
Mächtigen Effekt zu schinden.
Sei es, daß man ein Jurist
Oder Mediziner ist,
Sei es, daß man durch Botanik
Oder etwa durch Mechanik,
Nationalökonomie,
Forstfach oder auch Chemie
Oder sonstigen Beruf
Sich die Lebensstellung schuf.
Der nur gilt als ganzer Mann,
Der sich Dr. nennen kann.
Darum macht es viel Vergnügen,
Sich den „Dr." beizulegen.
Und gerad der Dr. phil.
Ist es, den man haben will.

Das ist aber nicht so leicht
Wie es manchem von euch deucht,
Da an Geist er wie an Geld
Hohe Anford'rungen stellt.
Aber, wenn man ihn besitzt,
Sieht man bald, wieviel er nützt.
So z. B. in der Liebe
Schwelgt man bald im Hochbetriebe,
Denn dem weiblichen Geschlecht
Ist ein Dr. immer recht.
Damen millionenschwer
Tun, als ob er Leutnant wär,
Mit dem Wunsche in der Seele,
Daß er sich mit ihr vermähle.
Selbst die Jungfer voller Runzeln
Nahet ihm mit süßem Schmunzeln
Und sie lächelt hochbeseligt,
Falls er sich mit ihr vermählicht.

Ja, der Backfisch unerwachsen
Macht sich schleunigst auf die Haxen,
Um dem Doktor nachzuschieben,
Ihn aufs heftigste zu lieben.
O, wie fühlt sie sich beglückt,
Wenn er ihr die Backen zwickt.
O wie sehr ist sie ergötzt,
Wenn er auf das Knie sie setzt
Und mit seinen Doktorfingern
Knutschet an verschied'nen Dingern,
Wenn er mit den Doktorhänden
An verschied'nen Gegenständen,
Oben, unten, vorn und hinten –
Wo sie grade sich befinden,
Leise umeinanderkneift,
Daß sie's wonnig überläuft. –
Kurz, das Weiberherz entbrennt
Schnell, wenn man sich Dr. nennt.
Und wer in Bezug auf Liebe
Nicht gern ohne Chancen bliebe,
Setze sich mit vielem Fleiß
Auf den harten Männersteiß,
Um den „Dr." sich zu schmieden,
Der uns so viel nützt hienieden.
Solches dachte auch der Rieder,
Setzte auf den Steiß sich nieder
Und erwarb sich seinen Dokter.
Und nun jubelt und frohlockt er.
Denn ein neues Lebensstück
Legte er damit zurück.
Und der Rieder, wenn er jetzt
In die Zeit sich rückversetzt,
Da er noch im Wickelbund
Eingewickelt sich befund,
Alsdann staunet er und lacht:
Hab's doch schon recht weit gebracht.
Damals schon aus vielen Gründen
Konnte man heraus es finden,
Daß der kleine Wickelknabe
Zeug zur Mathematik habe:
Denn in seinem Wickelbund

Drehte er von Stund zu Stund
Gelblich bräunliche Spiralen.
Mit dem größten Wohlgefallen.
Wenn man auf den Arm ihn setzte,
Gab's nichts, was ihn mehr ergötzte,
Als mit frohem Wonnegrunzen
Kegelkurven loszubrunzen.
Und auf seiner Lebensleiter
Stieg er rastlos immer weiter.
Also zeigte es sich klar,
Wozu er geboren war.
Und er wuchs und kriegte Hosen,
Mit der Hintertür, der großen.
Doch schon in dem nächsten Jahr
Kriegte er ein andres Paar
Mit geschloss'nem Hintersitz,
Vorn mit knöpfereichem Schlitz,
Woraus, wenn er pissen wollte,
Er sich seinen Penis holte.
Wenn er seinen Zweck erfüllt,
Ward er wieder eingefüllt.
Aber schon im nächsten Jahr,
Als es wieder Ostern war,
Tat man ihn zur Schule schicken,
Um ihn geistig auszuschmücken.
Dort erlernte er geschwinde
Seiner Weisheit Anfangsgründe,
So das schwere Alphabet,
Welches in der „Fibel" steht.
Auch das Einmaleins bis zehn
Konnte er recht bald verstehn.
Doch der Weisheit Wurzel ist
Bitter wie ihr alle wißt.
Dieses merkte bald und schnell
Rieder an dem eignen Fell,
Wenn der Lehrer mit dem Stab
Schläge auf den Arsch ihm gab. –
Wiederum nach ein'gen Jahren
War der Vater sich im klaren,
Daß der Sohn studieren müsse,
Weil er schon so vieles wisse.

Und man schickte unsern Heini
Schleunigst zur Realschul' eini.
Dort erlernte er mit Fleiß
Manches, was er heut noch weiß.
An französischer Grammatik
Englisch, Deutsch und Mathematik
Ward ihm vieles eingebleut,
Ja, er kann's z. T. noch heut.
Leider von der Religion
Merkt man beinah nix davon.
Nach sechs Jahre langem Fleiße
War der Heinrich schon so weise,
Daß er trefflich absolvor
Und sich Nürnberg auserkor,
Um des Hirnes krause Falten
Sich noch schöner zu gestalten.
Wiederum nach ein'ger Zeit
War der Heini schon so weit,
Daß ihn stolz der liebe Vater
Schickte zu der Alma mater.
Leider steht seit dieser Zeit
Schlecht es um die Sittlichkeit,
Denn der Heini soff und lumpte,
Hurte, rüpelte und pumpte,
Daß es einem wunder nahm,
Daß er zum Examen kam.
Und auf tiefe Stuf gesunken
Hat er wüst vor Suff gestunken.
Ach den lieben Heinrich Rieder
Kannte man jetzt fast nicht wieder,
Kaum verging ein einz'ger Tag,
Wo er nicht im Rausche lag.
Er und einige Kumpanen
Schworen auf dieselben Fahnen.
Und im weiten deutschen Reich
War nichts dieser Bande gleich.
Einer davon, Münch genannt,
War der Polizei bekannt,
Auch ein Geiger, Kieffer, Trauth
Wurden oft bei ihm erschaut.
Ach von deren Greueltaten

Könnte ich gar viel verraten,
Doch der Nächstenliebe Mantel
Deck ich über ihren Wandel.

Manuskript; handschriftlich auf zwei gefalteten Blättern. z. T. in Steno (17 Zeilen); Nachlaß
Zur Promotion von Dr. Heinrich Rieder am 7. 3. 1907 an der Techn. Hochschule München. Heinrich Rieder – wie die genannten Freunde (Willy) Geiger, Kieffer, Trauth etc., deren Münchner Adressen, Heimatorte und Studienfächer z. T. in dem hellbraunen Notizbuch im Nachlaß vermerkt sind – war ein Bundesbruder von Paul Münch. Heinrich Rieder war zur Zeit der – aus Nachschlagewerken ermittelten – Promotion Assistent an der TH München.

Dichtergaul
und andere
Widmungsgedichte

Anmerkungen des Herausgebers:

Die Widmungs-Gedichte von Paul Münch sind Gelegenheits-Gedichte im besten Sinn. Sie kreisen um verschiedene Themen-Gruppen: um die „hochdeitsch" und die „Pälzer Sprooch", um seinen Mundart-„Dichtergaul" — wie er den Pegasus nannte — oder um den „Mann am Strooßerand" mit „em Biechel in de Hand". Daneben stehen ganz individuelle und persönliche Widmungen — wie z. B. für seine Nichte Gertrud.

Viele der Widmungs-Gedichte sind in gewisser Weise einander „ähnlich", d. h. sie stimmen in wesentlichen Teilen überein oder sind gelegentlich „fast identisch". Paul Münch „arbeitete" mit „literarischen Versatzstücken", die er immer wieder variierte, austauschte und/oder neu zusammensetzte und „anpaßte". Gerade in den Werkgruppen seiner Widmungs-Gedichte zeigt sich am deutlichsten, wie Paul Münch das „Handwerk" des Dichtens beherrschte und wie virtuos er damit umzugehen verstand.

Wann's Eich als traurig is un schwer,
Dann holen Eich das Biechel her
Un lesen dann so lang dodrin,
Bis daß Ehr widder luschtig sin!

Widmung für Albert Becker

„Gelegentlich des Jubiläums des Gymnasii Bipontini, 16. VII. 09
Der Verfasser P. Münch"

Dem lieben Prof. Steinel,
dem Geburtshelfer der „pälz. Weltgesch."
in Dankbarkeit zugeeignet
vom Verfasser
Paul Münch
10. Juni 17.

Quelle: Festschrift P. M., Kaiserlautern 1979

In Dankbarkeit zugeeignet vom Verfasser
Paul Münch
Kanonier a. D.
Weihnachten 1916.

Paradeschritt ist schön und fein,
Doch höchst ermüdend für das Bein.

Vom Barren schneidig abzuspringen
Will manchmal nur recht schlecht gelingen.

Den ungedienten Landsturmmann
Strengt so ein Klimmzug heftig an.

Dem Landsturmmann ist augenscheinlich
Strafexerzieren äußerst peinlich.

Der Mensch muß im Soldatenleben
Nach hohen Idealen streben,
Doch wird's dem Kanonier oft bange
Hoch oben an der Kletterstange.

Am schönsten ist's nach all der Plag
Beim Schatz am Sonntag Nachmittag.

Froh steigt man nach des Tages Hetz'
Ins ob're Stockwerk seines Betts.

Widmung in „Die Pälzisch Weltgeschicht"; Original: Dr. Moser, Apotheker, Landau/Pfalz, in Antiquariat erstanden

Es fehlt mir nicht an Selbstkritik:
Die „Weltachs" ist kein Meisterstück.
Doch Mimenkunst und Bühnenpracht
Hat vieles wieder gut gemacht,
So daß manch einer nun dran glaubt,
Das Stück sei glänzend überhaupt.

Paul Münch

Widmungsgedicht in „Die Weltachs"; handschriftlich; Original: Klaus Rothenbücher, Neustadt/Weinstraße

Jo, die Kuldur im Pälzer Land,
Die is noch tadellos im Stand
Un stei't sogar noch Johr um Johr
Un drickt sich alsfort weiter vor. —

Dem verdienstvoll. Verf. d. 1. Pf. Lit. Gesch. . . .
in Anerkennung und Dankbarkeit . . . Paul Münch

Widmung in „Pfälzer Höllen- und Himmelfahrt" für Faber-Kaltenbach
Quelle: Faber-Kaltenbach, „Rheinpfälzische Literatur oder erster bestehender Grundriß ihrer Geschichte, d. h. alles wichtigeren, oberrheinfränkischen, bzw. Altpfälzer Schrifttums seit den Anfängen bis zum Jahre 1925"
Zweite, verbesserte und vermehrte Auflage Kaiserslautern, 1944/47, S. 283

Vun jeher han mer Pälzer Leit
E arig rauhi Außeseit,
Dann hitzig simmer, wiescht un grob
Un han e derbi Sprooch am Kopp.
Doch simmer sunscht ganz ungefährlich:
Es Pälzer Herz is gut un ehrlich
Un unser Hämet hammer geere.
Das soll dich do das Biechel lehre.

Widmungsgedicht in „Die Pälzisch Weltgeschicht"; Manuskript; handschriftlich, Bleistift; Nachlaß

Die Edelsteen sin nie so groß
Wie Plaschterwacke.
Aach unser Pälzer Land is bloß
E winzig kleener Placke —
Un trotzdem groß un hochgeehrt
Als Achs un Glanzpunkt vun de Erd.

Drum braucht e Land nit groß zu sin,
Das is nit wichtig;
Die Hauptsach, daß die Mensche drin
Gescheit sin, brav un dichtig.
Dann werd jed Ländche groß un reich,
Wer annerscht sa't, der schwätzt dumm Zeig.

Manuskript; handschriftlich, Bleistift; Nachlaß

Die Edelsteen sin nie so groß
Wie Plaschterwacke.
Aach unser liewi Palz is bloß
E winzig kleener Placke
Un trotzdem is se hochgeehrt
Als Glanzpunkt vun der ganze Erd.

Herrn Walter Löffler aus Lambrecht
zur frdl. Erinnerung zugeeignet
vom Verfasser Paul Münch
Neustadt a.d.W. den 29. 11. 47

Widmung in „Die Pälzisch Weltgeschicht"; handschriftlich; in Privatbesitz

Die Pälzer Sprooch klingt frisch un klor,
Wie Mussik (andere Version: Glocke) leit se em im Ohr. —
For alles loßt se sich gebrauche:
For Freed un Leed. —
For eens bloß dut se gar nix dauge:
For Schlechtigkeet.
Drum — wann eens richtig pälzisch sprecht,
Der Mann is recht. —

1. April 1941

Manuskript; handschriftlich; Bleistift; Nachlaß

Die Pälzer Sprooch klingt frisch un klor,
Wie Mussik geht se em ins Ohr,
For alles kammer se gebrauche:
For Leed un Freed.
For eens nor dut se gar nix dauge:
For Schlechtigkeet. —
Drum sa' ich: Wer gut pälzisch sprecht:
Der Mann is recht. —

Zur frdl. Erinnerung an den Verfasser Paul Münch
Steinwenden, 3. 12. 1946

Widmung in „Mei Herzerweiterung" für Herrn Bader, Moormühle, Steinwenden/Pfalz;
Quelle: Festschrift P. M., Kaiserslautern 1979

Widmung

Die hochdeitsch Sprooch in alle Ehre!
Kee'm Deitsche soll mer se verwehre!

Un trotzdem! Wer bloß Hochdeitsch kann,
Kee Mundart plaudert dann un wann,
Wer gar sei Hämetsprooch veracht'
Un sich noch driwer luschtig macht,
Der is gemietlos, der geht fehl
Un hat e Loch in seiner Seel.

Un drum werd vun uns Pälzer all
Die Mundart immer hoch gehall'. —

Ich han sogar die Weltgeschicht
In Pälzer Sprooch zurechtgedicht.
Uf *die* Art is se nit so trucke,
Mer braucht se nit wie Pille schlucke.
Wer *die* studiert, kummt aach ans Ziel
Un weeß am Schluß genaa so viel. —

Abschrift; Nachlaß

Zueignung

Die hochdeitsch Sprooch in alle Ehre,
Kee'm Deitsche soll mer se verwehre!

Un trotzdem! Wer bloß Hochdeitsch kann,
Kee Mundart plaudert dann un wann,
Wer gar sei Hämetsprooch veracht'
Un sich noch driwer luschtig macht,
Der weeß nit, wo es deitsch Gemiet
Sei Worzel hot un Nahrung zieht.

Ich han sogar die Weltgeschicht
In Pälzer Sprooch zurechtgedicht'.
Uf *die* Art is se nit so trucke,
Mer braucht se nit wie Pille schlucke;
Wer *die* studiert, kummt aach ans Ziel
Un weeß am Schluß genaa so viel.

Ich will kee Propaganda mache.
Un bloß, weil's fehlt an ann're Sache,
Die wo mer jemand als Präsent
Zur Weihnachtsfeier schenke kennt,
So missen Sie sich halt begniege,
Mei „Pälzisch Weltgeschicht" zu kriege.

Das is mei Absicht un mei Zweck.
Han ich nit recht, Herr Bischof Beck?!

Konzept; handschriftlich, Bleistift; Nachlaß

Zueignung

Die hochdeitsch Sprooch in alle Ehre,
Kee'm Deitsche soll mer se verwehre!

Un trotzdem! Wer bloß Hochdeitsch kann,
Kee Mundart plaudert dann un wann,
Un wer sei Hämetsprooch veracht'
Un sich gar driwer luschtig macht,
Der weeß nit, wo es deitsch Gemiet
Sei Worzel hat un Nahrung zieht.
(Frühere Version:
Der hat e Loch in seiner Seel
Un is gemietlos un geht fehl.)

Nee, Hochdeitsch un e Pälzer Schnut
Vertra'n sich schlecht, die dun kee gut.
Drum werd a' vun uns Pälzer all
Die Mundart hoch un wert gehall.
Mer han se recht vun Herze geere
Un dun se heeß un hoch verehre.

Ich han sogar die Weltgeschicht
In Pälzer Sprooch zurechtgedicht'.
Uf *die* Art is se nit so trucke,
Mer braucht se nit wie Pille schlucke.
(Frühere Version:
Uf *die* Art lernt se sich bequemer,
Is nit so kalt, is angenehmer,)
Wer *die* studiert, kummt aach ans Ziel
Un weeß am Schluß genaa so viel.

Ich will kee Propaganda mache.
Un bloß weil's fehlt an ann're Sache,
Die wo mer jemand als Präsent
Zur Weihnachtsfeier schenke kennt,
So missen Sie sich halt begniege,
Mei „Pälzisch Weltgeschicht" zu kriege.

Konzept; handschriftlich, Tinte; Verbesserungen: Bleistift; Nachlaß; verkürzte, gemischte Version davon als Widmung für „Herrn Geheimrat Dr. Wimmer zur frdl. Erinnerung an den Verfasser Paul Münch, Kaiserslautern, den (?) Januar 1948". Abschrift im Besitz der Enkelin von Dr. Wimmer, Frau Hildegard Werner, Landau-Godramstein/Pfalz. Der Geheime Studienrat Dr. Karl Wimmer war von 1922 bis 1928 Oberstudiendirektor der Oberrealschule Kaiserslautern.

Wer aus 'em Weschtrich stammt vun Kusel,
Der kann vun Glick sa'n, der hat Dusel:
Die Rass', zu der mer dort geheert!
Das is alleen schun ebbes wert.

Un erscht die Sprooch! Mei Kusler Sprooch!
Wie scheen die klingt, wie stolz un hoch!
Un doch so lieb un zart debei
Als wie e Nachtigall im Mai.
Un wann zwee Leit sich geere han,
E Mädche un e junger Mann,
Do is kee Sprooch sunscht zu entdecke,
Wo besser baßt zu dene Zwecke.
Nor daugt se gar nix for zum Häächle,
For Sprich zu kloppe un zum Schmäächle.
Doch grad drum han ich se so geere
Un du' se liewe un verehre. —

Sie sin jo vun meim Kusel jetzt
No' Rockehause fortversetzt
Un kennten dort die Kusler Sprooch
Vielleicht vergesse nooch un nooch;
Das derf nit sin, derf nit bassiere!

Un drum, soball Sie so was spiere,
Dann nix wie in de Schrank gelangt!
Dort steht jo doch — Gott sei's gedankt —
E Buch drin, kleen un dinn un schlicht,
Das heeßt „Die Pälzisch Weltgeschicht".

Do wann Se als emol drin lese,
Dann dun se Kusel nie vergesse.

Konzept; handschriftlich, Bleistift; in Umschlag „Verschiedenens"; Nachlaß

Varianten und Ergänzungen zu verschiedenen Textstellen von „Wer aus 'em Weschtrich stammt vun Kusel":

Un wann e Borsch un wann e Mäd
Sich lieb han, wie das als so geht,

Un wann e Borsch e Mädche freit,
Wie das jo vorkommt bei de Leit,

For so zwee Leit kommt nix in Frog
Als ganz alleen die Kusler Sprooch.
Do werd mer eenig uf een Dag,
Mit Hochdeitsch geht's a noch un nach.
Ei jo! Das Hochdeitsch sin jo Sprich!
Un wann eens sa't: Ich liebe dich!
Do werd's ehm kalt debei statt warem
Un's schla't ehm heechschtens in de Darem.
Doch wann eens sa't: eich han dich geere,
Das schla't ins Herz, das loßt sich heere.

Das Ding werd nix, das kann nix dauge,
Wann die kee Kusler Sprooch gebrauche.
E Borsch, wo liebt un hochdeitsch plaudert,
Das is e Kerl, do wo's 'em schaudert.
Ich meen, so Brieder sin nit ehrlich
Un for die Mädcher heechscht gefährlich.

Konzept; handschriftlich, Bleistift; Nachlaß

1. Was muß mer for de heechscht Genuß
   Uf dere Welt erkläre?
   „E Ritt hoch uf em Pegasus
   Enuf in heehre Sphäre."
   O, das is wohres Dichterglick!
   Weit unne bleibt die Welt zurick
   Un all das Menschechores
   Mitsamt seim Streit un Zores.

2. Do werd der Geescht so weit un frei,
   Spriht Funke un schla't Feier,
   Die Vers, die streemen nor so bei
   Un Reime ungeheier.
   Hopp, hopp, mei Pegasus! Galopp!!
   Mir prickelt's heeß in Herz un Kopp
   No' große Dichter-Tate:
   Romanze un Ballade.

3. Doch das gebt Dorscht — un nit zu knapp
   Bei Dichtergaul un Reiter!
   Im Storzflug geht's dann schnell bergab,
   Wo's Bier gebt un so weiter. —
   So werd mer aus der Sphärewelt
   Bums! widder uf die Erd gestellt
   Ins bergerliche Lewe
   Mit all seim platte Strewe.

4. „Dollbohrer" heeßt mer hinneno'.
   A „Hoschpes" odder „Spinner". —
   Na jo! Die Leit, die *sin* halt so
   Un dumm wie kleene Kinner.
   Ich awer leb drum grad zu leed
   In meiner Sphäre-Seligkeet
   Un du' Gedichte mache
   Un loss' die Leit halt lache.

„Herrn Dr. Hermann Moos in Dankbarkeit und Freundschaft
zugeeignet vom Verfasser Paul Münch
Kaiserslautern, Ostern 1941"

Widmung in „Mei Herzerweiterung".
Nach Original im Nachlaß von Dr. Moos (Ilse Rohnacher)

Zeichnung auf Entwurfspapier, Bleistift; keinem Gedicht eindeutig zuzuordnen;
Nachlaß

1. Was muß mer for de scheenscht Genuß
   Uf dere Welt erkläre?
   E Ritt hoch uf em Pegasus
   Enuf in heehre Sphäre.
   Das do is wohres Dichterglick;
   Weit unne bleibt die Welt zurick
   Un all das Menschechores
   Mitsamt sei'm Streit un Zores.

2. Do werd der Geescht so frei un klar,
   Spriht Funke un schla't Feier
   Un Vers um Vers streemt wunnerbar
   Hell vun der Dichterleier.
   Hopp, hopp, mei Pegasus, Galopp!
   Mir prickelt's heeß in Herz un Kopp
   No' große Dichtertate:
   Romanze un Ballade.

3. O weh! Der Pegasus macht schlapp,
   Das arem, schlockrig Luder,
   Un — hui! — im Storzflug geht's bergab,
   Wo's Wasser gebt un Futter.
   (andere Version:
   Doch Heeheluft macht mied un schlapp,
   Le't sich uf Herz un Glieder
   De Pegasus muß schnell bergab
   Bis uf de Boddem nieder).
   So werd mer aus der Sphärewelt
   Bums — widder uf die Erd gestellt,
   Wo bleede Mensche hause,
   Neidhämmel un Banause.

4. „Dollbohrer" heeßt mer hinneno'
   A „Hoschpes" odder „Spinner".
   Na jo! Die Mensche *sin* halt so,
   Sin dumm wie kleene Kinner.
   Ich awer leb drum grad zu leed
   In meiner Sphäre-Seligkeet
   Un du Gedichte mache.
   Un loss' die Welt halt lache.

15. April 1941

Konzept auf Zetteln; Nachlaß

1. Was muß mer for de heechscht Genuß
   Uf dere Welt erkläre?
   E Ritt hoch uf em Pegasus
   Enuf in heehre Sphäre.
   Das ist mei scheenschtes Dichterglick,
   Weit unne bleibt die Welt zurick
   Un all das Menschechores
   Mitsamt seim Streit un Zores. —

2. Do werd mei Geescht so hell un frei,
   Spriht Funke un schla't Feier,
   Un schwungvoll schla' ich dodebei
   Mei Pälzer Dichterleier.
   Hopp, hopp! Mei Pegasus, Galopp!
   Mir prickelt's heeß in Herz un Kopp
   No' große Dichtertate,
   Romanze un Ballade. —

3. Heit gelt's e extra feine Sach
   In Reim un Vers zu bringe:
   For's Hildegardche Katzebach
   Muß ich e Liedche singe;
   Nit ergend so e Dutzendwar,
   Nee Verscher fein un wunnerbar,
   Echt pälzisch froh un sinnig
   Un herzlich warm un innig.

4. Wann ich dir jetzt mei Weltgeschicht
   Du' zur Erinn'rung schenke,
   Dann is es dei verdammti Pflicht,
   Manchmol an mich zu denke.
   Ich weeß jo, daß ich alter Mann
   Nit *meh* vun dir verlange kann;
   Mer werd jo so bescheide.
   Du dätscht's a' gar nit leide.

5. Ach Gott, mei Pegasus un ich,
   Mer sin zwee gleiche Kunne;
   Schun werd er mied un schlockerig
   Un fliegt redour no' unne.
   So werd mer aus der Sphärewelt
   Bums! Widder uf die Erd gestellt
   Ins bergerliche Lewe
   Mitsamt seim platte Strewe. —

6. „Dollbohrer" heeßt mer hinneno',
   A „Hochspes" oder „Spinner". —
   Na jo, die Mensche sin halt so,
   Sin dumm wie kleene Kinner.
   Ich awer leb drum grad zu leed
   In meiner Sphäre-Seligkeet
   Un du' Gedichte mache
   Un loss' die Leit halt lache. —

19. 2. 1946

Konzept; handschriftlich; Nachlaß
Vier Strophen weitgehend mit den Versionen, datiert „Ostern 1941", und „15. April 1941" übereinstimmend. Strophen 3 und 4 neu — als Widmungsverse

Zeichnung auf Entwurfspapier, Bleistift; keinem Gedicht eindeutig zuzuordnen; Nachlaß

Zeichnung auf Entwurfspapier, Tusche; keinem Gedicht eindeutig zuzuordnen; Nachlaß

Der Dichtergaul

1. „Ach", sa't un greint der Dichtergaul,
    (Konzept: Ach, sa't der pälzisch Dichtergaul)
    „Ich bin 'es Lewe leedig,
    Bin schun so alt un schwach un faul
    Un hätt' die Ruh so neetig.
    Doch Da' for Da' un Stunn for Stunn
    Werr ich gepiesackt un geschunn.

2. Die Menschheet is erunner kumm,
    E bees un schlimm Gelichter;
    Es is kee Kerl zu bleed un dumm,
    Er halt sich for e Dichter
    Un hockt sich mir ins Kreiz, der Schuft,
    Un sprengt un beitscht mich in die Luft.

3. Vor hunnertfufzig Johr — juchhei! —
    Was waren do noch Zeite!
    Do hat mer's Spaß gebb, hoch un frei
    Zu fliege un zu reite.
    E jo! Do han ich alle Da'
    De Goethe in die Luft getra'
    (Konzept: E annre Klassiker getra')

4. Aach Schiller, Lessing, Hölderlin,
   Das waren als mei Reiter
   Bis in de Himmel nächscht enin
   Als heeher un *als* weiter.
   Heit, wo ich alt bin, matt un faul,
   Langt's bloß noch for de Münche Paul.

5. Dann wann der sei Gedichte macht,
   (Konzept: Wann der als sei Gedichte macht)
   Do gebt's kee Hascht un Hetze,
   Do dut er sich gemach un sacht
   Als in mein Sattel setze.
   (Konzept: Als uf mei Buckel setze)
   Un ganz gemietlich un in Ruh
   Geht's dann enuf de Sterne zu.
   (Konzept: Geht's ufwärts un de Sterne zu)

6. Do gebt's nadierlich kee Gedicht
   Als wie vum Wolfgang Goethe;
   Nee, Pälzer Mundart, leicht un schlicht
   Vun Lieb, vun Borsch un Mäde.
   Dann schweri Koscht bekummt mer schlecht. —
   Drum is de Münche Paul grad recht." —

Konzept; handschriftlich; datiert und bezeichnet „10. Jan. 1942 Paul Münch" und „Zu einer Zeichnung"; Nachlaß; vgl. Fassung vom 14. Dez. 1948

Dichtergaul

1. „Ach", heilt un greint der Dichtergaul,
   „Ich sein 'es Lewe leedig,
   Bin schun so alt un schlapp un faul
   Un hätt die Ruh so neetig.
   Doch — is e Kerl aach noch so dumm —
   Er dicht' un reit' uf mir erum.

2. Jetzt han ich's awer grindlich satt
   Mit dene ihre Bosse.
   Wer kee Talent zum Dichte hat,
   Der soll's halt bleiwe losse.
   Do sein ich mir zu gut defor,
   Ich schmeiß se ab, das Lumpechor.

3. Nee, mir macht keener ebbes vor:
   Ich kenn se die Poete,
   Dann ich erinner mich noch klor
   An Johann Wolfgang Goethe.
   Das war e Kerl! Fascht alle Da'
   Han ich 'en in die Luft getra'.

4. De Schiller, Lessing, Hölderlin,
   De Heine usw.
   Gewidderherrschaftnochenin!
   Was waren das for Reiter!
   Hoch owe in der Stratosphär
   Sin mer galeppert hin un her.

5. Heit awer meent e jeder Depp
   Er wär e großer Dichter,
   Hockt uf mei'm Buckel krumm un schepp,
   Schneid't Faxe un Gesichter
   Un schla't un peerzt mich bis ufs Blut
   Un meent, sei Vers die wären gut.

6. Do lob ich mer de Münche Paul
   Weil der zu mir so gut is,
   Der weeß doch, wie's 'me Dichtergaul
   Im Alter als zumut is;
   Der schla't mich nit un braucht kee Beitsch
   Un dicht' solid sei Pälzer Deitsch.

7. Der bild' sich nie im Draam nit in,
   Was er als dicht', wär klassisch.
   Wann dem sei Vers in Ordnung sin,
   Solid un recht un spaßig,
   Dann is 'em alles annre worscht.
   So ist de Münche Paul e Borscht.

8. Heit hat er widder Vers gedicht',
   Gut pälzisch un gediege,
   Als Widmung in die Weltgeschicht.
   Wer werd dann die wohl kriege?
   Ei, die soll niemand annerscht han
   Als wie's Helene Petermann."

Konzept; handschriftlich; Bleistift, auf Zetteln, mit vielen Änderungen, z. T. in Steno; datiert „15. 12. 1944"; Nachlaß

Zeichnung auf Entwurfspapier, Bleistift; keinem Gedicht eindeutig zuzuordnen; Nachlaß

Der Dichtergaul

1. „Ach!" sa't un greint der Dichtergaul,
   „Ich bin 'es Lewe leedig,
   Bin doch schun alt un matt un faul
   Un hätt' die Ruh so neetig.
   Doch Dag for Dag un Stunn um Stunn
   Werr ich gepiesackt un geschunn.

2. Sie plogen mich bei Dag un Nacht,
   Versmacher un Poete;
   Dann jeder Kerl, wo Reime macht,
   Der meent, er wär en Goethe
   Un hockt sich mir ufs Kreiz, der Schuft,
   Un schla't un beitscht mich in die Luft.

3. Do lob ich mir de Münche Paul,
   Weil der zu mir so gut is.
   Der weeß, wie's so 'me Dichtergaul
   Im Alter oft zu Mut is.
   Der reit' gemietlich, braucht kee Beitsch
   Un dicht' solid sei Pälzer Deitsch.

4. Nadierlich gebt das kee Gedicht
   Als wie vum Friedrich Schiller.
   Nee, nee! Volkstimlich, echt un schlicht,
   Kee Schnerksel un kee Triller —
   So wie's de Pälzer Leit gefallt.
   Un alles annre loßt mich kalt." —

Konzept; handschriftlich; datiert und bezeichnet: „14. Dez. 48. P. M."; Nachlaß

Dichtergaul

Geplogt bin ich bei Dag un Nacht
Vun allerhand Poete.
Dann, wer heit Reim un Vers'cher macht,
Meent glei, er wär en Goethe
Un hockt sich mir ins Kreiz, der Schuft,
Un schla't un peitscht mich in die Luft.

Do lob ich mir de Münche Paul;
Der Mann is gut vun Herze
Un weeß, was so e Dichtergaul
For Kummer hat un Schmerze.
Der schla't mich nit un braucht kee Beitsch
Un dicht' solid sei Pälzer Deitsch.

Do gebt's nadierlich kee Gedicht
Als wie vum Wolfgang Goethe.
Nee, heechschtens Pälzisch Weltgeschicht
Un Vers vun Borsch un Mäde.
So leichti War', die macht mer Spaß.
Wer meh verlangt, dem blos' ich was.

Konzept; handschriftlich; Bleistift, mit vielen Verbesserungen; Nachlaß

Mei Dichtergaul

Ehr liewe Leit, mei Dichtergaul,
Der werd so langsam alt un faul,
Un jeder flotte Sphäre-Ritt,
Der strengt en an, der nemmt ne mit.
Schlapp werd er, abgespannt un dorschtig
Un schließlich werd er widerborschtig,
Un — wuppdig — in e paar Sekunne,
Do is des Luder widder hunne.
Un dann? Dann saufe mer zu zwett —
Gluck, gluck — minanner um die Wett.
O, was e Wohldat, so e Trunk!
Kaum awer hat mei Gaul genunk,
Do rennt er dapper Knall un Fall
Stracks widder heemwärts in sei Stall.
Dort bleibt er stehn, steif wie e Stecke,
Geht net eraus, net ums Verrecke,
Kee Schmäächle helft un kee Gewalt,
Er will nimmi — er werd halt alt.
Dann sa'n die Leit, de Münch wär faul.
Nee! — Faul is bloß mei Dichtergaul!

Veröffentlicht in: „Pfälzische Volkszeitung"
„Paul Münch — Zu seinem 70. Geburtstag" (am 10. Dez. 1949)

Mei Mundartdichtergaul

Wie's bei de Schlamper halt so geht:
Mei Widmung kummt e bißche spät.
Schuld is mei Mundartdichtergaul;
Der Kerl werd langsam schlapp un faul,
Dann viel zu wenig Futter hat er,
Drum werd er alsfort matt un matter.

Bloß hie un do noch krie't er Hawwer —
Ui jeh! Dann saust un fliegt er awwer
Bis an de Himmel nächscht enuf.
Der Dichtersmann hockt owe druf;
Sei Geescht, der sprieht; Gedanke keime,
Die Versfieß fließen un die Reime
Un streeme wie e Storzbach schier
Vum Dichterhern ufs Schreibpapier. —

Doch so e stolzer Sphäre-Ritt,
Der strengt 'em an, der nemmt 'em mit:
Schlapp werd mer, abgespannt un dorschtig,
De Pegasus werd widerborschtig,
De Hals fangt an, 'em auszudrickle,
Die Versfieß werre schwach un hickle
Un schließlich sa't der Gaul zum Reiter:
„Nee", sa't er, „so geht's nimmi weiter,
Dei Dichterei is mir zu dumm,
Ich mach, daß ich enunner kumm."

Un — wuppdig! — in e paar Sekunne,
Do is der Gaul wahrhaft schun unne
Un glei druf saufen se zu zwett
Gluck, gluck — minanner um die Wett.

O, was e Wohldat — so e Trunk!!
Kaum awwer hat der Gaul genunk,
Do rennt das Luder Knall un Fall
Stracks widder heemwärts in sei Stall.

Dort bleibt er stehn, steif wie e Stecke,
Geht nit eraus — nit ums Verrecke,

Zeichnung auf Entwurfspapier, Bleistift; keinem Gedicht eindeutig zuzuordnen; Nachlaß

Kee Schmäächle helft un kee Gewalt,
Er will nimmi — er werd halt alt. —

Warum verzähl ich das so breet?
Ei, weil mer's arig leed dun dät,
Wann's heeße dät, de Münche Paul
Is nit bloß schlampig, der is faul;
E Widmung, wo der 'em versprecht,
Die macht er nit, der Kerl, der schlecht.

Nee, nee, Fraa Jung, das is nit wohr,
Ich brauch bloß recht viel Zeit defor;
Mei Pegasus is schuld — sunscht nix. —
Grüß Gott, Fraa Jung! Ich mach mein Knix.

Konzept; handschriftlich, Bleistift; Nachlaß

Wie's bei de Schlamper halt so geht:
Mei Widmung kummt e bißche spät.
Schuld is mei Mundartdichtergaul,
Der Kerl werd alt un schlapp un faul,
Mer muß en hätschle, muß en schone;
Zum Flug in heehere Regione,
Do kammern nimmi recht gebrauche,
Schun weil sei Fligel nix meh dauge.

Bloß hie un do noch krie't er Hawwer,
Ui jeh! Dann saust un fliegt er awwer
Bis an de Himmel nächscht enuf.
De Münche Paul hockt owe druf;
Sei Geescht, der sprieht, Gedanke keime,
Die Versfieß fließen un die Reime
Un streeeme wie e Storzbach schier
Vum Dichterhern ufs Schreibpapier. —

Doch so e stolzer Sphäre-Ritt
Der strengt ehm an, der nemmt ehm mit:
Mied werd mer, abgespannt un dorschtig,
De Pegasus werd widerborschtig;
Er streikt, die lumpig Kreatur,
Un lenkt no' unne, fliegt redour.

Unvollständige, kürzere Variante des vorigen Widmungsgedichts.
Konzept; handschriftlich, Bleistift; Nachlaß

Mei Pälzer Mundartdichtergaul
Werd langsam schlockrig, alt un faul,
Un so e flotte Sphäre-Ritt,
Den macht er eenfach nimmi mit.
Selbscht wanner Hawwer krie't, das Oos,
Er fliegt nit hoch, er schnerrt nit los.
Do helft kee Fluche un kee Beitsch,
Kee freindlich Wort uf Pälzer Deitsch:
Er bleibt mit seine steife Been
Breet unne uf 'em Boddem stehn. —

Es is jo traurig, wann ich's sa':
Ich wollt zu Ihrem Ehre-Da'
E schwungvoll scheen Gedicht verfasse,
Wie sich's for so e Fescht dut basse,
Im allerheechschte Jubelton
Uf Sie als Mundart-Schutz-Patron.
De „gold'ne Spatz" vor alle Dinge,
Den wollt ich lang un breet besinge,
Un sunscht noch scheene Verscher mache
Uf Ihr Verdienscht in Mundartsache;
Un was Sie, hochverehrter Mann,
A' sunscht noch zu bedeite han
For unser liewi, deitschi Kunscht
Un unser ganzes Lewe sunscht.

Konzept; handschriftlich, Bleistift; mit vielen Änderungen; Nachlaß

De Dichtergaul vum Münche Paul
Is manchmal arig laß un faul.
Do leit er bloß im Stall erum,
Freßt, schloft un sauft un stellt sich dumm.
Kee Schmäächelwerter un kee Schlä'
Bringt dene Storre in die Heh.
Er daugt nix meh, er g'heert geschlacht'
Un Fleesch un Gaulsworscht draus gemacht.

Warum ich Ihne das verzähl?
Ei, daß Sie 's wisse, Herr von Goehl,
Warum die Widmung, wo ich doch
Schun vor drei Monat han versproch',
Erscht heit so gege Johresschluß
Zu Ihne kummt als Weihnachtsgruß.
Gelt, Herr von Goehl, Sie siehn's doch in,
Daß ich perseenlich schuldlos bin.
Schuld is alleen de Dichtergaul
Vum Münche Paul.

Konzept auf Zettel; handschriftlich, Bleistift; Nachlaß

Wie's bei de Schlamper halt so geht:
Mei Widmung kummt e bißche spät.

Schuld dran is bloß mei Dichtergaul.
Der Kerl werd langsam alt un faul
Un jeder flotte Sphäre-Ritt,
Der nemmt en ungeheier mit;
Mied werd er, abgespannt un schlapp,
Un — schwupp — schmeißt er sein Reiter ab.

Drum will mer's gar nimmi gelinge,
E Reimerei zustand zu bringe!
Un manchmal dauert's zwee, drei Johr
Bis e Gedichtche werd gebor'.
Un jetzt, Herr Klotz, verstehn S' es jo,
Warum mei korzi Widmung do,
Wo ich so lang in Arwet han,
Erscht heit vum Stapel laafe kann.

Konzept auf Zettel; handschriftlich, Bleistift; Nachlaß

Widmung

1. 'em Münche Paul sei Dichtergaul
   Werd langsam schlockerig un faul.
   Alt is er halt un krumm un derr,
   Dann wie der Herr so sei Gescherr;
   Zum Fliege dut er nix meh dauge,
   Kee Metzger kann en meh gebrauche,
   So krie't er halt sei Gnadebrot
   Bis an de Dot. —

2. Nor manchmol, wann er Hawwer krie't,
   Dann fahrt's em heeß in sei Gebliet,
   Dann flatschert er un schwänzelt er,
   Dann hipselt er un dänzelt er,
   Als wollt's ne wie in junge Dage
   Hoch in die Dichter-Sphäre trage.
   Kaum awwer kommt er in de Schuß —
   Do is schun Schluß. —

3. Do sin die Mensche dann so dumm
   Un babble in de Welt erum,
   De Münche Paul wär so zu sa',
   Recht faul worr' uf sei alte Da'. —
   Das is nit wohr! Der Münch, der schafft
   Noch alsfort mit der alte Kraft.
   Faul is alleen em Münche Paul
   Sei Dichtergaul. —

1. Das do is 'em Münche Paul
   Sei Pälzer Mundartdichtergaul.
   Alt is er, schlockerig un derr,
   Fascht grad so derr als wie sei Herr.
   Zum Fliege dut er nix meh dauge.
   De Metzger kann en nimmi brauche,
   So krie't er halt 'es Gnadebrot
   Bis an sein Dot. —

2. Bloß manchmol, wann er Hawwer krie't,
   Dann werd's em warem im Gemiet,
   Do hipfelt er un dänzelt er,
   Do flatschert er un schwänzelt er,
   Als wollt's en wie in Jugend-Dage
   Hoch in die Dichtersphäre trage.
   Kaum awwer kommt er in de Schuß —
   Do is schun Schluß. —

3. Do sin die Mensche dann so dumm
   Un babble in de Welt erum,
   De Münche Paul wär sozusa'
   Recht faul worr uf sei alte Da'.
   Das is nit wohr. De Münch, der schafft
   Noch alsfort mit der alte Kraft.
   Faul is alleen 'em Münche Paul
   Sei Dichtergaul.

Widmungsgedicht in „Die Pälzisch Weltgeschicht".
Konzept; handschriftlich, Bleistift; mit älterer Version auf zusätzlichem Blatt; Nachlaß

Zu S. 262:
Widmung in „Mei Herzerweiterung" für Eduard Grill in Campbell, USA.
Fotokopie von Zeichnung und handschriftlicher Widmung von Roland Paul, Institut für pfälzische Geschichte und Volkskunde, zur Verfügung gestellt.
Text veröffentlicht in „Paul Münch — Festschrift, Kaiserslautern 1979, Hohenstaufen-Gymnasium"

1. Das do, das is em Münche Paul
   Sei Pälzer Mundartdichtergaul.
   Alt is er, schlockerig un derr,
   Nächscht grad so derr als wie sei Herr.
   Er dauert 'em, er dut 'em leed,
   Wie schlapp er an dem Bäämche steht.
   Zum Fliege dut er nix meh dauge,
   Der Metzger kann en nimmi brauche;
   So krie't er halt es Gnadebrot
   Bis an sein Dot. —

2. Nor manchmol, wann er Hawwer krie't,
   Dann geht's em heeß dorch sei Gebliet
   Als krä't er widder Luscht un Spaß,
   Enufzufliege zum Parnaß.
   Do freet de Münch sich un frohlockt.
   Doch b'vor er noch im Sattel hockt
   Mit Lorbeerkranz un Dichterleier,
   Do is dem Dichtergaul sei Feier
   Schun widder kalt wie ausgeblos' —
   Un nix meh los.

3. Do sin die Mensche dann so dumm
   Un babbele in der Welt erum,
   De Münche Paul wär sozusa'
   Recht faul worr' uf sei alte Da';
   Wahrscheinlich wär sei Hern verkalkt.
   Wer so was sa't, der g'heert verwalkt.
   Im Gegedeel! De Münch, der schafft
   Noch alsfort mit der alte Kraft.
   Faul is alleen em Münche Paul
   Sei Dichtergaul.

4. Ich geb jo zu, das is e Jammer!
   Doch wisse Se, Fraa Hechelhammer,
   For junge Dame, so wie Sie,
   Do zeigt de Münch sei alt Schenie,
   Do kummt sei Dichtergeescht in Schuß,
   Do braucht er gar kee Pegasus,
   Do schnallt er um sei Dichterleier
   Un singt mit alter Kraft un Feier
   Vier scheene Widmungsstrophe lang
   En Hochgesang.

Konzept auf zwei Zetteln mit Verbesserungen; handschriftlich, Bleistift; Nachlaß

Zeichnung auf Entwurfspapier, Tusche; keinem Gedicht eindeutig zuzuordnen; Nachlaß

Das do is mei Dichtergaul.
Sie siehn's jo, er werd alt un faul;
Mer muß en hätschle, muß en schone.
Zum Flug in heehere Regione,
Do kammern nimmi recht gebrauche,
Schun weil sei Flidde nix meh dauge.

Wie soll's do unser 'em gelinge,
E hibsch Gedicht zustand zu bringe,
Voll Schwung un Feier un Gefiehl,
So wie's zu Ihne baßt, Fraa Diehl?

Drum kummt mei „Pälzisch Weltgeschicht"
Bloß mit dem raulige Gedicht
Un mit dem kleene Bildsche noch.
Vun Herze kummt se awer doch.

Konzept; handschriftlich; Nachlaß

De Pegasus

Das do, das is mei Dichtergaul,
Alt is er, schlockerig un faul,
Mer muß en hätschle, muß en schone;
Zum Flug in heehere Regione,
Do kammer'n nimmi recht gebrauche,
Schun weil sei Flidde nix meh dauge.

Drum kummt mei Widmungsweltgeschicht
Bloß mit dem raulige Gedicht
Un mit dem kleene Bildche noch —
Vun Herze kummt se awer doch.

Konzept; handschriftlich, Bleistift (Gedicht) und Tinte (Überschrift); ca. 1946 (nach beschriftung auf der Rückseite); Nachlaß

Zeichnung auf Entwurfspapier, Tusche; keinem Gedicht eindeutig zuzuordnen; Nachlaß

'em Münche Paul sei Dichtergaul
Is ziemlich schlockerig un faul,
Zwar wammern so betracht im Bild
Do sieht er feirig aus un wild.

Fragment; Konzept; handschriftlich, Bleistift; Nachlaß

Zeichnung auf Entwurfspapier, Bleistift; keinem Gedicht eindeutig zuzuordnen; Nachlaß

Doch was der Münch versprecht, das halt' er!
Un nor sei Dichtergaul, sei alter,
Is schuld dran, daß sei Wort so spät
Un langsam in Erfüllung geht. —
Drum kummt erscht heit mei Buchpräsent,
Fraa Präsident.

– – –

Der is an der Verspätung schuld.
Drum bitte Nachsicht un Geduld,
Daß heit erscht kummt mei Buchpräsent
Fraa Präsident.

Zwei Versionen. Konzept auf Kalenderblatt 10.—16. Okt. 1948; handschriftlich; Nachlaß

Was lest dann nor das Männche do?
Das lacht un schmunzelt jo so froh,
Als gäb's uf dere Welt bloß Freed
Un lauter Spaß un Freehlichkeet.

Ich will's verrote, was er lest
Un wie das luschtig Biechel heeßt:
Es is vum Münche Paul gedicht'
Un heeßt „Die Pälzisch Weltgeschicht".

Quelle: P. M. Festschrift, Kaiserslautern 1979 (Text) und Einladung zur Paul-Münch-Feier des Hohenstaufen-Gymnasiums am 7. Dezember 1979 in Kaiserslautern (Bild und Text)

Es hockt e Mann am Zaun im Gras
Froh bei sei'm Wannerdäschel;
Er hat e kupperroti Nas
Un newer sich e Fläschel.
E Has, e Vegelche is kumm
Un hocken um den Mann erum,
Dann der is ungefährlich —
Is gut un lieb un ehrlich.

Er hat e Buch erausgezo'
Schiergar wie e Professer.
Do werd sei Stimmung leicht un froh,
Mit jeder Seit' fascht besser.
Dann langt er als emol beiseit'
Ans Schoppeglas vun Zeit zu Zeit
Un lächelt un dut schmunzle,
Daß sich sei Backe schrunzle.

Der Mann is sicher aus de Palz,
Wo frohe Mensche wachse.
Dort han die Leit kee Falsch am Hals
Un machen nit lang Faxe.
Bloß, daß er Biecher liest der Mann,
Das mut' mich arig spaßig an,
Das dut vun Pälzer Männer
Nor arig selte enner.

E Biechel bloß gebt's, kleen un schlicht,
Wo alle Pälzer kenne,
Das is die „Pälzisch Weltgeschicht",
Die baßt so recht zu dene.
Die macht a dene Mann so froh,
Drum schmunzelt er un lacht er so
Un dut am Wein sich gietlich,
Echt pälzisch un gemietlich.

Ich als Verfasser vun dem Buch
Un annre Pälzer Sache,
Ich mach de schichterne Versuch,
Sie grad so froh zu mache.
Do nemmen Se mei „Weltgeschicht"
Doch hallen Se keen streng Gericht
Als Kritikus un Richter.
Paul Münch, der Pälzer Dichter

24. 12. 1944

Konzept; handschriftlich, Bleistift; Nachlaß

Do hockt e Mann am Zaun im Gras
Froh bei sei'm Wanner-Däschel.
Er hat e kupperroti Nas
Un newer sich e Fläschel.
Un guck! Er zieht e Buch eraus
Un lest un lacht als hell enaus
Un stilpt so zwische drunner
Das Fläschel Wein enunner.

Der Mann stammt sicher aus der Palz,
Wo frohe Mensche wohne.
Dort han die Leit all Dorscht am Hals
Un sin a sunscht nit ohne.
Mecht' wisse, wie das Biechel heeßt,
Das wo der luschtig Mann do lest,
Weil er so freehlich schmunzelt,
Daß sich sei Backe runzelt.

Es gebt e Biechel, kleen un schlicht,
Wo alle Pälzer kenne,
Das is die Pälzisch Weltgeschicht;
Die baßt so recht zu dene. —
Die macht a dene Mann so froh,
Drum schmunzelt er un lacht er so
Un dut am Wein sich gietlich,
Echt pälzisch un gemietlich. —

Ich als Verfasser vun dem Buch
Un annre Pälzer Sache,
Ich mach den schichterne Versuch,
Sie grad so froh zu mache.

Do nemmen Se mei Weltgeschicht!
Doch hallen Se keen streng Gericht
Als Kritikus un Richter. —
Paul Münch, der Pälzer Dichter.

Konzept; handschriftlich, Bleistift; Nachlaß

Widmung

Do hockt e Mann am Stroßerand
Froh bei sei'm Wanner-Däschel;
Er hat e Biechel in der Hand
Un newer sich e Fläschel.
Un guck! Er zieht e Buch eraus
Un lest un lacht als hell enaus
Un stilpt so zwischedrunner
Das Fläschel Wein enunner.

Der Mann is sicher un gewiß
E rechter, echter Pälzer,
Weil er so lieb un freehlich is
Un Dorscht hat wie e Mälzer.
Ich mecht' bloß wisse, was er lest
Un wie das luschtig Biechel heeßt,
Weil er so freehlich schmunzelt,
Daß sich sei Backe schrunzelt.

Es gebt e Biechel, kleen un schlicht,
Wo alle Pälzer kenne,
Das is die „Pälzisch Weltgeschicht",
Die baßt so recht zu denne.
Die macht a' denne Mann so froh,
Drum schmunzelt er un lacht er so,
So freindlich un so friedlich,
Echt pälzisch un gemietlich. —

Ich als Verfasser vun dem Buch
Un annre frohe Sache,
Ich mach de schichterne Versuch
Sie grad so froh zu mache. —
Do nemme Se mei „Weltgeschicht"!
Doch halten Se kee streng Gericht
Als Kritikus un Richter. —
Paul Münch, der Pälzer Dichter.

Widmung in „Die Pälzisch Weltgeschicht" für Eduard Grill im Februar 1947, Text abgedruckt in „Paul Münch — Festschrift" Kaiserslautern 1979.
Fotokopie von Zeichnung und handschriftlichem Text zur Verfügung gestellt von Roland Paul vom Institut für Pfälzische Geschichte und Volkskunde

1. Do hockt e Mann am Stroßerand
   Froh bei sei'm Wanner-Däschel;
   Er hat e Biechel in der Hand
   Un newer sich e Fläschel.
   Er lest un lacht, un lacht un lest.
   Mecht wisse, wie das Biechel heeßt,
   Weil er so freehlich schmunzelt,
   Daß sich sei Backe schrunzelt.

2. Es gebt e Biechel, kleen un schlicht,
   Wo alle Pälzer kenne,
   Das is die „Pälzisch Weltgeschicht—,
   Die baßt so recht zu denne.
   Die macht a' dene Mann so froh,
   Drum schmunzelt er un lacht er so,
   So freindlich un so friedlich,
   Echt pälzisch un gemietlich.

3. Ich als Verfasser vun dem Buch
   Un annre Pälzer Sache,
   Ich mach de schichterne Versuch
   Sie grad so froh zu mache. —
   Do nemmen Se mei Weltgeschicht,
   Doch halten Se kee streng Gericht
   Als Kritikus un Richter.
   Paul Münch, der Pälzer Dichter. —

Konzept; handschriftlich, Bleistift; auf einem Blatt, Fassung mit zwei Überarbeitungen; Nachlaß

Zeichnung auf Entwurfspapier, Bleistift; keinem Gedicht eindeutig zuzuordnen; Nachlaß

Do hockt e Mann am Stroßerand
Froh bei sei'm Wanner-Däschel.
Er hat e Biechel in der Hand
Un newer sich e Fläschel.
Er lest un lacht, un lacht un lest;
Mecht' wisse, wie das Biechel heeßt;
Weil er so luschtig schmunzelt,
Daß sich sei Backe schrunzelt.

Es is die „Pälzisch Weltgeschicht",
Bekannt bei alle Pälzer,
E Biechel, schlank un kleen un schlicht,
Kee dicker, plumper Wälzer.
Un luschtig is es, frisch un froh.
Drum lacht der Mann un schmunzelt so
Als hätt er nie kee Sorge
Nit geschtern, heit noch morge.

Wer heitzudag noch freehlich lacht
In dene schlechte Zeite,
Wo alles in de Fuge kracht,
Der Mann is zu beneide.
Was helft's a', wammer stehnt un greint?
Mer macht nix besser, junger Freind,
Wer froh is, frisch un heiter,
Der, Theo, kummt viel weiter.

(Variante Schluß-Strophe:)
Mach's wie der Mann am Stroßerand

Drum nit gesteehnt un nit gegreint!
Das hat kee Wert, mei junger Freind,
Wer froh is, frisch un heiter
Hat's leichter un kummt weiter.

Konzept; handschriftlich, Bleistift; Nachlaß

Das Männche, wo do hockt un lacht
Un so vergniegte Aage macht,
Das lest die „Pälzisch Weltgeschicht". —
Es schmunzelt iwers ganz Gesicht
Un hat e kolossali Freed,
Was do for spassig Dings drin steht.

Do sin ganz annere Gedanke
Als wie beim Mommsen oder Ranke
Mit ihre schwere, dicke Wälzer. —
Nee, selles Buch is for uns Pälzer
In Mundartvers zurechtgedicht'
Wie sunscht kee zwetti Weltgeschicht.

Kee Lehrmethod vun keem Professer
Is klorer, grindlicher un besser. —
Drum fräät sich jo des Männche so
Un schmunzelt so vergniegt un froh. —

Herr Dr. Weber! 's dut mer leed,
Daß ich mei großi Dankbarkeet,
Wo ich for Sie im Herze han,
Nit annerschter beweise kann,
Als Ihne selles Buch zu schenke —
Um nit zu sage „ufzuhenke".

Doch wann Sie so viel Spaß dran han,
Wie seller freehlich Wannersmann,
Wie en das Bildche owe zeigt,
Dann han ich jo mein Zweck erreicht. —

Widmung in „Die Pälzisch Weltgeschicht"
Konzept; handschriftlich, Bleistift; bezeichnet und datiert: „P. M. 23. 5. 50"; Nachlaß

Zeichnung auf Entwurfspapier, Bleistift; keinem Gedicht eindeutig zuzuordnen; Nachlaß

Was nor den Mann so freehlich macht,
Daß er so stillvergnieglich lacht
Un schmunzelt iwers ganz Gesicht?

Der lest die „Pälzisch Weltgeschicht"
Un freet sich, was die Pälzer Leit
Schun seit der allerältschte Zeit
Bis uf die gegenwärtig Stunn
Uf dere Welt geleischt han schun.

Wann Sie die nämlich Freed dran han
Als wie do owe seller Mann,
Das wär for mich e scheen Gefiehl,
Mei liewi, freindlichi Fraa Diehl.

Konzept; handschriftlich, ‚Bleistift; Nachlaß

„Zu beneiden sind die Knaben,
Welche einen Onkel haben."
Also dichtete einmal
Wilhelm Busch aus Wiedensahl,
Dessen Genialität
Außer allem Zweifel steht.

Trotzdem! Des Zitates Sinn
Hinkt nach einer Seite hin,
Ist gedanklich zu begrenzt
Und gehört einmal ergänzt.

Nämlich: einen Onkel haben
Mädchen grad so gut wie Knaben. —
Sind nun wirklich von den beiden
Nur die Knaben zu beneiden?

Nun die Lösung dieser Frage
Liegt doch klar und hell am Tage:

Onkels sind galante Herrn
Haben nicht nur Neffen gern,
Sondern sind auch drauf bedacht,
Was dem Nichtchen Freude macht:
Sei's, daß Onkel etwas schenkt,
Wo ihr Herz und Sinn dran hängt,
Sei's, daß er ihr was bezahlt,
Etwas zeichnet oder malt,

Sei es, daß sein Pegasus
Ihr zu Ehren fliegen muß.
Um ihr irgend was zu dichten,

Kurz — sind etwa nicht die Nichten
So beneidenswert wie Knaben,
Welche einen Onkel haben?

Sicherlich!! Noch mehr sogar,
Was ja zu beweisen war. —

Liebe Trudel! Hör mir zu!
Eine Nichte bist auch du,
Folglich auch beneidenswert,
Wie wir eben ja gehört.

Sag, stimmt diese Logik nicht?
Andernfalls wär's meine Pflicht,
Durch Präsente und so Sachen
Dich beneidenswert zu machen.

Doch wo nehmen und nicht stehlen,
Wo doch alle Waren fehlen,
Wo die Güterproduktion
Stille liegt seit Jahren schon?

Das ist eine böse Schranke!
Ha, da kommt mir ein Gedanke:
Bin ja selbst ein Produzent;
Also bring ich als Präsent
Eine Gabe klein und schlicht:
Meine „Pälzisch Weltgeschicht".
Leider nur die Kriegsausgabe,
Also daß ich Zweifel habe,
Ob es mir gelungen ist,
Daß du zu beneiden bist.

Seiner Nichte Trudel Münch zu Weihnachten 1944
der Onkel und Verfasser
Paul Münch
Lechbruck, den 24. Dez. 1944.

Qelle: Original

Im sechsten Kriegsjahr ist es schwer,
Noch etwas aufzuspüren,
Was als Geschenk geeignet wär,
Den Weihnachtstisch zu zieren.
Wie sehr man auch sein Hirn zerbricht:
Was ist bezugscheinfrei, was nicht?
's ist trotzdem nichts zu finden
An Weihnachts-Angebinden.

Verzeihen Sie drum, liebe Frau,
(Variante: Verzeihen Sie, bitte, gnäd'ge Frau)
Die unscheinbare Gabe!
Ein Büchlein, das in (Variante: als) Eigenbau
Ich selbst gedichtet habe.
's ist Mundart. — Anspruch macht es nicht
Auf literarisches Gewicht
Und heißt: „Mei Herzerweiterung".
Ich wünsche viel Erheiterung.

Konzept auf Zettel; handschriftlich, Bleistift; zwei Fassungen mit vielen Verbesserungen, eine davon „An Frau Fichtl", Weihnacht 1944; Nachlaß

Sie han bei mir e Steen im Brett;
Warum?! — Sie sin so brav un nett,
Sin immer freindlich, immer munner. —
Un wann's a' driwer geht un drunner.
Sie sin un bleiwen immer gleich,
Sin immer froh un frisch beim Zeig
Un han — so kummt's mer vor — kee Laune,
Korzum! Sie sin e Fraa — zum Staune.

Ich un deheem mei Biecherschrank,
Mer sage Ihne herzlich Dank!
Sie han uns trei un gut berot
In dere schlimme Biecher-Not.
Un manches Buch un manchi Mapp,
Wo arig selte war un knapp,
Das han Sie ufgetribb, Sie Perl!

Ich wär e undankbarer Kerl,
Wann ich Ihr liewi Freindlichkeet
Nit herzhaft anerkenne dät.

Gern hätt ich Ihne was geschenkt,
Selbscht „Punkte" hätt' ich dran gehenkt.
Doch — liewer Gott — Sie wissen jo,
Es gebt nix mehr, 's is nix meh do.
Drum missen Sie sich halt begniege,
Das raulig Biechel do zu kriege. —
Das is gewiß nit arig viel,
Doch herzlich gut gemeent, Fraa Diehl.

Konzept; handschriftlich, Bleistift auf rotem, dünnen Karton; während des 2. Weltkriegs oder in erster Nachkriegszeit entstanden; Nachlaß

Widmung

Geschicht zu schreibe, das is schwer.
E mancher geht ganz eenfach her
Schreibt dausend Eenzelheete zamme,
Wo all aus annere Biecher stamme.

Dann strunzt er hinneno', daß *er*
E Kerl als wie de Mommsen wär.
Un is doch bloß en Chronikschreiber
For Kinner un for alde Weiber.

Geschicht zu schreibe — Chronik mache
Des sin zwee ganz verschiedne Sache!
Fors erschte braucht mer Kinschtlerblut,
Fors zwett is jeder Holzkopp gut.

Ich sieh's jo selbstverständlich in:
Nit jeder kann e Mommsen sin,
E Herodot un wie die Greeße
Vun dere Wissenschaft all heeße. —

Mer braucht jo nit bloß große Meeschter,
Nee? Grad die viele kleene Geeschter,
Wo Brocke sammle, Krimmle kehre,
Die kann kee Wissenschaft entbehre.

Aach ich bin, wie du selber weescht,
Kee Goliath an Hern un Geescht
Un han schun viel dumm Zeig getribb,
Sogar e Weltgeschicht geschribb.

E Weltgeschicht bloß for die Pälzer.
's is allerdings kee dicker Wälzer
Un ohne viel gelehrte Kräm.
Es lest sich awer angenehm.

Un stolz un ehrlich kann ich sa',
Mei Weltgeschicht hat ingeschla'.
E jeder rechter Pälzer Mann,
Der muß se kenne, muß se han,

Sunscht werd er nit for voll genumm
Un gelt' for ungebild't un dumm.

Un weil Dei Exemplar schun lang
Im Bombekrieg kaputt is gang,
Drum stift ich Dir eens nagelnei
Als Grundstock for Dei Biecherei
Sunscht machscht Du hoffnungslos redour
In Wissenschaft un in Kuldur.

Seinem lieben Freund Dr. Arnold Lehmann
Zur frdl. Erinnerung an den Verfasser Paul Münch
Kaiserslautern, Ostern 1946

Abschrift, handschriftlich und maschinenschriftlich; aus der Sammlung von Dr. W. Gleich, Zahnarzt, Kaiserslautern; Stadtarchiv Kaiserslautern

Geschicht zu schreiwe, das is schwer.
E mancher der geht eenfach her
Schreibt dausend Eenzelheete zamme,
Wo doher oder dorther stamme
Un strunzt dann hinneno', daß er
E Kerl als wie de Mommsen wär.
Das wär gelacht!! — Geschicht zu schreibwe,
Das is e *Kunscht* un werd's a' bleiwe
Un zwar e arig rari Kunscht;
So mancher plogt sich ummesunscht,
Kennt alle Biecher, wo 's nor gebt,
Is hell im Kopp un ufgekneppt,
Hat awer nit de Boge haus,
Drum weeß er nix zu mache draus.
Un blost sich uf und bild' sich in,
E neier Tacitus zu sin.
Doch wann er ebbes schreibt un schafft,
Dann is keen Schwung drin un kee Kraft. —
Die Vers dodrin sin leichti War,
Manch Stickelche is Schund sogar.
E Schmeeker nor, e mächtig dicke,
Mit Ledder-Ecke, Ledder-Ricke.
Nor fehlt 'em eens: es Kinschtlerblut,
Drum daugt's nix, was er schreiwe dut.
Geschicht zu schreiwe — Chronikmache,
Nee, das sin zwee verschiedne Sache.
For 's erscht, do braucht mer Kinschtlerblut.
For 's zweet, is jeder Holzkopp gut.
Ja, „Weltgeschicht", das is e Wort,
Do stellen sich die Leit sofort
E Schmeeker vor, so dick un schwer
Als wann 's e Bilderbibel wär,
E richtig Sammelsurium,
Armselig, ohne Schmalz un dumm.

Fragment? Konzept für voriges Gedicht?; handschriftlich, Bleistift; in drei Zeilen insgesamt zehn Wörter in Steno; Übertragung: Alfons Kloos; Zeilen- und Vers-Folge an einigen Stellen unklar; in Umschlag „Verschiedenes"; Nachlaß

Du bischt jo a' e Pälzer Borsch,
Noch gut beinanner, stramm un forsch,
Noch nit verkalkt, nee! Frisch un klor,
Hascht Sinn for Spaß un for Humor.
Drum du' ich dir besunners geere,
Mei „Pälzisch Weltgeschicht" verehre.
Die stellscht de in dein Biecherschrank.
Un bisch de traurig oder krank,
Dann schla' das Biechel dapper uf,
Das macht dich froh, mei liewer Schuff.

Konzept; handschriftlich, auf selbem Blatt wie voriges Gedicht; Nachlaß

De Weihnachtsmann, der dut mer leed;
Er hat sich ferchterlich verspät'.
Warum dann bloß? Ei, guck doch nor,
Die Lascht war halt zu groß dies Johr!
Mit schwerem Rucksack, volle Händ,
So is er als erum gerennt,
Mit heeße, rotgeschwitzte Backe
Un hat gehofft, er dät's noch packe,
Un hätt' bis zum Bescherungsda'
Die Sache all erumgetra'.
Ach Gott, war das e Plog un Hatz!
Un trotzdem! Alles for die Katz.
Jo, heit noch — volle acht Da' später —
Verdeelt er immer noch Paketer
Un bringt a' Ihne eens doher.
Mir schwant, als wann's e Biechel wär,
E raulig Biechel, kleen un schlicht,
Wahrschein's „Die Pälzisch Weltgeschicht".

Konzept; handschriftlich, Bleistift; mit vielen Korrekturen; Nachlaß

Osterhase

Un wann a' die Gelehrte lache
Un iwer mich sich luschtig mache
Un wann se sa'n, es wär nit wohr:
De Oschterhas kommt trotzdem vor.
In jedi Ortschaft vun der Palz
Do kummt er uf die Oschtre als,
Schluppt in die Gärde dorch de Zaun
Le't Eier geel, grien, rot un braun,
Bloo, lila — korz — vun jeder Sort
Un wuppdig! — is er widder fort. —

Doch gebt's a' noch e annri Sort
Vun Oschterhase hie un dort.
Z. B. is bei Humborg hinne
E Extra-Oschterhas zu finne;
Der le't als in de Garde-Winkel
Ganz weiße Eier wie die Hinkel
Un molt se mit em Binsel dann
Noch scheener, wie's e Moler kann;
Molt luschtig, farbefroh un locker

Mit Kobalt un gebranntem Ocker,
Stern, Duppe, Kringelcher un Bänder
Un allerhand so Ornamenter.

Un wann die Eier trucke sin,
Dann packt er se behutsam in
In Schächtelcher mit Moos wattiert
Un außewenzig scheen verziert. —

In Ihrem Garde, Frailein Rettich,
Do is er a' gewest, das wett ich.

Brief; zwei Seiten mit zwei farbigen Bildern, Text: Tinte; Nachlaß

De Grönebacher Oschterhas

Wann's bloß ums Eierlege wär,
Do hätt's de Oschterhas nit schwer;
So Eier sin doch allminanner
Hibsch rund un glatt un eens wie's anner,
So daß de Has mit Leichtigkeet
Sechs, siwwe Stick uf eemol le't.

Viel schlimmer awer is die Sach
Beim Oschterhas vun Grönebach;
Der dauert mich ganz ungeheier.
Der arme Kerl le't nit bloß Eier
Wie ann're Oschterhase-Viecher,
Nee, guck doch nor, der le't a' Biecher.

Un is e Buch a' noch so dinn —
So ebbes muß doch schmerzhaft sin. —
Dann so e Buch hat scharfe Ecke
Un will nit ritsche un bleibt stecke,
Was ganz gewiß
Recht schmerzhaft is.

Un doch! Dem Oschterhas macht's Freed.
Warum? Er dut's fors Schwarze Mäd
Als Oschtergruß vum Münche Paul.
Er selwer war zu laß un faul,
Uf Grönebach enuf zu springe
Un selbscht sei Oschtergab zu bringe.
Korzum! Er hat sich halt gedrickt
Un bloß de Oschterhas geschickt. —
P. M.

Lechbruck, den 19. April 1945

Konzept; handschriftlich, Tinte — bis auf vier Zeilen Einschub (Bleistift); Nachlaß

Wann's bloß ums Eierlege wär',
Dann hätt's der Osterhas net schwer.
So Eier sinn doch allminanner
Hibsch rund un glatt un eens wie's anner,
So daß de Has mit Leichtigkeet
Sechs, siwwe Stick uf eemol le't.

Doch was de Lauterer Has betrefft,
Der hat e bitterhart Geschäft.
Der dauert mich als ungeheier.
Der arme Kerl le't net bloß Eier
Wie annere Osterhase-Viecher,
Nee, guck doch nor! der le't a' Biecher!

Un so e Buch hat scharfe Ecke.
Des will net ritsche un bleibt stecke
Un roppt un reißt un macht viel Schmerze.
Un doch freet sich de Has vun Herze:
Dann seelles Buch im Nescht dodrin
Soll for mei Freund, de Lehmann, sin.

Der Borsch hat so e Buch recht geere
Un freet sich dran un halt's in Ehre,
Net bloß e Dag, e Ameslang,
Nee, wie's geheert, e Lewe lang.
Drum hat mei Has es recht gemach,
E Buch se le'e am Oschtertag

Widmung Ostern 1947; Abschrift, maschinenschriftlich; Sammlung Dr. Wilh. Gleich, Kaiserslautern, Kopie in Stadtarchiv Kaiserslautern

In junge Johre war ich leeder
E Vochel un e Schwereneeter
Un han viel Freed un Spaß geha't
An hibsche Mäd in Dorf un Stadt. —

Heit stehn ich im Psalmischte-Alter
Un bin e wieschter Kerl, e kalter,
Bin brav un leb zurickgezo'
Un geb e Heil'ger no' un no'.

Un trotzdem han ich noch bis heit
Mei Jugendbosse nie bereit.
Im Gegedeel! Ich muß als lache
Un du' als Verscher driwer mache.
Die stehn jetzt zur Erheiterung
In meiner „Herzerweiterung".

Do sieht mer's doch ganz klar, Fraa Diehl:
Die Dichter daugen *all* nit viel.

23. 12. 1947   P.M.

Konzept; handschriftlich; Nachlaß

Ihr liewe Landsleit!

Die Redaktion dut's nit annerscht! Ich sollt' ihr mei Bildche schicke, schreibt se, un e paar Zeile dazu.

Also! Der Mann do owe, das bin ich. Gewiß kee scheener Mann; han a' sunscht im Lewe am liebschte unbemerkt im Eck gestann. Iwer emol awer han ich e Buch geschribb, un das war „Die Pälzisch Weltgeschicht". Kee so e Weltgeschicht for die gelehrte Leit mit dicke Brille un mit Wasserkepp! Nee, han ich mer gesa't, ich schreib e Buch, das wo jedermann verstehe kann, e „Weltgeschicht" in Pälzer Reim un Vers, luschtig un unnerhaltlich un wo doch genau drin steht, was alles bassiert is uf dere schebbe Welt vun Adams Zeite bis heitzudag.

Warum ich das Buch grad in Pälzer Sprooch gemacht han? Ei, weil's uf die Art erscht richtig klor werd, was mer Pälzer schun alles geleischt han in der Welt un for die Welt un for unser lieb deitsch Vadderland.

Eier treier Landsmann
Paul Münch

Widmung unter einem Bild von P. M. in „Die Pälzisch Weltgeschicht"
Von einem bekannten Pfälzer industriellen Werk während des 2. Weltkrieges an seine im Feld stehenden Angehörigen verschickt.

Illustrierte Karten und gedichtete Briefe

Anmerkungen des Herausgebers:

Paul Münchs „hausgemachte", d. h. mit Zeichnungen bzw. gemalten Bildern versehene Karten waren beliebt und begehrt. Ihre Bedeutung reicht aber weit über den Adressatenkreis hinaus. An ihnen läßt sich, dadurch daß eine größere Anzahl davon erhalten geblieben ist, seine Entwicklung als bildender Künstler ablesen. Genauso läßt sich die poetische, die andere Seite seines künstlerischen Wirkens daran verfolgen. Hinzu kommen die „Einblicke" in die private Sphäre, bei denen wir den Menschen Paul Münch besser kennenlernen können.

Malen und dichten — beides ging Paul Münch „von der Hand". Er zeichnete und malte — er reimte und dichtete. Ja, er sprach sogar „in Reimen" — oft auch in der Schule, wie frühere Schüler von ihm berichteten.

Die „hausgemachten" gedichteten und gezeichneten bzw. gemalten Karten aus dem Nachlaß von Paul Münch sind an seine Braut und spätere Frau, an deren Schwester, an seine Schwester Martha, an seine Eltern und an seinen Vetter Otto gerichtet, die „gedichteten" Briefe alle an seine Frau.

Gedichtete und gezeichnete Karten an seine Braut

Brennheisse Maroni!
Hier eine kleine Momentaufnahme! Für Ihre lb. Karte meinen allerbesten Dank. Wie lang gedenken Sie noch in M. zu bleiben? Herzlichste Grüße!
Ihr Paul Münch.

Herzliche Grüße
an Ihre Frl. Schwester!

Dieser Karte folgt morgen schon wieder ein Brief. Hoffentlich ist's Ihnen auch recht!?

Zeichnung datiert: Dez. 1899
Poststempel: Bellheim, 27. Aug. 03, 2–3 Nm
München 8, 28. Aug. 03, vor 8–9
Adresse: Fräulein Elfriede Interwies, München 8, Orleansplatz 5/II

L. E.! Hier einen frechen Amor auf dem Pegasus! Ähnlich geht mir's oft genug u. bin trotzdem immer noch nicht vernünftig. Vielleicht bessert sich's mit der Zeit. Herzlichen Gruß! P.

Zeichnung undatiert
Poststempel: Marktbreit, 20. Nov. 03, 8–9 Nm
Kitzingen 2 Bhof, 21. Nov. 03, Vor 3–4
Adresse: Fräulein Elfriede Interwies, Kitzingen, Landwehrstraße

Ständchen.
Ein urkräftiges Prosit u. verschiedene herzliche Grüße sendet P.

Zeichnung undatiert
Poststempel: Marktbreit, 22. Nov. 03, 3–4 Nm
Adresse: Fräulein Elfriede Interwies, Kitzingen, Landwehrstraße

Wieder einmal ein Ständchen!
Dein P.

Zeichnung datiert: 30. Nov. 03
Poststempel: ohne
Adresse: Fräulein Elfriede Interwies, Kitzingen, Landwehrstraße

4 Neujahrskarten

Zeichnungen undatiert
Poststempel (alle 4): Lustadt, 30. 12. 03, 5–6 Nm
Adressse: Fräulein Elfriede Interwies, Kitzingen (a) bzw. Kitzingen a/M (b) bzw.
Kitzingen a/Main (c und d), Landwehrstraße

a) Prosit Neujahr!
Dein tr. Paul M.

b) Allerherzlichsten
Neujahrswunsch! Paul

c) Prosit Neujahr!
   Hauskoboldchen, kommt und waltet
   Freundlich auch in diesem Jahr.
   Und in Sturm und Wetter haltet
   Uns die Seele frisch und klar!

   Prosit Neujahr! Bei der Lichtlein
   Flackernder Sylvesterglut
   Ziehet ein, ihr trauten Wichtlein:
   „Herzensfroh" und „Frischgemut"!

   Das sind die aufrichtigen Wünsche
   Deines treuen Paul M.

d) Damit Du auch weißt, wie bei uns zu Lande die Dackel aussehen, schicke ich Dir hier das Konterfei eines solchen nebst den besten Neujahrssegenswünschen. Dein treuer Paul.

. . . an die Schwester seiner Braut

Ein kräftiges u. herzliches Prosit Neujahr!
erlaubt sich P. Münch.

Zeichnung undatiert
Poststempel: Lustadt, 30. 12. 03, 5–6 Nm
Adresse: Fräulein Gusti Interwies, Kitzingen, Landwehrstraße

. . . an seine Braut

L. E. Siehste wohl, so sehen die hiesigen
Buben aus. Am Dienstag komme ich mit
dem Motorwagen. Hurrah!
Dein tr. Paul.

Zeichnung undatiert
Poststempel: Ludwigshafen a. Rh., 4. Jan. 04, Vor 9–10
Kitzingen 2 Bhof, 4. Jan. 04, 6–7 Nm
Adresse: Fräulein Elfriede Interwies, Kitzingen a/Main, Landwehrstraße

L. E. Na, wie ist's?
Bist Du am Donnerstag zuhaus?
Schreibe bitte, daß ich nicht
umeinsunst nach K. laufe.
Herzl. Gr. P.

Zeichnung undatiert
Poststempel: Marktbreit, 23. Feb. 04, 5–6 Nm
Kitzingen 2 Bhof, 23. Feb. 04, 10–11 Nm
Adresse: Fräulein Elfriede Interwies, Kitzingen, Landwehrstraße

Herzl. Gruß! P. M.

Zeichnung datiert: 24. II. 04
Poststempel: Marktbreit, 24. Feb. 04, 3–4 Nm
Adresse: Fräulein Elfriede Interwies, Kitzingen, Landwehrstraße

Siehste wohl! P. M.

Zeichnung datiert: 25. II. 04
Poststempel: ohne
Adresse: Fräulein Elfriede Interwies, Kitzingen, Landwehrstraße

Herzlichen Gruß! Dein Paulus

Zeichnung undatiert
Poststempel: Marktbreit, 6. Mär. 04, 3–4 Nm
München 8, 6. Mär. 04, 9–10 Nm
Adresse: Fräulein Elfriede Interwies bei Frau Emma Frank, München VIII, Orleansplatz 5/II.

L. E.! Grad kam Deine l. Karte. Steht aber arg wenig drauf. Herzl. Dank. Morgen Brief.
Herzlichen Gruß von demjenigen, wo...

Zeichnung datiert: M. 6. III. 04
Poststempel: Marktbreit, 6. Mär. 04, 3–4 Nm
München, 6. Mär. 04, 9–10 Nm
Adresse: Fräulein Elfriede Interwies bei Frau Emma Frank,
München VIII, Orleansplatz 5/II.

L. E.! Gerade so, wie der oben abkonterfeite hübsche Mann mache ich es, wenn ich einen Brief von Dir kriege; ich habe aber leider nur sehr wenig Gelegenheit dazu. Herzl. Gruß Dir u. Deinen Angehörigen. Dein P.

Zeichnung undatiert
Poststempel: Marktbreit, 11. Mär. 04, 8–9 Nm
München, 12. Mär. 04, Vor 8–9
Adresse: Fräulein Elfriede Interwies bei Frau Emma Frank,
München VIII, Orleansplatz 5/II

L. E.! Siehste, derartige Leute gibt's auch. Herzl. Dank für Brief. Morgen Antwort. Besten Gruß! Dein P.

Zeichnung undatiert
Poststempel: Marktbreit, 13. Mär. 04, 3–4 Nm
München 8, 14. Mär. 04, Vor 4–5
Adresse: Fräulein Elfriede Interwies bei Frau Emma Frank, München VIII, Orleansplatz 5/II.

L. E.! Auf daß Deine hausgemachte Kartensammlung bereichert werde. Herzl. Gr. Dein P.

Zeichnung undatiert
Poststempel: Marktbreit, 15. Mär. 04, 5–6 Nm
Adresse: Fräulein Elfriede Interwies bei Frau Emma Frank, München VIII, Orleansplatz 5/II

L. E.!
Siehste, der obige Kobold hat auch Frühlingsahnungen u. wird alsbald etwas Lyrisches loslassen.
Dein tr. P.

Zeichnung undatiert
Poststempel: Marktbreit, 18. Mär. 04, 5–6 Nm
Kitzingen 2 Bhof, 18. Mär. 04, 11–12 Nm
Adresse: Fräulein Elfriede Interwies, Kitzingen, Landwehrstraße

Schwierig aus
verschied'nen Gründen
Ist das Schlüsselloch zu finden.
Herzl. Gruß! Dein tr. P.

Zeichnung undatiert
Poststempel: Marktbreit, 22. Mär. 04, 5–6 Nm
Kitzingen 2 Bhof, 22. Mär. 04, 10–11 Nm
Adresse: : Fräulein Elfriede Interwies, Kitzingen, Landwehrstraße

Grüß Gott! Dein tr. P.

Zeichnung undatiert
Poststempel: München 31, 11. Apr. 04, V 5–6
Kitzingen 2 Bhof, 11. Apr. 04, 4–5 Nm
Adresse: Fräulein Elfriede Interwies, Kitzingen, Landwehrstraße

L. E. Schon bin ich im Begriffe, in die unwirtlichen Gefilde Unterfrankens abzugondeln. Der Herr stehe mir bei im nächsten Semester! Dein tr. Paul.

Zeichnung undatiert
Poststempel: München 1 B. P., 11. Apr. 04, V 11–12
Adresse: Fräulein Elfriede Interwies, Kitzingen am Main, Landwehrstraße

Lustadt, den 21. Juli 1904.
L. E.! Hier das Bild eines ganz bösen u. gottlosen Buben, der gern Zucker nascht. Herzl. Gruß! Dein tr. Paul.

Zeichnung signiert und datiert: P. M. 04.
Poststempel: Lustadt . . . 04, Vor
Nürnberg 2 B. Z., 22. Jul., 9–10 Nm
Adresse: Fräulein Elfriede Interwies, Nürnberg, Hauptmarkt 3 (oder 8?), Juwelierladen

Lustadt, den 29. Juli 1904.
Liebe Elfriede!
So große Künstler sind hier schon die kleinsten Buben, auch die Mädels hie u. da, wie Du Dich von Montag an überzeugen kannst. Oder glaubst Du's vielleicht nicht? Herzl. Gruß! Dein Paul.

Zeichnung undatiert
Poststempel: Lustadt, 29. Jul. 04, 5–6 Nm
Nürnberg 2 BZ., 30. Jul. 04, Vor 5–6
Adresse: Fräulein Elfriede Interwies, Nürnberg, Hauptmarkt 3, Juwelierladen

Lustadt, den 29. Juli 1904.
Liebe Elfriede!
Siehst Du, solch hübsche Mädels gibt es hier. Na am Montag wirst Du Alles eigenhändig sehen. Herzl. Gruß! Dein Paul.

Zeichnung undatiert
Poststempel: Lustadt, 29. Jul. 04, 5–6 Nm
Nürnberg 30. Jul. 04, Vor 5–6
Adresse: Fräulein Elfriede Interwies, Nürnberg, Hauptmarkt 3, Juwelierladen

Lustadt, den 30. Juli 1904.
L. E.! So was passiert hier fast täglich, oft sogar noch viel schöner. Herzl. Gruß auch an Mama u. Tante! Dein tr. P.

Zeichnung undatiert
Poststempel: Lustadt, 30. Jul. 04, 5–6 Nm
Nürnberg 2 BZ., 31. Jul. 04, Vor 5–6
Adresse: Fräulein Elfriede Interwies, Nürnberg, Hauptmarkt 3, Juwelierladen

Gleichzeitig geht ein Brief mit
Wohnungsplan an Dich ab.
Herzl. Gruß! Paul

Zeichnung undatiert
Poststempel: Marnheim, 21. 5. 05, Vor 8–9
Kitzingen 2 Bhof, 21. Mai 05, 6–7 Nm
Adresse: Fräulein Elfriede Interwies, Kitzingen, Landwehrstaße

Warum sollte es auch nicht solche
Männer geben?
Herzl. Gruß! Dein Paul

Zeichnung undatiert
Poststempel: Marnheim, 22. 5. 05, 6–7 Nm
Kitzingen 2 Bhf, 23. Mai 05, Von 2–3
Adresse: Fräulein Elfriede Interwies, Kitzingen (Unterfranken), Landwehrstraße
Marnheim 22. V. 05

Siehste wohl, so zerstreut werde ich auch mal werden, wenn ich erst mal Professor bin. Herzl. Gruß! Dein Paul

Zeichnung undatiert
Poststempel: Marnheim, 22. 5. 05, 6–7 Nm
Kitzingen, 23. Mai 05, Von 2–3
Adresse: Fräulein Elfriede Interwies, Kitzingen (Unterfranken), Landwehrstraße

L. E.! Heute hatte ich obigen prophetischen Traum. Schön, nicht? Herzl. Gruß! Paul.

Zeichnung undatiert
Poststempel: Marnheim, 22. 5., 05, 6–7 Nm
Kitzingen 2 Bhf, 23. Mai 05, Von 2–3
Adresse: Fräulein Elfriede Interwies, Kitzingen (Unterfranken), Landwehrstraße

L. E.! Anbei das Konterfei einer
überaus fleißigen u. braven Maid.
Gleichzeitig folgt Brief.
Herzl. Gruß! Paul

Zeichnung undatiert
Poststempel: Marnheim, 1. 6. 05, 6–7 Nm
Kitzingen 2 Bhf, 2 Jun. 05, Von 2–3
Adresse: Fräulein Elfriede Interwies, Kitzingen am Main, Landwehrstraße

L. E.! Zur größeren Abwechslung
wieder mal was Hausgemachtes.
Herzl. Gruß! Dein P.

Zeichnung undatiert
Poststempel: Marnheim, 2. 6. 05, Vor 8–9
Kitzingen 2 Bhf, 2. Jun. 05, 6–7 Nm
Adresse: Fräulein Elfriede Interwies, Kitzingen am Main, Landwehrstraße

Nun ich endgültig meine Fidulität
wieder habe, urfidelen Gruß!
Dein tr. Paul.

Zeichnung undatiert; signiert: P. M.
Poststempel: Marnheim . . . 05, 6–
Kitzingen . . . 05, Von . . .
Adresse: Fräulein Elfriede Interwies, Kitzingen (Unterfranken), Landwehrstraße

undatiert, unsigniert
undadressiert

... an seine Frau

Liebe Friedl!
Auf daß Du wieder mal eine hausgemachte Karte habest. Sonst geht's gut. Meinen Brief wirst Du ja wohl schon gekriegt haben. Morgen gehe ich auf kurze Zeit nach Lautern, doch schicke Briefe u.s.w. hierher nach Lustadt. Herzl. Grüße auch an Mutter! Dein treuer Paul.

Bild (farbig) undatiert
Poststempel: Lustadt, 6. Aug. 12, 6–7 Nm
Adresse: Frau Frieda Münch bei Frau Dr. Interwies, Segnitz bei Marktbreit, Unterfranken

Weilt die Gattin einmal fern
Von dem Eh'gemahl und Herrn,
Dann hat immer beiderseits
So ein Brief den größten Reiz.
Aber wenn der Herr facteur
Lispelt: „Ich bedauere sehr!",
Dann ist dieses etwas peinlich;
Doch ein Eh'mann, der nicht kleinlich,
Tröstet sich, indem er spricht:
„Sie hat keine Zeit halt nicht,
Morgen aber sicherlich
Hat der Postbot' was für mich."
Dein treuer Ehemann Paul.

Bild (farbig) signiert und datiert: P. M. 12
Poststempel: Lustadt, 7. Aug. 12, 6–7 Nm
Adresse: Frau Frieda Münch bei Frau Dr. Interwies, Segnitz bei Marktbreit am Main, Unterfranken

Dieser Mann, der fest und gut
In dem warmen Pfühle ruht,
Ist Dein treuer Ehemann,
Der sich schon gewöhnt daran,
Einsam in der Welt zu stehen
Und allein ins Bett zu gehen.

Darum ist es höchste Zeit,
Daß wir wiederum zu zweit,
Wie es sich auch tut gebühren,
Durch das Erdental marschieren. –
Dein treuer Paul.

Bild (farbig) undatiert
Poststempel: Lustadt, 8. Aug. 12„ Vor 10–11
Adresse: Frau Frieda Münch bei Frau Dr. Interwies, Segnitz bei Marktbreit am Main, Unterfranken

Sieh' doch nur, mit welchen raschen
Ärmen diese Weiber waschen!
Und ich hab Dich im Verdacht,
Daß Du 's ebenso gemacht,
Wo Du es doch nicht mehr sollst,
Da Du Dir nur Krankheit holst. –
Doch zum Bügeln nehmt Euch schlau
Eine starke Bügelfrau,
Die an einem Tage leicht
Alles, was Ihr wollt, erreicht.
1000 Grüße auch an Mutter!
Dein tr. Paul
8. VIII. 12.

Bild (farbig) signiert und datiert: P. M. 12.
Poststempel: Lustadt, 9. Aug. 12, Vor 10–11
Adresse: Frau Frieda Münch bei Frau Dr. Interwies, Segnitz bei Marktbreit am Main, Unterfranken

Ja, beim Umzug hat man Last,
Da gibt's Arbeit, Ärger, Hast,
Waschen, Plätten, Putzen, Spülen
Und mit freudigen Gefühlen
Denkt man an die neue Wohnung;

Aber denk auch an die Schonung
Deiner Nerven, liebes Kind,
Da sie nicht sehr kräftig sind.
1000 Grüße! Dein treuer Paul.
9. VIII. 12.

Bild (farbig) signiert und datiert: P. M. 12
Poststempel: Lustadt, 10. Aug. 12, V. . 10–11
Adresse: Frau Frieda Münch bei Frau Dr. Interwies, Segnitz bei Marktbreit am Main, Unterfranken

Unser Möbelwagen kommt,
Hurrah, das geht ja sehr prompt;
Schau, dort fährt er auf der Brücke
Und er bringt zum guten Glücke
Gutes Wetter mit. Da ist
Sicherlich in kurzer Frist
Unser Möbel in dem Wagen
Und in längstens 2, 3 Tagen
Sitzen wir im neuen Nest,
Als wär's immer so gewest. –
Dies wünscht Euch
Dein treuer Paul.

Bild (farbig) undatiert
Poststempel: Lustadt, 11. Aug. 12, 12–1 Nm
Adresse: Frau Frieda Münch bei Frau Dr. Interwies, Segnitz bei Marktbreit am Main, Unterfranken

Heut ist Leben in dem Haus!
Interwiesens ziehen aus.
Sieh, wie sich die Männer plagen,
Bis das Möbel in dem Wagen
Und die weibliche Kontrolle
Steht dabei, die sorgenvolle. –

Aber alles geht vorbei
Und auch diese Plackerei
Und nach 4, 5 Stunden Zeit
Ist der Wagen fahrtbereit. –
Dies wünscht Dein treuer
Ehemann Paul. 11. VIII. 12.

Bild (farbig) undatiert   Poststempel: Lustadt, 12. Aug. 12, Vor 10–11
Adresse: Frau Frieda Münch bei Frau Dr. Interwies, Segnitz bei Marktbreit am Main, Unterfranken

I.
Wer kommt denn da zum Tor heraus?
Valeraleri, valeralera,
Die schaut ja wie mein Schätzchen aus
Valeraleri, valera;
Und die zweite, das ist ja,
valeri . . .
Meine Schwiegermamama
Valeraleri . . .

II.
Gehn die wohl zum Bahnhof hin?
Valeraleri, valeralera,
Ja, weil sie nach Nürnberg ziehn
Valeraleri, valera. –
Na, da wünsch ich ihnen halt
Valeraleri, valeralera,
Daß es ihnen dort gefallt
Valeraleri, valera. –

1000 Grüße u. Küsse! Dein treuer Paul

Bild (farbig) undatiert
Poststempel: Lustadt, 13. Aug.12, Vor 10–11
Adresse: Frau Frieda Münch bei Frau Dr. Interwies, Segnitz bei Marktbreit am Main, Unterfranken

Mittels zweier Fahrbillette
Geht's zur neuen Wohnungsstätte
Langsam mit dem Bummelzug;
Ach, da hat man bald genug,
Denn an jedem Bahnwarthause
Macht das Zügle eine Pause.
Und man wird total gerädert,
Weil der Wagen schlecht gefedert.
Doch auch das wird schließlich alle
Und der Zug fährt in die Halle
„Nürnberg" schreit der Condukteur.
Man steigt aus und freut sich sehr.
1000 Küsse! Dein treuer Paul.

Bild (farbig) undatiert
Poststempel: Lustadt, 14. Aug. 12, Vor 10–11
Adresse: Frau Frieda Münch bei Frau Dr. Interwies, Segnitz bei Marktbreit am Main, Unterfranken

Sieh, da steht Dein Ehemann
An dem Postbriefkasten dran,
Um den Brief hineinzuschieben,
Den er seiner Frau geschrieben. –
Aber, ach, das Schicksal ist
Manchmal voller Hinterlist,
Denn ein schrecklich Mißgeschick
Gab's im nächsten Augenblick.
– – – – – –
Morgen wirst im Bild Du sehen,
Was mit Deinem Mann geschehen!
– – – – – –
Herzl. Grüße auch an Mutter von uns Allen! Dein treuer Paul.

Zeichnung: undatiert
Poststempel: Lustadt, 15. Aug. 12, Vor 10–11
Adresse: Frau Frieda Münch bei Frau Dr. Interwies, Segnitz bei Marktbreit am Main, Unterfranken

Sieh' nur her, der Ehemann
Ist jetzt leider übel dran:
Denn der Schwindel packte ihn
Und zog ihn zur Öffnung hin,
Wo er bis auf Kopf und Fuß
Jämmerlich versinken muß.
So war bös er eingeklommen

Und wär nicht ein Mann gekommen,
Der den Kasten ausgeleert,
Wär er nie zurückgekehrt. –
Darum bei dem Postbriefkasten
Tu stets langsam! Ja nicht hasten!!
1000 Grüße! Dein treuer Ehemann Paul.

Bild (farbig) undatiert
Poststempel: Lustadt, 16. Aug. 12, Vor 10–11
Adresse: Frau Frieda Münch bei Frau Dr. Interwies, Segnitz bei Marktbreit am Main, Unterfranken

Da sprach das Wasser: Wie bin ich so fein
Zu Nürnberg aus dem Kunstbrünnlein
Spring ich mit vielen Listen
Den Weiblein aus den Brüsten.
Kaiserslautern, den 16. August 1912.
Dein tr. Ehemann Paul. Gruß Dr. Heeger,
Reißlein, Hornef Franz(?), Reus(?),
Dr. Schiederman, Stiege(?). Besten Gruß
Frau Jung, . . .?, A. Lehmann, (?) Gabain
(Engländer)

Zeichnung undatiert
Poststempel: Kaiserslautern, 17. 8. 12, 1–2 N
Adresse: Frau Frieda Münch bei Frau Dr. Interwies, Segnitz bei Marktbreit am Main, Unterfranken

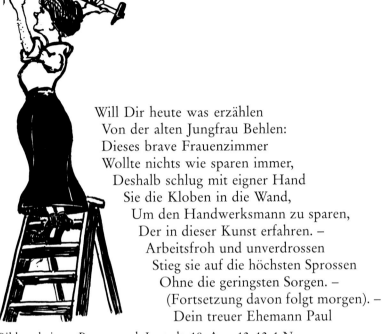

Will Dir heute was erzählen
Von der alten Jungfrau Behlen:
Dieses brave Frauenzimmer
Wollte nichts wie sparen immer,
Deshalb schlug mit eigner Hand
Sie die Kloben in die Wand,
Um den Handwerksmann zu sparen,
Der in dieser Kunst erfahren. –
Arbeitsfroh und unverdrossen
Stieg sie auf die höchsten Sprossen
Ohne die geringsten Sorgen. –
(Fortsetzung davon folgt morgen). –
Dein treuer Ehemann Paul

Bild undatiert   Poststempel: Lustadt, 18. Aug. 12, 12–1 Nm
Adresse: Frau Frieda Münch bei Frau Dr. Interwies, Segnitz bei Marktbreit am Main, Unterfranken

2. Scene
Leider war die Leiter wackelig
Und die Jungfrau Behlen fackelig
Und so *mußte* denn geschehen,
– Was ich ja vorausgesehen –
Daß die Leiter vorwärts kippte
Und die Jungfrau rückwärts schwippte
Durch die Luft in schnellem Schwung. –
(Morgen folgt die Fortsetzung).
Dein treuer Ehemann Paul

Zeichnung undatiert
Poststempel: Lustadt, 19. Aug. 12, Vor 10–11
Adresse: Frau Frieda Münch bei Frau Dr. Interwies, Segnitz bei Marktbreit am Main, Unterfranken

Seht, da liegt sie auf dem Lager
Fieberkrank und matt und mager,
Daß sie oft vor Schmerzen knarzt,
Und benötigt einen Arzt,
Was ihr Kosten macht in Masse,
Da sie nicht in einer Kasse. –
Und daneben hat sie doch
Kosten für den Schlosser noch,
Der mit 10 Prozent Betrug
Kloben in die Wände schlug. –
Seht, so geht's auf alle Fälle,
Wenn man spart an falscher Stelle. –

Dein treuer Ehemann Paul

Zeichnung undatiert
Poststempel: Lustadt, 20. Aug. 12, Vor 10–11
Adresse: Frau Frieda Münch bei Frau Dr. Interwies, Segnitz bei Marktbreit am Main, Unterfranken.
nachgesandt: 21. 8. 12., Nürnberg-Steinbühl, Frankenstraße N 105

„Guten Tag, her Expediter,
Bitte sehr, nach Nürnberg, dritter!
Und was macht der Preis genau?!" –
„Macht Eins, sechzig, gnäd'ge Frau!
Für 2 Karten macht's zusammen
3 Mark 20, meine Damen!" –

Dies Gespräch, o liebe Frau,
Hört im Traum ich ganz genau,
Auch das Bild der andern Seite
Sah ich so im Traume heute. –
Schreib' mir brieflichen Bericht,
Ob es zutraf oder nicht! –

Dein treuer Ehemann Paul.
21. VIII. 12.

Bild (farbig) undatiert
Poststempel: Lustadt, 21. Aug. 12, Vor 10–11
Adresse: Frau Frieda Münch bei Frau Dr. Interwies, Segnitz bei Marktbreit am Main, Unterfranken, nachgesandt 22. 8. 12 Nürnberg-Steinbühl, Frankenstraße N 105

Sieh den Zug mit wildem Brausen
Über diese Brücke sausen! –
Strecke Würzburg–Nürnberg ist
Landschaftlich ja ziemlich trist,
Aber manchmal zeigt dem Blicke
Sich doch eine hübsche Brücke,
Wie ich Dir im Bilde weise. –

Und so wünsch ich gute Reise
Und will hoffen, daß es gut
Mit dem Einzug gehen tut.
Und wenn Alles klappt und stimmt
Schreib' dem Manne, daß er kimmt!
Dein treuer Paul.

Bild (farbig) undatiert
Poststempel: Lustadt, 22. Aug. 12, Vor 10–11
Adresse: Frau Frieda Münch bei Frau Dr. Interwies, Segnitz bei Marktbreit am Main, Unterfranken, nachgesandt 23. 8. 12 Nürnberg-Steinbühl, Frankenstraße N 105

„Sag' mir doch mal, liebes Kind,
Für wen all die Sachen sind!"
„Ei, ich bringe alles das
Zu Frau Münchin, Frankenstraß',
Denn die Münchs, die sind ja heute
Siebenjähr'ge Eheleute,
Drum möcht ich mit diesen Sachen
Meine Aufwartung dort machen."
Dein treuer Ehemann Paul.
23. VIII. 12

Bild (farbig) undatiert
Poststempel: Lustadt, 23. Aug. 12, Vor 10–11
Adresse: Frau Frieda Münch bei Frau Dr. Interwies, Nürnberg, Frankenstraße 105/II

Dieser Mann ist heut genau
Sieben Jahr mit seiner Frau
Glück- und ehelich verbunden;
Drum hat er den Strauß gewunden
Und liegt vor ihr auf dem Knie
Und beglückwünscht sich und sie. –
Dein treuer Ehemann Paul.
23.VIII. 12

Bild (farbig) undatiert
Poststempel: Lustadt, 23. Aug. 12, Vor 10–11
Adresse: Frau Frieda Münch bei Frau Dr. Interwies, Nürnberg, Frankenstraße 105/II

So begeht in Lustadt heuer
Froh man unsre Ehefeier.
Auf dem Tische, weißgedeckt,
Steht zwar nicht gerade Sekt,
Aber an dem duftig zarten
Oberluschter „Pfarrersgarten".
Auf Dein Wohl trinkt man soeben.
Prosit! Gattin, Du sollst leben!!
Dein treuer Ehemann Paul
23. VIII. 12

Bild (farbig) undatiert
Poststempel: Lustadt, 23. Aug. 12, Vor 10–11
Adresse: Frau Frieda Münch bei Frau Dr. Interwies, Nürnberg, Frankenstraße 105/II.

Auf dem Bild der Herr ist zwar
Ehmann schon seit 7 Jahr,
Doch verreist ist seine Frau
Seit 6 Wochen ganz genau,
Darum muß im Schweiß der Backen
Er sich selbst den Koffer packen,
Denn ihn zieht sein treues Herz
Zu der Gattin frankenwärts. –
Dein treuer Paul.

Bild (farbig) undatiert
Poststempel: Lustadt, 24. Aug. 12, Vor 10–11
Adresse: Frau Frieda Münch bei Frau Dr. Interwies, Nürnberg, Frankenstraße 105/II

Diesem Manne tu' ich's gönnen,
Daß er jetzt so wild muß rennen,
Denn so geht's, wenn man zu spät
Von zuhaus zum Bahnhof geht,
Oder wenn man seine Uhr
Alle Schaltjahr richtet nur. –
Aber Deinem Mann geht's nicht
So wie diesem faulen Wicht,
Denn er tritt den Weg zur Bahn
Schon so früh und zeitig an,
Daß er fast zum Überdruß
Lang auf's Zügle warten muß. –
Dein treuer Paul.

Bild (farbig) undatiert
Poststempel: Lustadt, 25. Aug. 12, 12–1 Nm
Adresse: Frau Frieda Münch bei Frau Dr. Interwies, Nürnberg, Frankenstraße 105/II

Wenn ein glücklich Ehepaar
Länger auseinander war
Und es nahet sich die Stunde,
Die Minute, die Sekunde,
Wo die Gattin und der Mann
Wiedersehen feiern kann,
Dann entwickeln sich oft Szenen
Fast genau so wie bei jenen,
Die man sieht im Bilde hier.
Wird's auch so bei Dir und mir?! –
Dein treuer Paul.

Bild (farbig) undatiert
Poststempel: Lustadt, 26. Aug. 12, Vor 10–11
Adresse: Frau Frieda Münch bei Frau Dr. Interwies, Nürnberg, Frankenstraße 105/II

's ist ein halbes Vierteljahr,
Daß dies junge Ehepaar
Sich nicht hat gesehen mehr:
In der Schweiz und Pfalz war *er*,
Sie dagegen war in Segnitz
Und in Nürnberg an der Pegnitz. –
Aber heut' kam *er* zu *ihr*,
Wie man sieht im Bilde hier.
Und die gegenseit'ge Freude,
Die sie haben alle beide,
Sieht man ebenfalls genau
Bei dem Mann wie bei der Frau. –
Dein treuer Paul.

Bild (farbig) undatiert
Poststempel: Lustadt, 27. Aug. 12, Vor 10–11
Adresse: Frau Frieda Münch bei Frau Dr. Interwies, Nürnberg, Frankenstraße 105/II

Ach Gott, ein grauenhafter Mann
Schleicht heimlich durch den finstern Tann,
Die Augen rollen links und rechts
Und künden Böses an und Schlechts,
Ein Messer schwingt er lang und spitz,
Das funkelt grell als wie der Blitz.
So zieht der Unhold durchs Gestänge
Und schneidet Köpfe ab in Menge,
Die er mit Grinsen schauderhaft
In einem Sack beiseite schafft. –
Wer ist der Schuft, wild und verrucht?
Dein Eh'mann ist's, der Schwammerl sucht!!

1000 herzl. Grüße! Dein treuer Ehegatte Paul

Bild (farbig) undatiert
Kein Poststempel, keine Adresse (aber an seine Frau geschrieben)
Datier-Hilfe: Postkarte Königreich Bayern, 5 Pf. (1912)

undatiert, unsigniert
unadressiert

12 Feldpost-Karten mit Bleistift-Zeichnungen und Versen

Reihenfolge nicht immer eindeutig festzustellen.
Vgl. auch Zeichnungen und Gedichte für „Wandervogel" und Widmung für Dr. Moser

Abs.: Kanonier Paul Münch. 2. bayr. Fuß-Art. Reg., 2. Rekrutendepot Metz, Moselkaserne
An seine Frau, Kaiserslautern, Luitpoldstr. 21

Siehst du, was dein Mann hier tut? –
Er wird wunderbar beschuht.
Stiefel hat er heut empfangen,
Die für einen Riesen langen. –
Tritt er damit auf den Boden,
Kracht und rumpelt es nach Noten. –
Also sorg' nicht, liebes Kind,
Daß sie mir zu enge sind.
Herzl. Gruß! Dein Paul

Keine Datierung! Anschrift: Frau Frieda Münch, Kanoniersgattin

Schau, so sieht dein Eh'mann aus,
Wenn er holt sich seinen Schmaus!
Freudig mit gefülltem Topfe
Und mit frohem Herzgeklopfe
Eilt er zu dem Mittagstische,
Daß er Leib und Herz erfrische. –
Keine seiner schweren Pflichten
Tut er freudiger verrichten. –
Gruß! Dein Paul

Datierung unter Bild: P. M. 18. 9. 16. Anschrift: Frau Frieda Münch, Kanoniersgattin

Meine liebe, teure Frau!
Hier erblickst du ganz genau,
Mit welch trefflichem Geschick
Ich mir meine Hosen flick.
Dein treuer Ehemann Paul.
19. 9. 16

Anschrift: Frau Kanoniersgattin Elfriede Münch

Mein geliebtes Eheweib!
Mit gekrümmtem Bein und Leib
Siehst du hier mich im Begriff,
Meinen Stiefeln jenen Schliff,
Jenen Glanz und Glast zu geben,
Der für das Soldatenleben
Grad so unentbehrlich ist,
Wie die Kirche für den Christ. –
Herzl. Grüße! Dein Paul

Datierung links unter Bild: P. M. 20. 9. 16
Anschrift: Frau Kanoniersgattin Elfriede Münch

Morgens, mittags, abends immer
Reinigt man das Mannschaftszimmer.
Mir auch wird von Zeit zu Zeit
Von der hohen Obrigkeit
Streng und peinlich aufgetragen,
Solchen Pflichten nachzujagen.
Was ich auch mit großem Schwung
Und mit viel Begeisterung,
Mit Bedachtsamkeit und Treue
Und mit Emsigkeit und Schläue
Tue zur Zufriedenheit
Meiner strengen Obrigkeit.
Sei herzlichst gegrüßt!
Dein Paul
20. 9. 16

Datierung auch links neben Bild: P. M. 20. 9. 16
Anschrift: Frau Kanoniersgattin Elfriede Münch

Schau, dies ist die Lagerstätte,
Wo ich mich des Nachts drauf bette.
Zwar besteht sie nur aus Stroh;
Aber glaube mir: auch *so*
Schläft dein Ehemann famos
Wie im Abraham seim Schoß.
Herzl. Gruß!
Dein Paul. 20. 9. 16.

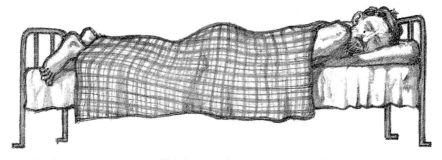

Anschrift: Frau Kanonierin Elfriede Münch

Auf das Hornsignalgeschmetter
Saust dein Mann wie's Donnerwetter
Aus der Falle, um alsbald
Seines Körpers Wohlgestalt
Abzuwaschen an dem Becken,
Denn sonst tut er bös verdreken.

Sieh, hier wäscht er sich den Hals
Und die Ohren ebenfalls,
Das Gesicht, den Kopf, die Hände
Und noch andre Gegenstände.

Wie du siehst, ein Badezimmer
Gibt's in der Kaserne nimmer,
Einfach ist's im höchsten Grad,
Doch genügt es dem Soldat.
Herzl. Grüße! Dein tr. Kanonier

Datierung links über der Zeichnung: P. M. 22. 9. 16
Anschrift: Frau Kanoniersgattin Elfriede Münch

Schau, so wirft dein lieber Schatz
Drüben am Franzosenplatz
Täglich elegant und fein
Stramm sein Kanoniergebein.
Herzl. Grüße!
23. 9. 16 Paul

Datierung auch unter dem Bild: P. M. 23. 9. 16
Anschrift: Frau Kanoniersehefrau Elfriede Münch

Manche der Soldatenpflichten
Ist höchst schwierig zu verrichten.
Zum Exempel: Eine Plag
Ist der Samstag-Nachmittag,
Denn da wird das Mannschaftszimmer
Aufgeputzt zu Glanz und Schimmer:
Aufgewischt wird mit dem Lumpen,
Wasser holt man an der Pumpen;
Fenster, Schränke und die Türen
Tut man glänzend herpolieren
Zu dem Danaiden-Zweck,
Platz zu schaffen neuem Dreck.
Sei gegrüßt! Dein Paul
23. 9. 16
Eben kam dein Paket. Herzl. Dank!

Datierung auch links über dem Bild: P. M. 23. 9. 16.
Anschrift: Frau Reallehrer Elfriede Münch

„Fußappell" heißt diese Sache,
Die ich dir hier deutlich mache.
Auf dem Stuhl der Kanonier
Strecket sein Gebein herfür
Und ein Sanitätersmann
Kommt mit einem Pinsel an,
Um den Fuß des Kanonieren
Hygienisch zu beschmieren.
Denn auf diese schöne Art
Werden weiche Füße hart
Und man ist mit seinen Haxen
Jedem Mühsal leicht gewachsen.

Sei herzlich gegrüßt!
Dein treuer Paul

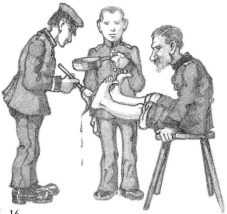

Datierung rechts unter dem Bild: P. M. 16.
Anschrift: Frau Kanoniersgattin Elfriede Münch

Instruktion an dem Geschütz
Ist ein Ding mit wenig Witz.
Dies ist deinem Herrn Gemahl
In dem höchsten Grad fatal,
Denn auch er ist nicht gefeit
Gegen Ungeschicklichkeit.
Schau, hier kratzt er sich verlegen
Seiner schwachen Weisheit wegen,
Und der Führer vom Geschütz
Straft mit wildem Augenblitz
Jeden, der wo was nicht kann
Und auch deinen Ehemann.
Herzl. Gruß! Dein Paul

Keine Datierung! Anschrift: Frau Kanonierin Elfriede Münch

Ach Gott! Wie wohl es dem Rekrut
In seiner tiefsten Seele tut,
Wenn er nach langer Wartezeit
Der Freiheit wieder sich erfreut.
Dann lacht er, jubelt er und singt;
Sein Schritt ist weit und froh beschwingt
Und alles, was er hört und sieht,
Erfreut sein kindliches Gemüt.
So ist's auch deinem Mann ergangen:
Hier sieht man ihn mit mächtig langen
Und frohen Schritten vorwärtsschießen,
Um seine Freiheit zu genießen
Beim Braten und beim Wein und Bier.
Es grüßt dich Paul, dein Kanonier.

Datierung rechts über dem Bild: 8. 10. 16.
Anschrift: Frau Kanoniersgattin Elfriede Münch

Auch im schönen Frankenland
Ist das Hamstern schon bekannt.
Rucksack, Koffer, Korb und Tasche
Und für Milch so manche Flasche,
Eine Butten für die Eier:
Also zieht Familie Meyer
Samt den Herren und den Damen,
Welche zu Besuche kamen
Auf die Dörfer in der Runde;
Und so werden viele Pfunde
Lebensmittel heimlich sacht
In den Haushalt eingebracht,
Daß man etwas für den Magen
Habe in des Winters Tagen. –
Sei mir gegrüßt! Dein Paul.

Zeichnung undatiert, nach 1916
Kein Poststempel (wohl in Umschlag verschickt)
Adresse: Frau Frieda Münch, Kaiserslautern, Luitpoldstraße 21

Diesem Paläontologen
Ist das Schicksal sehr gewogen.
Denn er fand heut unter Hurrah
In dem schwäbisch-fränkschen Jura
Dieses Ammonitenvieh –
Größer war noch keines nie.
Eingebettet war es locker
In der Gammaschicht des Dogger. –

Zeichnung undatiert
Kein Poststempel
Adresse: Frau Friedel Münch, Kaiserslautern, Luitpoldstraße 21.

In dem Kaffeehause hier
Sitzen müd der Wandrer vier,
Um nach heftigen Strapazen
Sich am Kuchen frisch zu latzen.

Und ein Kuchen mit Geschick
War geteilt in sieben Stück,
Eine Ziffer, welche schier
Unteilbar erscheint durch vier. –

Aber einfach und bequem
Löst Herr Gockel das Problem:
Er fraß nämlich ganz allein
Alle sieben Stück! Das Schwein!!

Herzl. Grüße! Dein tr. Paul.
Alles isch geloh! Ferd. Hahn.
Arnold Lehmann.
Hans Gruber

Liebes Weib! Bei leichtem Regen
Und bei gut durchweichten Wegen
Kamen wir nach Salmendingen
Wo wir froh die Gläser schwingen.
Später geht's in schnellem Trab
Wieder in das Thal hinab
An den Fuß des Hohenzollern.
Unsre teutschen Herzen bollern
Vor Begeistrung und vor Weh,
Wenn ich diese Stammburg seh.

Dein lieber Paul.
Besten Gruß! Arnold Lehmann
Paul ist ganz durchweicht. F. Hahn
Hans Gruber

2 Karten, Bilder undatiert
Adresse: Frau Professor Paul Münch, Luitpoldstraße 19,
Kaiserslautern, Rhein-Pfalz
Poststempel: Hechingen, 1. 7. 20, 8–9 N

Von einem Bergsteiger-Urlaub
Keine genaue Datierung, außer:
Bilder signiert und datiert: P. M. 21.

Adresse: Frau Professor Paul Münch (1) bzw. Frau Prof. Frieda Münch (2),
Luitpoldstraße 19, Kaiserslautern, Rhein-Pfalz (1 u. 2)

        Weißt Du, was dem Alpinist
        Ganz besonders eklig ist,
        Was ihm schmerzlich ist und bitter?
        Blitz und Donner und Gewitter!
        Deshalb wenn es ferne grollt,
        Wenn fernab der Donner rollt,
        Dann verlängert er die Schritte
        Strebend nach der warmen Hütte. –
        Kennst Du hier den hübschen Mann,
        Der so mächtig sausen kann? –

        Bergheil! Dein treuer P. Münch.

Liebes Weib! In schnellen Schritten
Eilt Dein Ehemann zur Hütten,
Um nicht gründlich zu durchnässen,
Um zu trinken und zu essen
Und um in des Bettes Decken
Seine Glieder hinzustrecken
Bis der frühe Morgen graut
Und ein heller Himmel blaut.

Heil! Dein Paul.
Beste Grüße! Arnold Lehmann. Ferd. Hahn.

3 Karten aus einem Bergsteiger-Urlaub
undatiert

Hier hängt der gute Ferdinand*
Gefahrvoll an der steilen Wand. –
Mit einer Kühnheit sondergleichen
Sucht er den Gipfel zu erreichen,
Er drückt und zieht und hebt und stemmt,
In jedes Ritzchen er sich klemmt
Und – Heil ihm! – es gelingt ihm auch:
Nach oben schwingt er seinen Bauch,
Der Rucksack folgt in stolzem Bogen,
Dann wird der Hintern nachgezogen
Und auf dem Gipfel als ein Held
Stolz steht er und es staunt die Welt.

Sei 1000 × gegrüßt u. geküßt von Deinem Paul.

*Ferdinand Hahn

Adresse: Frau Frieda Münch,
Amselstraße 38,
Kaiserslautern, Rhein-Pfalz

Das Edelweiß blüht so versteckt,
Daß man es selten nur entdeckt.
Und um dasselbe abzupflücken
Bedarf es ungeheurer Tücken. –

An einer Felswand jach und steil
Hängt hier der Gockel* an dem Seil,
Ein Edelweiß sich beizubiegen;
Das soll dann jene Dame kriegen,
An die er gestern im Hotelle
Sein Herz vertandelt auf der Stelle.

Sei viel tausenmal gegrüßt von Deinem treuen Paul.

*Ferdinand Hahn

Adresse: Frau Prof. Frieda Münch, Amselstr. 38, Kaiserslautern, Rhein-Pfalz
Bild-Überschrift: „Pflücken alpiner Blumen"

Ohne Text und Adresse

Gezeichnete und gedichtete Karten an seine Schwester Martha

Gruss aus Oberlustadt.
Jägerhäuschen den 29. Mai 1898.
Wünsche Dir vom Jägerhäuschen aus baldige und gründliche Genesung. Viel Glück mit dem Wetter hast Du freilich bis jetzt noch nicht gehabt, doch scheint sich auch das jetzt bessern zu wollen. Die „Leiden eines Pennälers" kann ich Dir leider nicht schicken; ich wünsche nämlich, daß der Unsinn nicht noch weiter bekannt wird als er so schon ist. Zum Schluß nochmals: Gute Besserung u. „Heil".
Dein tr. Paul.

Poststempel: Lustadt, 30. 5. 98, 4 Nm/Kreuznach 31. 5. 98, 5–6 Nm
Adresse: Frl. Martha Münch, Haushaltungspensionat Hexamer, Kreuznach
Bild signiert: Münch

Germersbach, 21. Juni 1898.
Liebste Martha!
Hier sitze ich mitten in der Gewitterschwüle des Examens. Eine Station habe ich bereits glücklich hinter mir u. bis Mittwoch bin ich ganz fertig. Im Übrigen wünsche ich Dir gute Besserung. Die andere Karte wollte ich eigentlich schon früher fortschikken, doch kam immer was dazwischen. Mit 1000 Küssen Dein Dich ewig liebender Paul.

ohne Poststempel
Adresse: Frl. Martha Münch, Haushaltungs-Pensionat Hexamer, Bad Kreuznach

München, den 27. Mai 1900
Liebes Schwesterchen!
Da fällt mir gerade ein, daß Du noch gar wenig hausgemachte Karten von mir hast. Du sollst also diese haben, selbst entworfen u. gezeichnet. Auf einen Brief werdet Ihr diese Woche kaum warten dürfen, da ich nämlich absolut nichts Schreibenswertes weiß, da in meiner Karte vom Freitag schon alles Wissenswerte enthalten war. 1000 Grüße und Küsse Dein treuer Bruder Paul.

Poststempel: München 28. Mai 1900/Lustadt 29. Mai 1900
Adresse: Fräulein Martha Münch bei Herrn Pfarrer Münch, Lustadt (Pfalz)
Bild signiert: P. Münch inv. et pinx.

Herzliches Prosit Neujahr!
Paul nebst Friedl, Mama,
Hermann, Gusti I., Papa.

Lustadt, den 30. XII. 05.

Poststempel: Lustadt, 31. Dez. 05, V 11–12
Adresse: Fräulein M. Münch, Luisenhaus II, Cassel, Mosenthalstr. 14

Liebe Schwester! O wie nett,
Ist doch dieses Singquartett!
Mit Gefühl und hohem Schwung
Heftiger Begeisterung
Bringen diese braven Vier
Ein entzückend Ständchen Dir.
Auch von mir u. meiner Friedl
Grüßen sie in ihrem Liedel.
Heil! Friedl u. Paul

Poststempel: Marnheim, 4. 7. 06, 12–1 Nm/Cassel Ankunft 5. 7. 06, 12–1 V.
Adresse: Fräulein Martha Münch, Luisenhaus II, Cassel, Mosenthalstraße 14

„Hausgemachte" Karten an seinen Vater,
seine Mutter und seinen Vetter Otto
und unadressierte und undatierte Karten

> Hier im Café-Restaurang
> Sitzen wir schon stundenlang
> Führen massenhaft Gebäck
> In den Magen zu dem Zweck
> Unsern Körper zu erlaben,
> Bis wir uns gesättigt haben. –
> Und die hohe Wonne ganz
> Fühlen wir im Kaffekranz.
> Und wir schwingen unsre Tassen,
> Daß wir hoch Euch leben lassen.
> Paul Münch
> Marie Wollenweber
> Martha Münch Herzl. Grüße!
> Friedel grüßt Euch herzlich!

Poststempel: K. B. Bahnpost . . . 28. Mai 11
Adresse: Herrn Pfarrer Münch, Lustadt, Pfalz
Zeichnung datiert und signiert: P. M. 1911

Sieh, da steht ein junger Mann
An dem Postbriefkasten dran,
Um die Karte einzuschieben,
Die er der Mama geschrieben.
Aber, ach, das Schicksal ist
Manchmal voller Hinterlist,
Denn ein schrecklich Mißgeschick
Gab's im nächsten Augenblick.

Morgen wirst im Bild Du sehen,
Was dem jungen Mann geschehen. –
Herzl. Grüße! Paul u. Martha.

Vielen Dank auch für den Brief. Geh doch ja einmal mit in den Kino, Du schaust! Bei uns geht alles gut. Herzliche Grüße an Klara, Karl u. Tante Schramm. Kuß v. Deiner T.

Poststempel: Lustadt, 11. Aug. 12, 6–7 Nm
Adresse: Frau Pfarrer Münch bei Herrn Dr. K. Münch, Augenarzt, Göppingen (Wttbg), Hauptstraße 34

Lieber Vetter Otto!

Hier hast Du mein neuestes Werkchen, das Dir im fernen Land kleine pfälzische Heimatklänge bringen soll. Heil Dir, o Mitbezwinger von Kut el Amara. Deinetwegen haben wir heute die Fahnen herausgetan u. die Schuljugend freut sich des freien Tages, den sie Euerer Tapferkeit verdankt. – Im zweiten Teil des beiliegenden Büchleins, der im Sommer erscheinen soll, will ich auch Euere Taten im Irak besingen u. zu dem Zweck wäre ich beglückt, wenn Du mir einen ausführlichen Schreibebrief losließest. Bald werde ich auch zum Militär eingezogen werden, um den endgültigen u. entscheidenden Sieg an meine Fahnen zu heften. Man will mich zur Fußartillerie tun, mit der ich alsdann heftig kanonieren werde. Von Dir lese ich hie u. da einiges Interessante, wenn ich nach Landau komme.

Heil u. Sieg! Dein tr. Vetter Paul.   2. Mai 1916.

O Cäsar, laaf, sunscht geht ders schepp!
Jetz kriegsch de kolossal bei Knepp!
Mer sin schun do, mer Mannemer.
Dei Hossebeen die spanne mer.

Aus „de Cäsar" in „die pälzisch Weltgeschicht" von Paul Münch.

Ohne Poststempel (wohl in Umschlag verschickt).
Bleistiftvermerk: erh.(?) 12. VII.
Zeichnung (farbig; Druck)

Gedichtete Briefe an seine Frau

„Dresdener Wochenchronik"

Hochbegeistert will ich dichten,
Um das Neuste zu berichten,
Was sich in der guten Stadt
Dresden zugetragen hat:

Von der heißen Witterung
Meld' ich mit Erbitterung;
Diese Hitze find' ich nämlich
Haupthaarsträubend, kraß und dämlich:
Hundertzwanzig Fahrenheit
In dem Schatten waren heut.
Selbst im tropisch heißen Pendschab
Stirbt verdurstend da der Mensch ab.
Ich jedoch im *„Hirsch am Rauchhaus"*
Füllte mir mit Bier den Bauch aus,
Um nicht durstig zu verderben
Und verschmachtend hinzusterben.
Schwupp! Eh' man gedacht es hatte,
War auch eine „kalte Platte"
In den Magen eingeführt,
Worauf Kühlung ich gespürt.
Diese „kalte Platte" war
Hochpikant und wunderbar,
Denn im *„Hirsch am Rauchhaus"* gibt es
Stets was Gutes und Beliebtes. —

Eine andre Neuigkeit
Ist noch zu verzeichnen heut':
Endlich hat das Landgericht
Jenen schlauen Dieb erwischt,
Der so oft schon tags und nächtlich
Diebstahl übte ganz beträchtlich,
Indem er die Ladenkassen
Einfach hatte mitgehn lassen,
Und indem er in Lokalen
Praßte, ohne was zu zahlen.

Dieser und sein Kamerad,
Der ihm Hehlerdienste tat,
Kriegten als besondre Lohnung
Eine ganz besondre Wohnung:
Zwei Jahr Zuchthaus ganz mit Recht. —
O wie ist die Welt so schlecht,
Rief ich da nach altem Brauch aus,
Eilte in den „*Hirsch am Rauchhaus*",
Um dort bei dem feinen Essen
Meinen Weltschmerz zu vergessen. —
Kaum glaubt man, wie schön es sei
Dort in der Konditorei,
Was für schlemmerhafte Sachen
Süß uns dort entgegenlachen.
O! Ich kann nicht Worte finden,
Ihnen all das jetzt zu künden,
Aber in den nächsten Tagen
Werd' ich Ihnen weitres sagen.

Man., sauber mit Tinte geschrieben; mit Bleistift: einige Bemerkungen und „Interwies"
„Münch"
also: *früher* „gedichteter Brief"; vor 1904

Liebe teuere Elfriede!

Schwer betrübt es mein Gemüte,
Daß Du gar so schrecklich wenig
Schreibst an Deines Herzens König.
Ließest gar Du einen andern
Jüngling Dir ins Herze wandern?
Oder naget eine Krankheit
An des Körpers zarter Schlankheit,
Also daß Du leider weder
Tinte noch die Schreibefeder
In Bewegung kannst versetzen,
Um den Bräut'gam zu ergötzen?
Oder konservierst Du Obst,
Daß des Schweißes Perle tropst?
Oder nähst Du tags und nächtig
An der Aussteuer so mächtig?
Auf, ermanne Dich und schreibe
Deinem Schatz, daß treu er bleibe.
Sonst begeh' ich aus Verzweiflung
Eine wahre Höllenteuflung.
Denn des Nachbars schönem Lieschen
Gäb' ich treulos dann ein Küßchen.
So Du aber bald mir schreibst,
Wie die Zeit Du Dir vertreibst,
Was Du tust und wie Dir's geht,
Tu ich's aber lieber net.
Sei recht herzulich gegrüßt
Und noch herzlicher geküßt
Von dem Bräutigam, dem treuen,
Der auf Antwort sich tut freuen.

Konzept (mit eindeutigen Verbesserungen); Bleistift;
zwischen Verlobung und Hochzeit, also 1904/1905; Nachlaß

Liebe Gattin! Dies Papier
Mach ich zum Geschenke Dir
Als ein Weihnachtsangebinde,
Was ich äußerst sinnig finde.
Wenn Du auf dem Locus sitzest
Und dann dies Papier benützest,
Wirst Du an dem Hintern hinten
Es voll Dankbarkeit empfinden,
Wie so liebevoll Dein Mann
Dies Geschenk für Dich ersann,
Und wie groß der Gegensatz
Gegen früher ist, mein Schatz.
Früher zog man das Papier
Ohne Wahl und Plan herfür —
Aus Kalendern, Katalogen
Hat man es hervorgezogen,
Ohne viel zu überlegen.
Doch der Hygiene wegen,
Wegen Infektionsgefahr,
Ein Papier zu meiden war,
Welches beiderseits bedruckt,
Viel Bazillen eingeschluckt.
Ein Papier, das außerdem
Im Gebrauch höchst unbequem,
Da es, weil es dick und hart,
Schmerzlich oft empfunden ward.
Oder brüchig war's und dünn,
Also ohne Zweck und Sinn.
Alles solches Mißgeschick
Liegt nun hinter uns zurück
Durch die Rolle von Papier,
Die ich überreiche hier.
Zum besondern Zweck gemacht
Ist es weich und lind und sacht.
Also daß es ein Genuß,
Wenn man auf den Locus muß.
Mögest Du bei jeder Sitzung
Und bei des Papiers Benützung
Immer denken an den Mann,
Welcher dies Geschenk ersann,
Das er Dir in Liebe weiht.
Nütze es in fernste Zeit!

Konzept, Bleistift; rotes Merkbuch 1917/18; Nachlaß

Mächtig ist des Franzmanns Spaß,
Wenn er jemand ohne Paß
Auf der Straße, auf der Bahn
Oder sonst erwischen kann.

Ach, ein ganzes Jahr, ein volles,
Setzt er einen in den Bolles;
Oder straft an Gut und Geld,
Daß das Haar sich senkrecht stellt.

Deshalb, treugeliebte Frau,
Schicke ich Dir sorglich schlau
Deine Carte d'identitée,
Daß es Dir nicht grad so geh. —

Du bist glücklich, will ich hoffen,
Bei der Mutter eingetroffen,
Warst vom Wiedersehn gerührt,
Wie's der Tochter sich gebührt.

Tausend Grüße sage ihr
Zum Geburtstag auch von mir.
Ebenso die andre Sippe
Sei gegrüßt mit Hand und Lippe. —

Über uns in Kaiserslautern
Weiß ich Neues nicht zu plaudern —
Außer daß wir Dich vermissen.

Sei gegrüßt mit tausend Küssen.

Dein treuer Paul

Original, mit Tinte geschrieben; 1928 während der französischen Besatzungszeit; datierbar durch Papier; Nachlaß

Meine liebste Friedel!

Heute lege ich Dir zwei
Bildchen zum Betrachten bei.

Eins zeigt Dich und Fräulein Mohr
Vor des Hauses Rosentor,
Wie ihr grade korbbeschwert
Von dem Markte heimgekehrt.

Auf dem zweiten, liebe Frieda,
Siehst Du Jakob und Frau Ida
Und die Tochter dieser beiden
Und Dich selbst froh fürbaß schreiten.

Leider ist die andre Platte,
Die ich noch belichtet hatte,
Nicht geworden wie sie sollte,
Weil der Autoknips nicht wollte.

Nun will ich noch kurz beschreiben,
Was wir essen, tun und treiben.

Also: gestern gab es Eis,
Denn das Wetter war sehr heiß.
O es schmeckte fein wie Manna,
Denn es fertigte Johanna
Eine feine, delikate
Creme aus derber Schokolade,
Zucker, Milch und ein'gen Dottern.
Niemals gab es einen flottern
Eiscreme in der Welt als diesen,
Den wir nun gefrieren ließen. —

Vier Uhr war's. Am Sitzplatz draus
Aßen wir die Dose aus,
Bis uns beiden unsre Ohren
Und die Nasen steif gefroren.

Sonst geht alles hier am Ort
In gewohnter Ordnung fort:
Deine Blumen schön zu pflegen,
Ist uns sehr am Herz gelegen.
Und der Haushalt funktioniert
Reibungslos als wie geschmiert.
Kurz, es wäre rein zum Lachen,
Wolltest Du Dir Sorgen machen.

Trotzdem bin ich arig froh,
Wenn Du glücklich wieder do.

30. 7. 28
Dein treuer Paul

Original; Tinte; Nachlaß

Meine liebe Friedel!

Die Zeit verrinnt. Ein großes Trumm
Der Ferienzeit ist schon herum.
Und in vier Wochen setzt sich leider
Das angefangne Schuljahr weiter
Mit seines Dienstes ödem Zwang
Und dauert sechzehn Wochen lang,
Bis wiederum zur Weihnachtszeit
Anhebt die Ferienlustbarkeit.
Du bist in München, will ich hoffen,
Voll Tatendrangs herumgeloffen
Und hast schon vieles angeguckt,
Wonach Dir Deine Seele juckt,
Tatst „Heim und Technik" Dir besehen
Und warst in allerlei Museen.
Hast auch vielleicht mit vieler List
Erfahren, wo der Laden ist,
Wo man den Stephans-Schuh erhält,
Der Dir und mir so gut gefällt.
Gelt! Kauf Dir nur und tu' nicht knixen!
Tu' lieber etwas mehr verwichsen,
Denn Schwager Boz läßt sich nicht lumpen
Und wird Dir sicher etwas pumpen,
Wenn Dir am Ende gar vielleicht
Dein mitgenomm'nes Geld nicht reicht.
Mir geht es gut an Leib und Seele. —
Johanna sagt, daß mir nichts fehle.
So gab es gestern Schweineschnitzel,
Ein raffinierter Gaumenkitzel.
Heut taten wir's einmal versuchen
Mit einem Heidelbeerenkuchen
Nebst einem Hafen Grumbeersupp.
Ich sage Dir: mit *einem* Schwupp
War alles in dem Bauch verschwunden,
Was vorher auf dem Tisch gestunden.
Du siehst: in leiblichem Bezug
Geht es mir wirklich gut genug.
Nur *Du* bist's, die ich schwer vermisse
Und die ich treu und innig küsse.
Dein lieber Paul.
31. 7. 28

Original; Tinte; Nachlaß

Meine liebste Friedel!

Diesem Briefe leg' ich bei
Mein geknipstes Konterfei,
Daß Dir auch im fernen Land
Stets der Ehemann zur Hand,
Wenn's auch nur im Bild kann sein
Und nicht selbst in Fleisch und Bein.

Heute in der Morgenkühle
Ging es zeitig aus dem Pfühle.
Dann mit Rechen und mit Spaten
Zogen wir zu großen Taten:
Nämlich in dem Garten haben
Wir zwei Länder umgegraben
Für Endiviensalat,
Daß man ihn im Herbste hat.

Gestern gab es ein Gewitter;
Doch berührte es mich bitter,
Daß nur wen'ge Tropfen fielen,
Welche keine Rolle spielen,
Weil sie zwecklos und umsunsten
In den Weltenraum verdunsten.

Heut gab's Schweinekoteletten,
Dazu einen schmackhaft netten
Wirsching mit Kohlrabi drin
Und Kartoffeln. — Ja, ich bin
Von Johannas Küchenkünsten,
Kochen, Braten, Backen, Dünsten,
Überrascht. — Ich kann Dir sagen,
Rund und stattlich wird mein Magen.

Grade kamen Deine Karten.
Liebe Friedel! Wir erwarten
Dich am Samstag fünf Uhr dreißig.
Sei gegrüßt und denke fleißig
An den Ehemann, der wo
Froh ist, wenn Du wieder do.

1. 8. 28
Dein lieber Paul

Original; Tinte; Nachlaß

An Friedel

Rastlos strebt die Menschheit weiter
Auf der Welterkenntnis Leiter,
Atemlos zum Gipfel keuchend,
Aber niemals ihn erreichend.

Zwar es weitet sich der Blick
Stuf' um Stufe, Stück um Stück.
Aber leider zeigt sich auch
Mancher Nebel, Dunst und Rauch,
Der die Aussicht neidisch hindert
Und uns den Genuß vermindert. —

Ja, so geht's den Wissenschaften!
Stets und immer wieder haften —
Grade um die schönsten Gipfel —
Nebelfahnen, Wolkenzipfel,
Haften dort und stehn und schweben,
Haften dort am Berg und kleben
Unverrückbar alle Tage —
Selbst bei schönster Wetterlage.

Doch der Mann der Wissenschaft
Steht geduldig, steht und gafft,
Gafft in heißem Sehnsuchtsfieber
Unablässig dort hinüber,
Hoffend, durch die Wolkenspalten
Einen Durchblick zu erhalten. —

Doch die Wolken hängen zäh
Unverrückbar je und je.

Solcher Tragik schicksalhaft
Unterliegt die Wissenschaft.
Jeden Zweig und jede Sparte
Trifft das gleiche Los, das harte.
Trifft besonders jene Herrn,
Die, dem Weltgetriebe fern,
In Gebiete sich verbeißen,
Welche wir „abstracta" heißen. —

Aus Gedanken kühn und neu
Machen sie sich ein Gebäu,
Um von desen stolzen Zinnen
Einen Weitblick zu gewinnen.
Aber schau nur! Welch ein Schaden!
Da und dort sind Nebelschwaden,
(Eben jene obgenannten,
Die wir als so zäh erkannten).
Tragik des Gelehrtentums
Und der Bremskeil seines Ruhms!!

Kurz, Du siehst, daß schwer gelackt is'
Der Gelehrte in abstractis.

Doch auch jenen Wissenschaften,
Die an der Materie haften,
Mehr zum Stofflichen sich neigen,
Ist die gleiche Tragik eigen.
Jeder auf besondrer Spur
Sucht Erkenntnis der Natur.
Aber alle sind betrogen:
Chemiker und Geologen,
Physiker, Botaniker,
Techniker, Mechaniker.
Jeder steigt auf seiner Leiter
Immer weiter, immer weiter.
Jeder guckt und guckt und stiert,
Ob die Wolke sich nicht rührt,
Die die Aussicht ihm versperrt,
Worin er sich aber schnerrt. —

Frau, ich seh's an Deinen Augen,
Die sich fragend an mich saugen,
Daß Du denkst: „Es ist doch häßlich,
Wie mein Mann mich hart und gräßlich,
Fühllos und mit roher Hand,
Grinsend auf die Folter spannt.
Martert mich mit Reimgeklingel
Und serviert mir frech, der Schlingel,
Eine Brühe, schal und dünn,
Ohne einen Knödel drin.

's ist genug nun des Gedudels,
Vorwärts nun zum Kern des Pudels!!"

Also gut! Um fortzufahren,
Wo wir stehngeblieben waren:

Ich erbrachte den Beweis,
Daß der Mensch trotz Müh und Fleiß
Nie vollständig das erreicht,
Was das Ideal ihm deucht.

Nur ein einziges Exempel
Bilde der Bestät'gung Stempel:

Wer das optische Gebiet
Kritisch in Betrachtung zieht,
Dem bereiten manche Schwächen
Dieses Genres Kopfzerbrechen.
Nehmen wir z. B. an,
Irgend ein naiver Mann,
Der von Optik nichts versteht,
Füllt sein Portemonnaie und geht,
Ohne sich erst zu beraten,
Stracks in einen Photoladen.

„Sie, mein Herr!" so spricht er dort,
„Ich benötige sofort
Einen prima Apparat,
Welcher dito Optik hat,
Nicht so irgend einen Quark,
Nein haarscharf und hell und stark,
Wo die Bilder vorn und hint'
Von gestoch'ner Schärfe sind."

„Ach!" denkt sich der Photomann,
„Dieser erznaive Mann
Hat von Optik keinen Dunst
Und von echter Lichtbildkunst.
Diesen Herrn, den neunmal weisen,
Könnte ich jetzt schwer bescheißen,
Ungestraft und ungefährlich. —

Doch ich bin nun einmal ehrlich
Und will diesen Herrn belehren
Und ihm alles schön erklären."

Und er spricht: „Was Sie da meinen,
Muß als Widersinn erscheinen:
Tiefenschärfe, hohes Licht,
Dies verträgt sich leider nicht.
Wie sich beides läßt verbinden,
Dieses gibt's noch zu erfinden.
Donnerwetternocheinmal,
Dieses wär' das Ideal.
Aber ich als Mann vom Fache
Bin sehr skeptisch in der Sache.

Wünscht man *Schärfe* in den Bildern,
Muß man halt die Helle mildern. —

Reflektieren Sie auf *Helle*,
Dann kann nur an *einer* Stelle
Schärfe in das Bildchen kommen,
Alles andre wird verschwommen.

Dies sind ewige Gesetze,
Unverrückbar feste Klötze,
Die durch keines Geistes Kraft
Werden aus der Welt geschafft.

O, was hat man auf der Welt
Schon für Hirnschmalz, Zeit und Geld
Aufgewandt, um zu erreichen,
Diesen Zwiespalt auszugleichen.
Aber alles ist vergebens —
Und so bleibt es wohl zeitlebens.
Keine Linse, kein System
Ändert was an *dem* Problem.

Kein Tessar, kein Dominar,
Nicht einmal der Heliar
Ändert auch nur einen Deut
Der Gesetze Gültigkeit.

Trotzdem! Zähe, wie er ist,
Wird der Mensch zu keiner Frist
Mit den Dingen, wie sie liegen,
Sich so kurzerhand begnügen.
Vielmehr wird von andern Seiten
Neue Wege er beschreiten.
Und schon greift ein neuer Plan
Praktisch diese Frage an:

Nämlich man erhöht zur Zeit
Riesig die Empfindlichkeit
Unsrer photograph'schen Platten
Vier-fach, wie sie früher hatten.
Dieser Weg löst zwar nicht ganz
Obgesagte Diskrepanz,
Aber man ist doch schon viel
Näher am gesteckten Ziel.
Denn die Optik kann jetzt klein
Und glatt vier mal schwächer sein.
Dadurch, wie ich schon tat schildern,
Steigt die Schärfe in den Bildern,
Was doch immer klipp und klar
Ziel und Zweck der Übung war.

So ist man auf andern Pfaden
Ziemlich nah ans Ziel geraten.

Diesem Fortschritt folgt auch schon
Manche neue Konstruktion
Photograph'scher Apparate.

Sehen Sie, hier hab ich grade
Eine ganz besonders nette
Rollfilmkamera ‚Billette',
Äußerst billig und bequem
Nach dem neuesten System
Leicht und einfach zu bedienen.
Kaufen Sie! Ich rat' es Ihnen."

Also sprach der Photomann.
Ich stand lauschend nebendran

Und ich sprach zu mir: „Schau, schau,
Dies wär was für meine Frau,
Die ja schon vor vielen Wochen
Solchen Wunsch mir ausgesprochen."
Und ein leiser Wunsch von Dir
Ist Befehl und Auftrag mir.

Und so kauft ich eingedenk
Deines Wunschs Dir dies Geschenk,
Das Dich hoffentlich recht freut
Im Gebrauch sowohl wie heut. —

Und nun gib mir auf die Schnuß,
Friedel, einen Weihnachtskuß!

23. 12. 30
Dein treuer Paul.

Reinschrift, Bleistift; Nachlaß

Zum 2. Juni 1931

Frau, glaub es mir, ich bin ein Kenner
Und im Recht, wenn ich die Männer
In unumwunden scharfer Weise
Die schlimmsten „Nützerache" heiße.

Du, die schon zweieinhalb Jahrzehnt
Im schwersten Ehejoche stöhnt,
Du hattest ja in dieser Zeit
Die trefflichste Gelegenheit,
An *Deinem* Ehmanns-Exemplar
Herauszubringen klipp und klar,
Wie tiefverwurzelt und verstockt
Die Eigensucht im Manne hockt.

So sieht's beim Essen jeder Mann
Für recht und selbstverständlich an,
Daß er den besten Happen frißt,
Der auf dem Tisch befindlich ist.
Bescheidenheit hält er für Bürde
Und schädlich seiner Männerwürde.

Die Zeitung packt er eigensüchtig
Und geht dann mit derselben flüchtig,
Wobei er gar nicht überlegt,
Daß auch die Frau Intresse hegt
Für Politik und Börsenschliche
Und für die Sachen unterm Striche.
Erst andern Tages oder nie
Kommt dann die Zeitung auch an sie.

Und ist das Radio etwa
Nur für den „Herrn der Schöpfung" da?!
Ja, ja! Wenn irgend so ein Mist
Auf dem Programm zu finden ist:
Jazz oder bayrisches Geschnackel,
Fußball und sonst'ger Sportspektakel,
Vielleicht gar „Pfälzer Sendestunde",
Dann kommt der Mann mit süßem Munde:
„Schatz, willst Du nicht den Radio haben,
Um Deine Seele dran zu laben?"

Kurz alles, was etwa dem Leben
Reiz, Form und Lust vermag zu geben,
Das alles ist für ihn allein;
So bildet sich der Bazi ein.

Ja, ja! Mein Weib! — So sind wir Männer.
Ich weiß es, denn ich bin ein Kenner
Und fühle mich in Herz und Brust
Im höchsten Grade schuldbewußt. —
Doch wer den Fehl, der ihn bedeckt,
An seiner Seele selbst entdeckt,
Der weiß auch schon zum guten Teil
Den Weg zu seinem Seelenheil.

So komm ich denn als reuiger Mann
Mit einem zweiten Radio an,
Der nur für Dich als Frau allein
Zum Hausgebrauch bestimmt soll sein.

Ich bitte Dich: Benütz ihn häufig
Und nicht bloß manchmal und beiläufig,
Dann wirst Du dauernd in mir stärken
Den Drang nach weitern guten Werken.

Dein treuer Paul

Reinschrift; Tinte; Nachlaß

Ich weiß es, wie die Frauen dürsten
Nach Besen, Schrubbern, Pinseln, Bürsten,
Wie sie in allen Läden schnuppern
Nach Bürsten, Besen, Pinseln, Schrubbern,
Wie sie beim Wirtschaftsamte winseln
Nach Besen, Schrubbern, Bürsten, Pinseln.
Kurzum, es ist ein mühsam Wesen
Um Pinseln, Schrubbern, Bürsten, Besen,
Und alle Mühe, Last und Hatz
Ist trotzdem gänzlich für die Katz.

Hier bietet sich dem Ehemann
Ein Feld, auf dem er wirken kann
Sofern er seine Gattin achtet
Und sie zu unterstützen trachtet.
Er schleicht sich also tatenlüstern
Vorsicht, heimlich und im Düstern
Auf leisen Sohlen und versteckt
Mit irgend einem Tauschobjekt
Dorthin, wo ehrlos und verlaust
Das schwarze Marktgesindel haust.

Manuskript; Bleistift, handschriftlich; Fragment ?; Datierung: nach 1945; wohl für seine Frau; Nachlaß

... an seine Eltern

       Die Schwiegertochter und der Sohn
       Sind da seit zwei, drei Tagen schon.
       Sie kamen Mittwoch mit der Bahn
       Um 3 Uhr 33 an.
       Doch an Karfreitag 3 Uhr 04
       Sind sie schon wieder fort von hier,
       Und sind bis knapp 3/4 7
       Schon wiederum in Lautern drüben —
       Nach einer Stunde Aufenthalts
       In Neustadt — Perle von der Pfalz.
       Doch lang noch brennt in unsrer Bruscht
       Erinnerung und Dank nach Luscht*.

* Lustadt

Konzept, Bleistift; rotes Merkbuch 1917/18; Nachlaß

Gereimte Glückwünsche und andere Gelegenheitsgedichte

Anmerkungen des Herausgebers:

So wie seine „hausgemachten" Karten mit Bildern und Versen und seine „gedichteten Briefe" sind auch die gereimten Glückwünsche, Dankesbriefe und andere Gelegenheitsgedichte spontane künstlerisch-poetische Äußerungen Paul Münchs. Sie sind an Hermann Hussong und Familie und an Gertrud Lorch, ferner an seine Lehramts-Kollegen und an andere Freunde und Bekannte gerichtet. Dazu zählen auch Auftragsarbeiten.

... an Hermann Hussong und Familie

An Hermann Hussong
aus Dinkelsbühl. 1925

Dinkelsbühl ist zweifellos
Intressant und hochfamos.
Wie ist Lautern städtebaulich
Dahingegen doch so raulig!
Das wird viele Arbeit geben,
Kaiserslautern so zu heben,
Daß es Dinkelsbühl erreicht.
Freund, nur Mut! Es geht — vielleicht.

Zur Geburt von Hans Hussong
19. 4. 1912

Eben höre ich ganz meuchlings
Von der Ankunft eines Säuglings,
Welcher männlichen Geschlechts ist.
Hoffen wir, daß er was Recht's ist.
Daß er erbe von dem Vater
Seine künstlerische Ader
Und daß er als Mann von Geist
Sich in späterer Zeit erweist.

Das Wischpapier*
Hermann zum Geleit

Teurer Freund, Du wirst von allen
Spießern tückisch angefallen,
Also, daß es beinah scheint,
Nirgends blühe Dir ein Freund.

Sieh, noch gibt es treue Herzen,
Die für Dich ins Feuer sterzen,
Denen jeder Teil an Dir
Heilig bleibet für und für.

Und so habe ich auch heuer
Zu des Freundes Jubelfeier
Treu und heiß an Dich gedacht
Und Dir dies Geschenk gemacht:
Eine Rolle Wischpapier
Zu Gebrauch und Lokuszier,
Feinst gekreppt und perforiert. —

Wenn Du noch so sehr verschmiert,
Hokus, pokus!
Sauber ist Dein Dogus!!
Denk drum auf dem Lokus
Jedesmal bei jedem Blatt
Dessen, der's gestiftet hat. —

Deine treuen Freunde Münch.
20. 9. 1925(?)

* Titel: Hrsg

An Hermann
(Mit Sellerieknollen)

Dies' Gemüse, alter Knabe,
Welches ich nicht nötig habe,
Schenk ich Dir mit der Bemerkung:
„Iß es zu Genuß und Stärkung,
Daß Du Amts- und andre Pflichten
Forsch und freudig kannst verrichten.
Hast Du später wieder nötig,
Bin ich weiterhin erbötig."

(Mit Sardellen und Kapern)

Ein Labsal ist in vielen Fällen
Ein kleines Döschen voll Sardellen.
Hier hast Du eins nebst etwas Kapern,
Sonst könnte es Dir daran hapern.

1925

Hans Hussong zur Konfirmation

Seit kurzem ging ein leises Munkeln
Bei Kegeltanten und Kegelunkeln:
Hans Hussong, Hermann Hussongs Sohn,
Wird heuer konfirmieret schon.

Es faßte drum die Kegelbahn
Einmütiglich den schönen Plan,
Dem braven Hans zum Angedenken
An dieses Fest ein Buch zu schenken.

Hier nimm es, lies drin, freu Dich dran
Und denk dabei der Kegelbahn,
Die Deinen Eltern jederzeit
Ein Born ist frohster Lustbarkeit.

So wünschen denn dem Konfirmanden
Die Kegelunkel und Kegeltanten,
Daß Du auch weiterhin gedeihst
Und Deine Eltern stets erfreust.

1926

Der Hemdenknopf*
An Hermann

Die Bedeutung einer Sache
Richtet sich nicht nach dem Krache,
Dem Spektakel und Radau,
Dem Gepolter und Klamau,
Den sie selber von sich macht,
Noch nach ihrer äußern Pracht,
Sondern nach dem innern Wert,
Wie das schon die Bibel lehrt.

Darum, als ich mich besann,
Was ich Dir heut schenken kann,
Fuhr mir's plötzlich durch den Kopf:
Kauf ihm einen Hemdenknopf!
Ein Geschenk, zwar klein, doch sinnig,
Billig zwar, doch zehnfach innig.
Denn nichts kann im Menschenleben
Sich noch anspruchsloser geben
Als der Hemdenknopf es macht,
Ohne jede äußre Pracht.

Und doch ist sein innrer Wert
Staunenswert und unerhört.
Denn der Mensch ist nur ein Tropf
Ohne einen solchen Knopf,
Weil der Kragen an dem Hals
Und die Binde ebenfalls,
Jedes Mannes höchste Zierde
Und die Basis seiner Würde,
Haltlos auf- und abwärts gehn,
Was höchst spaßhaft anzusehn.

Wer was hält auf äußre Ehren,
Kann das Knöpfchen nicht entbehren,
Kein Monarch und kein Minister,
So verteufelt wichtig ist er.
Da hilft Titel nicht noch Amt!
Ohne Knopf bist Du verdammt
Zu der jämmerlichsten Rolle,
Wovor Gott Dich wahren wolle.

Daraus siehst Du, lieber Freund,
Wie ich's gut mit Dir gemeint,
Als ich Dir dies Knöpfchen schenkte,
Daß ich zwar kein Geld dran hängte,
Daß ich aber Tag und Nacht
Sorglich auf Dein Wohl bedacht.

20. 9. 1926 P. M.

* Titel: Hrsg.

Die Schuhsenkel*
An Hermann

Ich vergaß es leider fast,
Daß Du heut Geburtstag hast
Und Dir feierlich zu huldigen;
Dieses wollest Du entschuldigen!

Zwar ist nur recht klein die Gabe,
Die ich Dir zu weihen habe,
Aber praktisch, lieber Freund,
Und vor allem gut gemeint.

Stell' Dir vor, daß an den Schuh'n
Dir die Bändel reißen tun,
Während Du in stolzer Pose
Und mit hochgezogner Hose
Und mit ebensolcher Nase
Wandelst durch die Fischerstraße.

Langsam wird der Schuh gelockert,
Gleich drauf schlappt er, klappt und schlockert
Und die ganze Majestät,
Die Dich sonst so hold umweht,
Die ist futsch in einem Nu
Durch den Bändel an dem Schuh.

Denn ein jeglicher Passant
Lächelt bös und süffisant
Und tut frech die Nase rümpfen
Trotz der Pracht von Deinen Strümpfen.

Gleich drauf heißt's beim Hexenbäcker:
„Heh?! De Hussong!! Der Verrecker,
Seller Lump un Halsabschneider,
Der Blutsuckler" und so weiter,
„Den wo meer mit unsre deire,
Sauer abgesparte Steire
In Klass' dreizeh halle misse,
Laaft erum — verroppt, verrisse,
Lumbig, dreckig, schmeerig, babbig,
Franslich, zorrelig un schlappig, —
Dem sei Fraa!! — O geh mer fort!
Das is grad die nämlich Sort!!"

Also boshaft und gehässig
Spricht man laut und unablässig. —
Und Dein Ruhm, schwer aufgerichtet,
Wird an *einem* Tag vernichtet,
Ebenso der gute Ruf,
Den sich Karoline schuf.

So hat kleine Ursach oft
Große Wirkung unverhofft.
Und Du siehst, o Freund, nun ein,
Wie gemütvoll und wie fein
Das Geschenk ist ausgedacht,
Das ich Dir hab dargebracht.

Nimm, o Hermann, diese Senkel
Als ein kleines Festgeschenkel
Mit den allerbesten Wünsch'
Von der Friedel und Paul Münch.

20. 9. 1927

* Titel: Hrsg.

Der Kalender*
Zu Neujahr 1928

Und wenn die Menschheit noch so schnell
Fortschreitet technisch und kulturell,
Eins wird ihr nie und nimmer gelingen:
Licht in das Dunkel der Zukunft zu bringen.
Da bleiben wir dumm für ewig und immer
Wie Adam und Eva. Womöglich noch dümmer.
Und nichts bleibt übrig in solchen Fällen,
Als eine Frage ans Schicksal zu stellen.
Drum, wenn ihr wollt wissen klipp und klar,
Wie es euch gehn wird im kommenden Jahr,
Dann ziehet diesen Kalender zu Rat,
Den ich für euch konstruieren tat.

Hier stehet ein Kasten mit einem Knopf,
Drauf drückt man mit bangem Herzgeklopf;
Auf springt der Deckel. Das ist der Moment,
In dem man genau die Zukunft erkennt.
Springt nämlich aus der Kiste ein Teufel,
Dann habt ihr im nächsten Jahr Pech ohne Zweifel.

Doch wuppdich! Da springt aus dem Kasten herfür
Glückbringend ein freundliches Wutzentier.
Familie Hussong aber kann sich
Selbst gratulieren für achtundzwanzig.

P. M.

* Titel: Hrsg.

Die Zahnstocher*
Widmung zum 20. September 1928

Es nagt der Zahn der Zeit und beißt
An allem, was „vergänglich" heißt.
Und auch der Mensch infolgedessen
Wird angenagt und angefressen.
Ach! Unsre Schönheit wird zuschanden,
Das Haar kommt mählich uns abhanden;
Der Zähne Zaun in unsrem Mund
Geht durch den Zahn der Zeit zugrund,
Und statt der weißen Perlenpracht,
Die einst aus unserm Mund gelacht,
Sind Plomben, Blenden, Lücken, Brücken
An dieser Stelle zu erblicken.

Wohl ist der Mensch bei Tag und Nacht
Mit heißer Mühe drauf bedacht,
Die Zähne, die im Mund ihm blühen,
Dem Zahn der Zeiten zu entziehen.
Umsonst! Der Zahn der Zeit nagt weiter:
Erst schickt er seine Wegbereiter:
Mikroben, Pilze und Bazillen,
Die voller Tücke und im Stillen
Ihm heimlich all die Stellen weisen,
Wo er soll nagen oder beißen.

Hier flaue Mittel anzuwenden,
Ist grundverkehrt und muß schlecht enden,
Denn Bürste, Myrrhen und Odol
Sind alles hübsche Sachen wohl,
Doch muß man außer diesen Dingen
Noch etwas an die Zähne bringen,
Vorbeugend, radikal und scharf
Und stets zu Händen bei Bedarf. —

„Zahnstocher" heißt der Gegenstand
Im deutschen Sprachgebrauch benannt.
Der Stoff hiezu ist mannigfalt,
Desgleichen Farbe und Gestalt;
Der *arme* Mann mit wenig Stolz
Schnitzt ihn aus einem Span von Holz.
Doch Menschen von Kultur und Stil

Benutzen mehr den Federkiel,
Was zweifellos das Allerbeste.

Und drum, o Freund, zum Wiegenfeste
Laß Dir von mir zum Angedenken
Ein Päckchen Federkiele schenken!
O trage stets aus diesem Pack
Ein Exemplar im Westensack!
Und, lieber Freund, versäume nicht,
Sogleich nach jedem Fleischgericht
Diskret und ohne viel Geräusch
Die Überreste von dem Fleisch,
Die in die Zähne sich verklemmen,
Herauszustochern und zu stemmen.

So wird's dem Zahn der Zeit erschwert,
Zu bilden einen Fäulnisherd,
Um diesen später zu benützen,
Sein Nagewerk zu unterstützen. —
Doch ist ein Stocher außerdem
In *andrer* Hinsicht angenehm:
Der Braten, den wir mittags aßen,
Und den wir beinah schon vergaßen,
Tritt andern Tags mit neuem Schwung
Uns selig in Erinnerung,
Wenn wir aus eines Zahnes Ritze
Vermittels unsres Stochers Spitze
Ein Restchen dieses Bratens spießen,
Um es von neuem zu genießen,
So daß des Weibes Kunst erneut
Uns froh entzückt und baß erfreut.

Sieh, so empfängt die Gattenliebe
Stets neuen Anreiz, neue Triebe.
Und damit kann ein Stocher klein
Der unscheinbare Anlaß sein,
Daß Eheglück und Ehefrieden
Uns stets beseligen hinieden.
Dies, Hermann, ist der tiefe Sinn
Der kleinen Gabe. — Nimm sie hin!
20. September 1928   Paul Münch

* Titel: Hrsg.

Der Taschenkamm*
Zum 20. September 1929

Ja, lieber Freund, wir werden älter!
Das Haar wird licht, das Blut wird kälter,
Auf unsern Backen spielen Runzeln
Nicht nur beim Lachen oder Schmunzeln.

Und ach, schon bildet sich zum Hohn
Auf jede schöne Proportion
Am Leib, im G'nick und wo grad Platz
Ein rundlich feister Fettansatz.

Der Gang, die Schritte, die vor Jahren
Noch federnd und voll Grazie waren,
Ermangeln schon der Eleganz
Sowohl beim Gehen wie beim Tanz. —

Kurzum, mein Freund, wir werden alt;
Dies ist der nackte Sachverhalt.
Wir selbst in unserm eiteln Wahn
Erkennen dieses zwar nicht an,
Jedoch der Mensch, der außen steht,
Der merkt, wie's mit uns abwärts geht,
Wie unsere Mängel sich vermehren
Und wie die Jahre an uns zehren.

Doch weil wir, wenn wir's recht besehn,
Noch in den besten Jahren stehn,
Wo Männer, die was in sich tragen,
Noch nach den höchsten Zielen jagen,
So sollten wir gewissermaßen
Uns selbst am Ehrenzipfel fassen
Und unsre äußren Reize stützen,
Soweit wir diese noch besitzen,
Damit der Körper zu dem Geist
Sich nicht im Widerspruch erweist. —

Das ist es, warum ältre Herrn
In unsern Jahren sich so gern
Mit eleganten Kleidern zieren
Und stets den Spiegel mit sich führen.

Wie hatten wir es doch vordem
In unsrer Jugend so bequem!
Ob die Krawatte schepp gesessen,
Ob das Rasieren man vergessen:
Der Überschuß an Jugendpracht
Hat alles wieder gut gemacht.
Ja, selbst ein Loch in unsrer Hos'
War Folie unsrer Schönheit bloß.
Doch damit hat's heut abgepfiffen,
Denn abgewetzt und abgeschliffen
Und glanzlos ohne Licht und Schatten
Ist all der Schmelz, den wir einst hatten.

So heißt es also sich bequemen,
Die Mittelchen zur Hand zu nehmen, —
Kamm, Bürste, Schere und Tinkturen,
Um unsrer Schönheit letzte Spuren
Stets frisch auf Hochglanz zu polieren
Und hübsch und neu zu renovieren.

Dann geht durch alle Welt ein Staunen,
Ein Tuscheln und ein heimlich Raunen:
„Wie ist Herr Oberbaurat doch
Voll Schwuppdig und so reizend noch!"

Drum nimm, o Freund, aus meiner Hand
Hier einen kleinen Gegenstand,
Der zwar kein großes Wertobjekt,
Der aber eben das bezweckt,
Was ich als wünschenswert soeben
In Versform klar von mir gegeben,
Ein Taschenkamm! — Erhalte immer
Dein Haar damit in Pracht und Schimmer,
Und denk bei jeglichem Gebrauch
An Paul und seine Friedel auch. —

Paul Münch

* Titel: Hrsg.

Zu Weihnachten 1929

Es sind fast stets die gleichen Dinge,
Die ich als Weihnachtsgabe bringe:
Kalender, bildnerisch verziert
Und farbenprächtig koloriert.

Und diesen Usus, diesen alten,
Hab ich auch diesmal beibehalten
Mit einem kleinen Unterschied,
Den man beim ersten Blick schon sieht. —
Denn heuer gab die Dichterei
Mir nicht die nöt'gen Stunden frei,
Um den Kalender selbst zu pinseln
Mit saftig bunten Farbgerinnseln.

Jetzt ist halt nichts daran zu ändern. —
Drum hab ich aus den Bildkalendern,
Die man im Handelsweg erhält
Der schönsten einen ausgewählt,
Um ihn euch heut zu überreichen
Als nachbarliches Liebeszeichen. —

Zwar scheint mir's peinlich unpersönlich
Und ziemlich allerweltsgewöhnlich,
Jedoch, die Dienste, die er tut,
Sind sicherlich genau so gut.
Sein Hauptzweck ist, daß er euch freut,
Dann freuen sich auch 's Münche Leut'.—

24. 12. 1929

Ein Schächtlein Zigaretten*
Zu Hermann Hussongs 49. Geburtstag

Das Alter steigt, die Tugend wächst,
Wenn auch nur ziemlich schwach zunächst.
Wohl ist noch ziemlich stark zur Zeit
Der Drang zur Lasterhaftigkeit,
Doch manches zwingt uns dran zu denken,
Die Zahl der Laster zu beschränken,
Um jene, welche übrig bleiben,
In alter Stärke zu betreiben.

Schon hast Du als ein weiser Mann
Das Rauchen gänzlich abgetan
Und schufst dadurch für Deine Nerven
Nicht unerhebliche Reserven,
Die nun bei Deinen andern Sünden
Die nützlichste Verwendung finden.

Doch die Erinnrung an die Zeiten
Vergangner Lasterhaftigkeiten
Füllt, wie ich aus Erfahrung weiß,
Das Herz mit Wehmut süß und heiß. —
Drum, um den Übergang zu lindern
Und jene Wehmut Dir zu mindern,
Sei ein Geschenk Dir dargebracht,
Das Dir gewißlich Freude macht:

In einer Packung, einer netten,
Bring ich ein Schächtlein Zigaretten,
Doch ohne alles Nikotin,
Aus Schokolade. — Nimm sie hin!! —
Von außen sind's genau dieselben.
Wie solche von Tabak, dem gelben.

Sie mögen Dich, o Freund, beim Schnullen
In süßeste Erinnrung lullen
An Zeiten jener schönen Jugend,
Da ohne Konzession an Tugend
Man wandelte in diesen Auen
Und nicht dran dachte abzubauen.
Dein treuer Paul Münch mit seiner Friedel
Den 20. September 1930.

* Titel: Hrsg.

Unendlichkeitserkenntnis*
An Hussongs 1930

Heil dem Geist des Abendlandes!
Er durchschaute und verstand es,
Manch Geheimnis höh'rer Sphären
Zu ergründen und zu klären.

Der Begriff „Unendlichkeit
In Bezug auf Raum und Zeit"
Ist uns heute so vertraut,
So in die Kultur verbaut,
Daß er wie das Alphabet
Fest in unsrer Seele steht.
Er ist für den Abendländer
Eine Brücke mit Geländer,
Die ihn zielbewußt und fest
In Gefilde wandeln läßt,
Die die Menschen andrer Rassen
Nie begreifen und erfassen.

Dort gehn uns die Augen auf
Über der Gestirne Lauf,
Über der Gesetze Walten,
Die die Welt in Schwung erhalten.
Die Unendlichkeit rückt näher
Dank dem Geist der Europäer.

Für Unendlichkeitserkenntnis
Hat zwar mancher kein Verständnis,
Denn bei seines Hirnes Enge
Ist ihm für Zusammenhänge
Solcher Dinge mit dem Leben
Nicht Verstand genug gegeben.

Nämlich in der Sterne Gang
Liegt ein Rhythmus wie Gesang,
Drin die Tags- und Jahreszeiten
Melodie und Takt bedeuten.

Doch dem Abendland gelang's
Diesen Takt des Weltgesangs
Durch geniales Tun und Handeln
In Materie zu verwandeln.

Solch ein Ding, Ihr lieben Leute,
Bringen wir zur Weihnacht heute,
Hübsch umwickelt und verpackt,
Stoffgewordner Erdentakt,
Den ihr braucht, um eurem Leben
Regel, Takt und Fluß zu geben.

Kattchen, Hermann, Lotte, Hans!
Sagt ihr Lieben mir, was kann's
Für ein Ding wohl sein, das ich
Überreiche freundschaftlich?

Bei dem großen Intellekt,
Der in euren Köpfen steckt,
Habt ihr ja den Gegenstand,
Den ich meine, längst erkannt.

Nehmt ihn hin denn, den Kalender,
Nützet ihn als Abendländer!
Freuet euch daran und lacht,
Wie wir's herrlich weit gebracht
Dank dem Geist Copernici
Und Herrn Keplers Kraftgenie.

Aber heiß, wie Neujahrspunsch
Brennt in meinem Herz der Wunsch,
Daß euch stets beim Blattabzupfen
Die Gedanken 'rüberhupfen
In das Haus und Herz des Spenders
Dieses nützlichen Kalenders.

Paul Münch 1930

* Titel: Hrsg.

An Karoline

Selten gibt es einen Mann,
Den man mehr beneiden kann
Als den Nachbarsmann, den lieben,
In der Fliegerstraße drüben.

Alle Dinge, die dem Leben
Reiz und Inhalt können geben,
Die besitzt in hohem Maße
Jener Herr der Fliegerstraße.
Und zwar dankt er dies zumeist
Eigner Tatkraft, eignem Geist.

Doch hat auch ein gutes Stück
Zufall mitgewirkt und Glück.
„Glückspilz" sollte man ihn heißen
Und *ein* Beispiel mag's beweisen.

Wenn ein Herr in jungen Jahren,
Ungestüm und unerfahren,
Sich in eine Maid verliebt
Und zum Traualtar begibt,
Das ist fast dasselbe wie
Glücksspiel oder Lotterie.
Viele, viele tausend Lose
Aber *eins* nur ist das große.
Einem nur von all den vielen,
Die bei der Verlosung spielen,
Fällt das *eine* große Los
Segenspendend in den Schoß.
Lotterie und Hochzeitmachen
Sind im Grund dieselben Sachen.

Und nun hört mich bitte an,
Wie dem lieben Nachbarsmann
Freundlich die Fortuna lachte
Damals, als er Hochzeit machte:

Aus der mächtig großen Schar
Damen, die vorhanden war,
Hat er *eine* sich erwählt
Und sich auch mit ihr vermählt.

Wohl war diese schon als Maid
Voller Tugendhaftigkeit,
Aber erst der Ehestand
Brachte laufend, wie am Band,
In der herrlichsten Gestaltung
Alles in ihr zur Entfaltung,
Was des Weibes Seele schmückt
Und des Gatten Herz entzückt.—

Wie ergänzt sie doch so zart
Ihres Ehemannes Art:
Jener stürmisch und ein Kämpfer,
Sie voll Milde und ein Dämpfer,
Wenn das Blut zu heiß ihm brennt
In dem Amt und Parlament.
So erspart sie ihrem Mann
Manchen Unmus dann und wann.

Auch wie sie im Hause schaltet
Und ihr schweres Amt verwaltet
Und wie sie die Mutterpflichten
Mustergültig tut verrichten,
Kurz der Ruhm von ihrem Wirken
Tönt in allen Stadtbezirken.

Und mein Nachbarsmann ist glücklich
Und er trägt, wie's recht und schicklich,
Das Juwel, das ihm gegeben,
Auf den Armen durch das Leben.

Auch die Nachbarschaft umher
Achtet und verehrt sie schwer.
So auch ich, der sie schon kennt,
Seit sie sich Frau Hussong nennt.

Deshalb weiß ich ganz genau
Den Geburtstag dieser Frau,
Und es zieht mich ungeheuer
Jedesmal zu dieser Feier,
Weil ich dann als Nachbarsmann
Diesen Fall benutzen kann,
Ihr in Ehren von den Lippen
Den Geburtstagskuß zu nippen.

1. 1. 1931 Paul Münch

An Hermann
Zum 20. September 1931

Mein lieber Freund, die Zeiten rinnen,
Die Jahre eilen rasch von hinnen.
Und schneller, als es einem lieb
Und unbemerkt gleich einem Dieb
Schleicht sich das Alter heimlich leise
In unsres Körperbaus Gehäuse.—

Jedoch ein echter Dieb entweicht,
Sobald er seinen Zweck erreicht,
Das Alter aber unverschämt
Hat rasch sich bei uns einbequemt
Und macht sich breit im ganzen Haus,
Sitzt mit am Tisch, geht mit uns aus,
Geht mit zum Dienst, steigt mit ins Bette
Und legt uns schließlich an die Kette
Und treibt mit uns ein fühllos Spiel
In unserm eignen Domizil.—

Kein Drohen und kein sanftes Bitten
Besänftigt seine rauhen Sitten,
Und nicht mit Widerstand noch Hieben
Wird jener freche Dieb vertrieben.
Am besten ist's, man fügt sich eben
Und läßt den Kerl halt mit sich leben.—

Bei fünfzig Jahren ungefähr
Schleicht sich der Gauner erstmals her
Und sucht mit Kniffen und mit Listen,
Sich heimlich bei uns einzunisten.

Noch aber sind wir auf der Hut
Und schließen Tür und Fenster gut.
Doch immer schlimmer wird der Wütrich
Und endlich — knax — mit einem Dietrich
Hat er des Hauses Schloß gesprengt
Und heimlich sich hereingedrängt.—

Noch, Hermann, bist Du stark und stolz,
Noch strotzend ist des Stammes Holz,
Noch kannst Du all die Diebe wehren,
Die Platz in Deinem Haus begehren.
Doch wisse, Freund, und tu Dir's merken:
's wird nötig, sich zum Kampf zu stärken,
Zu festigen das stolze Haus
Des fünfzigjähr'gen Körperbaus.—
Zu diesem Zweck nimm hier die Flasche,
Erquick Dich dran und lutsche, nasche,
Dann flieht Dich jeder Knax und Klaps,
Denn körperstärkend ist der Schnaps
Viel mehr als etwa heißer Punsch.
Nimm ihn samt unserm Segenswunsch
Und bleib noch weitere fünfzig Jahr
Gesund und kräftig immerdar!

Paul Münch

Leo-Pillen-Hymnus

Euch gilt mein Sang, ihr Leopillen!
Wie alles Edle bringt im Stillen,
Zurückgezogen und in Ruh,
Ihr euer wertvoll Leben zu.
Wenn man euch in der Schachtel sieht,
Als zierliches Ellipsoid,
Dann ahnt man nicht die Segenskraft,
Mit der ihr wirkt, mit der ihr schafft,
Sobald ihr in Aktion getreten.
Davon laßt uns nun dichten, reden!

Der Kranke, der im Fieber liegt
Und einen harten Stuhlgang kriegt,
Der in der Nacht in schrecklich wilden
Und spukhaft wüsten Traumgebilden
Sich wälzt in seines Pfühls Zerwühlung,
Geplagt von seines Mastdarms Füllung,
Heil ihm! Dem armen Kranken Heil!
Auch ihm wird Linderung zuteil.

Denn während er vor Schmerz sich krampft,
Drückt ihm die Krankenschwester sampft
Zwei Leopillen durch den Schlund;
Sie rutschen in des Magens Grund,
Dann stürzen froh und guter Dinge
Sie sich ins krause Darmgeschlinge,
Jed' Hindernis beiseite drückend
Und unaufhaltsam vorwärtsrückend.
Und schließlich endigt ihre Reise
Vor der geschloß'nen Afterschleuse.

Dort in den untersten Bezirken
Beginnen sie nun rasch zu wirken. —
Auf springt die Schleuse! Ein Orkan
Bricht sich gewalt'gen Druckes Bahn,
Der Darminhalt mitsamt den Pillen
Drängt sich hervor, will auswärts quillen,
Um durch die enge Pforte hinten
An düsterm Orte zu verschwinden. —
So sterben mutvoll und im stillen
Den Opfertod die Leopillen,
Ihr Leben für die Menschheit opfernd
Und Fieberkranke mild entstopfernd.

1932 (?)

Die Wanzen*
Zum 20. September 1932

Der Reißstift, „Wanze" auch genannt,
Ist nur ein simpler Gegenstand.
Bescheiden an des Reißbretts Eck
Lebt er geduldig seinem Zweck.

Doch dieser Zweck ist sehr bedeutend,
Ist führend in der Kunst und leitend:
Des Architekten stolzer Bau,
Der aufstrebt in des Himmels Blau,
Verdankt der klein' bescheidnen Wanze
Ein gutes Teil von seinem Glanze.
Kein Blatt, kein Riß aus Meisterhand,
Wo nicht der Reißstift Pate stand.

So nimm auch Du, Freund Nachbarsmann,
Vom Freunde dieses Döschen an
Gefüllt mit Wanzen bis zum Deckel!
O möchten sie recht oft im Eckel
Des Zeichenbrettes Zeuge sein,
Wie Meisterwerke neu gedeihn,
Wie sich auf dem Papier entfaltet,
Was Deine Phantasie gestaltet.

Dein Paul Münch

* Titel: Hrsg.

Der Bleistiftverlängerer*
An Hermann

Als Du das Lebensjahr begonnen,
Das mit dem heut'gen Tag zerronnen,
Da hast Du, Freund, wie schon so oft,
Geglaubt, gebetet und gehofft,
Es möge wieder besser werden
Mit allem Ungemach auf Erden,
Gehofft für Dich wie auch nicht minder
Für all die Deinen, Deine Kinder,
Für Heimatstadt und Vaterland,
Wie sich das ja von selbst verstand
In Zeiten, da die deutsche Art
Noch nicht am Maul gemessen ward.
Nun hat im Vaterlande zwar
Sich viel geändert dieses Jahr
Und viele glaubten fest und steif,
Nun sei die deutsche Ernte reif
Und reicher Segen winke rings.
Dein Einzelschicksal allerdings
Hat all Dein Hoffen schwer betrogen
Und Deine Zukunft umgebogen.
Statt an erhöhten Schwung zu denken,
Mußt Du nun schmerzlich Dich beschränken,
Mußt an so manchen Dingen sparen,
Die Gegenstand des Luxus waren,
Nun aber durch des Schicksals Tücken
Die Haushaltskasse merklich drücken.
So war der Bleistift, wie bekannt,
Nicht grad ein teurer Gegenstand
Für Dich in den bisherigen Zeiten.
Doch wirst Du es mir kaum bestreiten,
Daß du bisher, was Zeichenstift
Und seinen Amtsverschleiß betrifft,
Ein Schwelger warst, ein wirklich krasser,
Ja, ein Verschwender und ein Prasser:
Ein Bleistift, zweimal nachgespitzt,
Der war für Dich schon abgenützt,
Den ließest Du schon schnöd entfernen

Und schicktest ihn den Subalternen.
Das hat oft ernstlich mich empört,
Doch jetzt, mein Freund, hat's aufgehört.
Von heut ab wirst Du Dich bequemen,
Den Stiftverlängerer zu nehmen,
Um Deine Stifte zu benutzen
Auch noch als Stumpen und als Krutzen.
Ihn lege ich Dir in die Hände
Als passende Geburtstagsspende
Des Nachbarehepaares Münch
Mit vielen tausend Segenswünsch'.

20. September 1933

* Titel: Hrsg.

Anmerkung des Herausgebers:

Abschriften (Typoskript), später zum Nachlaß gekommen. Von den ersten zehn Gedichten auch Abdruck in der Festschrift Kaiserslautern 1979.

„Der Hemdenknopf": auch Abdruck in „Pfälzer Volkszeitung" vom 10. 12. 1952 und Typoskript im Stadtarchiv Kaiserslautern.

Paul Münch und seine Frau waren eng befreundet mit dem Ehepaar Hermann und Mathilde Hussong. Hermann Hussong, geboren am 20. September 1881 in Blieskastel, studierte 1900–1905 an der Technischen Hochschule München, machte seinen Dipl. Ing. und wurde Regierungsbaumeister. Nach der Referendarzeit in Homburg kam er 1908 ans Landbauamt Bamberg. Am 1. April 1909 wurde er Stadtbauamtmann in Kaiserslautern. Dort wirkte er, 1920 zum Stadtbaurat und später zum Stadtoberbaurat ernannt, bis zu seiner Zwangspensionierung durch die Nazis im Jahre 1933. Er hat dem Stadtbild Kaiserslauterns während seiner Amtszeit besonders auf den Gebieten der Stadtplanung und des Hochbaus ein besonderes Gesicht verliehen – z. B. von der Arbeiterkolonie bis zum Ausstellungsgelände. Nach dem 2. Weltkrieg war Hermann Hussong ab 1945 in Heidelberg, wo er nach seiner „Pensionierung" lebte, als Oberbaudirektor tätig. Er starb 1960 in Heidelberg. Hermann Hussong und seine Familie wohnten in Kaiserslautern neben Paul Münch und seiner Frau. Die beiden Familien verband eine besonders innige Freundschaft. Hermann Hussong gehörte auch zu den engsten Freunden, mit denen Paul Münch Wander- und Klettertouren besonders in die Südpfalz und in Südtirol unternahm. Vgl. auch seine „Erwähnung" in den „Nikolaus-Predigten" in diesem Band.

An Gertrud Lorch
aus Rom

Hoffend, daß es Dich erfreue,
Stahl ich Dir mit vieler Schläue
Und mit diebsgewohnten Ärmen
Aus den Caracalla-Thermen
Einige Mosaiksteine
Als Ersatz und Trost für Deine,
Die Du selbst als dieb'sche Atzel
Dir gestrenzt am gleichen Platzel,
Doch seit einem Jahre fast
Wiederum verloren hast.
Um so herzlicher schlägt heute
Mir das Herz in eitel Freude,
Daß als Freund und Nachbarsmann
Ich den Schaden heilen kann. —
Sag, was willst Du wohl noch mehr?
Bin ich nicht ein feiner Herr?

An Gertrud Lorch
aus Florenz

Italien ist ganz wunderbar,
Der Himmel blau und tief und klar,
Die Landschaft ist wahrhaft entzückend,
Die Städte schön, die Kunst berückend.

Und doch! Dem Land fehlt — unser Wald,
Den Männern — unsre Wohlgestalt,
Den Weibern — unsrer Frauen Süße.
(Wie selbstverständlich schien mir diese!)
Der Malerei fehlt — unsre Herbe,
Der Plastik fehlt — das knorrig Derbe,
Dem Städtebild — das traulich Feine
Und uns fehlt nur allein das Eine,
Dran denk ich stets und immerzu,
Uns fehlst zum vollen Glück nur Du!!

An Gertrud Lorch
aus Venedig

Venedig! Wer erschauert nicht
In Wonne, wenn er davon spricht!
Ach, vor der Dogenschaft Palast
Hat schier ein Taumel mich erfaßt,
Vor Freude und Begeisterung;
Doch ungeheuer war der Schwung,
Den in der Seele ich empfand,
Als ich beim „Colleoni" stand. —

Beim Anblick von des Meers Gewässer
Ward ich vor Schauer blaß und blässer
Und beinah wär ich umgesunken,
Wie vom Chianti-Weine trunken.

Und trotzdem packt das Heimweh mich
Sobald ich denken tu an Dich.

An Gertrud

Es ist zwar verkehrt, mit beruflichen Dingen
Den Menschen ins häusliche Leben zu dringen.
So könnt' ich zum Beispiel ohne Erröten
Den Menschen ohne Erbarmen töten,
Der sich so schamlos könnte vergessen,
Mir zu verekeln das Mittagessen
Durch pädagogisches Phrasengedresch,
Durch schulische Fragen und derlei Gewäsch.
Drum fürchte ich, hochgeehrte Gertrude,
Du haust mir womöglich auf Kopf oder Schnute,
Weil ich für Dich als Weihnachtsgabe
Hier diesen Kalender gezeichnet habe,
Der Dich erinnert an jedem Morgen
An Deine Amts- und Dienstessorgen.—
Schau her! Ich malte Dir heimlich und meuchlings
Das Konterfei und Portrait eines Säuglings,
Und hoffe, daß Du mir trotzdem vergibst,
Dieweil Du die herzigen Boppelcher liebst
Auch außerdienstlich, rein menschlich und tantelich.
Und drum, o liebe Gertrude, handel ich,
So wie ich hoffe — in Deinem Sinn,
Wenn ich Dich bitte: „o nimm es hin
Und häng es auf Deine jungfräuliche Bude,
O hochverehrteste Gertrude!"

24. 12. 1927

Die Doppelnadel*
An Gertrud

Es lebt sich nicht gerade prima
In unserm nördlich kalten Klima
Und es ist niemand anzuraten,
In unsern hohen Breitegraden,
Sein Leben sich so einzuteilen,
Als tät man am Äquator weilen.

Naturgemäße Lebensweise
Beginnt erst an dem Wendekreise,
Weil dort der Sonne große Kraft
All das hervorbringt und erschafft,
Was zur Naturgemäßigkeit
Vonnöten ist zu jeder Zeit.
Der Datteln, zuckersüß und saftig,
Wird man dort umeinsunst teilhaftig,
Und der Bananen Wurstgestalt
Wächst wild und herrenlos im Wald
Und wird zur mühelosen Beute
Der passionierten Rohkostleute.

Doch nicht nur das! Auch andrerseits
Hat dort das Leben höchsten Reiz:
Man lebt dort selig und gerad
Als wie bei uns im Sonnenbad
Und ist nur von der Taille an
Mit Pflanzenfasern angetan.
Dies ist wie einst im Paradeise
Naturgemäße Lebensweise.
Wie sind dagegen wir im Norden
Von der Natur bemogelt worden:
Die Nahrung, die wir täglich essen,
Ist scheußlich und naturvergessen,
So daß der Kalk in den Arterien
Sich stünd- und täglich tut vermehrien.
Und schließlich sind wir auf dem Dalles;
Doch schlimmer noch als dieses alles
Ist das, daß Kleidung man benötigt,
Die furchtbar die Gesundheit schädigt.
Und da des Abendlands Kultur

Im Kampfe steht mit der Natur,
So schuf sie eine Kleidertracht,
Die tausendfache Sorgen macht.
Da braucht man Bändel, Träger, Litzen,
Um dort zu halten, hier zu stützen,
Damit das Kleid zu jeder Zeit
Dem Träger auch zum Schmuck gedeiht.
Und trotzdem will es oft nicht klappen,
Dort tut es bambeln, hier tut's schlappen
Und nur mit Listen, kühn und schlau,
Hält so ein Kleid am Körperbau.

Doch Gott sei Dank! Die Menschheit kennt
Ein wundersames Instrument,
Ganz einfach, doch klug ausgedacht,
Das aller Sorg' ein Ende macht,
Das alles, was am Kleid passiert,
Mit einem Schwuppdig repariert.
Wenn irgendwo ein Loch entsteht,
Schwupp! Ist's so gut wie zugenäht.
Und wenn der Bändel an dem Strumpf
Sich oben loslöst von dem Rumpf,
Schwupp! Wird dies Instrument benützt,
Worauf der Strumpf wie vorher sitzt.
Ein Knopf, wenn von der Bluse springt,
So daß die Untertaille blinkt,
Der wird mit *einem* Druck ersetzt
Und jede Scharte ausgewetzt.

Wie heißt dies Ding von höchstem Adel?
Nun wohl! Es ist die Doppelnadel!
O Gertrud, schon seit vielen Tagen
Lag uns die Sorge schwer im Magen,
Was man Dir heute wohl beschert.
Klein soll es sein, doch groß an Wert,
Denn etwas wollten wir Dir schenken,
Das stets Dich reizt, an die zu denken,
Die Dir auf allen Lebenswegen
Gesundheit wünschen, Glück und Segen.
Dies sind und bleiben stets die Wünsch
Von Paul und von der Friedel Münch.

1928 (?)

* Titel: Hrsg.

An Gertrud

Sehr geehrteste Gertrude!
Mir ist nicht recht wohl zumute,
Weil ich Dir nicht schönre Dinge
Als dies kleine Päckchen bringe. —

Ein Kalender ist's, o Beste,
Den ich Dir zum Wiegenfeste
Mit dem Wunsch zu Füßen lege,
Daß er Dich recht froh bewege.

Wenn es ferner ihm gelingt,
Daß die Tage, die er bringt,
Alle froh und schön verfließen
Unter heiterem Genießen,
Daß er wandelt Deinen harten
Städt'schen Dienst zum Wonnegarten
Und daß stets in dem Gemüt
Stiller Friede Dir erblüht,
Dann hat keine weiteren Wünsch

Dein Paul Münch
24. 12. 1929

Dem Geburtstagskind

Ich besteige mit Entzücken
Meines Dichtergaules Rücken,
Um beim Rauschen seiner Schwingen
Dir ein Glückwunschlied zu singen.

Hei! Mit sichtlichem Genuß
Schwingt sich hoch mein Pegasus,
Denn des Höhenfluges Grund
Ist ihm höchst sympathisch und
Meinem Hirn entsprießen Reime
Massenhaft wie Frühlingskeime
Dir zum Preise und zum Gruße.
Leider fehlt mir Zeit und Muse,
Eine Ode draus zu kleistern,
Wert, die Nachwelt zu begeistern.
Weißt ja, daß ich Komödiant bin
Und daher ganz außer stand bin,
Soviel Zeit herauszuschinden,
Dir ein Versbukett zu binden,
Formschön, bunt und düfteschwer,
Wie es Deiner würdig wär
Und wie's zum Geburtstagsfest
Doppelt nötig wär gewest.—

Oft noch sei in Glück und Frieden
Dir das Wiegenfest beschieden!
Bleib gesund und frohen Mutes
Und erlebe stets nur Gutes,
Freu Dich lang noch Deiner Eltern,
Sei gesegnet stets mit Geldern,
Freu Dich an Natur und Kunst
Und an allem Schönen sunst!

Nimm vorlieb mit diesen Zeilen,
Die ich ohne viel zu feilen
Schicke als Geburtstagswünsch
Von Elfriede und Paul Münch.

1930 (?)

An Schwester Gertrudis

Morgens, wenn Herr Doktor Wolpert
Dienstlich in die Schule stolpert,
Denk ich mir: „Mit *dem* Gesicht
Tröstet er die Kinder nicht".—

Aber wenn ich Dich im Häubchen,
Rührend milde wie ein Täubchen,
Wandeln sehe im Gedrängel,
Denke ich mir: „Welch ein Engel!

Der bringt Sonne in die Herzen,
Heilt der Kinder Leid und Schmerzen;
Denn wie ein Madonnenbild
Blickt sie tugendreich und mild."

Drum als ich den Weihnachtsmann
Frug, was ich Dir schenken kann,
Was Dich freue und entzücke,
Wenn ich Dir's zur Weihnacht schicke,

Sprach er schleunig: „Heureka,
Gib ihr den Kalender da,
Gib ihr auch in meinem Namen
Eine feste Patschhand! Amen!"

Paul Münch 1930

An Gertrud

Dein Wiegenfest ist uns zwei beiden
Ein Anlaß vieler Lustbarkeiten,
Indem wir schon beim Mittagessen
Das Deingedenken nicht vergessen
Und freudig unsre Gläser heben:
„Hurrah! Die Gertrud Lorch soll leben!"
Um vier Uhr sind's die Kaffeetassen,
Mit denen wir Dich leben lassen,
Indem wir eigens Dir zu Ehren
Essenz und Bohnen stark vermehren.
Auch abends bei dem Teegetränk
Faß ich das Täßchen an der Henk
Und leere es auf wenig Schlücke
Zu Deinem fernren Lebensglücke.—
Selbst nächtlich tun wir's nicht versäumen
Von Dir, o Gertrud, hold zu träumen,
Um alles Gute Dir zu wünschen.
Heil Dir! Paul Münch und Friedel München.

1943

An Gertrud
Zum 27. April 1944

Selbst im dumpfen Bunkerschacht
Haben heut wir Dein gedacht,
Haben froh, trotz Krieg und Leid,
Jenen Tag gebenedeit,
Da der Storch in stolzem Flug
Dich vor euer Fenster trug.—

Welch ein Jubel und Willkommen,
Als man Dich hereingenommen,
Denn schon in dem Wickelkissen
War man von Dir hingerissen,
Und das hat im Lauf der Jahre
Sich verstärkt ins Fabelbare,
Was wohl alle gern bekunden,
Die in Freundschaft Dir verbunden.

Aus der Luftschutzbunkerhöhle
Schicken Dir aus tiefster Seele
Herzlichste Geburtstagswünsch
Deine Friedel und Paul Münch.

P. M.

An Gertrud

Der Mai soll, wie die Dichter singen,
Die schönsten Frühlingsfreuden bringen.—
Hingegen lehrt uns der Kalender,
Der März sei dieser Freudenspender.—
Ich aber tue, was ich will:
Ich liebe innig den April.
Es ist nicht Eigenbrödelei,
Wenn ich dem März und auch dem Mai
Die angemaßte Krone nehme,
Damit sie der April bekäme,
Den ich als Wonnemonat preise,
Was ich in Folgendem beweise:

April!! Es blühen alle Bäume;
Ein Duft zieht durch des Äthers Räume,
Süß, wonnesam und hoffnungsschwanger,
Es blüht in Feld und Hain und Anger
Das Veilchen und der Seidelbast,
Der Schlehen heller Blütenglast,
Die Zwetschgen und die Mirabellen,
Die Äpfel schon an vielen Stellen,
Stiefmütterchen und Feuerdorn,
Die Birne blüht, es grünt das Korn,
Die Birke steht im duft'gen Schleier,
Geschmückt, als wie zur Hochzeitsfeier,
Der Garten liefert schon Spinat,
Das Mistbeet prima Kopfsalat,
Kurz! Wonnen gibt es ohne Zahl,
Es findet jedes Ideal
Der Sehnsucht wonnesamste Stillung
Und seines schönsten Traums Erfüllung.—

Doch der April hat meinerseits
Noch einen ganz besondern Reiz,
Viel mehr als wie der Mai und März
Für meine Seele und mein Herz:
Vier Tage noch vor Monatsschluß
Beut er den köstlichsten Genuß,
Der sich für mich erdenken läßt:

O Gertrud Lorch, Dein Wiegenfest!!
Das macht mir den April so wonnig,
So freudevoll und strahlend sonnig,
Mehr als die Pracht in der Natur,
Das Blütenmeer in Wald und Flur,
Mehr als der erste Kopfsalat
Und als der trefflichste Spinat.

Nimm unsre Wünsche denn entgegen,
Die wir im Herzen für Dich hegen:
Glück, langes Leben und Gesundheit
Und etwas stärkre Körperrundheit
Und was uns heut so nötig tut:
Viel Freude, immer starken Mut,
Um diese schwere Zeit zu meistern
Und ihre Mängel zu verkleistern.—

Dies, liebe Gertrud, sind die Wünsch'
Vom Paul und von der Friedel Münch.

27. April 1946

An Gertrud
Zum 27. April 1947

Kalender schenkt man zu Neujahr —
Ein Brauch, der zweckvoll ist und klar.
Erst im April Kalender schenken,
Das heißt fast den Beschenkten kränken.

Und trotzdem will ich es riskieren,
Dir heute einen zu spendieren.
Den Grund hierzu, den ungefähren,
Will ich in Folgendem erklären.

Nach altem Brauch beginnt das Jahr
Stets auf den ersten Januar,
Ein Usus, den die sture Welt
Für ewig unverrückbar hält
Wie eine Gottgegebenheit
Schon seit der grausten Ewigkeit.

Kein freier Mann beugt sich jedoch
Tyrannischem Gewohnheitsjoch;
Drum spreche ich mit Lachen Hohn
Dem blöden Zwang der Konvention
Und feire Neujahr, wie ich will,
Am 27. April.

Der Herdenmensch, blöd wie ein Tier,
Hält dies für Narretei von mir,
Denn er versteht mich einfach nicht,
Weil es ihm an Gemüt gebricht;
Für ihn ist einzig die Verdauung
Grundlage seiner Weltanschauung.—

Das Neujahrsfest, wie ich es will,
Der 27. April,
Das ist der Tag, o Gertrud Lorch,
An welchem einst der Klapperstorch
Dich an das Licht der Welt gebracht,
Tief aus des Kinderbrunnens Nacht.

Für mich ist dieser Tag so wichtig,
Daß mir's notwendig scheint und richtig,
Dem allgemeinen Brauch entgegen
Neujahr auf diesen Tag zu legen.

So nimm denn, bitte, diese Gabe,
Die ich für Dich ergattert habe
Durch Überredung und Bemühung
Und durch geschäftliche Beziehung
Zur Firma Crusius und Lincks.
's ist ein Kalender allerdings
Nicht übermäßig interessant,
Der Druck jedoch fast elegant;
Sogar weit mehr als zeitentsprechend,
Wenn auch nicht grad Rekorde brechend.

O möchte seiner Blätter Reigen
Dir recht viel frohe Tage zeigen:
So möge er vor allen Dingen
Den heißersehnten Frieden bringen,
Human und christlich und versöhnlich.—

Dir aber wünschen wir persönlich
Gesundheit, heitre Denkungsart,
Viel Glück auf jeder Hamsterfahrt,
Kurz alles, was Dein Herz begehrt
Und was nur irgend wünschenswert.

Dies, liebe Gertrud, sind die Wünsch
Von Paul und von der Friedel Münch.

27. 4. 1947 Paul Münch

An Gertrud

Sei's aus Ferne oder Nähe:
Jedesmal, wenn ich Dich sehe,
Bin ich platt und immer plätter,
Daß Du immer jünger, netter,
Frischer wirst und jugendlicher,
Immer lieber, tugendlicher,
Stets elastisch, immer jung,
Voll Elan und Chic und Schwung.

Während alle andern Frauen
Angstvoll zum Kalender schauen,
In der Furcht, sie werden älter,
Läßt Dich dieses kalt und kälter,
Weil Du täglich Dich verjüngst
Und der Zeit kein Opfer bringst.—

Andre Damen sind gekränkt,
Wenn man Wandkalender schenkt.
Dich jedoch ficht das nicht an,
Du stehst über solchem Wahn
Und nimmst mir's gewiß nicht krumm,
Wenn ich heute zu Dir kumm
In der Rolle eines Spenders
Dieses Wochenwandkalenders.—

Möge seiner Wochen Reigen
Dir nur frohe Tage zeigen!
Dies, o Gertrud, sind die Wünsch
Deiner Friedel und Paul Münch.

Zum 27. April 1948

An Gertrud
Zum 27. April 1949

Muß er denn immer gereimt sein mein Glückwunsch zu Deinem Geburtstag?
Ist meine Muse so arm an Formen und Arten des Ausdrucks,
Daß sie sich Jahr für Jahr des nämlichen Kleides bedienet?
Nein! Ihr hängen im Spinde Gewänder verschiedensten Schnittes
Und so kommt sie denn heut zu Dir in antiker Gewandung. –
Aber geändert ist nur das Kleid und nicht die Gesinnung,
Meine Gefühle bleiben die nämlichen immer und ewig,
Ob sie nun so oder so zum Ausdruck gelangen, o Gertrud.
Nimm also heut zum Geburtstag den allerherzlichsten Glückwunsch
Von dem Ehepaar Münch, das stets Dir treulich gesinnt ist.
Bleibe gesund und munter und verliere den guten Humor nicht,
Ist auch raulig die Zeit und raulig der Menschen Gesinnung.
Bleibe so flott und elastisch wie Du von jeher gewesen,
Lieblich und reizend an Seele und Leib in dauernder Jugend
Wie die Grazien selbst von göttlich bezaubernder Anmut. –
Ach, man sieht sich so selten, als sei man getrennt durch ein Weltmeer!
Lenke die Schritte drum bald zur Amselstraße ins Münche,
Wo man froh Dich empfängt in alter Liebe und Treue.
Aber jetzo zum Schluß dieser klassisch metrischen Verse
Reich mir im Geiste die Wangen zum Kuß und nimm diese Blümlein,
Welche im Gärtlein am Haus Dir zu Ehren erblüht.

P. M.

An Gertrud
Zum 27. April 1950

Man schimpft soviel auf den April
Und sagt, er täte, was er will.—

So Bauernregeln strotzen meist
Von Kenntnis der Natur und Geist,
Doch manchmal stecken auch nur Mätzchen
In solchen Verschen oder Sätzchen.

Zu diesen zähle ich den obigen;
Ich kann denselben nicht belobigen
Mit seinem Nonsens, seinem tollen.

Kann denn ein Monat etwas wollen?!
Wir sind doch keine Heidenlümmel
Mit tausendfachem Götterhimmel,
Wo jeder Monat ungeniert
Als stolze Gottheit figuriert,
Die, wie zum Beispiel der April,
Tut oder läßt, was sie grad will.

Wie dumm sind doch die Heidentröpfe!!
Doch wir sind christliche Geschöpfe,
Bei uns tut jeder Monat nur,
Was Gott bestimmt durch die Natur.

Er war es, welcher einst den Storch
Hinschickte zur Familie Lorch,
Nicht etwa, weil es der April
So haben wollte oder will,
Nein, so lag's schon von Anfang an
In Gottes weisem Schöpfungsplan.
Drum, wenn man's richtig überdenkt,
So bist Du uns von Gott geschenkt,
Ein Glaube, den ich rein privat
Schon längst vor aller Welt vertrat.

Und seit der Krankheit meiner Frau
Weiß ich es sicher und genau,

Daß es nur an den Flügeln fehlt,
Daß man Dich zu den Engeln zählt.

Wie hast Du — sonst noch schwer beschäftigt
Und von der Last des Amts entkräftigt —
Treu liebevoll und unentwegt
Die arme Kranke warm umhegt!

Wem so wie Dir in dem Gemüt
Mitfühlend treu die Liebe blüht,
Der ist ein Engel — fertig ab!

Die Worte sind mir viel zu knapp,
Um unser beider Dank, den heißen,
Durch schlichte Verse zu beweisen.
So preise ich denn froh und still
Den 27. April,
Den ich in höchsten Ehren halte
Und mir zum Feiertag gestalte.

Dir aber schicken beide Münche
Die besten Glück- und Segenswünsche.
Bleib immer munter und gesund!
Wir grüßen Dich aus Herzensgrund.

Paul Münch

Anmerkungen des Herausgebers:

Abschriften (Typoskript), später zum Nachlaß gekommen.
Zu „an Gertrud zum 27. April 1948": Entwurf im Nachlaß.
Gertrud Lorch war die Schwester von Frau Mathilde Hussong und war als Fürsorgeschwester tätig. Auch sie war mit dem Ehepaar Münch viele Jahrzehnte hindurch eng befreundet, kümmerte sich fürsorglich um die kranke Frau Münch und „war auch in den letzten Stunden seines Lebens bei Paul Münch und durfte ihm die Augen zudrücken" – wie sie mir noch am 3. 1. 1981 aus Heidelberg schrieb, wo sie bald danach hochbetagt starb.

... an seine Kollegen

Sehr geehrter Herr Kollege!
O wie ist der Mensch so träge,
O wie faul und pflichtvergessen!
Dieses können Sie ermessen
Unter starkem Naserümpfen
Bei Betrachtung von uns Fünfen.

Denn nach einem Vierteljahr
Ward uns jetzt erst schrecklich klar,
Daß Sie von uns faulen Knaben
Heut noch keinen Glückwunsch haben.

Doch mit um so größrer Freude
Gratulieren wir nun heute,
Hoffend, daß Sie bald im Hafen
Ihrer Ehe glücklich schlafen.

Konzept; handschriftlich in schwarzem Notizbuch; Nachlaß

Zum 30. Geburtstag des Mathematiklehrers und Kollegen Johann Schneider

Heut mit wirklichem Genuß
Reite ich den Pegasus.
Verse, wundervoll und edel,
Zapfe ich aus meinem Schädel,
Um den Schneider, unsern teuern,
In der richt'gen Art zu feiern,
Der aus Gründen, die wir wissen,
Heute ein Faß Bier geschmissen.—
Erstens hat er dies gespendet,
Weil er dreißig Jahr vollendet;
Zweitens wegen der Verschiebung
Seiner nächsten Felddienstübung;
Drittens Renommierens wegen,
Um vor seinen Herrn Kollegen
Stramm den noblen Hund zu spielen;
Viertens, um den Durst zu stillen.

Doch der Hauptgrund scheint mir der,
Daß es dreißig Jahre her,
Seit der liebe Johann Schneider
Anhub an des Lebens Leiter
Mit den frischgebor'nen Haxeln
Mühevoll emporzukraxeln.
Damals schon aus vielen Gründen
Konnte man heraus es finden,
Daß der kleine Wickelknabe
Zeug zur Mathematik habe.
Denn in seinen Wickelbund
Drehte er von Stund zu Stund
Gelblich bräunliche Spiralen
Mit dem großen Wohlgefallen.
Wenn man auf den Arm ihn setzte
Gab's nichts, was ihn mehr ergötzte
Als mit frohem Wonnegrunzen
Kegelkurven loszubrunsen.
Also zeigte es sich klar,
Wozu er geboren war.

Und auf seiner Lebensleiter
Stieg er rastlos immer weiter
Und er wählte den Beruf,
Wozu ihn der Herr erschuf.
Jetzo zählt er dreißig Winter
Und verhaut den Steiß der Kinder,
Treibt mit großer Geisteskraft
Kegelkurvenwissenschaft
Und es deucht ihm eine Kunst,
Was er einst naiv gebrunst.—

Manuskript; Bleistift, sauber; Nachlaß.
Einige Verse identisch mit „Was ist doch der Doktortitel", Band 3, S. 225

An Ferdinand Hahn

Diesen Bleistift, fein gespitzt
Und ganz wenig noch benützt,
Will ich als ein Angedenken
Dir in heißer Freundschaft schenken.
Doch mißbrauche diesen Stift,
Was die Schule anbetrifft,
Nicht zu lauter blanken Batzen
Zu der Schülerschaft Entsatzen. —
Ferner schmiere nicht wie toll
Alle Marmortische voll
Mit strategischen Ergüssen:
Festungsplänen, Bergen, Flüssen,
Sondern zeige im Gebrauch
Dieses Stiftes wie sonst auch
Mäßigkeit und gute Sitten. —
Darum möchte ich Dich bitten.

Kaiserslautern, den 20. Februar 1915
P.M.
Oberstratege und Kgl. Reallehrer

Nach Abdruck in der Festschrift für Paul Münch des Hohenstaufen-Gymnasiums Kaiserslautern, 1979, S. 53

Wanschers 58. Geburtstag
Zum 13. März 1946

Wanscher, lieber Amtsgenosse!
Jahr für Jahr um eine Sprosse
Steigst Du auf des Lebens Leiter
Immer höher, immer weiter.
Klimmst und kraxelst unverdrossen,
Groß ist schon die Zahl der Sprossen,
Die Du seit dem Tag erklommen,
Da Du auf die Welt gekommen;
Und doch sind es noch so viele
Bis nach oben, bis zum Ziele.

Wirfst Du heute Deinen Blick
Den durchlaufenen Weg zurück —
Oh mein lieber Amtsgenosse!
Was sich da von Spross' zu Sprosse
An Erinnerungen drängt,
Was da alles klebt und hängt
Kunterbunt und ungereimt.
Was da alles pappt und leimt
An den Sprossen und dazwischen,
Wie sich kraus die Farben mischen,
Weil Du schon seit Deiner Jugend
Lasterhaftigkeit und Tugend
In dem gleichen Topfe rührst
Und zu *einem* Brei verschmierst
Wie ein abgefeimter Panscher —
All das siehst Du, lieber Wanscher.

Rauchen, Nikotin und Knaster
Sind eins Deiner schlimmsten Laster,
Das Du inbrunstselig liebst
Und mit wahrer Wollust übst.
Ja, an dieses Lasters Angel
Hängst Du trotz dem schlimmsten Mangel
Und gewöhnst Dir's auch nicht ab,
Ist die Ware noch so knapp,
Noch so mangelhaft und schlecht,
Ja, dann treibst Du es erst recht. —

Ich als kommissar'scher Chef
Müßte ja in *dem* Betreff
Eigentlich die Nase rümpfen,
Hätte fast die Pflicht zu schimpfen.

Doch da ich den Ehrentag
Dir heut nicht versauen mag,
Habe ich sogar die Güte,
Dich in Deines Lasters Blüte
Wie mit Worten, so mit Werken
Pflichtvergessen zu bestärken.

Und so nimm denn, alter Knabe,
Heute als Geburtstagsgabe
Dieses Päckchen in Empfang!
Stille Deines Lasters Drang!
Es ist herzlich Dir gegunnt.

Ob es gut ist oder Schund,
Ob ich selbst damit beschissen,
Das entzieht sich meinem Wissen.

Damit schließ ich meinen Sang.
Lebe wohl und hoch und lang!!!

Typoskript mit handschriftlichem Titel; Nachlaß

An Robert Wanscher
zum 62. Geburtstag
Zum 13. März 1950

Das Alter steigt, die Tugend wächst,
Wenn auch nur ziemlich schwach zunächst.
Zwar brennt des Lasters böse Gier
Noch unvermindert stark in Dir,
Jedoch die Fähigkeit wird knapp
Und stirbt allmählich völlig ab.
So wirst Du schließlich ungewollt
Ein guter Christ und Tugendbold.

Nur eines Deiner vielen Laster:
Den Drang zu Nikotin und Knaster
Hast Du vorsätzlich und mit Kunst
Gesteigert bis zur geilen Brunst.
Es fehlt nicht viel, o Amtsgenosse,
Und Du hebst Kippen aus der Gosse
Mit Deinen Klauen, Deinen gelben,
Und rauchst und konsumierst dieselben. —
Dies ist ein Rückfall, ein fataler,
In Bräuche der Neandertaler.

Das darf nicht sein, Du alter Knabe,
Drum kriegst Du als Geburtstagsgabe
Von mir dies Päckchen Chesterfield,
Du kennst die Marke, bist im Bild
Und kannst den Narren draus ermessen,
Den ich von je an Dir gefressen.

Paul Münch

Typoskript mit handschriftlicher Ergänzung im Titel; Nachlaß

Zum 75. Geburtstag
des Kollegen Raab
14. 1. 1949

Ein Prost, verehrter Jubilar,
Auf Deine fünfundsiebzig Jahr!
Forsch wie ein Jüngling immer weiter
Klimmst Du auf Deines Lebens Leiter,
Hast frohgemut und unverdrossen
Schon volle fünfundsiebzig Sprossen
In zielbewußter Kraxelei
Erklommen. — Und noch allerlei
Hast Du Dir, scheint es, vorgenommen,
Bis Du ans ferne Ziel gekommen.

Und wirfst Du heute Deinen Blick
Den schon erklommnen Weg zurück,
So siehst Du voller Stolz und klar,
Daß dieser Weg erfolgreich war:
Denn Hab und Gut, das Dir gehört,
Hast Du gepflegt und wohl gemehrt.
Auch sonst in jeglicher Beziehung
War Deine Arbeit und Bemühung
Von sichtlichem Erfolg gekrönt
Und hat das Leben Dir verschönt.

Kurzum! Von Deiner Lebensleiter
Ein Blick zurück stimmt froh und heiter;
Er zeigt Dir Schönes nur und Gutes,
Obwohl doch in den letzten Jahren
Die Zeiten äußerst schwierig waren.
Was Deine Sippe anbelangt,
Die wächst und blüht, Gott sei 's gedankt,
In Schönheit und gesunder Kraft
Bei Kindern und bei Enkelschaft. —

Na — Und so weiter und so weiter. —
Der Blick von Deiner Lebensleiter
Zeigt Dir nur Schönes und nur Gutes!
Drum Vater Raab, steig' frohen Mutes

Mit ungebrochner Kraft, mit zäher,
Noch viele Jahressprossen höher —
Zu Deiner Angehör'gen Freude
Und all der ungezählten Leute,
Die zum Bekanntenkreis gehören
Und Dich als Mensch und Freund verehren.

Zu diesem weitern Lebenslauf
Wünscht Dir ein freudiges Glückauf
Mit vielen heißen Segenswünsch'
Das Eh'paar Paul und Friedel Münch.

Manuskript; Bleistift; Nachlaß

An Dr. Arnold Lehmann
Zu Neujahr 1945

Der Verschleiß von Neujahrskarten
Ist in einem kleinen Nest
Wie Lechbruck nicht zu erwarten,
Was sich ja begreifen läßt.

Doch die Künstlerkarte da,
Die beim Krämer ich entdeckte:
Rembrandt mit der Saskia,
Sie erfüllt, was ich bezweckte.

Nach dem Beispiel dieser beiden
Heben wir das Glas empor
In der Hoffnung besserer Zeiten:
Heil Dir Arnold! Proscht Neijohr!

Manuskript; Bleistift, mit vielen Änderungen, aber einwandfrei zu entziffern; Nachlaß

... an andere Freunde und Bekannte

Nach so vielen schönen Reden
Will ich ein Gedicht vortragen.
Pegasus, du arme Mähre,
Heftig geht dir's an den Kragen.

Denn in nie gehörtem Pathos
Will ich itzo etwas singen.
Also rege, Dichterklepper,
Deine stoppellichen Schwingen!

Doch die Einleitung, wie immer,
Ist am schwierigsten zu finden.
Ich beginn' infolgedessen
Am bequemlichsten von hinten.

Drum summier' ich gleich zu Anfang
Zweck und Inhalt dieser Strophen:
„Glücklich sollt ihr beide werden
Und fidel, das will ich hoffen."

Daß die beiden schon seit langem
Heftig füreinander schwärmen,
Ward mir klar, als im „Tannhäuser"
Ich mein Herze wollt erwärmen.

Während ich Musik und Handlung
Aufmerksamen Ohrs belauschte,
War es mir, als ob der Ludwig
Liebesblicke schmachtend tauschte.

In der Pause nun verfolgt ich
Seines Blickes selig Strahlen.
Und ein Mägdlein schien ihm besser
Als die Oper zu gefallen.

Doch auch sie guckt oft herüber
Unter minnigem Erröten.

Damals dachten wohl schon beide
An des Eheringes Löten.

Als im zweiten Akt entzückend
Wolfram von der Liebe sang,
Sah ich, wie das Blut den beiden
Bis zum höchsten Gipfel drang.

Kaum war ich zuhaus von Hamburg,
Tönt die Hausglock' mit Gebimbel.
Postbot' ist's. Er bringt ein Brieflein:
„Bin verlobt. Dein Ludwig Gümbel."

Aus zwei Gründen war mir dieses
Hocherfreulich und ergötzlich;
Erstens, weil die Katastrophe
Eintrat ungewöhnlich plötzlich,
Zweitens freut man überhaupt sich.

Konzept; handschriftlich in hellbraunem Notizbuch; Nachlaß

Ich weeß, ich kumm halt widder hinne no'
Mit meine Gebortstagglickwinsch do.
Grad alles muß ich jo verbambele
Un muß dann doppelt arig strampele,
For um de Vorsprung auszugleiche
Un 's Ziel noch richtig zu erreiche.

Konzept; handschriftlich in schwarzem Notizbuch; dazu Skizze einer Zeichnung; Nachlaß

Sehr geehrte Damen Jung,
Mit besonderm Schmiß und Schwung
Und mit Umsicht, Fleiß und Pinsel,
Pappe, Messer, Farbgerinnsel
Hab' ich etwas hergestellt,
Das Euch hoffentlich gefällt.
Zwei Kalenderhintergründe
Als ein Weihnachtsangebinde.
Mit des Herzens warmen Saft
Hab' ich heiß daran geschafft.

Konzept; handschriftlich in rotem Merkbuch 1917/18; dazu Skizze; Nachlaß

Zum 75. Geburtstag
eines Wissenschaftlers

Gebortsdag is e Feschtlichkeet,
Die wo mer still for sich begeht.
Do macht mer nit viel Brulljes draus:
's gebt Kuche un mer krie't e Strauß,
Die Kinner oder Enkelkinn,
Die kommen in die Stubb erin
Un sagen ängschtlich oder munner
Ihr Glickwunschsprichelcher erunner.
Un mittags gebt's e Lummelbrote
Mit Soß un Knepp dezu no' Note.

Korz! So lescheer un familiär
Geht's mehrschtens beim Gebortstag her.

Bloß wann eens dorch Schenie un sunscht
Dorch Wissenschaft, Kuldur un Kunscht
Dorch Weisheet, Geescht un Studium
Erausragt aus em Bergerdum,
Der dut em leed. — Gebortsdag han,
Das is e Lascht for so e Mann.
Vun morgens frih bis owends spät
Kee Ruh un kee Gemietlichkeet.
Ei jo! De liewe, lange Dag
Geht's zu als wie im Dauweschlag:
Verwandte, Freindschaft un Bekannte
Un dausend ann're Gradulante,
Die kommen dapper angerennt
Mit Glickwunschbliemcher in de Händ;
Aach all die Vorständ vun de Ämter
In Fräck, Zylinner, weiße Hemder,
Kollege, Kinschtler un Gelehrte,
Vereine, Spitze der Beheerde,
Gesangsquardetter uf de Stroß —
Mit eem Wort — 's is de Deiwel los.

Der Ruhm is zwar recht angenehm,
Doch am Gebortsdag unbequem.

Daß ich Ihr Unmuß nit vermehr'
Un weil ich Sie so hoch verehr',
Un weil ich mich uf jeden Fall
Aa for e Mann vun Bildung hall,
Han ich gedenkt: am beschte wär's,
Ich bring mei Winsch in Reim un Vers,
Un schick se an de Jubilar;
Do laaf ich weiter kee Gefahr,
Daß ich de Feschtdagsfriede steer',
Was mir doch ziemlich peinlich wär:

Sie solle lang gesund noch bleiwe
Un noch viel scheene Sache schreiwe
In alter, ungebrochner Kraft
Zum Vordeel vun der Wissenschaft.—

Konzept; Bleistift; Nachlaß

Gruß des Dichters vom 8. 8. 1929 aus Schwäbisch Hall
an Karl Krauß

Dies steht fest, mein liebes Herrle,
Schwäbisch Hall ist eine Perle,
Eine ganz besonders nette
In dem Kranz der Schwabenstädte
Und ich finde es verständlich,
Daß die Schwaben so unendlich
Mit der schönen Heimat strunzen
Und auf alles andere
    Heil und Sieg
    Ihr Paul Münch

Abschrift, handschriftlich und maschinenschriftlich, von Dr. Albert Munzinger, Direktor i. R. der LVA Unterfranken, Würzburg, an Dr. W. Gleich, Zahnarzt, Kaiserslautern; Stadtarchiv Kaiserslautern

Zum 70. Geburtstag
von Dr. Blodig
14. 10. 1929

's gebt Leit, die bleiwen ewig jung,
Han alsfort Feier, Witz un Schwung
Un sin noch lang kee alte Herre,
Selbscht wann se siebzig Johr alt werre.
Vun außewenzig — das is klor —
Do han se zwar schun grooe Hoor,
Doch innewenzig im Gemiet,
Im Herz un innerschte Gebliet,
Do sin se noch so jung un frei,
So schwungvoll un so froh debei,
Daß sich e mancher junger Mann
Getroscht e Beispiel nemme kann.
„Wie kummt dann das? Was muß mer treiwe?
Ich mecht aach alsfort Jingling bleiwe!"
So kreischt nadeerlich gleich e jeder
Armselig bleeder Miesepeter
Un frogt, ob's das zu kaafe gebt
Als Apethekerei-Rezept.

Gut! *Das* Geheemrezept verrot' ich,
Do gucken uf de Dr. Blodig!
Der hot's Rezept.— Die Alpespitze
Dut der als Apethek benitze.
Wer so e Apethek sich halt',
Der Mann bleibt jung un werd nit alt,
Der braucht nit lang zum Steinach laafe,
For frische Driese sich zu kaafe.—

Wer glaabt's dann, wann er's nit grad weeß
Un in der Zeitung hat geles',
Daß heit bloß noch ee Dag dran fehlt,
Daß Dr. Blodig siebzig zählt.

Ja, ja! Ehr Leit! Der *hat' s* Rezept!
Wer so am Jugendbrunne scheppt,
Der is wahrhaft imstann un macht sich
Ufs Matterhorn noch uf mit achtzig.

Dann wer in sei'm Psalmischte-Johr
So jung noch is, so frisch un klor,
Dem Mann, dem kammer stolz un geere
Vum ganze Herze graduleere,
Wann's Gott will, recht viel Johre noch.
Herr Dr. Blodig lebe hoch!!!

Vortrags-Manuskript; Bleistift, sauber, große Schrift; Nachlaß

An Schwägerin Mathilde
Zum 22. April 1945

O liebe Schwägerin Mathilde!
Zwar bin ich nicht genau im Bilde,
Ob der Verdacht begründet ist,
Daß Du heut Jubilarin bist.—

Doch da ich in gewissem Sinn
Als pfiffig anzusprechen bin,
So hab ich aus verschiednen Zeichen,
Aus Blumenschmuck und sonst dergleichen
Gefolgert, daß es richtig ist,
Und daß Du Jubilarin bist.

Und so bestätigt mein Verdacht sich. —
Ja, als Du anno zweiundachtzig
Den lieben Eltern hochwillkommen
In Genf auf diese Welt gekommen
Als kleines quäkendes Gebilde,
Wer hätte da gedacht, Mathilde,
Daß man dereinst Dein Wiegenfest
In irgend einem Allgäunest
Des fernen Landratsamtes Füssen
Bei Kriegsnot werde feiern müssen?

Man hätte fest geglaubt, der irrt sich.
Und doch! — 's ist anno fünfundvierzig
Und Adolfs Stern ist tief gesunken
Und hat endgültig ausgeblunken,
Denn falsche Politik, die rächt sich.—

Nun bist Du also dreiundsechzig
Und demgemäß im besten Alter:
Gewiß kein Backfisch mehr, kein Falter, —
Stehst vielmehr schon seit Jahren da
Als würdevolle Omama.

Doch ohne irgendwie zu heucheln
Und speichelleckerisch zu schmeicheln:
Noch prangst Du schön wie eine Rose,
Vollsaftig gleich der Aprikose,

Die man als Edelfrucht erachtet,
Und die man viel und gern betrachtet.

Denn Du bist staunenswert elastisch,
Dein Körperbau hellenisch plastisch,
Dein Geist von jugendlichem Schwung,
Voll Feuer und Begeisterung,
Stets obenauf und froh gelaunt,
So daß sogar der Fachmann staunt. —

Drum ist's bedauerlich, daß heuer
Die sonst so freudevolle Feier
In eine Zeit der Unrast fällt,
Die jede reine Lust vergällt,
Was mich trotz alledem nicht hindert,
In Herzlichkeit und unvermindert
Dir alles Gute, Heil und Segen
Auf Deinen fernern Lebenswegen,
Und was man sonst noch wünschen mag,
Zu wünschen für den heut'gen Tag.

Vor allem wünsche ich Gesundheit
Und friedensmäß'ge Körperrundheit
Und gute Botschaft von den Kindern.
Und laß Dir den Humor nicht mindern,
Wenn dieses Krieges harte Faust
Uns schmerzlich umeinander zaust.

Zunächst jedoch sei endlich Frieden
Dir und der ganzen Welt beschieden,
Denn zwölf Uhr fünf ist längst vorüber
Und trüb sieht's aus und immer trüber.

Doch hoch den Kopf! Es muß schon gehen.
Und Deutschland wird einst auferstehen.—

Daß Du und wir das noch erleben,
Das möge uns der Himmel geben!—

Lechbruck, 1945 P. M.

Manuskript; Bleistift, sauber; Nachlaß

An Betty Hänchen
zum Geburtstag

Die Zeit entflieht, o Betty Hänchen,
Geschwinder wie ein Bimmelbähnchen,
Nein, mit des Schnellzugs Raserei
Saust Jahr um Jahr an uns vorbei.

Denn wieder einmal jährt sich's heute,
Daß Dich zu Deiner Eltern Freude
Der Storch in zielbewußtem Flug
Zur Mutter in das Kindbett trug.

Der Tag sei bis in fernste Zeit
Gepriesen und gebenedeit.

Die Wünsche, die wir für Dich hegen,
Laß Dir, wie folgt, zu Füßen legen!

Wir wünschen:
      1. bleib' gesund!
Und 2. werde dick und rund
Und 3. endlich bess're Zeiten
Und 4. bleib verschont von Leiden
Und 5. bleibe stark und frisch
Und 6. immer vollen Tisch
Und 7. Freuden aller Art
Und 8. Glück bei Hamsterfahrt
Und 9. einen Topf voll Fett
Und 10. Kohlen, Holz, Brikett
Und 11. Eier und so Sachen
Und um das Dutzend voll zu machen:
Ein Ende aller unsrer Nöte
Und viel Amerika-Pakete.

Dies, Betty, sind die frommen Wünsch
Vom Paul und von der Friedel Münch.

Manuskript (Original); Tinte, sauber; nach 1945; Nachlaß

An Betty Hänchen
Glückwünsche zum Geburtstag

Liebes Betty! Wir zwei beide
Sind begeistert und voll Freude
Wie die kleinen Kinder fast,
Weil Du heut Geburtstag hast.

Häßlich zwar und voller Plage
Ist die Welt von heutzutage,

Doch zu Deiner Wiegenfeier
Schlag ich froh die Dichterleier,
Um Dir herzlich zu verkünden,
Welche Freude wir empfinden.

Alles, was nur wünschenswert,
Alles, was Dein Herz begehrt,
Kurz und gut, das allerbeste
Wünsch ich Dir zu Deinem Feste.

Nimm im Geiste zum Beschluß,
Betty, meinen Glückwunschkuß,
Und zwar mitten auf den Mund,
Lebe hoch und bleib' gesund!!

Manuskript; Bleistift mit einigen Strichen, aber klaren Formulierungen; Nachlaß

An Emma Stöppler

Weißt Du, wieviel Glückwunschzeilen
Ich im Leben schon gereimt,
Wie ich tüfteln tat und feilen
Bis die Verse glatt geleimt?
Zwar hab ich sie nicht gezählet,
Doch ich weiß, daß wenig fehlet,
Einen dicken Band zu füll'n.

Du begreifst wohl, daß allmählich
Meine Fantasie versagt,
Daß mein Dichterklepper schmählich
Nicht mehr in die Luft sich wagt.
Drum sind meine Verse leider
Nicht so schwungvoll mehr und heiter
Wie ich's gerne wünschen tät.

Da ist leider nichts zu ändern.—
Nimm, o mein Geburtstagskind,
Von den wenigen Kalendern,
Die bis jetzt erschienen sind,
Diesen als Geburtstagsgabe,
Daß Dein Blick sich dran erlabe!—
Liebes Emmchen, lebe hoch!!

10. 4. 1948

Manuskript; Bleistift, sauber; Nachlaß. —
Nach dem Lied „Weißt du, wieviel Sternlein stehen..."

Frau Gleich
zum 75. Geburtstag

Verehrtestes Geburtstagskind!
Wenn Sie auch nicht mehr achtzehn sind,
Wenn Sie vielmehr, wie ich erfahre,
Schon volle fünfundsiebzig Jahre
Durch dieses Erdendasein gehen,
So muß ich um so mehr gestehen:
Daß ich die Tatkraft und den Schwung,
Das Feuer, die Begeisterung,
Und Ihre immer gleiche Laune
Mit jedem Tage mehr bestaune.—

Doch sind Sie sich denn auch im klaren,
Daß man mit fünfundsiebzig Jahren,
Raubbau verübt an seiner Kraft,
Wenn man so fleißig wirkt und schafft?
Gestatten Sie mir die Bemerkung:
Sie brauchen öfters eine Stärkung.
Ein guter Wachenheimer Wein
Wird, denke ich, am besten sein.
Drum bring ich ihn als Angebinde
Dem heutigen Geburtstagskinde.

Konzept; Bleistift; Schluß fehlt; Nachlaß

An Lisabeth (Diehl?)

Die „Dreizehn", so heißt's allgemein,
Soll eine Unglücksziffer sein.
Man meidet sie drum wissentlich
Mit Absicht und geflissentlich.
Und läßt sich dieser Zahl zu Ehren
Den schönsten Seelenfrieden stören.

Doch, Gott sei Dank, ich bin nicht so.
Ich bin vielmehr vergnügt und froh,
Daß diese Zahl zu Recht besteht
In unserm Ziffernalphabet.

Denn wenn es keine „Dreizehn" gäbe,
Wär mir's ein Schmerz, solang ich lebe,
Weil jemand, den ich heiß verehre,
Wahrscheinlich nie geboren wäre. —

Neugierig, wie Du einmal bist,
Fragst Du, wer dieser „Jemand" ist. —

So wisse denn: er heißt genau
So wie Du selbst, verehrte Frau,
Und ist wie Du so lieb und nett.
Ja, Du bist's selber, Lisabeth.

Gelobt und hochgebenedeit
Sei drum die „Dreizehn" jederzeit.

Die „Dreizehn", die ich Glückszahl nenne,
Seit ich Dich, liebe Freundin, kenne
Und seit ich Dich als Seelen-Labe
Tief in mein Herz geschlossen habe,
Um mir das Dasein zu versüßen.

Nun laß, Geburtstagskind, Dich grüßen
Mit Kuß auf Wangen, Hand und Mund!
Grüß Kind und Mutter, bleib gesund,
Und habe recht von Herzen lieb
Den Mann, der diese Verse schrieb.

Zum 13. 2. 1947 P. M.

Manuskript; handschriftlich, ein Wort Steno, Bleistift; Nachlaß

Helene zum 50. Geburtstag

O Freundin! Wie ein Dieb bei Nacht
Hab heimlich ich's herausgebracht,
Daß Du zu dieses Tages Frist
Rund fünfzig Jahr geworden bist —
Ein Alter, das die Jungfern gern
Verschweigen vor den led'gen Herrn.

Helene, schau! Ich bin verschwiegen;
Aus mir ist nichts herauszukriegen.
Und ein Geheimnis, das ich weiß,
Geb ich der schnöden Welt nicht preis.
Doch wer Dich so von außen sieht,
Wie da noch alles lieblich blüht,
Wie Du dem jüngsten Schmalreh gleichst,
Wenn Du durch Lauterns Gassen streichst,
Der spricht begeistert: Schau nur anne,
So schlank und rank wie eine Tanne.
Wie flott, wie jugendlich elastisch,
Sind auch die Formen nicht so plastisch.
Und wer Dich hört den Flügel meistern,
Dem muß Dein Schwung das Herz begeistern.
Dies Feuer! Diese Leidenschaft!
Genau noch wie im ersten Saft.
Dazu die herrlich süße Reife,
So daß ich 's oftmals kaum begreife,
Daß so diverse Eigenschaften
In einer einz'gen Seele haften,
Und Goethes Spruch wird mir bewußt:
Zwei Seelen wohnen, ach, in ihrer Brust.
Die eine, die voll Jugend prickelt,
Die andre reif und reich entwickelt.
Zwei solche Seelen! Welche Fülle!
Umgeben von so schlanker Hülle.
Hieraus erklärt sich, kurz gesagt,
Der Zwiespalt, der Dich oft so plagt.
Doch wisse, Helen', es gibt Männer,
Darunter grad die feinsten Kenner,
Die suchen solche Zwiebeseelung
Zum Zwecke späterer Vermählung.

Denn so was, ich gesteh es gern,
Ist Kaviar für bessre Herrn.
Drum, Freundin, glaub ich ganz bestimmt,
Daß doch vielleicht noch einer kimmt,
Reif und von stattlicher Person,
In ruhig, sichrer Position,
Dem Du Dein Herz schenkst und die Hand
Zu einem milden Ehestand.
Und glaube mir, ich schweige still,
Wenn er Dein Alter wissen will.
Denn wie gesagt, ich bin verschwiegen,
Aus mir ist nichts herauszukriegen.

Dir aber, o Helene, sage
Ich zu dem heut'gen Ehrentage
Die allerbesten Segenswünsch'
Als Dein getreuer Freund Paul Münch.

Konzept; handschriftlich, ein Wort Steno, Bleistift; Nachlaß

An Helene
zusammen mit einem Kalender als Weihnachtsgabe

Alle Jahr zur Weihnachtsfeier
Denk ich mir: Was geb ich heuer
Meinen Freunden, die ich habe,
Auf den Tisch als Weihnachtsgabe?

Und nachdem ich lang und schwer
Mich besonnen hin und her,
Und nach bänglich langem Schwanken
Meiner sämtlichen Gedanken
Falle ich nach dem Gezauder
Doch stets auf die alte Schlauder:
„Herrschaft!" ruf ich ärgerlich,
„Ein Geschenk gut bergerlich
War und ist und bleibt doch immer
Ein Kalender für ins Zimmer."
In der Tat! So was ist faktisch
Äußerst sinnvoll, hübsch und praktisch.
Wer auch nur die kleinste Spur
Bildung aufweist und Kultur,
Wer nicht hindöst animalisch
Wie ein Mensch, der kannibalisch
Seinen Nachbarn tut verzehren,
Kann denselben nicht entbehren,
Den Kalender, der ihm treu
Kündet, welcher Tag heut sei,
Der den Rhythmus in der Flucht
Unsrer Tage streng verbucht.

Welch Gewerbe man auch treibe,
Jedem Manne, jedem Weibe,
Selbst den Kindern kann's nur nützen,
Solch ein Kleinod zu besitzen.

Drum, Helene, bin ich glücklich,
Daß ich Dir, wie 's üb- und schicklich,
Als ein aufmerksamer Mann
Eine Gabe reichen kann,
Die Dir für das prakt'sche Leben
Etwas bieten kann und geben.

Klein ist zwar ihr Wert und Preis,
Doch du legst ja, wie ich weiß,
Auf das Herz das Hauptgewicht,
Aber auf die Kosten nicht.

Nimm ihn hin denn zum Gebrauch!
Doch ich bitte, denke auch
Bei Benützung des Kalenders
Seines Dir getreuen Spenders.

Konzept; Bleistift, sauber; Papier und Schrift deuten auf ein Werk der „letzten" Zeit; Nachlaß

Glückwunschverse
für ein Geburtstagskind

Wie doch die Jahre flüchtig sind!
Schon wieder, o Geburtstagskind,
Sitz bleistiftkauend ich zuhaus
Und brüte Glückwunschverse aus,
Obwohl es mir so scheint und deucht,
Als wären's vierzehn Tag vielleicht
Seitdem ich Dich bedichtete
Und Wünsche an Dich richtete.
Doch der Kalender ist untrüglich.—
So holte ich denn unverzüglich
Den Bleistift und ein Stück Papier
Aus meiner Schreibkommod' herfür,
Um mittels dieser beiden Sachen
Ein schön Poem für Dich zu machen.
Die Wünsche, die wir für Dich hegen
Und die wir Dir zu Füßen legen,
Sind von der wärmsten Herzlichkeit.
Und nur das eine tut mir leid,
Daß meine Verskunst viel zu klein ist,
Daß sie nicht schön genug und fein ist,
Um die Gefühle von uns beiden
Dir kunstgerecht zu unterbreiten.
Leb hoch und lang und bleib gesund!
Wir grüßen Dich aus Herzensgrund
Und drücken Dir im Geist die Hände.
Und nun ist mein Gedicht zu Ende.

Konzept; auf Rückseite einer Mitteilung der Bayerischen Vereinsbank Kaiserslautern
vom 24. November 1945; Nachlaß

Teuerste Ida, ich wünsche Dir heute in klassischem Versmaß
Heil und Segen, Gesundheit und Glück zu Deinem Geburtstag.
O, wie würd' ich begeistert in meine Arme Dich schließen,
Hielte die dringende Pflicht mich nicht an Lautern gefesselt.
Aber im Geiste drück ich Dir warm den Kuß auf die Wangen,
Wünschend, daß Du alsbald die hiesige Wohnung bezögest.
Aber es schreitet nur langsam voran der Handwerker Arbeit,
Und ich fürchte, der Sommer vergeht und das Haus ist nicht fertig.
Und ich freue mich doch, euch bald in Lautern zu wissen!
Hoffen wir also, daß bald mehr Schwung in den Hausbau hineinkommt.
Lisabeth grüß mir, die liebliche Tochter, und Karin, die brave.
Grüße auch bitte von mir den Onkel Otto, den guten,
Der euch sorgenden Sinnes die Kalorien herbeischafft,
Der auch mich schon sehr oft mit trefflichen Tropfen versorgt hat.
Fröhlich pocht mir das Herz, das treue im männlichen Busen,
Hat doch am heutigen Tag Frau Ida ihren Geburtstag.
Pegasus trägt mich hoch zum Berge der Musen.
Dieses begeistert mich hell zu wahrhaft homerischen Versen
Und das geflügelte Roß erstürmt mit mir den Parnaß.
Meiner Leier entströmen Hexameter herrlichster Formgebung,
Denn Du weißt ja schon längst, wie heiß ich die Ida verehre.
Und so wünsch ich Dir heute zum 16. Juni das Beste,
Heil und Segen, Gesundheit und bessere Zeiten.
Sei, liebe Ida, gegrüßt mit einem herzlichen Kusse.

Konzept (Endfassung?) Bleistift; handschriftlich, z. T. in Steno (Übertragung: Alfons Kloos); in Umschlag „Verschiedenes", Nachlaß

Teuerste Ida, ich wünsche Dir heute in klassischem Versmaß
Segen, Gesundheit und Glück und Freude zu Deinem Geburtstag.
O, wie würd ich begeistert in meine Arme Dich schließen,
Wäre ich heute bei Dir in Gimmeldingen zu Gaste!
Aber die Pflicht hält grausam mich fest im prosaischen Lautern
Und so muß ich mich leider bescheidener Weise begnügen,
Dir im Geist einen Kuß auf deine Wangen zu drücken,
Wünschend, daß Du recht bald die hiesige Wohnung bezögest.
Oftmals lenk ich die Schritte an Euerem Hause vorüber,
Um zu sehen, ob bald die Wohnung zum Einzug bereit sei.
Aber noch sind die Verputzer in sämlichen Räumen beschäftigt
Und es wohnt noch das Grau'n in den Fensterhöhlen, den öden.
Aber bis herbstlich das Laub sich färbt an Büschen und Bäumen,
Wenn das Schuljahr beginnt, das neue, für Euere Karin
Wird Euer hiesiges Heim zu Eurem Empfange bereit stehn.
Dieses hoff ich bestimmt, sonst wäre ich wahrhaft untröstlich.
Lisabeth grüß mir, die liebliche Tochter, und Karin, die brave!
Grüße auch bitte von mir den Onkel Otto, den guten,
Der Euch sorgenden Sinns die Kalorien herbeischafft,
Welcher auch mich schon so oft mit trefflichen Tropfen versorgt hat.
Und sei selber gegrüßt mit Kuß und zarter Umarmung.
Nächstens hoffe ich dich persönlich begrüßen zu können,
Wenn eine dienstliche Fahrt nach Neustadt mich bringt zur Regierung.
Herzlich grüßt Euch auch Friedel, mein trefflich sorgendes Eheweib.
Und jetzt bin ich am Ende mit meiner klassischen Dichtung.
Nochmals herzliche Glückwünsche ...

(nach einem weiteren — unentzifferbaren — Wort bricht das Manuskript ab)

Konzept; Bleistift, handschriftlich, z. T. in Steno (Übertragung: Alfons Kloos); in Umschlag „Verschiedenes", Nachlaß. — Wie die themengebundenen Widmungsgedichte geben auch die beiden Versionen des Glückwunsch-Gedichtes für „Ida aus Gimmeldingen" einen Einblick in die „Dichter-Werkstatt" von Paul Münch

Glückwunschverse nach Amerika
zu einer Goldenen Hochzeit

Ihr liewe goldne Hochzigleit!
De Dr. Fauth, der hat mer heit
E Brief geschribb. Un do steht drin,
Daß ihr bei eire liewe Kinn
Demnächscht die goldne Hochzig han.

Un ich als Pälzer Dichtersmann
Han glei mei Dichtergaul gezaimt
Un eich e Glickwunschvers gereimt:

E Ehestand vun fuffzig Johr!!
De Hut ab! Un Reschbekt defor!
Dann, wann e Paar in Leed un Freed
E halb Johrhunnert eenig geht,
Un wann — so wie bei eich — die Kinn
So gut gerot' un dichtig sin,
E so e Eh' is gottgesegent,
E Vorbild in der ganze Gegend.

Wann's Orde gäb un Ehrezeiche,
Medaille oder sunscht dergleiche
For fuffzigjähr'gi treii Eh',
Ihr hätten se verdient, ihr zwee;
De Friedensnobelpreis sogar
Geheert eich ausgezahlt in bar.
Dann eier Eh' is scheen un glicklich.
Un 's is nit mehr wie recht un schicklich,
Daß ich eich heit mit meiner Fraa
Vun Herze unsern Glickwunsch sa'.

Dann fuffzig Johr —, ihr liewe Leit,
Das is halt doch e langi Zeit,
Wo viel bassiert un annerscht werd
Uf dere buckelige Erd. —

Gewiß war mancher Dag debei
Froh, luschtig, sunnig, sorgefrei,
Wo Freed geherrscht hat ungehinnert,
Daß mer sich geere dran erinnert.

Doch, leeder Gott! Die scheene Dage
Sin fascht die Ausnahm, muß mer sage,
Un Sorg un Kummer, Mih un Lascht
Sin eigentlich die Regel fascht.
Un mehrschtendeels die Bolidik
Steert Ehstands- un Familieglick.

Korzum! E Unheel noch e'm annere.
Doch loßt mer die Gedanke wannere
Un iwerle't sich ernscht un klor
De Gang von dene fuffzig Johr,
Dann sieht mer's fromm un dief gerihrt:
Gott hat eich wunnerbar gefihrt.

Wohl feiern ihr den heit'ge Da'
Do driwwe in Amerika
Weit vun dem scheene Placke Erd,
Wo eich als Hämet lieb un wert,
Doch um so herzlicher umhegt
Un liebevoll un trei gepflegt. —

A' eier Bermesenser Kinn,
Die lenken heit ihr Herz un Sinn
Zu eich zwee no' Amerika.
Un so wie Fauth's, so mach ich's a'.

28. 11. 1948

Konzept mit mehreren Vorstudien; handschriftlich, Bleistift; Nachlaß

„Zum 65. Geburtstag
des Oberbürgermeisters Alex Müller
in Kaiserslautern am 4. Dezember 1950"

Ehr Leit heit hups' ich mit Genuß
Hoch uf mein Pälzer Pegasus
Un Stolz schla' ich mei Dichterleier,
Dann heit is die Gebortsdagsfeier
Vum Owerborjemeeschter Müller.

Do dicht' ich Hymne un schla' Triller,
Dann unsern Alex hammer geere
Un dun en allegar verehre,
Wei er so gut un trei die Stadt
Durch Storm un Not gesteiert hat
Schiergar sechs lange, schwere Johr.

Niemols hat er de Mut verlor
Un hat mit Kraft das Schiff gefihrt,
Dorch Riff' un Klippe durchbugsiert,
Dorch Welle hoch un ungeheier,
Bei Dag un Nacht die Hand am Steier
Un lotst un lenkt, bis mit der Zeit
Das Schiff im sichre Hafe leit. —

Un unser Owerborjemeeschter
Der muß noch heit mit allergreeschter
Bedachtsamkeet sei Steier fihre,
For daß kee Unglick kann bassiere.

Ich kann's eich sa'n, das Amt is schwer.
Ja, wann's noch so wie friher wär,
Wo Friede war un Geld im Land
Un alles wunnerbar im Stand,
Wo alles noch vun ganz alleen
Geklappt hat flott un wunnerscheen,
Wo als noch kee Besatzungsmacht
Ihr Schlich un Schlenze hat gemacht,
Wo „Wohnungsamt" noch ganz un gar
E unbekanntes Fremdwort war,
Wo noch die Stadträt allegar
Han „Ja" gesa't, wann Sitzung war,

Ach Gott, war das e scheeni Zeit
For Owerborjemeeschtersleit!!

Un heit?! O armer Alex Müller,
Heit lebscht Du im'e beese Triller,
Hascht nix wie Ärger, Lascht un Mih
Un kee Vergnige spät un frih.

Ehr Leit! Erinnern eich doch nor:
Wie war's dann noch vor finf, sechs Johr?
Die Stadt verbombt bis uf de Grund
Die Stadtkass' leer un uf 'em Hund,
E Dorchenanner, daß em graust,
Die Leit verwildert un verlaust,
Kee Zucht, kee Ordnung, kee Respekt,
E jedi Haushaltung verdreckt,
Korzum, e Saustall riesegroß!
Die Sach war eenfach hoffnungslos.
De Karre war halt ganz un gar
Dief in de Baberatsch gefahr.

Do — in der allergreeschte Not,
Wie alles zu versinke droht,
Do is mei Alex ingesprung
Als Optimischt mit Schneid un Schwung,
Hat nit erscht lange Sprich gemacht,
Nee, hat gerackert Dag un Nacht
Un hat nit lang erumgebämbelt —
Die Ärmel hat er ufgekrempelt,
Hat *den* ermunnert, *den* gelobt,
Hat *do* gescholl un *dort* gedobt
Un hat so werklich no' un no'
De Karre aus 'em Dreck gezo'.

E Arwet war das schwer un bitter
Un manche vollgemeßte Liter
Vun saurem Schweeß hat's abgesetzt,
Viel Hosse hat er dorchgewetzt.

Jetzt, wo der Karre aus em Dreck is
Un's Allerschlimmste schun eweck is;
Jetzt denkt das bleede Publikum,
's wär alles so vun selwer kumm.

Die mehrschte Leit han jo kenn Dunscht,
Was das e Lascht is un e Kunscht.
Was do Gehernschmalz dran gehenkt is,
Bis alles recht un gut gelenkt is,
Was do de Alex Geescht verspritzt,
Wann er im Stadthaus drowe sitzt.

Was hat er doch sei Lascht un Mih
Mit dene Stadträt spät un frih!
Do bild't sich jeder in, daß er
Gescheiter wie de Alex wär
Un sucht's nadierlich zu beweise
Un Knippel in de Weg zu schmeiße.
De Alex awer schmunzelt driwer:
De Alex is 'ne sämtlich iwer.
De Alex — unner uns gesagt —
Das is e schlauer Diplomat.
Do macht ke Mensch sich e Begriff
Vun dene Schlenze, Schlich un Kniff,
Die wo de Alex als verwendt,
Bis alles stimmt un klappt am End.

Doch wann's em gar net will gelinge
Die Stadträt in een Hut zu bringe,
Dann schleeft er se zur Bäckerbas
Un seeft se in beim Schoppeglas.
Kurzum! Eens kammer konstatiere:
De Alex weeß de Hund zu fihre.

Uf die Art kummt's, daß unser Stadt
E kolossale Uftrieb hat:
Gebaut werd, die Geschäfte gehn,
Die Stadt werd widder stolz un scheen
Es geht e mächtiger Verkehr
Eriwer, niwer kreiz un quer,
Die Autos schnerren dorch die Stroß
Un iwerall is ebbes los. —
's Theater, wo vor korzem noch
Gepiff hat uf 'em letschte Loch,
Als gängt em schun de Odem aus
Hockt widder stolz im eigne Haus,

Ihr Leit, jetzt brech ich awer ab. —
Mei Pegasus werd mied un schlapp.

Zwar wißt ich noch e Haufe Sache
For uf de Alex Vers zu mache.

Doch wenn ich alles dichte wollt,
Wie mer's ums Herz is, wie ich *sollt*,
Wie geere unser ganzi Stadt
Den liebe Vadder Alex hat,
Wie ich ihn selwer von jeher
Als Mensch un Ehremann verehr',
Das gäb e Buch so dick un schwer
Als wie die Bibel ungefähr.

Du werscht jetzt 65 Johr,
Kriegscht nochenanner grooe Hoor
Un hascht Dei greeschte Hips gemacht
Un kummscht ins Alter leis un sacht.

Dei Tatkraft awer un dei Schwung,
Dei Geescht un Herz is ewig jung.
Du zählscht noch lang nit zu de Alte,
Du muscht Dich unsrer Stadt erhalte.

Drum bleib gesund un hall Dich munner,
Sunscht geht die Stadt die Bach enunner.

Ich awer — un ich glaab gewiß,
Daß heit kee Mensch in Lautre is,
Wo sich nit anschließt, wann ich sa'
Zu Dei'm Geborts- un Ehreda':
„Sei glücklich, Alex, bleib gesund!"
Das is mei Wunsch aus Herzensgrund.

Vortrags-Manuskript; Typoskript; Titel: P. M.; datiert und bezeichnet am Ende des Textes; „2. 10. 50. Paul Münch"; Original im Besitz von Herbert Broschart (= Enkel von Alex Müller). — Alex Müller (1885—1959) war vom 12. 5. 1945 bis Ende 1956 Oberbürgermeister von Kaiserslautern. In dem Buch „Rudi Rosenthal. Ein Musikant zieht durch die Welt" von Kurt Neufert (Landau, 1986) wird erwähnt, daß „der bekannte Pfälzer Mundartdichter Paul Münch" bei der Feier zum 65. Geburtstag des Kaiserslauterer Oberbürgermeisters Alex Müller am 2. Dezember 1950 „eigens neu gezimmerte pfälzische Gedichte" vorgetragen habe. In der „Pfälzischen Volkszeitung" vom 4. 12. 1950 wird ebenfalls darüber berichtet: „Paul Münch trug ein frisch verfaßtes, humorvolles Mundartgedicht als Geburtstagsgruß vor." Es war Paul Münchs letzter öffentlicher Auftritt einen Monat vor seinem Tod am 2. Januar 1951. Der Text seines Geburtstagsgedichtes für Oberbürgermeister Alex Müller blieb bis zum Jahre 1996 verschollen. Beim Auffinden des Textes waren mir der Kaiserslauterer Beigeordnete Dr. Arne Oeckinghaus und Herr Rauland vom Stadtarchiv behilflich.

Auftragsarbeiten

Gu'n Tag, ihr Eh'leit, kiss' die Hand,
Ich gratulier zum Ehestand
Un will nor hoffe, daß die Eh'
Recht glicklich werd for alle zwee.
Die Hauptsach is for Fraa un Mann,
Sich recht vun Herze lieb zu han,
Dann bleibt die Glicklichkeet nit aus
Un Ruh un Friede is im Haus.
Doch Glick is Glas! Drum gewen acht,
Daß es nit borzelt un verkracht.
Jetzt bassen uf, ehr jungi Fraa
Un horchen zu, was ich eich sa':
Die Männer muß mer gut ernähre,
Sunscht dun se em nit äschtimeere;
Dann Männerlieb geht dorch de Mage,
So heert mer als im Sprichwort sage.
Drum, liewi Fraa, han ich e Plan:
Ach, nemmen mich als Kechin an,
Dann wissen ehr, ich koch perfekt
Un schweer druf, daß eich alles schmeckt.
Die pälzisch Kich, die han ich los,
Aach hessisch koch ich ganz famos.
Korzum, mer kann eich gratuleere,
Wann ehr mich dapper engageere.—
Do gucken her! Ich han aach glei
E Korb voll scheenem Dings debei,
's sin echte Dippe, fescht un gut,
Wie mer in Marburg mache dut,
Die mecht ich eich zur Hochzig schenke,
For um se in die Kich zu henke;
Un was mer dodrin koche dut
Schmackt wie Ambrosia so gut.—
Dann, liewer junger Ehemann,
Wann ehr so gut zu esse han,
Werd eier Männerlieb als heeßer
Un werd bei jedem Esse greeßer —
Un Glick un Sege is im Haus
Un Freed un Friede geht nit aus.
Drum nemmen mich als Kichefee,
Dann gebt's nor Glick in eirer Eh'.

Konzept; handschriftlich in schwarzem Notizbuch; Nachlaß

Zur Hochzeit
von Karl und Emilie Piper

Uf dere Welt gebt's manchmol Sache,
Do loßt sich eenfach nix dran mache.
Die Lieb zum Beispiel schleicht sich sacht
Ins Herz enin mit aller Macht,
Un eh mer is sich driwer klor,
Do hot se em mit Haut un Hoor.
Dir is es a' so gang, Emilie,
Nix ahnend wie e scheeni Lilie
Hascht in Waldfischbach du geblüht,
Bis dich Herr Piper pletzlich sieht.
Un schwuppdig schla't schun bei eich zwee
Das Liebesfeier in die Hee
Un die Emilie krie't als lieber
Den liebe, gute Herrn Karl Piper.
Un *er* denkt: Ach mit der Emilie
Do grind ich mir e scheen Familie
Un fihr se als mei Weibche heem
Do mache mer's uns hibsch bequem
Un han uns lieb un han uns geere
Un lossen unser Glick nit steere.

Un werklich, grad so is es kumme.
Heit hot er se zur Fraa genumme,
Un glicklich sitzt das Paar jetzt do
Is herzvergniegt un arig froh.
Un mer, mer winschen eich es bescht,
Was neetig is zu so'me Fescht;
Seid immer glicklich un zufriede
Uf dieser scheppe Welt hiniede.
Das winscht eich freindlich allerseits
Die Marie Dauwel un die Emma Seitz.

Konzept; handschriftlich in schwarzem Notizbuch 1918—20; Auftragsarbeit; Nachlaß

Zur Geburt von Ingeborg Greulich

Im Weltkrieg war bei viele Leit
Die dappig Meenung als verbreit,
Die Menschheet, die mißt ganz verderwe
Un ganz verschwinne un aussterwe.
Jetzt awer, wo de Krieg erum is,
Un wo so vieles annerscht kumm is
Uf dere scheppe, krumme Welt
Als wie mer sich's hat vorgestellt,
Do liest mer, daß die Mensche sich
Vermehre dun ganz ferchterlich.
Un jeder brave Ehemann,
Der sucht zu leischte, was er kann,
For um die Scharte un die Licke
So schnell wie meeglich auszuflicke.
Un aach mei Schwoger Dr. Greulich,
Der hat gedenkt: 's wär doch abscheilich,
Wann ich mei Pflicht un Schulligkeet
Nit voll un ganz erfille dät.
Mei braves Volk: die biedre Sachse,
Die missen blihe, missen wachse,
Do will ich grindlich defor sorge —
Un zwar noch liewer heit wie morge.

Un werklich! 's hat geklappt famos
Un glei druf war schun ebbes los.
Ach Gott! Was war mei Richard do
So quietschvergniegt, so herzlich froh.
Was hat er sei Maria als
Gekißt uf Stern un Mund un Hals
Un hat se immerfort betracht
Un hat als stillvergniegt gelacht:
„Sie werd so stark, das gebt zu denke.
Ich glaab, sie dut mer Zwilling schenke
Un zwar zwee Buwe, *zwee* recht stramme,
Das bringt nor unsereener zamme,
Weil sowas schun seit alter Zeit
In unserer Familie leit."
So sa't er als un hat's schun ball
Vor Neigier nimmi ausgehall:

„Meenscht nit, Maria, es wär gut,
Ich horch emol, ob's atme dut,
Un ob die zwee schun luschtig zappele
Un ob se gar am End schun babbele
Un ob die zwee vielleicht schun singe,
Daß mer's vun auße heert erklinge
Zweestimmig wie die Alte schier:
,Morgen muß ich fort von hier!'"

So war de Richard voller Sorge
Un halt sei Ohre hin zum Horche
Un horcht un lauschtert un gebt acht,
Was das do drin for Bosse macht.
Uf eemol, Herrschaftdunnerschtag,
Do kriegt mei Richard jo e Schlag,
E Ohrfeig, wie se scheener nie
Werd ausgedeelt uf Erde hie.
„Autsch!", sa't er, „'s is halt gar kee Tugend,
Kee Zucht meh in der heit'ge Jugend.
Die sin noch nit emol gebor'
Un han's schun fauschtdick hinnerm Ohr
Un treten, schlagen mit der Hand!
Na, ich bin ferchterlich gespannt!"

Un ball druf war die Zeit schun kumm.
Neun Monat sin jo ball erum.
Un alles war druf vorbereit,
Beim Richard, do gebt's Zwilling heit.
Uf dere Welt kummt awer viel
Grad umgekehrt als wie mer's will.
Un wer e Bub will, krie't e Mäd —
Wie 's halt uf dere Welt so geht.

So war 's a' do. Trotz allem Hoffe
Is doch kee Bibche ingetroffe.
Un wie der Vadder mit Bedacht
Das Neigeborne hat betracht'
Vun owe, unne, vorre, hinne,
Als wollt er ergend ebbes finne,
Do sa't er: „Alles blank un blott!
Es is e Mädelche, weeß Gott!
Wie lieb! Wie herzig! Ach, wie sieß
Wie'n Engelche im Paradies!"

Nee, was mei Schwoger an dem do
E Freed gehat hat, nit zum sa'!
Un war so stolz un kummt sich vor,
Als hätt er 's selbscht mit Schmerz gebor'.

So Mädcher sin jo liewe Kinn,
Selbscht wann 's noch Wickelbobbe sin.
Un aach die Ingeborg, die kleen,
Is werklich herzig, sieß un scheen
Un hat schun in de junge Dage
E Dorscht, 's is schiergar nit zum sage,
Als Erbstick vun seim Großpapa
Un vun seim eigne Vadder a'.
Un später, wann die kleene Inge
Schun laafe, hupse kann un springe,
Dann geht se heemlich an de Sekt,
Weil der seim Vadder so gut schmeckt.
De Pälzer Wein vum Großpapa
Stibitzt se heechschtwahrscheinlich a'.

Un wann die liewe, kleene Inge
A' noch in annre scheene Dinge
Die Spur vun ihre Ahne geht,
In Scheenheet, Fleiß un Grindlichkeet,
In jeder Tugend vun der Mudder,
Dann, Richard, werd se recht, du Guter.

Un wann dann hoffentlich recht ball
'es nächschte Fescht werd abgehall,
Dann werd's eich hoffentlich gelinge,
E Bibche uf die Been zu bringe,
E gute Greulich-Stauffer-Rass'
Korzum, e Kerlche erschter Klass!
Un dann so weiter alle Johr,
Ich denk, de Richard sorgt defor.

Doch weil ich endlich an de Schluß
Vun meiner Feschtred kumme muß,
Drum heb' ich jetzt mei Glas mit Schwung:
Es lebe Ingeborg, die jung,
Es lebe hoch die junge Mudder,
Hoch, Richard, lebe hoch, du Guter!

Konzept; handschriftlich, Bleistift; Auftragsarbeit für Apotheker Otto Weigand aus Saarbrücken, Februar 1921, Honorar: 300.— Mark; Nachlaß

Gedichtete Dankesbriefe

Lieber Freund! Dein schönes Bild
Hat mit Wonne mich erfüllt.
Herrgotthimmelsakerment!
Wenn ich auch nur so was könnt'!
Aber längst schon ist mir's klar:
Malen tu' ich schauderbar
Und ich tünche mit dem Pinsel
Schauerliche Farbgerinnsel,
Greulich, wüst und überzwerch
Jedem steht das Haar zu Berg.
Jeder wurde blaß und spuckte,
Sah' er meine Malprodukte.
Aber auch die Zeichenkunst
Lernte ich ganz umeinsunst.
Sei's mit Bleistift oder Feder,
Bauchschmerz holt sich da ein jeder,
Der die Vorsicht ganz vergißt,
Wenn er meine Kunst genießt.
Jeder denkt dann: diese Kunst
Ist nicht wert, daß hin man brunzt.
Oft beschleicht mich bang und kühl
Ein gewisses Schamgefühl,
Wenn ich mit den Bundesbrüder'
Mich vergleiche hin und wieder.
Alle, außer Roman Reiser,
Sind höchst kunstgewandte Häuser,
Die mit Öl und Aquarell,
Buntstift, Kohle und Pastell
Wunderbare Werke tünchen,
Wie sie schöner kaum zu wünschen.
Und auch du, mein lieber Freund,
Bist ein Mordskerl, wie mir scheint,
Denn das mir gesandte Bild
Hat mir deine Kunst enthüllt.
O, in jedes Striches Krümmung
Liegt was von poet'scher Stimmung.
Und die wuchtig breiten Schatten
Sind dir meisterlich geraten.

Und der See in duft'ger Weite
Mutet an wie Nachtgeläute
Also daß ich lang und stumm
Stand vor deinem Bild herum.
Meiner ehelichen Bude
Kommt dein Bildlein sehr zugute.
Vor den Schreibtisch an die Wand
Häng' ich es mit eigner Hand,
Daß sein lieber Anblick mich
Stets erinnere an dich.
Nimm, o lieber Freund, zum Schluß
Meinen heißen Dankerguß
Für die viele Müh und Treue,
Die du mir bezeugt aufs neue.
Bleib recht lustig und fidele,
Dann erfreut sich meine Seele.
Dieses sind die frommen Wünsch'
Deines treuen Freundes Münch.

Konzept; handschriftlich, Bleistift mit Ergänzungen in Tinte; Nachlaß. —
Für einen Studienfreund nach Paul Münchs Hochzeit

Ach, liewer Gott, ich schäm mich schun,
Daß ich noch nit han Zeit gefunn,
For Ihne all mei großi Freed
Un kolossale Dankbarkeet
In scheene Vers'cher auszudricke,
Wie sich's doch eigentlich dut schicke.
Sie han kee Ahnung, liewer Mann,
Was ich e Mordsvergniege han
Mit dere Laute. 's is e Pracht,
Was die for feine Mussik macht
So rund un voll sin do die Teen
Un's klingt jetzt werklich arig scheen,
Wann als e Volkslied werd gesung
Vun mer un vun die Frailein Jung. —

Na, nächschtens mach ich selbscht Besuch;
Dann 's steht so in mei'm Anstandsbuch,
Daß mer sein Dank abstatte dät
In eigener Perseenlichkeet.
Un, gell, Sie nemmen mer's nit krumm,
Wann ich nit im Zylinner kumm?

Konzept; handschriftlich, Bleistift; Nachlaß. — Aus der Zeit der gemeinsamen Auftritte
mit Anna Jung. (s. auch P. M., GW., Bd. 2, S. 298 ff. und Bd. 3 „Lieder", Anm. d. Hrsg.)

E sießer Draam*

Gewidder! Han Ihr mich verschreckt
Un grausam aus meim Draam geweckt!
Erscht schreiben Ihr uns arme Schlucker,
Mer krägten bald e Waggon Zucker,
Das war e Freed!! 's is kaum zu sa'.—
Ich laaf glei heem zu meiner Fraa.
„He, Alti!" kreisch ich, „heer mich an,
Was ich e Engelsbotschaft han:
's gebt Zucker noch in dere Woch,
Die Frankethaler han's versproch."
Mei Fraa, die hat mer glei vor Freed
Die Ärem um de Hals gele't
Un hat mer Kiss' geb' —fuffzig Stick
Vor lauter Lieb un lauter Glick.—

Do kummt Ihr Brief. — Der hat genaa
Als wie e Luftbomb ingeschla':
Krach! Bumbs! Kreizhimmelsakrament
War all die Seligkeet zu End.
Jetzt hockt mei Fraa deheem un greint
Un fallt in Tribsinn, wie mer's scheint;
Un Trauer, Angscht un Herzeleed.
Das herrscht jetzt statt der Seligkeet
Un mei Kollege sagen all,
Sie wären all im selwe Fall.

An all dem Unglick, schwer un dief,
Sin Ihr dran schuld mit Ihrem Brief.
Weil Ihr uns ganz gefihllos schreiwe,
For uns dät nix meh iwrig bleiwe.
Gelt, Herr Direktor, 's is nit wohr?
Sie machen uns bloß ebbes vor!
Dann Zucker is in dere Zeit
For Lehrer- un Professersleit
Es allerneetigschte Gewerz,
Is Troscht un Balsam for ins Herz.
Wann ich mei Schieler unnerricht
Mit so 'me sauere Gesicht,
Do dut mei ganzi Schul nix dauge.

Drum dut de Lehrstand Zucker brauche,
Damit mer sieß un freindlich lacht
Un Indruck uf sei Schieler macht.

Korzum! Es is e guti Tat
Un vordeelhaft for Volk un Staat,
Wann Sie uns glei e Briefche schreiwe,
's dät *doch* e Waggon iwrig bleiwe,
Dreihunnertfuffzig Zentner schwer,
Er wär schun unnerwegs hieher.
Gelt, schlagen Sie 's uns jo nit ab,
Mer sin a dankbar bis ins Grab.

* Titel: Hrsg.

Konzept; handschriftlich, Bleistift; aus der Zeit wohl gegen Ende des 1. Weltkriegs; in Umschlag „Verschiedenes", Nachlaß

Zu einem Hamster-Bild:

Es Hamschtre is e schweri Kunscht.
Wie mancher plogt sich umesunscht
Un bleibt e dummer Storre.
Er fahrt e jedi Woch enaus
Un laaft vun eem ins anner Haus
Un krie't zwee Eier norre —
Nix hinne un nix vorre.

Nor wer e richtig Maulwerk hat
Un babbelt wie e Advokat,
Der kann's zu ebbes bringe.
Dann vor 'me Maulwerk, wo recht fleckt,
Han alle Bauerschleit Reschbekt
Do laafe se un springe,
For Hamschterwar' zu bringe.

Es Anna in der Glockegass',
Das is die richtig Hamschterrass',
E Staatskerl vume Städter;
Das babbelt sich es Maul kaputt
Un hannelt wie de ewig Jud',
So zäh wie Juchteledder —
Gewidderdunnerwedder!

Un wann se so gehamschtert hat
Un geht dann heemwärts in die Stadt,

Do krie'scht die Kränk vor Lache:
Die Händ voll, hinne druff e Pack,
Un uf em Kopp e schwerer Sack
Voll lauter gute Sache,
Wo Stadtleit glicklich mache.

De Münche Paul, der is der doch
Viel schlauer als wie 's Anna noch,
Der braucht nit hamschtre fahre.
Der macht em Anna fescht die Cour,
Kloppt Sprich un schmeechelt em duschur,
Un laust em ab sei Ware.
's is halt so unerfahre.

Manuskript; Bleistift; gegen Ende des 1. Weltkriegs oder danach; in Umschlag „Verschiedenes", Nachlaß

Ehr Brief mit dene Vers vun letscht,
Der hat mer Träne ausgequetscht
Un hat mer arig Spaß gemacht;
Schiergar han ich mich krank gelacht.
Ehr Vers, die 'heeren zu de feine
Un sin jo besser fascht wie meine.
Nee, was mer jetzt im Pälzerlann
For stramme Dichterferschte han!
Ich bin ganz stolz uf unser Leit,
Was die so hell sin un gescheit.
Ach liewer Gott! Do wär 's gefehlt,
Wann 's heit kee Palz gäb uf de Welt.
Die Kunscht un Wissenschaft un alles,
Das wär mit eem Schlag uf em Dalles,
Dann all die ann're Velkerstämm,
Die zehren jo vun unser 'em
In Preiße, Sachse, bei de Schwowe
Do sin *mer* Trump-Ass. Mer sin owe
In jedem Amt: Poscht, Eisebahn,
Do hockt e Pälzer vorredran
Im Turnverein, Athleteklub
In jeder große Birostubb,
In jeder Zeitungsredaktion,
Do hockt e Pälzer uf em Thron.

Nee, Spaß beiseit! Un nit gehäächelt,
Ehr Brief, der hat mich recht geschmäächelt.
Un kolossal hat mich gefreet,
Was ganz am Schluß im Briefche steht,
Daß Sie sich hätten glei entschlosse,
Ball iwer mich was loszulosse.
Do sa' ich a' hibsch „Dankescheen"
Un machen Se 's nor nit so kleen
For daß ich renommiere kann,
Was ich soviel Erfolge han.

Ich bitt a' um Entschuldigung
Vun we'e der Verzeegerung
Vun meiner Antwort. Schuld war nor
E Krankheet an meim Mittelohr.

Do soll de Deiwel Vers verbreche,
Wammer so Schmerze hat un Steche.
Doch Gott sei Dank, 's is widder gut.
Adje un herzlich grieße dut
In Hochachtung, in allergreeschter,
Paul Münch, . . .

Schluß fehlt, Zeile unvollständig; Manuskript; Bleistift; Nachlaß

An Emma Stöppler

Das soll Dir nie vergessen sein,
Daß Du in meiner Höllenpein,
In meines Teufelskessels Nacht
Mit treuem Sinn an mich gedacht.

Von all den mancherlei Geschenken,
Mit welchen man mich tat bedenken
In meiner Komödiantenzeit,
Hat keines mich so sehr gefreut
Als Deine wirklich ganz famosen
Und wundervollen roten Rosen,
Die nun den Schreibtisch herrlich schmücken
Und Aug' und Nase mir entzücken.

Nur eines hat mich fast geschmerzt,
Daß Du in Kosten Dich gesterzt;
Ich kenne doch so ungefähr
Dein ziemlich kärgliches Salär.

Ich küsse Dir aus diesem Grund
Voll heißen Dankes Deinen Mund
Und drücke Dir gerührt die Hand.

Paul Münch, Poet und Komödiant.

Konzept; handschriftlich, zwei Worte Steno, Bleistift; Nachlaß

Für eine Kiste Wein
Dankverse an Walter Bried

In letschter Zeit, Herr Walter Bried,
Do bin ich arig unsolid.
Dann seit ich so als Kumediant
Erumkutschier dorchs Pälzer Land,
Han ich jed Laschter angenumm
Un Sind un Schand sin an mich kumm;
Bis jetzt war ich doch ziemlich frei
Vun Alkohol un Sauferei.
Un heit?! Heit trink ich — sauf ich fascht!
Mei armi Fraa hat Not un Lascht
Un muß als fascht de Stecke schwinge,
Mich widder in die Reih zu bringe.

Uf eemol platzt do mitte nein
Ihr Kischtche mit dem feine Wein.
Ach Gott, Herr Bried, mei Fraa is ball
Vor lauter Schrecke umgefall;
Doch wie ich anfang un erklär
Wieso, vun wem, warum, woher,
Do war se dapperche verseehnt
Un hat gelacht un hat gemeent,
Ich sollt mich hortig annesetze
Un sollt mei Hern un Bleistift wetze,
For um aus Versfieß un aus Reime
E Dankgedicht zurecht zu leime.

Die dut sich leicht. — Jetzt hock ich do
Un denk un griewel driwer no',
Wie ich for Sie, Herr Walter Bried,
Genaa so gute Vers'cher schmied
Als wie der Wein is, der famose,
Den wo Sie mir han schicke losse.

Es geht nit. Herrschaftnochenin!
Obwohl mei Vers doch klassisch sin.
Doch so e Wein vun Deidesheim
Is besser wie de klassischt Reim.

Drum heer ich uf. Mei ganzi Kunscht
Is Dreck degege un umsunscht.
Voll Dank drickt Ihne froh die Hand
Paul Münch, Poet un Kumediant.

Konzept; handschriftlich, sauber, Bleistift; Nachlaß

Dank an die Weilerbacher

Als wir am Samstag heimgekommen,
Ward gleich der Freßkorb vorgenommen.

O welche Fülle schönster Gaben,
Den Magen und das Herz zu laben,
Als ging es auf Schlaraffenfahrt:
Hausmacherwürste aller Art,
Blut-, Leberwurst und Schwartenmagen,
Und ferner wurde mit Behagen
Ein Hähnchen aus dem Korb gelupft,
Schön pfannenfertig und gerupft,
Mit zartem Fleisch an Leib und Schenkel.
Und oben an des Korbes Henkel
Bimbambelte erfreulich schwer
Ein herrlich Speckstück hin und her.

Und froh war unser Herz bewegt
Als noch sechs Eier, frischgelegt,
In Staniol bunt eingeschlagen,
Tief unten in dem Korbe lagen.

Nach gutem, altem Pfälzer Brauch
Erhob sich aus des Korbes Bauch
Auch eine Flasche Rebensaftes,
Und zwar was wirklich Fabelhaftes,
Ein Wein von allerbestem Ruf,
Wie Gott kaum einen bessern schuf.

Und all dies war mit soviel Takt
Und soviel Schönheitssinn verpackt
Und farbenfreudig ausgeziert
Und rings mit Rankengrün garniert,
Daß es fast Tränen gab und Zähren,
Als wir begannen auszuleeren. —

Was aber sein muß, muß halt sein!
Heut prangen Würste, Speck und Wein
Im Vorratsraum.— Der Hahn indessen
Ward andern Tages aufgefressen,

Und die sechs Eier fanden auch
Ihr Massengrab in meinem Bauch. —

Nun aber Schluß, ihr lieben Leute!
Ich danke herzlich für die Freude,
Die ich im Innersten gefühlt,
Als ihr mein Stück so flott gespielt.
Dank allen denen laßt mich sagen,
Die zum Erfolge beigetragen.
Dank auch für eure lieben Spenden!
Und hiemit soll mein Versbrief enden.

Ich grüße euch, ihr Weilerbacher!
Paul Münch, der Mundartversemacher.
Auch meine Frau läßt herzlich grüßen.
Und damit will ich wirklich schließen.

7. 1. 1937 P. M.

Manuskript; handschriftlich, sauber, Bleistift; Nachlaß

Und ich steh da mit leeren Händen
Als Habenichts und kann nichts spenden.
Es kommt mir vor, als wär ich nackt
Und stünde frech und schamlos Akt.

Das ist mir selbstverständlich peinlich,
Denn in dem Punkte bin ich kleinlich,
Daß ich die Pflicht der Dankbarkeit
Ausübe gern und jederzeit. —
Und war dazu bis heutzutage
Auch – gottlob – immer in der Lage. —

Doch nun als armer Ortsunkund'ger,
Als Bombenflüchtling, als ein schund'ger,
Dem jegliche Beziehung mangelt
Zu Quellen, wo man fischt und angelt,
Für mich kommt keine Ware nicht
Aus dunklen Theken an das Licht. —

Blank steh ich da, ihr müßt entschuld'gen
Und euch auf bess're Zeit geduld'gen;
Dann gibt sich wohl Gelegenheit
Zu tatenfrohster Dankbarkeit. —

Lechbruck, 24. 12. 44. P. M.

Fragment, wohl nur 2. Teil erhalten; Konzept; handschriftlich, sauber, Bleistift; Nachlaß

An Ernst Grill in Hundheim im Glantal

E scheener Appel, gut un saftig,
Das is e Gottesgab wahrhaftig.

Kee Sidfrucht kann sich mit vergleiche,
Kee Dattel, Ananas, kee Feige,
Kee eeni schmeckt so gut un fein,
Vollmundig, werzig un so rein
Als wie e guter deitscher Appel.
Wer annerscht sa't, macht dumm Gebabbel.

Nee, so e guti Appelsort
Renette, Boskop un so fort
Champagner, Calville, Goldparmäne,
Die braucht mer norre zu erwähne,
Do laaft em bei de bloße Name
'es Wasser schun im Schnawwel zamme.

Die beschte Äppel jedenfalls,
Die gebt's bei uns in unsrer Palz!
Was Äppel anlangt, gebt's kee Gegend
Die wo so reich is un gesegent.
Dort wachsen fascht an alle Orte
Ganz wunnerbare Äppelsorte.
Die feinschte awer sin zu finne
Am Glan bei Lauterecke hinne.
Dort lebt so ganz for sich un still
E Bauersmann, der heeßt Ernst Grill,
E liewer guter Mann, e netter,
Un Appelzichter wie kee zwetter.
Wer Äppel will fein, scheen un sieß
Wie seller aus em Paradies,
Den wo die Eva hat gestohl,
Dem rot' ich een for allemol:
Hopp! Geh no' Hundheim zum Ernst Grill
Der Mann hat Äppel wie mer will,
Scheen, schmackhaft, saftig, sieß un gut
For jedi noch so schnekig Schnut
Der hat zum Beispiel Goldrenette
Wie sunscht kee zwetter, mecht ich wette.

Do is mer werklich nit betroge.
Brauchscht bloß de Münche Paul zu froge,
Der wo die Pälzisch Weltgeschicht
In Pälzer Mundart hat gedicht.

Konzept; handschriftlich, Bleistift, mit vielen Änderungen; Nachlaß

Dank an Familie Lelbach in
Odernheim für 2 Flaschen Öl

Gewidderherrschaftdunnerkeil!
For lauter Freed is alleweil
De Münche Paul samt seiner Fraa
Nächscht uf de Appel hingeschla'.

Zwee Flasche Eel will ebbes heeße
For Leit, wo derr sin wie die Gääse,
For Leit, wo schun seit Johr un Da'
Nix meh geschmälzt han sozusa',
For Leit, die wo nächscht nimmi wisse,
Wie Pannekuche schmecke misse,
For Leit, wo glotze wie e Depp,
Wann's heeßt: „Heit gebt's Kartheiserknepp." —

Na, korz gesa't, die Freed war groß
Bei 's Münche in der Amselstroß.
Nor lossen Se mich recht ball wisse,
Was mer defor bezahle misse,
Weil ich 's halt gar nit leide kann
Wann ich bei jemand Schulle han.
Gebumbtes Eel schmeckt fad un bitter;
Was koschten also die zwee Liter?

Das Eel is uns e Heiligtum.
Do gehn mer sparsam demit um
Do werd geknixt dran un gedruckst
Kee winzig Dreppche werd verjuxt,
Wie sich's geheert in dere Zeit
Bei brave un bescheidne Leit.

Ui! Wann 's als jetzt so dann un wann
Bei 's Münche brotzelt in der Pann,
Das le't sich wie e Engelschor
So lieblich un so zart ins Ohr
Un die Gedanke fliegen aus
No' Oderem ins Lelbachs Haus.

Un dankbar iwer Berg un Land
Drick ich im Geescht eich all die Hand
For all die Wuhltat, wo ihr schun
An uns zwee alte Leit gedun.

Konzept; handschriftlich, Bleistift; nach 1945; Nachlaß

Verse und Damenstrümpfe*

Verehrte Frau Kommerzienrat!
Sie taten manche gute Tat
An mir und meinem Eheweibe,
Wofür ich ewig dankbar bleibe.

Denn, daß ich heute noch gesund bin
Und nicht schon lange auf dem Hund bin
In dieser nahrungsarmen Zeit,
Das dank' ich Ihrer Gütigkeit. —

Drum drückt es schwer auf mein Gemüte,
Daß wir für die erwies'ne Güte
Uns nie noch durch die Tat bedankt
Wie Takt und Anstand dies verlangt. —

Sie wissen aber selbst, wie schwer
Der Warenmangel war bisher,
So daß man die Behörde braucht
Für jede Ware, die was taugt.

Und trotzdem hab' ich Glück gehabt:
Ich habe nämlich was geschnappt,
Was heut die Damen heiß begehren;
Das will ich Ihnen heut verehren.

Obwohl ich nun mein Angebinde
Als nicht ganz schicklich selbst empfinde,
Denn es besteht aus Damenstrümpfen,
So bitte ich Sie, nicht zu schimpfen.

Es vielmehr freundlich und gelassen
Als Kavaliersdank aufzufassen.
In diesem Sinn wünsch ich zum Feste
Mit vielen Grüßen alles Beste.

Und bitte, auch dem Ehegatten
Die wärmsten Grüße zu erstatten
Von mir sowohl wie meiner Friedel. —
Und damit endigt dieses Liedel.

* Titel: Hrsg.

Konzept; handschriftlich, Bleistift; nach 1945; Nachlaß

Dank für einen Schirmständer*

Danken will ich prompt und schnell
Für das Regenschirmgestell,
Welches Du mir zugeschickt.
Schon hab ich es hochbeglückt
In des Hausflurs schönster Ecke
Übergeben seinem Zwecke.
Und ein vornehm feiner Glanz
Von gediegner Eleganz
Strahlt von jener Ecke aus
Ringsum durch das ganze Haus.

Ein entzückendes Gefäß,
Schöngeformt und fachgemäß!

* Titel: Hrsg.

Konzept; handschriftlich, Bleistift; Nachlaß

An Else Rittersbacher
Dank für 3 Flaschen Wein zum (70. ?) Geburtstag

Du bischt im Bild, Du kennscht mich jo,
Fraa Else Rittersbacher!
Eich sein jetzt alt un krumm un groo,
E wieschter alter Kracher.
Zwelf, dreizeh Schrumple uf de Stern,
Am Kopp e Glatz un Kalk im Hern
Un 's Reiße in de Glidder.
O Else, das is bitter.

Ich dank Dir, Schweschter in Apoll,
Daß Du an mich gedenkt hascht,
Un daß Du mir drei Flasche voll
Vum beschte Wein geschenkt hascht.
An mei'm Geburtstag han ich noch
Zwee Stick devun de Hals gebroch'.
Gewidderdunnerwetter!
Das is e Trank for Getter!!

Um zwelf Uhr in der Neijohrsnacht,
Wann's schießt un kracht un scheppert,
Dann werd die dritt Flasch ufgemacht
Un uf Dei Wohl gelebbert.
Dir — un Dei'm Mann nadierlich aa —
Winsch ich samt meiner liewe Fraa
Viel Glick zum Jahreswechsel. —
Aus is mei Versgedrechsel.—

Konzept; handschriftlich, sauber, Bleistift; Nachlaß

„Der Blinddarm"
und
„Die letzten Verse"

Anmerkungen des Herausgebers:

Die folgenden Gedichte schließen in gewissem Sinn an die vorigen an. Sie haben z. T. dieselben Adressaten. Sie sind jedoch hinsichtlich ihres Themas eigenständig und eine Besonderheit.

Nach einer Blinddarm-Operation im Januar 1936 und vor und nach einer Darm-Operation im Dezember 1950 informierte Paul Münch seine Freunde in „poetischen medizinischen Bulletins" über sein Befinden, seine Beschwerden, die ärztlichen Untersuchungen, den Verlauf der Operation — und seine Hoffnungen: „Und bin hochgradig interessiert, was weiterhin mit mir passiert." Es sind die letzten Verse von Paul Münch — vor seinem Tod am 2. Januar 1951.

Der Blinddarm

Der Zweck des Blinddarms ist sehr (recht) dunkel.
Es geht ein Raunen und Gemunkel,
Er pflege manchmal Glück zu stiften
Durch Produktion von Gegengiften
Bei Infektionen und bei Seuchen
An Damen- oder Männerbäuchen.

Dies ist des Blinddarms *eine* Seite,
Doch hat er auch noch eine *zweite*
Und die ist leider höchst bedenklich:
Meist ist er dekadent und kränklich
Und infiziert dann schwer und böse
Ringsum das menschliche Gekröse,
Und dann herrscht SOS-Gefahr!!

So war's am 9. Januar
Bei mir, dem Pfälzer Volkspoeten.
Mein Blinddarm zeigte schwere Schäden
Und war abscheulich angeschwollen
Zu einem unerhörten Knollen,
Vereitert, franslich und verjaucht,
Und wenig hätte es gebraucht,
So wäre mir der Schuft geplatzt (verplatzt)
Und Paul Münch wäre (wär dann) abgekratzt. —

Drum ging es (ging's a') — der Entschluß war kurz —
Im Auto zu Professor Lurz,
Und unverzüglich stieß derselbe
Sein Messer mir ins Leibgewölbe.

Und — heil! — es war ein Meisterschuß!
Der Blinddarm liegt im Spiritus,
Unfähig weitrer Schlechtigkeiten,
Krumm, häßlich, brandig und bescheiden.

Ich aber singe ein Tedeum. —
Der Blinddarm kommt ins Schulmuseum. —

12. Januar 1936 Paul Münch

Das Fieber hab (bin) ich gänzlich los,
Mein Schlaf und Appetit sind groß.
An meinem Bauche ist die Narbe
Entzückend schön in Form und Farbe,
Und sie entwickelt sich bereits
Zu einem männlich schönen Reiz,
Den ich für meine alten Tage
Mit Grazie, Charme und Anmut trage.

Ich drücke Euch im Geist die Hände,
Womit ich diesen Brief beende.

17. Januar 1936
Euer alter Paul Münch

Von diesen beiden Gedichten gibt es mehrere, geringfügig sich unterscheidende Versionen:
1. für seine Lehramtskollegen, mit Datum 12. Januar 1936 und 17. Januar 1936
2. ohne Strophen-Einteilung, ohne Zwischendatum (12. Januar 1936) und ohne die jeweils zwei letzten Gedicht-Zeilen im Gästebuch von Prof. Dr. Lurz (= Schwager von Paul Münch) und im Gästebuch der Klinik
3. Kopien in Sammelmappe von Dr. Wilhelm Gleich sen. bzw. dessen Sohn Dr. Friedrich W. Gleich, Zahnarzt, in Kaiserslautern, im Stadtarchiv Kaiserslautern und in der Privat-Sammlung von Annemarie Altschuh, Kaiserslautern (in ihrer Kopie fehlen die zwei letzten Zeilen des Gedichtes vom 17. Januar 1936)
4. Abdruck in der Festschrift des Hohenstaufen-Gymnasiums Kaiserslautern, 1979 (letzte Zeile der 3. Strophe des Gedichtes vom 12. Januar 1936 fehlt)
5. Konzept; handschriftlich, Bleistift; mit vielen Strichen und Änderungen; in Umschlag „Gelegenheitsgedichte); Nachlaß

Im übrigen, ihr lieben Leute,
Geht mir's schon ausgezeichnet heute.
An meinem Bauche ist die Narbe
Entzückend schön in Form und Farbe,
Und sie entwickelt sich bereits
Zu einem körperlichen Reiz,
Den ich für meine alten Tage
Mit Grazie, Charme und Anmut trage.
Jedoch am meisten freut mich immer
Der Fliederstrauß in meinem Zimmer,
Den ihr mir habt hierhergeschickt
Und dessen Anblick mich beglückt.

Konzept; handschriftlich, Bleistift; drei Worte in Steno; in Umschlag „Gelegenheitsgedichte"; Nachlaß — Empfänger unbekannt

Als Gott der Herr die Welt erschaffen,
Die Pflanzen, Menschen und die Affen,
Das Meer, das Land in Ost und West,
Sprach er befriedigt: bonum est.
Und wirklich, er hat recht gehabt,
Die Sache hat famos geklappt.

Doch langsam hat im Lauf der Welt
Sich mancherlei herausgestellt,
Was falsch war oder fehl am Platz, —
Ich denke an den Wurmfortsatz.
Da hat nach menschlichem Ermessen
Der Hergott irgend was vergessen,
Sonst wär das doch kein solch Gefrett,
So daß man besser keinen hätt'.

Was hatte ich doch schon für Hatz
Mit meinem blöden Wurmfortsatz.
Seit Jahren nagt er schon und zwickt,
Bohrt mir im Bauch herum und drückt.
Und als er neulich wieder bohrte
Und mir im Leib herum rumorte,
Da reifte in mir der Entschluß,
Jetzt geh ich zu dem Medikus.
Und dieser sorgenvollen Blicks
Sprach kurzerhand: „Es hilft Sie nix!"

Seitdem ich alter kranker Knabe
Die Karten in den Händen habe
Ist meine Seele neu gestärkt.
Auch sonst hab ich sofort bemerkt,
Daß es nun wieder aufwärts geht,
Zwar langsam, aber gut und stet'.

Kaum ist der Blinddarm abgeschnitten,
Wird schon das Dichterroß geritten,
Um Vers' und Reim' euch darzubringen
Als meinen Dank nach Gimmeldingen.

Ihr habt dem armen Volkspoeten
In seinen schweren Blinddarmnöten

Ein herrliches Präsent geschickt,
Das froh die Seele ihm erquickt.

Wie nimmt sich doch der Nelkenstrauß
Auf meinem Tisch so freundlich aus.
Hei, wie er farbenfreudig loht,
Weiß, rosa, hell- und dunkelrot,
Woran ich mich als kranker Mann
Noch mehr wie sonst erfreuen kann.
So Blumen sind halt Freudenbringer,
Drum seid bedankt, ihr Gimmeldinger.
Nehmt heißen Dank dafür, ihr Lieben!
Ich hätte euch schon längst geschrieben,
Wenn ich die ganze Zeit bisher
Nicht doch recht matt gewesen wär.
Seit heut jedoch fühl ich mich kräftig.
Ich esse, trinke, dichte heftig
Und drücke euch im Geist die Hände.
Womit ich dies Gedicht beende.

Konzept; handschriftlich, Bleistift; zwei Strophen und ein einzelnes Wort in Steno (Übertragung; Alfons Kloos); in Umschlag „Gelegenheitsgedichte"; Nachlaß

Die letzten Verse

Die Prostata, die ich besitze,
Ist, leider Gottes, nichts mehr nütze.
Ihr Sinn und Zweck und der Beruf,
Wozu der Herrgott sie erschuf,
Sind meiner Prostata ganz schnuppe:
Sie löffelt ihre eigne Suppe,.
Erweitert frech als wie ein Spatz
Den für sie vorgesehnen Platz.
Kurzum! Sie ist recht flegelhaft
Und molestiert die Nachbarschaft.
Der Mastdarm wird von ihr bedrängt
Und ungebührlich eingeengt,
So daß derselbe seine Pflichten
Nur ungenügend kann verrichten.—

Drum ging ich heut ins Hetzelstift.
Denn was Urologie betrifft,
So ist Professor Hammel dort
Der rechte Mann am rechten Ort.
Ihm wird es sicherlich gelingen,
Die Sache in das Lot zu bringen,
Den Schwulst der Prostata zu dämmen
Und ihren Dehnungsdrang zu hemmen.

Sobald dann das Geschwulst gemindert,
Schiebt sich mein Stuhlgang ungehindert
Wie in den frühern Jahren *auch*
Wurstartig durch des Mastdarms Schlauch.

Neustadt/Weinstraße 12. 12. 50

Original, handschriftlich an Hussong-Lorch; Nachlaß

Heut ward der Darm mir durchgeputzt.
Denn wenn er voll ist und verschmutzt,
Unappetitlich, wüst und schmierig,
Dann ist die Untersuchung schwierig.—

Mit zwei Klistieren, mild und warm,
Entleerte gründlich man den Darm,
So daß er innen blitzeblank
Und nicht mehr im geringsten stank.

Nach solch solider Vorbereitung
Ward ich in spärlichster Bekleidung
Auf einen hohen Tisch gewippt.
Das Hemd ward mir emporgestrippt,
Der Hintern, der sonst warm und gut
Verschämt in seiner Hose ruht,
Ward hochgereckt in ganzer Plastik,
Ein Schaustück von erhabner Drastik,
Als wollte er partout erzwingen
Den Wunsch des Götz von Berlichingen.—

Gewiß ist diese Stellung häßlich,
Doch leider, leider unerläßlich,
Sonst kann es keinem Arzt gelingen,
Das Sehrohr in den Darm zu zwingen.
In meinem Falle ging gottlob
Professor Hammels Rektoskop
Ganz glatt bis zur gesuchten Stelle.
„Aha!", sprach er, „hier sitzt die Quelle
Der Stuhlbeschwerden, die Sie haben.
So was kommt vor bei alten Knaben,
Doch unter ärztlicher Behandlung
Erfolgt bald Besserung und Wandlung."

13. 12. 50

Original, handschriftlich an Hussong-Lorch; Nachlaß

Seit heut bin ich im Hetzelstift
Und kriege Spritzen, schlucke Gift,
Man zapft mir Blut ab da und dort,
Gibt mir Klistiere und so fort,
Denn all dies dient zur Vorbereitung
Für die geplante Bauchaufschneidung. —
Der Darm in meinem Bauch ist halt
Schon 71 Jahre alt,
Hat niemals Urlaub noch gehabt
Und trotzdem hat's bis heut geklappt.—
Nun aber ist er abgenutzt,
Verwachsen, schadhaft und verkrutzt
Und muß von einem Fachgelehrten
Entsprechend aufgebügelt werden.
Kurzum! Man kann es nicht vermeiden,
Den Bauch mit baldigst aufzuschneiden
Zwecks einer Ortsbesichtigung.
Alsdann kann die Berichtigung
Des Schadens und der Darmbeschwerden
Geplant und unternommen werden.—

27. 12. 50

An Hussong-Lorch; maschinenschriftliche Kopie und Konzept, handschriftlich mit Vorstudien und Varianten, z. T. in Steno im Kalender 1950; Nachlaß

Noch heut, bevor es zehn Uhr schlägt,
Werd' auf die Schlachtbank ich gelegt.
Mein Darm hat nämlich eine Knacksung
In Form beträchtlicher Verwachsung.
Da ist ein Eingriff unumgänglich,
Denn Pillen sind ganz unzulänglich.
Mit einem Messer, scharf gespitzt,
Wird mir die Bauchwand aufgeschlitzt.
Da gibt's ein gräßliches Gemetzel
Im Krankenstift des sel'gen Hetzel.—
Dies aber ist in meinen Jahren
Nicht ohne mancherlei Gefahren,
Denn greisenhaft an vielen Stellen
Ist das Gewebe meiner Zellen.
Drum, daß es sich zum Guten wende,
Drück beide Daumen deiner Hände.

29. 12. 1950

An Hussong-Lorch; maschinenschriftliche Kopie und Konzept, handschriftlich mit Vorstudien und Varianten, z. T. in Steno; im Kalender 1950; Nachlaß

So, Gott sei Dank, die Metzelei
Ging plangemäß und gut vorbei.
Und es scheint alles gut zu werden,
Wie meine Ärzte mir erklärten,
Vor deren Urteil ich mich beuge.
Ich selbst war ja nicht Augenzeuge,
Denn in Narkose sieht man nicht,
Was unten in dem Darm geschiecht,
Was da blutrünstig vor sich geht,
Was da geflickt wird und genäht,
Getupft, gezwickt und abgebunden —
Ein schauerlicher Dienst am Kunden.—
Wie dem auch sei! Die Metzelei
Liegt hinter mir und ist vorbei.
Ich liege mit geflicktem Darm
Im Bette wohlgepflegt und warm
Und bin hochgradig interessiert,
Was weiterhin mit mir passiert.

29. 12. 1950

Handschriftlich in Kalender 1950; Nachlaß

Vorwort und Zeichnungen zu Arbeiten anderer Autoren

Anmerkungen des Herausgebers:

Paul Münch hat nicht nur seine Gedicht-Zyklen „Die Pälzisch Weltgeschicht" (incl. „Neie Sache for zu Lache"), „Mei Herzerweiterung" — beide in Band 1 der Gesammelten Werke —, „Die Heiratskunst" und eine große Anzahl seiner Gedichte — S. Bände 2 und 3 der Gesammelten Werke — mit eigenen Zeichnungen versehen, sondern auch Zeichnungen zu Werken anderer Autoren geschaffen. So hat er z. B. ein Märchen des Kaiserslauterer Autors Otto Fleischmann und fremde Beiträge im „Kaiserslauterer Heimatbrief für unsere Soldaten" illustriert.

Eingeleitet wird das Kapitel jedoch mit einem Geleitwort, das Paul Münch zu der 1941 erschienenen Erstausgabe von „Familie Hemmer. Geschichte einer Arbeiterfamilie" von Karoline Kriechbaum geschrieben hat.

Anmerkung zum „Geleitwort zu ‚Familie Hemmer'" von Karoline Kriechbaum

Karoline Kriechbaum (1899 Nürnberg — 1973 Lambrecht) war als Mundartdichterin in der Pfalz bekannt und beliebt. Sie veröffentlichte außer „Familie Hemmer" 1953 einen Schwank „Die üwerrumpelt Schwiegermutter". „Familie Hemmer" ist — in der Nachfolge von Maler Müller und Richard Müller — eine Pfälzer Idylle in moderner Form. Paul Münch, der seinerzeit auch mit Karoline Kriechbaum bei Veranstaltungen auftrat (S. Gesammelte Werke, Band 2, S. 269—271), schätzte dieses Werk so sehr, daß er ein Geleitwort dazu schrieb. Von der Existenz dieses Werkes erfuhr der Herausgeber beim Recherchieren in Archiven und Bibliotheken. Dabei stieß er in der vom NS-Gaukulturwart Kurt Kölsch herausgegebenen Zeitschrift „Die Westmark" (VIII. Jg. H. 9, Juni 1941, S. 638) auf eine Besprechung des Bändchens durch Ludwig Hartmann. Darin heißt es: „Paul Münch hat dem Buch ein Vorwort geschrieben, in dem er stolz gesteht, daß er die Herausgabe veranlaßt hat. Es macht ihm alle Ehre." Die Suche nach dem Werk von 1941 war viele Jahre lang vergeblich. Weder in der Pfälzischen Landesbibliothek in Speyer, der Pfalzbibliothek in Kaiserslautern, der Deutschen Bücherei in Leipzig noch in sonst einer öffentlichen Bücherei in Deutschland befindet sich ein Exemplar der Erstausgabe mit dem Vorwort von Paul Münch. Wenn das Werk überhaupt in einer öffentlichen Bücherei vorhanden ist — wie z. B. in Speyer und Kaiserslautern — dann in der von der Autorin überarbeiteten Neuausgabe, deren Text nicht identisch ist mit dem der Erstfassung. Die Neufassung hat Gert Friederich 1955 herausgegeben. Sie wird als „Erstausgabe" ausgewiesen. Daß es eine Erstfassung der „Familie Hemmer" und ein Vorwort dazu von Paul Münch gibt, war auch Gert Friederich, dem Herausgeber der Ausgabe von 1955, nicht bekannt. Heute — 16 Jahre nach Beginn der Suche nach der Ausgabe von 1941 kann ich zwei Exemplare in privaten Bibliotheken nachweisen — eins davon mit Hilfe von Bruno Hain. Eine komplette, gebundene Kopie seines Exemplars von Karoline Kriechbaums „Familie Hemmer" mit dem Vorwort von Paul Münch hat mir freundlicherweise Herr Dieter Gros aus Kaiserslautern überlassen.

Zum Geleit

Im allgemeinen bin ich kein Freund eines Geleitwortes von fremder Hand, weil es meist nach bestellter Reklame schmeckt. Aber im vorliegenden Fall rechne ich es mir zur besonderen Ehre an, diesem Werk einige Worte mit auf den Weg geben zu dürfen. War es mir doch vergönnt das Werden und die künstlerische Durchfeilung der schönen Dichtung miterleben zu können, ja die Dichterin nimmt es mir vielleicht nicht übel, wenn ich mich rühme ihr den Anstoß zu ihrem Werk gegeben zu haben. Darauf bin ich nicht wenig stolz und meine Freude ist umso größer, als ich jetzt die Gewißheit habe, daß die Reihe unserer Mundartdichter, die nach dem Tod Richard Müllers und Ernst Kiefers abgerissen zu sein schien, nun doch ihre vielversprechende Fortsetzung gefunden hat.

Denn von dem unbändigen Schaffensdrang unserer Dichterin dürfen wir wohl noch manches Werk erwarten, das unserer lieben Heimatsprache den Platz unter den deutschen Mundarten sichern wird, der ihr durch Männer wie Schandein, Müller und Kiefer erkämpft worden war.

Und — was mir besonders erfreulich scheint — Karoline Kriechbaum sucht neues Feld für die Mundartdichtung, das bisher fast ausschließlich im Gebiet des dörflichen Lebes lag. Die Familie des städtischen Arbeiters ist es, woher die Dichterin ihren Stoff bezieht, eine schwere Aufgabe schon deshalb, weil die Stadt mit ihrer zusammengewürfelten Bevölkerung keine einheitliche, verwurzelte Volkssprache aufkommen läßt, die fähig wäre tiefen und edlen Gefühlen vollwertigen Ausdruck zu geben.

Diese gefährliche Klippe hat die Dichterin klug und geschickt gemeistert so z. B. durch weise Beschränkung bei der Auswahl der einzelnen Bilder, die trotz des städtischen Schauplatzes das menschlich Wahre und Wurzelechte herausgreifen; zu solcher Darstellung aber bleibt die echt gehandhabte Mundart stets das kraftvollste und ergreifendste künstlerische Ausdrucksmittel.

Nicht zimperlich packt sie ihren Stoff an, ihr Drang nach Wahrheit ist unerbittlich, das Grausige nennt sie ohne Einschränkung beim Namen, wie es eben in den Kreisen üblich ist, aus denen Karoline Kriechbaum ihren Stoff bezieht.

So wünsche ich denn dem vielversprechenden Erstlingswerk den großen Erfolg, den es verdient: nicht nur in der Pfalz freudig aufgenommen zu werden, sondern auch darüber hinaus einen ehrenvollen Platz im Schrifttum Großdeutschlands.

Kaiserslautern, im Januar 1941　　　　　　　　　　　　　　　　　　Paul Münch

Anmerkung zu dem „Märchen vom Glaskieffer"

Über Herrn Roland Paul vom „Institut für pfälzische Geschichte und Volkskunde" (früher „Heimatstelle Pfalz") in Kaiserslautern erhielt ich 1984 von Herrn Rektor a. D. Franz Rink aus Enkenbach-Alsenborn eine Kopie einer älteren kleinen Werbebroschüre der Firma Emil Kieffer, Einkochapparate und Konservengläser, Kaiserslautern: „Das Märchen vom Glaskieffer. Text von Otto Fleischmann. Bilderschmuck von Paul Münch", erschienen im Verlag von Emil Kieffer, Kaiserslautern. Das 7,0 × 11,8 cm große, 16 Seiten umfassende Werbeheftchen mit dem modernen Märchen aus der Feder des Kaiserslauterer Autors Otto Fleischmann, mit dem Paul Münch auch gemeinsam öffentlich auftrat (Vgl. Paul Münch, Gesammelte Werke, Band 2, S. 182), ist undatiert. Stilistische Merkmale der Illustrationen von Paul Münch weisen auf eine Entstehungszeit des Märchens vom Glaskieffer auf Ende des 1. Jahrzehnts bis spätestens Anfang der 20er Jahre unseres Jahrhunderts hin.

Das Märchen vom Glaskieffer.

Text von Otto Fleischmann.
Bilderschmuck von Paul Münch.

In der Pfalz, nicht gar weit von dem Lande, in dem die welschen Franzosen wohnen, liegt, von dunklen Wäldern umgeben, die Stadt Kaiserslautern. Sie war vor vielen Jahren noch ein kleines Städtlein und hieß deshalb Kaiserslautern, weil einmal — es ist schon lange, lange her — ein deutscher Kaiser ein schönes Jagdschloß dorthin gebaut hatte. In dieser Umgebung sieht man hohe Berge und da auf einem derselben lauter schöne, dicke Kiefern standen, nannte man ihn den Kiefferberg. Weil nämlich die Bewohner des Städtchens jenesmal noch nicht so gut mit dem Schreiben umgehen konnten, schrieben sie Kiefer mit einem doppelten f. In selbigem Berglande wohnte, wie die Leute sagten, in einem gläsernen Häuschen ein Zwerg, der deshalb der Glaskieffer genannt wurde. Man erzählte sich, derselbe erscheine bisweilen den Menschen im Walde, rede mit ihnen freundlich, gebe ihnen guten Rat und helfe den Armen in ihrer Not. An dem Kiefferberg fand man von jeher einen sehr feinen, glänzend weißen Sand, den die Leute von nah und fern holten, um damit den Stubenboden zu bestreuen, wenn er des Morgens frisch gefegt war. Am Sonntag aber formte die Mutter in den gestreuten Sand allerlei hübsche Figuren, so daß die Kinder sich fast scheuten, mit ihren Füßchen auf den Boden zu treten. Weil von diesem feinen Sand so viel geholt wurde, waren tiefe Gruben in den Boden gewühlt und das Volk sagte, durch eines dieser Löcher führe der Weg zum Häuschen des Zwerges Glaskieffer, aber nur ein Sonntagskind vermöge das rechte im rechten Augenblick zu finden. —

In diesem Städtchen Kaiserslautern wohnte einmal vor langer Zeit ein Hafner namens Wilhelm Benz mit seiner Frau und seinem einzigen Kinde. Das war ein Mädchen namens Liselotte und zählte jenesmal, als unsere Geschichte sich zutrug, acht Jahre. Es war ein feines und frommes Kind, das seinen Eltern alles zu Liebe tat, was es ihnen an den Augen absehen konnte. Seine Mutter war immer kränklich; sie hatte einen schwachen Magen, so daß sie die wenigsten Speisen vertragen konnte und von Tag zu Tag magerer und bleicher wurde. Die saß einmal des Sommers an einem schönen Sonntagnachmittag, während ihr Mann in das Wirtshaus gegangen war, in ihrem Stübchen und weinte leise und las in ihrer Bibel. Da trocknete sie ihre Augen und sagte zu ihrem Kinde: „Liebe Liselotte, du weißt doch, daß am Kiefferberg so schöne, rote Erdbeeren wachsen, lauf' geschwind hin und suche mir die schönsten, die du findest; ich esse sie gar zu gerne." Kaum hatte sie das Wort gesprochen, so sprang das Mädchen schon zur Tür, indem es rief: „ Ja, Mütterchen, du sollst die allerschönsten am ganzen Berge haben." Es hörte nur noch, wie die Mutter lächelnd bemerkte: „Wenn dir der Glaskieffer begegnet, sage ihm, er solle mir etwas Gutes schicken, damit ich wieder gesund werde."

Liselotte eilte rasch zum Kiefferberg; sie kannte den Weg gut, denn sie hatte schon oft dort dürres Holz gelesen. Schon hatte sie einen Strauß dunkelroter Erdbeeren gepflückt, als sie plötzlich gewahrte, wie aus einem tiefen Sandloch ein heller Feuerschein hervorbrach. Neugierig trat sie näher hinzu und sah einen saubern Gang, der erleuchtet war und in den Berg hineinführte. Sie trat hinein und nach wenigen Schritten stand sie staunend in einer gewaltigen Höhle, deren Steine wie lauter Silber glitzerten. Mitten drinnen erhob sich ein wunderschönes Häuschen, an dem die Mauern und das Dach und die Türmchen von schimmerndem Glas waren. Sofort kam ihr der Gedanke: Hier wohnt gewiß der Glaskieffer und der muß deiner kranken Mutter helfen. Sie ging mutig an die Haustüre und zog an

der Klingel, die auch ganz von Glas war. Bald wurde geöffnet und jetzt stand sie vor einem seltsamen alten Männchen mit einem langen, eisgrauen Barte. Er trug auf dem Kopfe ein spitzes Hütchen von rotem Glase, an dem ein gelbes gläsernes Schellchen befestigt war. Ferner hatte es ein gläsernes weißes Westchen an, ebensolche Höschen und Strümpfe und goldgelbe gläserne Schuhe. Um die Schultern hing ein kurzes, rotes Mäntelchen von Glas, das untenher mit gelben Glasglöckchen geschmückt war, die immerfort läuteten. Der Zwerg sagte freundlich: „Wer bist du, Kind, und woher kommst du?" Das Mädchen fürchtete sich gar nicht, sondern sagte: „Ich bin des Häfners Benz Tochter von Kaiserslautern und heiße Liselotte. Und wenn du der Glaskieffer bist, der den armen Menschen so gern hilft, so habe ich etwas an dich auszurichten." „Der bin ich," erwiderte das alte Männchen, „und so sage mir dein Begehren." „Ei, meine Mutter läßt dich bitten, du sollst ihr in ihrer Not beistehen; sie ist so krank und kein Doktor weiß ihr zu helfen. Sie kann nichts essen und wird immer bleicher und trauriger." „Komm herein, Kind," antwortete der Zwerg, „ich will sehen, was sich für deine Mutter tun läßt." Damit führte er das Mädchen in eine große, helle Küche, in der auf gläsernem Herde eine helle Flamme brannte.

Es sah nun aufmerksam zu, wie er aus einem gläsernen Schranke zwei hohe, runde, glänzend weiße Gläser hervorholte und diese mit dem allerschönsten Obste, Aprikosen und Mirabellen, die er zuvor sorgfältig gewaschen hatte, anfüllte. Dann goß der Zwerg eine Lösung von Wasser und Zucker über die Früchte, legte einen Gummiring auf den Rand

des Glases, setzte einen schön geschliffenen Deckel darauf und schob es unter eine Metallfeder. Alsdann stellte er die gefüllten Gläser in einen glänzenden Topf, goß Wasser darüber und stellte ihn auf's Feuer. „Diese Gläser," sagte er, „sind die besten im ganzen Deutschen Reich und aus dem Sande am Kiefferberg gemacht, sie zerbrechen nicht und zerspringen nicht, auch nicht in der größten Hitze. In keinem Gefäße läßt sich das Obst so schmackhaft einkochen, wie in diesem." Er sah nun genau auf die Uhr, die an

der Wand hing und auch von Glas war, und als die Gläser lange genug über dem Feuer gestanden hatten, nahm er sie heraus und siehe da, sie waren fest verschlossen. „So," sagte dann der Zwerg zu dem Kinde, „bringe nun dieses Obst deiner Mutter; davon soll sie täglich zweimal essen und wenn die Gläser leer sind, soll sie andere Früchte ebenso lange in denselben einkochen, wie du es eben gesehen hast. Für deinen Vater aber gebe ich dir ein

Brieflein mit." Er schrieb dann auf ein Stück glattes, weißes Leder, Pergament geheißen, einen Brief, in dem er dem Vater Benz riet, in einer Glashütte das Glasmachen zu lernen, was ihm nicht schwer falle, da er ein Häfner sei. Dann sollte er von dem feinen weißen Sand am Kiefferberg lauter solche unzerbrechlichen Gläser zum Einkochen der Früchte anfertigen, wie er ihm ein Muster zuschicke. Er werde damit viele kranke Leute gesund und sein eigenes Glück machen. —

Das Kind nahm die Gaben des Zwerges dankend entgegen und eilte damit froh dem Ausgang aus der Höhle zu. Noch einmal wendete es sich um und sah, wie das gläserne Häuschen und die ganze weite Höhle in wunderbarem roten Lichte strahlte und der freundliche Zwerg winkend unter der Türe stand. Kaum hatte es den engen Gang verlassen, so stürzte derselbe zusammen und es war nichts mehr zu sehen wie ein zerwühltes Sandloch. Atemlos langte es zu Hause an und erzählte der staunenden Mutter, was es alles erlebt hatte. Es wollte ihr fast vorkommen, als hätte ihr Kind im schattigen Walde geträumt, wäre sie nicht durch die zwei großen Gläser mit Obst, die vor ihr standen, vom Gegenteil überzeugt worden. Nun versuchte sie das schöne Obst, das ihr vortrefflich schmeckte; sie schlief auch in der Nacht sehr gut und fing an mit jedem Tag gesunder zu werden.

Ihr Mann aber machte sich auf und wanderte nach Böhmen, um dort das Glasmachen zu lernen. Nach einem halben Jahre kehrte er wieder heim, baute in seinem Hofe einen kleinen Glasofen und holte von dem feinen weißen Sande am Kiefferberg, aus dem er ebenso weiße und feste Gläser anfertigte, wie sie der Glaskieffer seiner Frau geschickt hatte. Sie gefielen aber allen denen, die sie sahen und erprobten und er verkaufte eine Menge im ganze Reich und sonst in der Welt und viele kranke Leute wurden von den Früchten gesund, die sie darin eingekocht hatten. Aus Dankbarkeit gegen den Zwerg nannte er die Gläser „Kieffergläser" und brachte diesen Namen auf allen deutlich an. Liselotte aber wuchs allmählich heran und wurde das allerschönste Mädchen weit und breit. Da begab es sich, daß des französischen Kronprinzen Mutter auch im Magen erkrankte und alle ihre Leibärzte ihr nicht helfen konnten. Nun verriet ihm ein deutscher Landsknecht die eingekochten Früchte, die nur in den Kaiserlauterer Kiefferngläsern heilbringend hergerichtet werden könnten. Er stieg sofort auf seinen Rappen und ritt mit glänzendem Gefolge nach Kaiserslautern, um dort die gerühmten Gläser für seine Mutter zu holen.

Da trat ihm in dem neuen stattlichen Hause, das Vater Benz sich derweilen gebaut hatte, Liselotte entgegen und er meinte, nie in seinem Leben ein schöneres Mädchen gesehen zu haben. Er gewann sie lieb und sie mußte mit ihm in seine Hauptstadt ziehen, wo sie mit dem Obste, das sie in Kiefferngläsern kochte, die kranke Königin alsbald gesund machte. Der Kronprinz nahm sie zur Gattin und setzte ihr eine goldene Krone auf. Eine glänzende Hochzeit wurde gefeiert, wie man sie im Lande noch nicht erlebt hatte. Sie wurden ein glückliches Paar und wenn sie nicht gestorben sind, leben sie heute noch. Und auch die vortrefflichen Kiefferngläser, die dem Menschen Gesundheit bringen, werden heute noch in Kaiserslautern gemacht.

An den Quellen des Eselsbaches zur Weihnachtszeit

Von Otto Löhr. 2 Zeichnungen von Paul Münch

Sisselsbrunnen an der Krummkehr

Unterer der drei Brunnen

„Kaiserslauterer Heimatbrief an unsere Soldaten", Nr. 33, 34, 35 und 36, September — Dezember 1942, S. 478—480

Anmerkungen:

In den von Dr. Hermann Moos — der auch Paul Münchs Gedichtband „Mei Herzerweiterung" herausgegeben hat — redigierten „Kaiserslauterer Heimatbriefen an unsere Soldaten" hat Paul Münch einige Gedichte aus „Mei Herzerweiterung" und „Neie Sache for zu lache" abgedruckt. Daneben hat er eine ganze Reihe von Gedichten geschrieben, die im Band 2 seiner „Gesammelten Werke wieder veröffentlicht sind.

Außerdem hat er Lieder illustriert und graphisch gestaltet (Vgl. Band 3, S. 79, 103, 104) und auch Rätsel ausgedacht (Vgl. Band 3, S. 654). Schließlich hat er auch noch Bilder geschaffen zu Beiträgen anderer Autoren, die hier alle chronologisch erstmals zusammengestellt sind. Zum besseren Verständnis der Illustrationen sind auch die fremden Texte — im Größenverhältnis „optisch zurückgenommen" — wiedergegeben.

Yuma. Meine erste Begegnung mit Afrika

Von Karl Schworm. 3 Zeichnungen von Paul Münch

Es war in den neunziger Jahren, kurz vor der Jahrhundertwende — ich mag damals neun oder zehn Sommer gezählt haben —, da trat Afrika, der mythenreiche schwarze Erdteil, der mir bis dahin nur auf den farbenprächtigen Beigabebildern von Stollwerk und anderen Firmen begegnet war, zum erstenmal in der Gestalt eines waschechten Negers in mein Leben.

Wenn Yuma, der tannenschlanke Msuahelijunge aus Daressalam — er war der Boy eines Kolonialbeamten, der sich damals urlaubshalber in meiner Heimat aufhielt — in schneeweißer Jacke und kurzer Hose, einen Fes von blutroter Farbe auf dem Wollschädel, in unnachahmlich stolzer und selbstbewußter Haltung federnden Schrittes daherkam, da erstarb allemal sogleich der Lärm der Gassenbuben, eine merkwürdige Scheu verschloß selbst  den Vorlautesten den Mund, wir Wildlinge standen und starrten mit großen Augen, und mein Herz klopfte jedesmal heftiger im seltsam entrückenden Anhauch einer unerhört fremden, geheimnisvoll lockenden und zugleich wunderlich schreckenden Welt von beispiellos farbiger Phantastik. Der heiße, von unbekannten exotischen Gerüchen gesättigte Odem, den ich beim Betrachten der erwähnten Werbebilder mit der knallbunten Wiedergabe von atembeklemmenden Kampfszenen in Urwald und Steppe, von speerschwingenden Kriegern der Massaisteppe, barbeinigen Askaris der Wißmanntruppe und grausamen Sklavenjägern Buschiris oder Bana Heris zu spüren vermeinte, verdichtete sich beim plötzlichen Auftauchen Yumas; er wurde zu einem Mann, dem sich die träumerische Knabenseele gern und willig hingab.

In einer solchen Verfassung befand ich mich, als ich ganz unerwartet und unter Umständen, die mir jenes Erleben unvergeßlich werden ließen, in ganz nahe Berührung mit Yuma kam. Einige ältere, von Mutwillen geplagte Burschen hatten herausgefunden, daß der peinlich saubere Msuaheli heftig zu erzürnen pflegte, wenn man ihn der Unreinlichkeit zieh. Sie fingen an, ihn damit zu ärgern und riefen ihm bei jeder passenden und unpassenden Gelegenheit „Yuma Schwein!" zu. Einmal geriet Yuma darob so sehr in Wut, daß er seinen langen arabischen Dolch zog und mit dieser Waffe seinen Beleidigern drohte. Das sprach sich herum und dämpfte etwas den Übermut. Ganz ließ sich die Hänselsucht der bösen Buben allerdings nicht unterdrücken. Immer wieder wurde dem auf seine Ehre so eifrig bedachten Sohn Afrikas das kränkende „Yuma-Schwein!" nachgerufen.

Eines Tages schuf mir diese Unart nicht geringe Not. Ich stand am hinteren Ende unseres schmalen Hofes, der vorn offen war. Gerade schritt Yuma vorüber. Oben im Fenster eines Nachbarhäuschens lag mein Schulkamerad Bill, der bei guter und schlechter Zeit zu dummen Streichen aufgelegt war und überhaupt den Schnabel nicht halten konnte. So auch jetzt. Den Schwarzen erblicken und „Yuma Schwein" krähen, war bei ihm eins. Im gleichen Augenblick verschwand er vom Fenster. Das war nun weniger tapfer. Ich hatte es auszubaden.

Der Msuaheli, von dem häßlichen Zuruf herumgerissen, sah nur mich. Ehe ich begriffen hatte, was da vorging, sah ich ihn mit wahren Panthersprüngen auf mich zukommen. Offenbar vermutete er in mir den Frechling, der sich erdreistet hatte, ihn, Yuma, mit dem verhaßten Wort zu schmähen.

Der Schreck lähmte mir zunächst die Glieder. Die rollenden Augen des pfeilgeschwind daherstürmenden Schwarzen ließen mich freilich schnell wieder gelenkig werden. Ich wählte den besseren Teil der Tapferkeit, stieß die Haustüre auf, rannte durch die Küche und suchte Schutz bei meinem Vater in der Werkstätte:

„Yuma kommt...!"

Er kam wirklich. Der Zorn sprühte im wahren Sinne des Wortes aus den Augen des in elementarer Aufwallung an allen Gliedern bebenden Naturkindes.

Mein Vater trat Yuma entgegen. Der Msuaheli deutete auf mich:

„Disse hab sagen Yuma Schwein!"

Mit stockender und fast versagender Stimme versuchte ich den Sachverhalt zu klären. Yuma schien mich verstanden zu haben. Er kam ganz nahe an mich heran und sah mir lange in die Augen. Ich hielt seinen funkelnden Blicken stand, wußte ich mich im Recht und den Vater an meiner Seite. Es war mir aber gar nicht wohl zu Mute dabei.

Dann entspannten sich die grimmigen Züge des Schwarzen. Er nickte mir zu und öffnete den Mund zu einem breiten Lachen, das seine blendend weißen Zähne in ihrer ganzen Pracht enthüllte. Dann sagte er mit tiefen Kehllauten, die ich noch heute zu hören vermeinte:

„Du nicht Angst, kleine Mann, Yuma dir glauben."

Er trat zurück, richtete sich auf, warf sich in die Brust, zeigte auf diese und sagte ebenso stolz wie nachdrücklich:

„Yuma nicht Schwein!"

Damit verließ er unser Haus.

Von nun an hatte ich keine Furcht mehr vor Yuma. Wenn er mir in der Folgezeit begegnete, zeigte er mir immer mit einem vergnügten Grinsen sein beneidenswert vollkommenes Gebiß. Wir hatten Freundschaft geschlossen, der Msuahelijunge und ich, und sie sollte Früchte für mich tragen.

Es war an einem ungewöhnlich heißen Sonntag im Juli, etwa drei Wochen nach dem geschilderten Erlebnis. Am wolkenlosen Himmel hing eine Sonne, die schon am Vormittag das Verlangen nach Schatten und Kühle weckte.

Ich hätte mich am liebsten in den Wellen des nahen Flusses getummelt, mußte aber dieses Gelüst einstweilen zurückstellen, denn die Kirchenglocken dröhnten, und Großmutter hielt streng darauf, daß auch ich dem erzenen Rufe Folge leistete. Ich hatte nach echter Bubenart herzlich wenig Lust dazu, mußte aber wohl oder übel zur Vermeidung einer allzu großen Betrübnis der um mein Seelenheil sehr besorgten guten Frau ihrem Gebot gehorchen und den Gottesdienst besuchen. Einmal hatte ich es frisch und frank gewagt, ihn zu schwänzen. Dieser unerhörte Verstoß gegen die altüberkommene Sitte und Übung hatte die ganze Tatkraft der Großmutter auf den Plan gerufen. Sie drohte mir für den Fall seiner Wiederholung mit dem völligen Entzug der von mir über die Maßen geschätzten, herrlich schmeckenden Markklößchensuppe, die bei uns an Sonntagen auf den Tisch kam. Weiter ordnete die Großmutter an, daß ich sie hinfort regelmäßig auf dem Weg zur Kirche zu begleiten hatte. Sie brachte mich an den Eingang zum Kirchturm, über dessen Treppe der Weg zu meinem Platz auf der Orgelempore führte, und nahm mich nach Beendigung des Gottesdienstes an der Turmtüre wieder in Empfang. Mit diesen Anordnungen und Vorsichtsmaßnahmen glaubte sie ihr Bestes getan und mir jede Möglichkeit zum „Neben-die-Kirche-gehen" genommen zu haben. Die Gute hatte keine Ahnung von der Findigkeit eines an den Praktiken des „Letzten Mohikaners" geschulten Bubenkopfes, dem überdies noch die Ratschläge gewitzter Kameraden im Überfluß zur Verfügung standen.

Bald hatte ich einen Ausweg gefunden, ich begab mich überhaupt nicht mehr auf meinen Platz, der sich im Schatten der ragenden Orgel befand und vom Kirchenschiff aus schlecht einzusehen war, sondern hielt mich bis zum Beginn des Gottesdienstes in einem Winkel des Glockenturmes auf und verließ dann auf leisen Sohlen den Turm. Der Fluß meiner Heimat lockte; meist trieb es mich zu ihm, vorab in Sommerszeiten. An seinen Ufern gab es wundervolle Winkel mit romantischen Verstecken, in denen man, fern dem Machtbereich eines eifernden Pfarrers, herrlich träumen und schwärmen konnte.

In der Regel leisteten mir bei solchen unerlaubten und daher doppelt anziehenden Unternehmungen der Peter und der Heinrich getreulich Gesellschaft. Das Läuten des Vaterunserglöckchens war das Signal, das uns zur Rückkehr rief. Diese brachte uns immer rechtzeitig wieder an Ort und Stelle. Wenn dann die Großmutter mit dem Schwarm der Andächtigen aus dem Hauptportal der Kirche trat, stand ich schon harrend in der Turmpforte. Sie winkte mich an ihre Seite und brachte mich, in der rührenden Einfalt ihres treubesorgten Gemütes, wohlzufrieden mit dem vermeintlichen vollen Erfolg ihres Hüter- und Bewahreramtes, wieder nach Hause.

An dem bereits erwähnten Julisonntag hielten wir, der Peter, der Heinrich und ich, es wiederum nach unserem bisherigen Brauch. Diesmal schien sich jedoch das Glück, das uns so lange hold gewesen, von uns gewandt zu haben.

Unterhalb der Mühle läuft der Fluß eine längere Strecke zu Füßen eines beinahe senkrecht abstürzenden Berghanges, der „Kniebrech" genannt wird. Im wildwuchernden Geheck dieser fast unzugänglichen Felswand hatten wir knapp über dem Wasserspiegel einen Spalt entdeckt, in dem sich vier oder fünf von uns Knirpsen recht gut zu bergen vermochten. Dieses Versteck war wie geschaffen für uns. Hier schwelgten wir auch an diesem Sonntagvormittag in hemmungsloser Wildwestromantik. In unserer Phantasie wurde das enge Loch zu der klassischen Höhle am Fuße des Glenfalles, die wir — nämlich der Peter, der Heinrich und ich — als Chingachgok, Unkas und Falkenauge gegen die Irokesen zu verteidigen hatten.

Da verwandelte sich das in allen Farben unserer Einbildungskraft leuchtende Traumbild zu einer Wirklichkeit, die mit ihrem rohen Einbruch die glorreiche Magie der Lederstrumpfpoesie jäh zerstörte. Mit einem Male waren nämlich die abgefeimten hinterlistigen Mingos leibhaftig da! Schulentlassene Burschen, uns an Zahl und Körperkraft doppelt überlegen, waren hinter unser Geheimnis gekommen. Sie lärmten drüben am Ufer des Mühlwörts, blockierten unsere Kleider und Schuhe, die wir dort abgelegt hatten, bevor wir zur Höhle geschwommen waren, und bombardierten unsere Burg mit höhnischen Zurufen und glatten Kieselsteinen. Wir deckten uns so gut wir es vermochten und mühten uns um einen guten Rat, der jedoch, wie üblich, teuer war und sich nicht einstellen wollte. Wir staken bös in der Klemme, waren regelrecht belagert von unbarmherzigen Feinden, die uns — das war bei dem uns nur zu gut bekannten Charakter der schadenfrohen Burschen gewiß — so schnell nicht auslassen würden.

Ich mußte an Großmutter denken. Dabei überlief es mich siedend heiß. Das konnte eine schöne Geschichte werden! Wenn ich nicht rechtzeitig zur Kirche zurückfand, mußte es zu einer Katastrophe kommen. Mein Einbildungsvermögen malte sich das Verhängnis, das unabwendbar schien, bereits in den schwärzesten Farben aus. Ich begann zu fiebern. An einen Ausbruchsversuch war nicht zu denken. Wir waren dazu verurteilt, untätig in dem verwünschten Loch zu hocken und auf den Abzug der Belagerer zu warten.

Die Zeit verging unheimlich schnell. Schon hatte die Kirchenuhr halb geschlagen. Mit jeder Minute wuchs meine Pein. Noch heute verspüre ich ein gelindes Grauen, wenn ich an jenes Dilemma zurückdenke.

Düster brütend beobachtete ich das taktische Verhalten und das operative Vorgehen des lärmenden Feindes. Er bedachte uns nach wie vor mit einem Hagel von Geschossen, die er aus dem Ufersand kratzte. Bislang waren wir bei dem Bombardement, das uns aus unserer Feste treiben sollte, noch glimpflich davongekommen. Jeden Augenblick aber konnte der eine oder andere von uns Nacktfröschen von einem Stein getroffen und verletzt werden. In höchster Not erwog ich als eine wilde Aktion auf Biegen oder Brechen einen überraschenden Ausfall. Es sollte zu diesem verzweifelten Unternehmen, dem unter den obwaltenden Umständen nie ein Erfolg hätte beschieden sein können, nicht mehr kommen.

Es rauschte gewaltig im Fluß, ein schwarzer Arm teilte in kraftvollen Stößen die Flut, ein dunkler Kopf hob sich aus dem Wasser. Das Weiß der rollenden Augäpfel stand in einem fast unheimlich wirkenden Gegensatz zu der feucht glänzenden Dunkelfarbe des Gesichtes — Yuma, der wie eine Ente tauchende und schwimmende Sohn des fernen ostafrikanischen Küstenlandes, schnellte sich mit einem panthergleichen Schwung seines geschmeidigen Körpers an das jenseitige Ufer und fuhr in der ganzen nackten Pracht seiner ebenholzfarbenen Glieder wie ein fleischgewordener Nachtschreck unter die halbwüchsigen Lümmel, die uns eine gute halbe Stunde lang das Leben gar sauer gemacht hatten. Der Msuaheli hatte unweit der Mühle gebadet und war von dem Lärm herbeigelockt worden. Er hatte mich erkannt, unsere Bedrängnis gesehen und daraufhin augenblicklich den Entschluß gefaßt, unseren Peinigern zu Leibe zu gehen. Yuma tat es mit einem Schneid, der einfach prachtvoll war. Dabei machte er seinem Grimm in gutturalen Lauten Luft:

„Lausibub! Lausibub! Dumm, frech Lausibub!"

Die rüden Flegel hielten diesem plötzlichen Schock nicht stand. Sie wandten sich zur Flucht und gaben Fersengeld, daß es eine wahre Freude war. Wir aber schlüpften aus unserem Fuchsloch, schwammen über den Fluß und fuhren flugs in unsere Kleider. Yuma stand dabei und lachte über sein ganzes kohlrabenschwarzes Schornsteinfegergesicht. Unsere Widersacher waren schon nicht mehr zu sehen. Sehr schwächlich klang es aus der Ferne:

„Yuma Schwein..."

Der Msuaheli spuckte verächtlich aus:

„Lausibub..."

Dann grinste er wieder.

Wir waren fertig angezogen. Ich warf dem Schwarzen noch einen dankbaren Blick zu, dann brauste ich mit Peter und Heinrich davon. Wir kamen noch zurecht. In letzter Minute erreichten wir den Kirchplatz. Als im sachte verklingenden Rauschen der Orgel das Hauptportal geöffnet wurde, standen wir, wenn auch etwas außer Atem, treu und bieder in der Turmpforte.

Das Schicksal hatte es noch einmal gut mit mir gemeint. Das finstere Sturmgewölk, das sich dräuend über mir zusammengeballt hatte, war abgezogen, und der Himmel lachte wieder in einem unwahrscheinlich seligen Blau über meinem strubbligen Schopf, unter dem sich wieder krause, abseitige Gedanken in neu erwachter Abenteuerlust zu regen begannen.

Es war wieder einmal gut ausgegangen, und die Markklößchensuppe war mir zumindest für diesen Sonntag gesichert. Ohne das Eingreifen Yumas hätten die Dinge freilich einen anderen Lauf genommen und ein häßliches Ende gefunden. Das habe ich dem braven Schwarzen nie vergessen. Er schläft schon lange, lange unter fächelnden Palmen am Gestade des Indischen Ozeans. In meiner Erinnerung ist er jedoch lebendig geblieben.

„Kaiserslauterer Heimatbrief an unsere Soldaten", Nr. 33, 34, 35 und 36, September — Dezember 1942, S. 484—486

Rothändle

Von Fritz Kipp. 3 Zeichnungen von Paul Münch

Amme schääne Daa bin ich emool wirre zu meiner Großmudder gang, wo drowwe uffem Korre gewohnt hat, unn wollt merr Budderbrod hole.

„Ei Fritzje, du kummscht merr jo grad wie geruf," hat moi Großmudder gesah, wie se mich gesieh hat.

„Du kännscht merr e Kneielche grooi Beischtrickwoll hole. Gehscht ins Simmede. Dummelscht dich awwer, ich brauchse, vor an dem Schtrump do die Feerscht se schtricke. Wann de kummscht, mach ich der a e Budderschmeer mit Heiselscher."

Und dann hat se aus eme Kummsche, wo ganz hinne im Kicheschrank geschtann hat, es Geld geholt un hat gesah: „Da, 's koscht zeh Penning; veleer merrse net!" Ich bin dann enunner in die Bariserschtroß geäppelt.

Newers Härschjes ehre Metzgerei war sellmols noch so e Schtännche. Do hann ich net vebeigehe känne, ohne mich an denne viele schänne Sache satt se gucke. Der Mann hat mich scheins schunn gekännt, weil ich schunn e paarmol e Penning orre zwää beim verschnääkt hann, wann ich als moi Mudder orre moi Großmudder beschummelt gehatt hann.

„Griesche was, moi Liewer?" harre mich glei gefrood.

„Awwa", hann ich de Kopp geschirrlt, bin awwer schää schteh geblibb unn hann moi Aue iwwer die Glaskäschte mit em Lakritz unn de Zuckerschtange unn em Bruschtzucker unn em Schtudentefutter unn em Waffelbruch unn was wääß ich noch alles, schpaziere gehe losse. Do iß merr uff emool so e Schildche mit zwää roore Hänn und roore Buschtaawe uffgefall, unn ich hann gelääs: „Rothändle hier zu haben!"

Do war ich geschpannt wie e Rääscherm, was des wär, „Rothändle".

Ich hann mich als erumgedrickst unn erumgedrickst, bis ich uff emool gegackst hann:

„Was iß dann des, Rothändle?"

„Rothändle? Des sinn die neie Sigarette, zwää Schtick vor e Penning."

Muß dere dumme Großmudder ehr Zeig a grad zeh Penning koschte, daß merr se awwer a noch net umm ää Penning bescheiße kann!

„Wanns vielleicht abgeschlah wär?" fahrt merrs uff emool durch de Kopp.

Schnell ins Simmede eniwwer!

„Na, klääner Mann, was gibs?"

„...Ei...ei..."

(Herrschaft, was soll ich dann hole?)

„Iß ders Garn abgerisse, Klääner?"

„Ija," hann ich geschnappt, „Garn soll ich hole, e Kneielche Garn!"

„Ja, was für Garn? Für was isses denn?"

„Ei, vor Feerschte se schtricke."

„Ah, Beischtrickgarn, gelle?"

„Ija!"

„Was für e Farb?"

„Die Schtrimp sinn groo."

„So, mein Liewer, hast du aach e Knäuelche graues Beischtrickgarn."

Not hann ich moi Geld hingeleht unn bin mirrm ääne Bää uff die Deer zu unn mirrm annere hann ich noch e bißje gewaht, ob ich nix mää erausgrie.

„Finf unn finf macht zehn," hat uff emool das Froilein gesaht un ich hann moine Ohre net gedraut.

Wie de Blitz hann ich die fünf Penning genumm, wo uff de Theek gelää hann.

Ich glaab, wann ich heit 's große Los gewinne deht, wär merrs neegscht so se Mut wie sellemols, wo ich die fünf Penning gehatt hann, vonn denne die Großmudder nix gewißt hat.

Finf Penning! Mää hann ich jo an de Kerwe a net griet!

Wann sich awwer die Großmudder geärrt hätt unn deht die finf Penning wirre verlange?

Do hann ich merr vorgenumm, ich loß die finf Penning schää im Hossesack schtecke unn wart emool, ob se nix saht. Wann ses net merkt, sinn se moi!

„Rothändle hier zu haben!" hann die roore Buchschtawe driwwe im Schtännche gelockt.

„Rothändle, die foine neie Sigarette!" iß merrs im Kopp erumgang.

„Rothändle kaaf ich merr emool, wann die Großmudder die finf Penning net verlangt," hann ich merr vorgenumm, grad wie ich am Schtännche vebeigehe wollt. Awwer do hat mich der Mann a(an)geguckt unn hat mit meer gelacht. Do hann ich a e bißje gelacht unn bin steh geblibb.

Moi linksi Hand hann ich im Hossesack schtecke gehatt unn hann die finf Penning warm gedrickt.

Himmel, wann sich die Großmudder noore net geärrt hat! Awwer sie hat doch gesaat: „'s koscht zeh Penning!"

Moi Aue sinn wirre im Schtännche schpaziere gang, bis se an denne zwää roore Hänn hänge geblibb sinn. Unn noochdert hann sie zwische denne Glaskäschte gesucht, bis se uff emool so e Babbedeckelschachtel gesieh hann, wo aa zwää roore Hänn druff waren.

„Do drinn sinnse!" iß merrs do erausgefahr.

„Hat der doi Mudder heit kää Geld geb?" froot do der Mann ganz freundlich.

„Doch, finf Penning!" hann ich saa misse un moi Hand iß vunn selbscht ausem Hossesack gang.

„Ei, do such der doch ebbes eraus! Vorr finf Penning kannschte jo negscht 's ganz Schtännche leer kaafe! Waß häsche dann geern?"

505

„...Rot...„Rothändle!" hann ich gegackst.
Uff emol hann ich so e rundes Päckelche aus dere Babbedeckelschachtel in de Hand gehatt unn des war ganz voll mit Rothändle. Ich hann ääns erausgeknottelt unn de Schtännchemann hat merrs angeschteckt.

Wie ich dann abgezoh bin, hat newedra(n) amme Fenschder so e dicki Fraa gelää unn hat gesah:

„Klääner binn dir die Hosse zu!"

Ich hann gemach, als wann ichs net heere deht unn bin durchs Herschjes Hof enuf in die Schtärkschtroß unn hann moi Rothändle so verschtohle aus de hohle Hand geraacht.

's hat jo e bißje aarig uff de Zung gebrennt unn gut geschmeckt hats grad a net; Schokelad wär besser geweßt; awwer wammer doch schunn so groß iß, muß merr doch raache! Unn nochdert wollt ich emool de Damp so aus de Naas losse, wie als es Mildeberjers Krischian.

„...chchchchchchchkkkkkkkkkk..."

Do war merr de Damp in die verkehrt Schlick kumm unn ich hann gemäänt, ich deht veschticke. 's Wasser iß merr in die Aue geschtie unn die Heiser hann a(n)gefang se danze.

Ich hann mich halle misse, daß ich net umgefall bin.

„Pfui Deiwel!"

Erscht wie ich e paar feschte Schnauf gedaa(n) hann, sinn die Heiser wirre so noo unn noo schteh geblibb.

Ich hann awwer denne Schtumbe vunn dem Rothändle inn de Glaam gefeiert unn bin häämgedorkelt.

„Wann sich die Großmudder doch geärrt hätt?" is merrs uf emool wirre hääß ingefall.

„Hätt ich noor wirre die finf Penning!"

„Des erlebt merr jo nimmi, bis du kummscht!" hat die Großmudder schunn geruf, wie ich noch uff de Drepp war.

„Wo warsche dann so lang, du Umgänger?"

„'s waren so viel Leit ins Simmede!" hann ich ganz dußma(n) gesaht unn hann mich uff de Schtuhl gesetzt.

„Hasche grooi Beischtrikwoll griehr?"

„Ija."

„Geb se mool her!"

„Jesses, Fritz, wie siehscht dann du aus? Was iß der dann?"

„Ei, ich hann so aarig Hunger!" hann ich gewinselt.

„Wart ich gebb der e Budderschmeer, do werd ders wirre besser. Ach Gott, hat des Kind e Gähhunger! — So, jetzt eß schää, moi Liewer!"

„Wie riechts dann do? Merr määnt, do wär ebbes a(n)gebrennt... Ei, des bisch jo du, wo so noo Raach schtinkt! Was iß dann des? Merr määnt, du..."

„Och, merr hann voord uffem Gallje e Flämmche gemach," hann ich dabber voorgebaut.

„Dodevunn werd ders a schlecht worr soi, du Lausert! Du hosch eher kää Ruh mit deine Flämmcher, bis dich emool de Schimmele verwischt; dann kummsche awwer nuff an de Morlauterer Weg!"

„Allo, ich geh jetzt hääm, Großmudder!" Unn ich wollt mich schnell vezieh. „Eß erscht doi Brod. Uff de Schtroß eßt merr net! . . . Wo hasche dann die Woll?"

„Do isse!"

„Was hann dann die der geb? Des iß jo Garn! Du hescht doch solle Woll bringe! Was hat dann des gekoscht?"

„Zeh Penning!" hann ich geloh.

„Jetzt gehsche sofort wirre ins Simmede unn saascht, ich wollt Woll hann, grooi Beischtrickwoll. Wie saasche?"

„Du wollscht Woll hann, grooi Beischtrickwoll."

Wie ich mich wirre uff de Weg gemacht hann, iß merr uff emool e Licht uffgang, warum ich noch finf Penning erauskriet hann.

„Na, vielleicht koscht die Woll a bloß finf Penning," hann ich mich gedreescht. Awwer wie ich ins Simmede kumm bin, hat des Froilein gesaht: „Die Woll koscht zeh Penning. Geh nur hääm unn hol noch finf Penning!"

Was mache?

Wie ich an den Rothändlemann vebei bin, harre wirre geschnappt unn gelacht. Merr warrs awwer net ums Lache. Am liebschte hätt ich geheilt.

Was werd die Großmudder sah?

Hätt ich nore die finf Penning wirre!

Ob merr der Mann moi finf Penning wirre gebt? Awwer ich hann schunn ääns vunn de Rothändle geraacht. Unn ich hann aa garnet 's Herz gehatt se froo.

Ganz verzwazzelt unn verdaddert bin ich zu de Großmudder unn hann gesaht, die Woll deht finf Penning mää koschte.

„Was, fuchzeh Penning vor so e Kneielche Woll?"

„Ja, 's Simmede han gesaht, ich mißt noch finf Penning bringe."

„Do heert sich doch alles uff! Wie die die arme Leit ausziehn, die Schpitzbuwereikrämer! An de voorig Woch hatse noch zeh Penning gekoscht! Die Bagaasch! Die wollen iwwer Nacht reich wärre! Ich sah jo: fingerslang gehannelt, iß besser als armlang geschafft! Ich wärr sen awwer zeige! Alleweil geh ich enunner!"

So hat moi Großmudder wäje finf Penning gegrisch, daß merrs in de ganz Thäresieschtroß geheert hat. Ganz vegälschtert hann ich se a(n)geguckt unn hann nimmi 's Herz gehatt mich se muckse.

Noot hat se e sauwere Schorz a(n)gezoo unn hat mich am Bännel genumm unn iß mit merr losgepärrt.

De ganze Weg hat se iwwer die Schpitzbuwe gescholl unn alle Leit, wo er begäänt sinn, hat se die Geschicht vezehlt. Unn ich hann debeigeschtann unn hann bloß e dumm Gesicht gemacht unn hann gedenkt: „Wann ich nore durch die Näscht gehe känt!"

Awwer ich hann die Kehr net kriet.

Ich hätts jo jetzt aa noch verroore känne, was ich a(n)geschtellt hann; awwer ich war so bedeppert, daß ich kää Schterwenswärtche erausgebrung hann.

Unn ich bin als neweher gehossert wie so e Bummerhindche, bis merr ans Simmede waren.

Am Schaufenschder bin ich schtehgeblibb, unn kää zeh Gail härren mich do weg gebrung. Ich hann gedenkt: „Ich bleib haus unn wannse drinn iß, vezieh ich mich."

Noot iß die Großmudder allää eninn. Wie ich se kreische gheert hann, wollt ich durchgehe.

Do hann ich uff emool wirre driwwe des Schildche mi de roore Hänn gesieh unn die dick Fraa am Fenschder un denne Schtännchemann. Der hat mich ganz groß a(n)geguckt, hat awwer desmool net gelacht mit merr.

„Wann ich sem saa deht?" iß mers durch de Kopp gang.

Vielleicht geebt er merr doch wirre die finf Penning. Unn dann kännt ich jo saa, ich hätt se noch im Hossesack gehatt und hätts nimmi gewißt.

Do hann ich mei Herz in die Hand genumm unn bin uffs Schtännche zu.

Awwer wie ich nägscht dort war, iß uff äämool die dick Fraa mit zwää Kinner aus dem Haus erauskumm unn hat sich zu dem Mann geschtellt.

Do iß merrs Herz wirre in die Hose gefall unn ich hann mich ans Härschjes Schaufenschder geschtellt unn hann gemach, als wann ich die Schwaardemaa unn die Läwwerwerscht bedrachde wollt.

Wann noor die Fraa jetzt fortging!

Die Großmudder muß schunn ball erauskumme! Moi Angscht iß immer greßer worr. Jetzt hat a der Mann sei Kopp zum Schtännche erausgeschtreckt unn 's war merr grad, als wann er mich hinrufe wollte.

Do iß es Simmede Deer uffgang unn, wie ich die Großmudder wirre gesieh hann, wollt ich durchbrenne. Awwer sie hat geruf:

„Friiiitz!"

Do iß merrs worr, als wammer jemand e Messer in die Bruscht geschtoß hätt, so hat moi Großmudder gekrisch. Do hann ich känne nimmi schpringe. Moi Knie hann gezittert wie Eschpelaab unn ich hann a(n)gefang se heile.

„Du Schpitzbuu, wo hasche die finf Penning?"

„Willsches jetzt glei saa orre net! Ich schlah dich so, daß de die Schlappe verleerscht!"

Jetzt iß a die dick Fraa mit ihre zwää Kinner herkumm unn hat gesaa: „Gellense, er hat Geld veschnääkt?"

„Ija, finf Penning harre merr fortgeschafft, der Gauner."

„Ich hammers doch glei gedenkt, wie ich en wirre gesieh hann, voord harre sich dort am Schtännche Sigarettcher kaaf."

„Was Sigarettcher? Ei, dich soll je e Dunnerkeil in de Grunderzborrem eninn verschlaa, du Daagdieb! Gebbsche se glei her!"

Do hann ich geschtann wie so e Heifelche Elend unn hann des Päckelche mit de Rothändle erausgerickt.

Die Großmudder hat mich awwer am Gribbs genumm unn hat mich ans Schtännche gezerrt.

Der Mann hat awwer schunn gewißt, wo Hase laafe unn hat glei gesaa:

„Ja, vekaaf is vekaaf!"

„Was? Vekaaf is vekaaf?! Eich geww ich, vekaaf is vekaaf! Ich geh uff die Bollezei, die saht eich, obb ehr de kläne Kinner Geld absenemme hann unn Sigarettcher devor se gewwe! Ehr Lumbekrämer! Do sinn die Sigarettcher! Ich will moi Geld wirre hann!"

Wie moi Großmudder so a(n)geschtellt hat, sinn immer män Weibsleit kumm unn hänn sich hi(n)geschtellt unn hänn minanner gelacht unn hänn sich mit de Ellboo in die Rippe geschtoß. Unn ääni hat gesaa:

„Die alt Fraa hat ganz recht!"

Do hat der Mann gebrummelt, er wollte nochemol e Au zudricke, awwer 's negscht Mool könnten merr uns waarm laafe.

Wie ich des geheert hann, iß merr e Schtää vumm Herz gefall.

Der Mann hat des Päckelche mit de Rothändle wirre genumm un hat die finf Penning uff des Brett geschmiß, dasse erunner uffs Drottwa gehubst unn in de Glahm gescheiwelt sinn.

Ich hann mich dabber gebickt unn hannse de Großmudder gebb.

Wie merr hämkumm sinn, hann ich gemäänt, jetzt deht ich se geheerig fasse; awwer die Großmudder hat bloß gesaa:

„Wann de merr sowas nochemol machscht, brauchschde merr nimmi unner die Aue se kumme!"

Ich hanns nimme gemach!

„Kaiserslauterer Heimatbrief an unsere Soldaten", Nr. 33, 34, 35 und 36, September — Dezember 1942, S. 492—495

1943 wieder Waldumgang in Lautern

Von Franz Friedel. Zeichnungen von Paul Münch

Alle 10 Jahre, am Pfingstdienstag, so will es ein alter geheiligter Brauch, umschreiten Lauterns Bürger in feierlichem Zug, die alte Stadtfahne voraus, unter Führung der städt. Forstbeamten, der Bürgermeister mit seinen Ratsherren an der Spitze des Zuges, ihren Stadtwald. Von Grenzstein zu Grenzstein geht die Wanderung, und an besonders wichtigen Grenzpunkten wird die Jugend, die unter Führung ihrer Lehrer in den Zug eingeordnet ist, gepritscht, d. h. ein Ratsherr, dem traditionsgemäß das wichtige Amt des Pritschmeisters zufällt, verabreicht über den Grenzsteinen einigen der Buben mit der Pritsche, welche mehr Lärm macht als wehe tut, drei Schläge auf den Allerwertesten, um ihnen so symbolisch den Verlauf der Grenze auf direktem Weg in's Gedächtnis einzuprägen. Als Anerkennung wird die Jugend an den Rastplätzen durch die Stadtverwaltung mit Wurst, Brötchen, Kaffee, Tee und Brezeln bewirtet.

Die überaus starke Beteiligung von Jung und Alt an diesem Volksfest bringt zum Ausdruck, mit welcher Liebe und Anhänglichkeit wir Lauterer innerlich mit unserem Wald verbunden sind, sie ist aber auch Ausdruck der Freude und des Stolzes auf unsern wertvollen Besitz, der mit seinen 1800 ha für die Entwicklung der Stadt und unserer heimatlichen Handwerkskultur von ausschlaggebender Bedeutung war. War er doch lange Zeit die ergiebigste und in Notzeiten oft die einzige Einnahmequelle der Stadt. Es ist daher nur natürlich, daß an diesem Tage auch des Stifters des südlichen Stadtwaldes, des Kaisers Albrecht, gedacht wird, welcher im Jahre 1303 den Wald mit dem Spitzrain aus dem Reichsgut, dem alten Reichswald, ausschied und der aufblühenden Stadt überwies. Wann der östliche Stadtwald mit dem Rummel, welcher vom südlichen durch das Entersweiler Tal getrennt ist, in den Besitz der Stadt kam, wissen wir leider nicht, weil die Urkunden zu keiner Zeit darüber reden, doch ist anzunehmen, daß dies schon vor 1276 war. Es darf auch angenommen werden, daß der Brauch, die Waldgrenzen von Zeit zu Zeit zu begehen und die Grenzsteine zu besichtigen, schon bestand, als der östliche Stadtwald in unsern Besitz kam, denn diese Grenzbegehungen sind uraltes Brauchtum. Wir wissen, daß schon die germanischen Völker solche Grenzbegehungen kannten. An hochheiligen Tagen leiteten sie die Zeichen ihrer Gottheit in festlichem Zuge um die Marken, um so die Grenzen der Gemeinde und des Volkes dem Schutze der Götter zu weihen. Dieses tief eingewurzelte Brauchtum blieb auch erhalten, als Germaniens Götter schwanden, wenn auch nun der weltlich rechtliche Nebenzweck der Klarhaltung der Grenzen in den Vordergrund trat. Bis über das Mittelalter hinaus begegnen wir dem Brauch auch anderwärts und teilweise hat er sich — besonders auf fränkischem Volksboden — in ähnlicher Form wie hier erhalten, wenn auch heute für die Klarhaltung der Grenzen andere Mittel zur

Verfügung stehen, so daß die alten Bräuche in erster Linie der Erhaltung und Pflege des Volkstums und der Heimatliebe dienen. Urkundlich bezeugt ist der Brauch für Kaiserslautern erstmals für das Jahr 1444. Nach einer im Stadtarchiv vorhandenen Abschrift des Berichtes über diesen Umgang waren Teilnehmer: Bürgermeister, Rath und Gemeinde sowie etliche 14- und 16jährige Knaben. Das Stift zu Kaiserslautern war als Anstoßer ebenfalls vertreten. Für die Jahre 1514 und 1539 sind weitere Umgänge bezeugt. Die schweren Kriegszeiten des 17. Jahrhunderts waren für Waldumgänge nicht günstig und wir hören erst 1730 wieder von einem bedeutenden Umgang, der drei Tage in Anspruch nahm. Ein weiterer bemerkenswerter Umgang fand 1754 statt. Sogar von einem privaten Waldumgang wußten die Alten zu erzählen, den der Holzhändler Jakob Herbig († 1887) im Jahre 1859 infolge einer Wette unternahm. Er hatte sich anheischig gemacht, den Stadtwald in 5 Stunden zu umgehen und die Wette gewonnen.

Die Waldumgänge von 1730 und 1754 waren für alle späteren Waldumgänge Vorbild. So auch für den großen Umgang im Jahre 1933, über den wir heute berichten wollen:

Der Tag ist wiederum kommen an, wo wir den großen Umgang han, so begrüßte der Oberbürgermeister auf dem Stiftsplatz am frühen Morgen des Pfingstdienstags, wie seine Vorgänger die Jahrhunderte vorher, seine Bürger, die Gäste der Stadt und die Jugend, O. Umlaufs Pritschlied klang auf:

> Der Tag ist wiederum kommen an,
> Pritsch, Meister pritsch!
> Wo wir den großen Umgang han,
> Pritsch, Meister, pritsch!
> Mit Trommel und mit Pfeifenklang,
> So ziehen wir die Grenz entlang.
> Pritsch, Meister, pritsch!
> Pritsch, Meister, pritsch!

und unter seinen Klängen ordnete sich der Festzug, um durch die Klosterstraße, Gaustraße, Friedenstraße, der alten Wormserstraße, dieser uralten Schicksalsstraße der Stadt, bis zur Wormserhöhe zu folgen, wo die Waldgrenze erreicht wurde. Diese alte Wormserstraße über die Wormserhöhe lief über die Elselsfürth nach Enkenbach, Alsenborn, Stumpfwald, Leiningen nach Worms. Eine noch ältere Straße lief über Weidsohl. Hier auf dem Stein vor der Wormserhöhe, welcher Stadtwald und altes Stadtfeld scheidet, wurde erstmals gepritscht und als der Pritschmeister (Pg. Ernst Dürrfeld) den Buben die Hosen stramm zog, zeigte sich, daß er gar keine schlechte Handschrift schrieb, so daß die „Gepritschten" mit sauersüßem Gesicht den Empfang ihrer Gebührnis quittierten.

Die Waldabteilung Kalkofen, an der die „Umgänger" nun vorbeikamen, ist stadtgeschichtlich bedeutungsvoll. Hier ist eine Ruhestätte der ältesten „Lauterer", von denen wir wissen. Vierzehn große Keltengräber sind noch verhältnismäßig gut erkennbar. In einen dieser Grabhügel baute eine spätere Zeit, wenig pietätvoll, einen richtiggehenden Kalkofen ein. Der für die damaligen umfangreichen Bauvorhaben (Stiftskirche, Stadtmauer) benötigte Kalk dürfte hier gebrannt worden sein, woher die Waldabteilung den Namen hat.

Drüben beim Zimmermannskreuz hatten die Zimmerleute ihren Arbeitsplatz, wie die Wagner im Wienertal (= Wenertal, Wanertal, Wagnertal). An der Eselsfürth gings vor-

über nach dem Obsthange des Langenbergs, wo auf dem in der Nähe des Bahnwärterhäuschens stehenden Stein wiederum gepritscht wurde. Der Stein trägt auf der einen Seite das Wappen der Stadt, auf der anderen Seite das der Herren von Breidenborn. Hier beginnt die alte Hofmark Daubenborn, 1160 angelegt von einem Herrn von Breidenborn, dessen Tiefburg am Breidenborn verschwunden ist. In der Nähe des Dreiflings (Träufling), wo der Stadtwald den Wald der Besitzer des Daubornerhofs berührt, wurde der Zug, altem Brauche gemäß, durch Vertreter des Daubornerhofs erwartet und begrüßt, welche sich dann dem Zuge anschlossen. Der Stein trägt auf der einen Seite das Stadtwappen, auf der anderen das Stiftswappen, außerdem die Buchstaben F. I. (= forêt imperiale) aus der Zeit der französischen Okkupation 1798 bis 1814. Die Buchstaben wurden anläßlich der französischen Vermessung 1811 angebracht. Wir dürfen unserer Wehrmacht vertrauen, daß so etwas nicht wieder vorkommen kann.

Als bei Weidsohl der 4. Pritschstein erreicht wurde, konnte der Pritschmeister sich des Ansturms fast nicht erwehren. Alt und Jung, Groß und Klein meldete sich zum Pritschen. Der Stein ist ein Dreimärker, trägt die Zeichen: A. E. (= Alsenborn-Enkenbach) D (Diemerstein) und das Stadtwappen. Und nun wurde die lange Steinreihe mit der Wolfsangel erreicht, welche Stadt- und Stiftswald scheidet und erst im Aschbachtal endet. Den Plapparsch gings hinunter, wo bei dem in Nähe des km 4 an der Hochspeyererstraße stehenden Stein wieder gepritscht wurde.

Eine kurze Strecke der Hochspeyererstraße folgend begannen die so langsam müden Wanderer den steilen Anstieg zum Rummel, um jenseits desselben beim Stiftswalder Forsthaus den Rastplatz zu erreichen, wo durch eine fliegende Waldwirtschaft für die nötige Erquickung gesorgt war und die Jugend mit Wurst, Brötschen und Tee bewirtet wurde. Von dem hier stehenden Grenzstein herab gab der damalige Stadtschulrat Pg. Wambsgans eine kurze Erklärung über Sinn und Zweck des Waldumgangs mit der Mahnung zur Liebe zur Heimat und zum großen deutschen Vaterland und dann ordnete sich der Zug wieder, um durch das Axtertal, Scheidtal den Jungfernstein zu erreichen, wo traditionsgemäß statt der Buben die Jungfern gepritscht werden. Der Stein verdankt einem Zufall seinen Namen. Er war zerbrochen und wurde zum Waldumgang 1730 neu errichtet. Die mit ihren Freundinnen anwesende Tochter des kurpfälzischen Forstmeisters wurde eingeladen sich hier pritschen zu lassen. Die Mädchen wurden auf den Stein gehoben und der Pritschmeister strich ihnen mit der Pritsche „zierlich über den Rücken". — So wurde es auch diesmal gehalten.

Von hier aus verläuft die Grenze durch das untere Wienertal zur Straße und folgt dieser am Glimmerfeld vorbei (beim Weiherfelderhof), wo der älteste Stein mit der Jahreszahl 1562 steht. Dieser Stein trägt nach dem Wege zu das Stadtwappen und auf der anderen Seite das Flersheimer Wappen. Die Herren von Flersheim hatten von der Doppelburg Wilenstein über dem Karlsthal eine Hälfte und daher auch die sogenannte Flersheimer Hube d. i. Aschbacherhof mit Kirche, Stelzenberg usw. Durchs Letzbachtal ging der Weg weiter zum Dreieckstein, wieder ein Dreimärker, der Stadtwald, Reichswald und Bremerhöfer Stiftswald scheidet. Daher trägt er 3 Wappen: 1. Stadtwappen (Humbergseite), 2. Rautenwappen (Reichswald am Letzberg), 3. Wolfsangel (Bremerhöfer Stiftswald) und wieder F. I. (forêt imperiale).

Durch die rote Hohl gings nun zum letzten Mal abwärts bis zur Bremerhöferstraße, wo wieder gerastet und die Jugend bewirtet wurde. Über die Bremerhöferstraße, welcher die Steinreihe nun folgt, gings stadtwärts.

Da der letzte Stein, der Wardeweilche (= Wart ein Weilchen), zum Pritschen nicht frei genug steht, wurde auf dem an der Waldabteilung am Hinkelstein (hier stand früher ein Hinkelstein = ein vorgeschichtlicher Monolith) stehenden Stein letztmals gepritscht und zwar nach altem Herkommen zunächst die Ratsherren und dann der Pritschmeister selbst durch den Oberbürgermeister. Als dieser den Rock auszog und die Ärmel aufkrempelte um dem Pritschmeister seine Gebührnis in der Münze zu verabreichen, die statt geprägt, geschlagen wird, wollte der Jubel kein Ende nehmen. Schadenfreude ist halt doch die reinste Freude. Auf dem Stiftsplatz hielt der Oberbürgermeister nochmals eine begeisternde Ansprache, des Führers gedenkend und der Hoffnung auf neuen Aufstieg, die er uns geschenkt.

Unter den Klängen der Schlußstrophe des Pritschliedes

„Nun ist der große Umgang aus
Nun ziehen wir frohgemut nach Haus"

löste sich der Zug auf.

Aus den Buben aber, denen man ein Beispiel von Heimatstolz und Heimatliebe gezeigt hatte, sind Männer geworden, die als treue Gefolgschaftsmannen des Führers heute für ihres Volkes Sein oder Nichtsein einstehen bis zum Letzten.

Nicht ohne Grund sagt der Dichter:

Der ist in tiefster Seele treu
Wer die Heimat liebt wie du.

„Kaiserslauterer Heimatbrief an unsere Soldaten", Nr. 37, 38 und 39, Januar—März 1943, S. 515—517

Zu diesem Aufsatz muß der Herausgeber noch anmerken, daß der alte Brauch des Waldumgangs in Kaiserslautern von Dr. Georg Heeger (geb. 1856 in Westheim, gest. 1915 in Würzburg) wiederbelebt worden ist. Er wird hier mit seinen Verdiensten um den alten Brauch mit keinem Wort erwähnt, während die Nazis mit ihrer Art von „Brauchtumspflege" hervorgehoben werden. — Dr. Georg Heeger war als Neuphilologe 1907 an die Kreisoberrealschule Kaiserslautern berufen worden. Er gehörte nicht nur zu den Kollegen, sondern auch zu den engsten Freunden Paul Münchs. Beide sind die Initiatoren der kulturellen Aktivitäten des Pfälzerwaldvereins — weit über Kaiserslautern hinaus. Dr. Heeger hat sich auf naturwissenschaftlichem Gebiet und vor allem auf dem der Volkskunde und der Volksliedsammlung große Verdienste um die Pfalz erworben. Er hat — wie erwähnt — auch den Waldumgang in Kaiserslautern wieder eingeführt. Er hat für diesen „Großen Waldumgang" auch das in dem Aufsatz angeführte „Pritschlied" gedichtet. Sein und Paul Münchs Kollege und Freund, Otto Umlauf, hat die Musik dazu komponiert.

's Himbd

Vum Fritz Kipp. Zeichnungen von Paul Münch

Uff de Lichteburg bei Kusel hott früher als de Oweramtmann vum Oweramt Thallichteberg gesesse. Johrelang war er schun veheirat un hott kää Kinner gehatt. Ame schene Dag hott sei Fraa doch noch e Kind kriet. Vor lauder Fräd hott er die Borjemääschter vum ganze Oweramt uff die Kindääf gelad. Wie de Riwwel-Adam, de Borjemääschder vun Berschwiller, die Ei(n)ladung kriet hott, is er dabber zu seiner Fraa in de Wissegarte gesprung. „Fraa, mer sein vum Oweramtmann uff die Kinndääf gelad. Eich un dau!" „Ach Gott, was mach eich nau," hott die Riwwel-Beddel gejämert, „Eich kann jo net uff die Kinndääf giehn. Eich hunn jo de Grind im Gesicht. Eich kann meich jo net siehn losse unner de Leit!" (Em Borjemääschder sei Fraa hott sellemols grad e Ausschlag im Gesicht gehatt.) „Dau muschst met! Do steht ‚nebst Frau'! Was saat do de Herr Oweramtmann, wann eich ella(n) kumme?"

Die Beddel kunnt sich winne un wenne, wie se wollt, der Adam hott druff bestann: „Dau muschst met! Nebst Frau, hott de Herr Oweramtmann geschrieb."

Die arm Fraa Borjemääschder kunnt nachts net schlofe. Wie e Mihlrad isses ehr im Kopp erumgang. „Giehn eich met, muß eich meich schaame met meim grindige Gesicht. Giehn eich net met, muß sich mei(n) Adam schaame, weil er ella(n) kimmt?" Uff emol is de Beddel e Licht uffgang, wie se aus de Brädullje eirauskimmt. „Waascht was," saat se am nächste Morje zu ehrem Adam, „us Sauherd hott doch so e schie(n) Fraa. Dau gehscht hin un frogst, ob se net for meich uff die Kinndääf giehn will. De Oweramtmann kennt meich jo net. Do kann er dann mäne, die Sauherds-Gret, das wär eich."

Dem Riwwel-Adam hott der Vorschlag gefall. Die Gret war werklich e sauwer Weibsminsch.

Er geht zum Sauherd un sprocht met em. Wie der hert, daß sei Gret met em Herr Borjemääschder uff em Herr Oweramtmann sei(n) Kinndääf soll, bringt er's Maul nimmi zamme. „Ei jo, warum dann net? Die Ehr dun eich auch schun an!" saat er großartig.

Am Sunndag sein die Zwa menanner uff die Kinndääf, de Borjemääschder un die Sauherds-Gret von Berschwiller. Un Mondags owends seinse menanner hamkumm.

Saat do de Sauherd zu seiner Gret: „Na, auch kammer noch em Tod schicke! Eich hunn gescht owend schunn gebaßt! Wo warst denn dau solang?"

„Dau frogst dumm! Dau waascht doch: Uff de Kinndääf in Thallichteberg."

„So lang! Vum Sundamorje bis Montag owend? Was hunner dann do die liewe lang Zeit geda(n)?" „Och," saat die Gret, „was werre mer geda(n) hunn? Mer hunn geß' un getrunk. Dann is gedanzt worr. Un mer sein spazeere gang. Dann hotts widder se esse un se trinke gebb." —

„Ja, awwer, was hunner dann heint naacht gedaan?"

„Heint naacht? Do hummer geschloof. Im Dorf war for jed Borjemääschder un sei(n) Fraa e Bett gericht. Do sein eich halt met em Riwwel-Adam schloofe gang."

— „Was," saat do de Sauherd ganz vegelschdert, „Dau mit deim verrissige Himbd?!"

„Ach, saat sei Gret, „er hotts's jo net gesiehn. Eich hun's jo vorher ausgeduhn!"

„Kaiserslauterer Heimatbrief an unsere Soldaten", Nr. 37, 38 und 39, Januar—März 1943, S. 521

's groß Los

Von Fritz Kipp. Zeichnungen von Paul Münch

Wann ich in de Zeidung als ebbes vumm große Los les, dann muß ich immer an mei Großvadder denke, unn wann dehääm bei uns die Redd uff moi Großvadder kummt, dann fallt mer immer 's groß Los oi(n). Unn jedesmol muß ich mer dann saa: „Ei, Herrschaft Dunnerkeil! Hätt moi Großvadder nore net uff die närrisch Beddel gehört, dann hätt ich heit moi Schäfche im Truckene!" Daß ich dann vor Rooges als negscht die Kränk krie, des kann mer jedes noofiehle, wo wääß, daß soi Großvadder emool die Glicksfee am Hinnerbää(n) gehatt unn in soiner Alderation wirre schnerre geloß hat.

Hätt mer moi Großmudder die Geschicht noore net so oft verzehlt, dann bräucht ich mich heit net se ärjere, weil ich dann nix vunn dem viele Geld wißt, wo ich hätt kenne erwe, wann . . . ja, wann das Wörtche wann nit wär. Awwer dere isses sellemols grad so gang, wie mers jetzt geht: sie hats halt vunn sich gewwe misse, weilse halt grad so gern vunn ihrem U(n)glick vezehlt hot, als wie anner Leit mit ihrem Glick strunze. „I, moi Liewerche", hat se als vezehlt, „negscht hätten mer emol 's Glick gehatt; awwer do hats halt aa gehääß wie immer: Armer Mann, du sollscht nix hann. Des war sellemols wie de Großvadder parduh 's große Los gewinne wollt unn aa negscht gewunn hat. Ich hann jo vunn vornerei(n), wie er a(n)gefang hat se loddere, immer gesaat: „Geh, loß die Finger vunn dem Zeig; 's kummt nix Guures eraus!" Awwer de Großvadder hat sich sei Plän net ausredde losse unn immer gemäänt: „Du wärscht siehe, amme schäne Daa zieh ich doch noch 's groß Los. Aawer dann . . .!!" — Am Anfang war die Geschicht jo net so schlimm, weil er vunn Zeit zu Zeit de Insatz als wirre gewunn hat. Awwer uff äämol is er uff den Gedanke kumm, hinner dere ganze Lodderie deht so e Zauberei stecke unn mer kennt bloß dann ebbes gewinne, wann mer den Zauber kenne deht. Do hatt er kää

Ruh mää gehatt unn hat a(n)gefang se lawweriere un se difdele, um des Gehäämnis erausseknoowele. Oft hat er ganze Owende do geseß unn hat simmeliert unn Kollenner gemach; orre er hat in some alde Schulheft ganze Seite voll Zahle geschribb unn gerechelt. Immer harrers mit de Siwwener unn de Dreier se duu gehatt unn hat gemäänt, wann er emool die Zahl erausbrecht, wo de Siwwener unn de Dreier richtig drinn stecken, dann hätt ers gepackt. All die Nummere, wo in de letschde zeh Johr s' große Los gewunn gehatt hann, harre ganz genau unnersucht unn hatt zammegezehlt unn abgezoo unn gedäält unn in die Kreiz unn die Quer gerechelt, daß em als die Schwääßdrobbe uff de Schtern gestann hänn."

„Desmol hann ich's awwer!" harre jedesmol gesaa, wann soi Rechnung fertig war; unn wann dann die Ziehung kumm is, harre doch wirre newers Nescht geleet gehatt. Jo, er hat noch net emool die Insatz meh kriet. Do hann ich gemäänt, er mißt doch jetzt ball vunn selbscht druff kumme, daß de bescht Gewinn der is, wo mer schunn im Sack hat, awwer jo, Katzedreck! Immer mää harre sich in denne Gedanke eninnvebohrt, daß ers zwinge könnt. Daa unn Nacht harre an nix anneres meh gedenkt als an die Lose. Dutzendmool hann ich em gesaa: „Euch, Vadder", hann ich gesaa, „mer kann doch 's Glick net zwinge, ins Haus se kumme! Unn wann des aa ganz zu de Deer erinndreibscht, do flieht ders awwer gewiß wirre glei zum Fenschder enaus!" Alles Redde war awwer forr die Katz. Erscht wie de Haas iwwer de Höh war, harre ingesieh, daß ich Recht gehatt hann.

So isser dann emool owends häämkumm — ich wääß noch so schää, als wanns geschdern geweßt wer, mer hann selle Owend grad Gequellte unn Hering gehatt — unn hat als geschmunzelt unn geschmunzelt, daß ich negscht gemäänt hann, er hätt vielleicht ebbes gewunn, awwer do ist mer ingefall, daß die Ziehung jo erscht in verzeh Daa ist. Ich war der so gespannt wie e Rääscherm, was er uff em Herz hätt. Endlich harre ausgepackt.

„So jetzt wääß ich's", harre gesaa.

„Was wääschde?" hann ich gesaa.

„Wie mers macht!"

„Wie mer was macht?"

„'s groß Los."

„Geh fort, bild der nix oi(n)! Wann des nore schunn häscht!"

„Veloß dich druff, ich kries!"

„Ja, awwer wie dann?"

„Du wärscht schunn siehe!"

Meh war net ausem eraus se bringe. — Nochem Nachtesse harre wirre soi Heft geholt unn hat wirre a(n)gefang se rechele. Uff äämol sieh ich, wie er die Biwel holt.

„Awwer Jokob, du werscht doch net —"

„Och sei nore ruhig! Ich will bloß gucke, wammer de Reih rum gebor sinn. Des brauch ich!"

„Vorr was brauchschde des?"

„Du wärscht schunn siehe!" harre wirre gesaa.

Do war ich halt still unn hann gedenkt, des werd wirre e neii Narrhet soi. Not hat er verzeh Daa lang jeden Owend do geseß unn hat alsfort Zahle geschribb unn gerechelt. Unnerdesse is de Ziehungsdaa kumm. Awwer desmol harre jo schunn im Voraus gewißt, daß er nix gewinnt unn er hat sich sogar gefräät, wie er recht gehat hat.

„So, desmol hann ich 's letschde Mol newers Nescht geleht!" harre ganz siegesgewiß gesaa. „Morje frieh beim erschde Hahnkrääsch werd 's groß Los gemacht."

Ich hann moine Ohre net gedraut.

„Was, beim erschde Hahnekrääsch willschde 's groß Los mache? Ich glaab, du bischt net recht bei Troscht!"

„Loß mich norre gehe!" harre gesaa, „unn kimmer dich um dei Kochhaawe, daß der die Grummbeere net iwwerlaafen unn de Kaffee net a(n)brennt!"

Not harre a(n)gefang, e Bladd Baber se verschnere, daß es siwwe Zeddelcher gebb hat. Uff jedes Zeddelche harre e Zahl geschribb. Ich hammer net denke kenne, was er jetzt dodemit a(n)fange will. Awwer am negschde Morje hann ich gesieh, was er for Fissemadente gemacht hat.

Es war noch ganz duschber in de Schtubb, do is er ganz häämlich aus em Bedd gekrawwelt unn hat sich a(n)gezoo. Not harre soi siwwe Zeddel genumm unn die Deer enaus. Ich bin der awwer wie de Blitz aus de Feddere gefahr, hann moi Unnerrock a(n)geda(n)

unn bin em noogeschlich. Die Hinnerdeer hat noch e bisje uffgeschtann — do sieh ich, wie er im Hof schteht unn die siwwe Zeddel in die Luft schmeißt. Aeäner devunn is kerzegrad in die Höh gefloh unn die annere sechs sinn uff de Borrem gefall. De Großvadder awwer hat debei geschtann unn hat in die Luft geguckt unn hat geschtrahlt, als wann er ins Paradies gucke deht. Wie er dann fertig war mit Gucke, harre die sechs Zeddel uff em Borrem zammegeles. Do bin ich dabberche mitsamt em Unnerrock ins Bedd gehubst, damit er net merkt, daß ich geschnitzt hann. Uff äämool is er erinn kumm unn hat geruf: „Fraa, Fraa, hörschde? — Ich hanns, ich hanns!"

„Was hasche?"

„s' groß Los! Em Schorsch sei Numero isses!"

Jetzt hann ich awwer werklich angscht gehatt, er wär neewer die Kabb kumm. In ääm Schtick harre gebabbeld unn gelacht. Erscht so noo unn noo hann ich dann gemerkt, was er eijentlich vor e Narrheit hat. Er war nämlich bei re Kaardeblätsch in de Nußgaß gewäßt. Die hat em gesaa, er soll aus de Geburtsdaa vunn all soine Familiea(n)gehörige soviel Zahle ausrechne, als mer Köbb sinn. Die Zahle soll er uff Zeddelcher schreiwe unn morjens beim erschde Hahnekrääsch die Zeddelcher in die Luft schmeiße. Des wo senkrecht in die Höh fliehe deht, des wär es groß Los.

„Siehschde! Unn em Schorsch soins is in die Luft geschtie! Drauß im Kannel leids noch. Werschd siehe, desmol hann ich's; do beißt kää Maus kää Faarem ab." Na ja, ich hann mer moi Dääl gedenkt unn hann bloß gesaa: „Ob de awwer a grad des Nummero se kaafe kriescht, wo de brauchschd?"

„Warum soll ich des net krieje? Wammers doch beschtimmt is!"

Unn werklich — middags kummt er hääm unn hat jo des Nummero, wo er gewollt hat. Do hann ich jo im Schtille negscht aa so es bißje an denne Zauwer geglaabt unn hann gehofft, daß mer was gewinne kennten. Awwer de Deiwel hat soi Spiel mit uns gedribb. Drei Daa schpääre is de Großvadder dere alde Schachdel aus de Nußgaß begejent. Die hat en dann gefroot, wie die Kard schteht. Doch wie se heert, daß des Zeddelche im Kan-

nel leit, do saat se: „Ja, moi liewer Mann, des dirft net soi. Des bedeit nix Guures! Do misse mer emool die Kaarde frooe, was do se mache is."

Korz unn gut, de närrisch Großvadder hat sich die Flöh in die Ohre setze losse, daß er des Los vekaafe unn e anneres nemme mißt. E Kolleg vunn em hat sem dann aach abkaaft unn hat gesaa: „Na jo, 's Glick is e Rindvieh unn sucht seinesgleiche! Allo her mit!"

Not hat de Großvadder wirre e annere Hokuspokus gemacht unn e anneres Nummero erausgedifelt. In denne paar Woche, wo er noch hat waarde misse, bis die negschd Ziehung war, is er negschd hibbeldänzig worr forr lauder U(n)geduld.

Endlich is de U(n)glicksdaa an de Himmel kumm. Ich sieh heit noch de Großvadder, wie er häämkummt, ganz zammegeschlaa unn vegelschdert. Er wollt net redde unn net deite. Wie ich dann awwer net uffgeheert hann se diwwere unn se natzele, was dann eigentlich los wär, hat er uff äämool vezehlt. Unn was hat er vezehlt? Daß uff des Los, wo er soim Kolleg verkaaft hat, de Haupttreffer gefall wär unn daß mer's Noogucke hätten.

Des waren schlimme Daa sellemols unn de Großvadder hätt sich fascht verault iwwer soi Eselschträäch. Awwer mit de Zeit harre sich wirre gedröscht unn hat gesaa: „Ja Fraa, du haschst recht gehatt: 's Glick loßt sich net zwinge!"

Not hann ich als gesaa: „Gell, mer lossen uns kää grooe Hoor driwwer wachse! Wer wääß forr was es gut is, daß es so kumm is!"

So hat mer moi Großmudder als die Geschicht vumm Großvvadder soim große Los vezehlt. Unn so oft ich se geheert hann, hat mich jedesmol der Gedanke geqält, ob 's Glick werklich e Rindvieh wär, wie der Mann gesaat hat, zu dem es dann kumm is. — Heit mach ich mer kää Gedanke meh driwwer, wie 's Glick aussieht. Wanns norre zu mer kommt, dann derf 's sogar e Randkamel soi.

„Kaiserslauterer Heimatbrief an unsere Soldaten", Nr. 40 und 41, April — Mai 1943, S. 542—544

Zu dem Buch „Pfälzer Humor in Sprache und Volkstum", herausgegeben von F. W. Hebel im Verlag der K. B. Hofbuchhandlung Eugen Crusius, Kaiserslautern 1917, hat Paul Münch eine Umschlag-Zeichnung beigesteuert, die bisher so gut wie unbeachtet und unbekannt geblieben ist.

Schließlich hat Paul Münch noch Illustrationen für „Alt-Wandervogel. Monatsschrift für Jugendwandern" geschaffen. Als Eufrat (= Eltern- und Freundesrat) hat er einige Werke aus seinen Gedichtbänden in dieser Monatsschrift veröffentlicht. Im Band 2 der Gesammelten Werke (S. 357—362) ist sein 1917 in dieser Zeitschrift erstmals veröffentlichter Gedicht- und Bild-Zyklus „Vom Soldatenleben" abgedruckt. Bei meinen Recherchen fand ich im „Alt-Wandervogel" außerdem zwei Abbildungen von Paul Münch aus dem Jahre 1917 zu einem Aufsatz und — mehrmals abgedruckt — die Umschlag-Zeichnung, die er ursprünglich für seinen Gedichtband „Neie Sache for zu lache" gemacht hat. Diese Zeichnung ist im „Alt-Wandervogel" — wie erwähnt: mehrfach — zu Nachrichten „Von unseren Feldgrauen" abgedruckt.

2 Zeichnungen zu einer Betrachtung mit dem Titel „Vom Frühling und Freude" von „Drexel, z. Zt. Schleißheim" in der Zeitschrift „Alt-Wandervogel", 12. Jg., April 1917, Heft 4, Seite 87 und Seite 88

aus: „Alt-Wandervogel. Monatsschrift für Jugendwandern", 12. Jg., Januar 1917, Heft 1, Seite 15; Text dazu auf Seite 21: „Der Feldgraue, S. 15, ist uns von unserm Eufrat (= ‚Eltern- und Freundesrat', Anm. d. Hrsg.) P. Münch, Kaiserslautern, aus seinem Büchlein ‚Neie Sache for zu lache' zu Verfügung gestellt worden." Die Abbildung wurde im „Alt-Wandervogel" weiterhin abgedruckt in den Heften 7 (Juli), 8/9 (August/September), 11 (November) und 12 (Dezember) des Jahrgangs 1917, jeweils zu Mitteilungen der Redaktion „Von unseren Feldgrauen"

Zeichnungen und Skizzen aus dem Nachlaß

Anmerkungen des Herausgebers zu Zeichnungen und Skizzen aus dem Nachlaß:

Schon als Schüler zeigte Paul Münch nicht nur eine ausgesprochene dichterische Begabung, sondern auch für Zeichnen. Die in diesem Band erstmals veröffentlichten „Proben" aus dieser Zeit beweisen dies. Später erwies sich diese Doppel-Begabung — zu der noch eine musikalische kam, wie die ebenfalls in diesem Band erstmals vorgestellten Liedkompositionen belegen — als äußerst günstig für sein künstlerisches und poetisches Schaffen. Schon Prof. Oskar Steinel erwähnt 1909 in seinem Vorwort zur „Pälzisch Weltgeschicht" die „ergötzlichen kleinen Zeichnungen, die ebenfalls vom Verfasser stammen". Auch die Rezensenten gehen ausdrücklich darauf ein. Zwei Beispiele: „So wie überall der Humor neckisch umherspringt, so sitzt auch der Schalk in allen Augen- und Mundwinkeln der als Kopfleisten beigegebenen Bildchen auf der Lauer" („Zweibrücker Zeitung", 21. Juli 1909) und „Ich weiß wirklich nicht . . . was mehr zur Heiterkeit stimmt, der Inhalt der Gedichte oder ihre Bilder" („Feierstunde. Unterhaltungsbeilage der ‚Pfälzischen Presse'", 7. Juli 1909).

So wie „Die pälzisch Weltgeschicht", „Neie Sache", „Mei Herzerweiterung" (alle in Band 1), so versah Paul Münch auch seinen hochdeutschen Gedicht-Zyklus „Die Heiratskunst" (Band 2), viele seiner Gedichte, z. B. für die Ney-Tage, für den „Pälzer Feierowend", für die 100-Jahrfeier „seiner" Schule in Kaiserslautern (alle in Band 2) oder für Nikolausfeiern oder Widmungsgedichte und schließlich auch Postkarten (alle in Band 3) mit eigenen Zeichnungen, z. T. sogar farbig. In seinem Nachlaß finden sich Entwürfe, Vorzeichnungen und Reinzeichnungen seiner „Illustrationen" zu seinen eigenen Werken wie zu Werken anderer Autoren, die — in Auswahl — in diesem Band vorgestellt werden. Sie sind z. T. wohl auch entstanden als künstlerische Finger-Übungen, als Gelegenheitsarbeiten und musische Freizeit-Beschäftigung — besonders in seiner Zeit in Lechbruck/Allgäu, wohin er sich 1944 nach der Bombardierung seiner Schule und wegen der stark angegriffenen Gesundheit seiner Frau zu Verwandten bis zum Ende des 2. Weltkrieges zurückgezogen hatte. Zu diesen Zeichnungen und Skizzen aus seinem Nachlaß gehören als besonders wichtige Beispiele seiner Zeichenkunst die frühen Werke aus seiner Studenten-Zeit, farbige Bilder aus der Zeit des 1. Weltkrieges und die Serie von fünf Selbstbildnissen aus seinem letzten Lebensjahr.

„Oberlustadt, vom Pfarrgarten aus" signiert und datiert: „Paul Münch 1893", „Germersheim"

aus der Studentenzeit in München; Bleistift; Einzelblatt; Nachlaß

aus der Studentenzeit in München; Bleistift; Einzelblatt; Nachlaß

aus der Studentenzeit in München; Bleistift; Einzelblatt; Nachlaß

„Kanoniere", gerahmtes farbiges Bild; signiert u. datiert rechts unten: „Paul Münch 1916"

„Die Hamstertante", farbiges, gerahmtes Bild; Geschenk an Mathilde Münch (Schwester von Paul Münch); signiert und datiert, rechts oben: „Paul Münch 1917"

oben: Zur Sitzung am 2. März 1922
unten: Zur Sitzung am 7. Mai 1923

Paul Münch war an seiner Schule in Kaiserslautern, dem heutigen Hohenstaufen-Gymnasium, „Obmann" des „Realschulmänner-Vereins", einer berufsständigen Organisation, die man mit dem heutigen Philologenverband vergleichen könnte.

Der Vorsitzende mit erhobener Hand (oben) bzw. mit der großen Glocke (unten) ist Paul Münch; veröffentlicht in der Festschrift für Paul Münch, Kaiserslautern 1979, Seiten 144 und 145 bzw. 124 und 125 der 2. Auflage, 1980.

Aus den 30er Jahren
„à la Wilhelm Busch"

Aus den 30er Jahren
„à la Wilhelm Busch"

Aus den 30er Jahren

Karikatur: Hitler u. Hugenberg

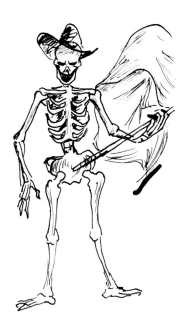

Etwa aus den frühen 40er Jahren

Um 1940

Entwürfe für eine
Zeichnung zu einem
nicht zu bestimmenden
Projekt

Aus den frühen 40er Jahren

Aus den frühen 40er Jahren

Aus den frühen 40er Jahren

„Idyllische Betrachtungen"

Aus der Lechbrucker Zeit

„Die kleine Welt
des Paul Münch
fernab von der Pfalz"

Aus der Lechbrucker Zeit

Aus der Lechbrucker Zeit

Aus der Lechbrucker Zeit

datiert: „14. 1. 45"

Aus der Lechbrucker Zeit

„Kochkünstler"

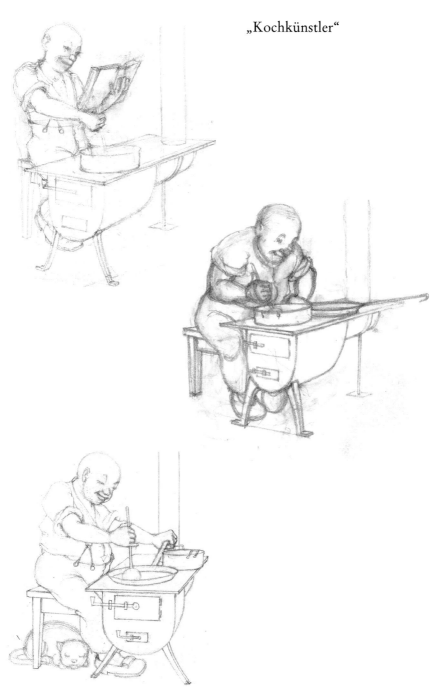

Aus der Lechbrucker Zeit

„Kochkünstler"

Aus der Lechbrucker Zeit

„Aufwärmen"

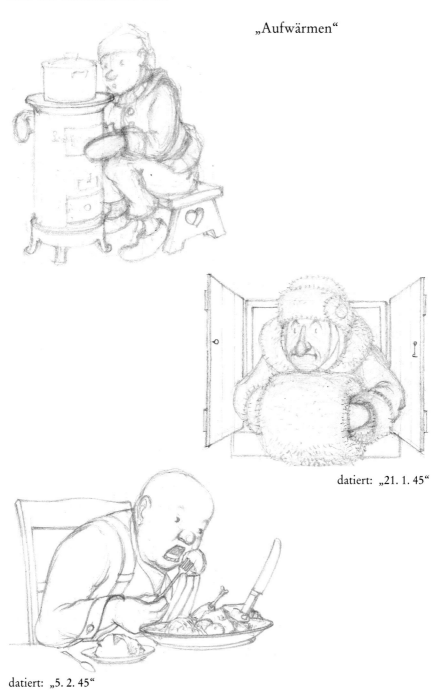

datiert: „21. 1. 45"

datiert: „5. 2. 45"

Aus der Lechbrucker Zeit

„Feger"

Aus der Lechbrucker Zeit

„Müde"

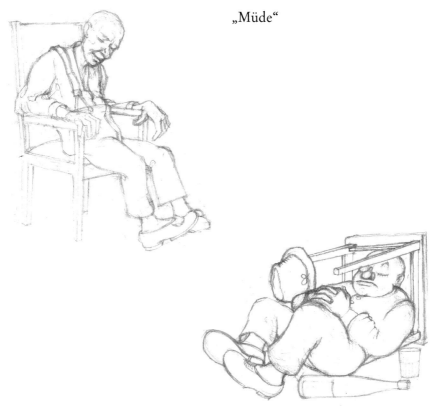

datiert: „18. 2. 45"

datiert: „12. 2. 45"

Aus der Lechbrucker Zeit

„Schweine"

datiert: „13. 1. 45"

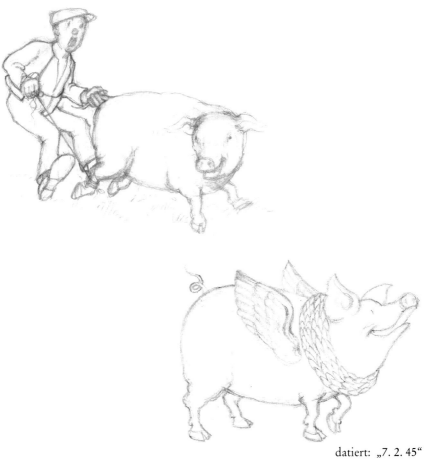

datiert: „7. 2. 45"

Aus der Lechbrucker Zeit

„Der Dichter
und
der Maler"

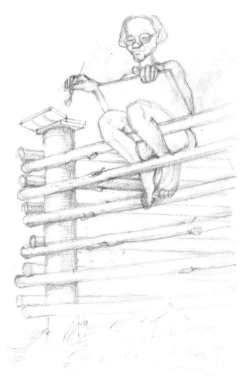

Aus der Lechbrucker Zeit

„Pult-Stars"

datiert: „19. 1. 45"

datiert: „14. 2. 45"

Aus der Lechbrucker Zeit

„Pult-Stars"

datiert: „26. 1. 45"

Aus der Lechbrucker Zeit

„Kunst gegen
Ende des Krieges"

datiert: „14. 2. 45"

datiert: „22. 1. 45"

Aus der Lechbrucker Zeit

„Lektüre"

datiert: „4. 2. 45"

datiert: „23. 2. 45"

Aus der Lechbrucker Zeit

„Lektüre"

Aus der Lechbrucker Zeit

„Am Fenster"

datiert: „7. 2. 45"

Aus der Lechbrucker Zeit

datiert: „17. 1. 45"

datiert: „19. 1. 45"

Aus der Lechbrucker Zeit

datiert: „16. 1. 45"

datiert: „12. 1. 45"

Aus der Lechbrucker Zeit

datiert: „14. 1. 45"

Aus der Lechbrucker Zeit

„Ausruhen"

datiert: „3. 2. 45"

datiert: „24. 1. 45"

datiert: „7. 2. 45"

Aus der Lechbrucker Zeit

datiert: „8. 2. 45"

datiert: „9. 2. 45"

datiert: „10. 2. 45"

Aus der Lechbrucker Zeit

„Gratulation und Einkauf"

datiert: „19. 1. 45"

Aus der Lechbrucker Zeit

„Nikolaus"

datiert: „24. 1. 45"

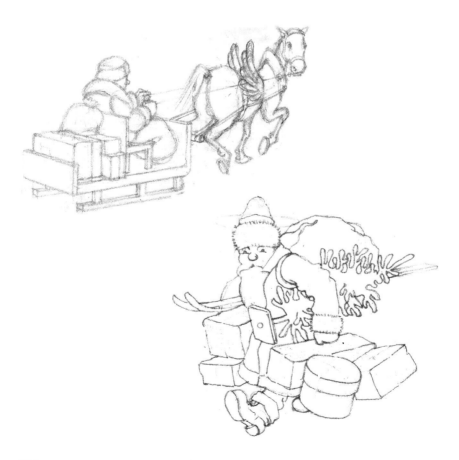

Aus den frühen 40er Jahren und aus der Lechbrucker Zeit

„Nikolaus"

Aus der Lechbrucker Zeit

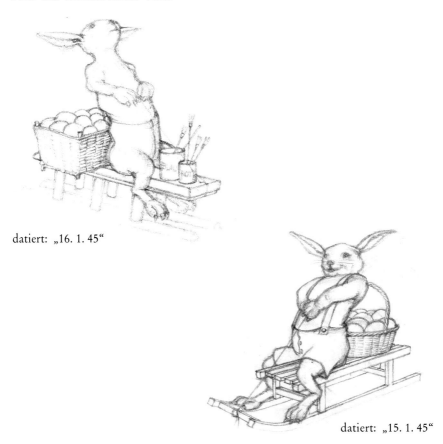

datiert: „16. 1. 45"

datiert: „15. 1. 45"

datiert: „10. 2. 45"

Aus der Lechbrucker Zeit
zum Thema „Herzerweiterung, chronisch"

datiert: „6. 2. 45"

datiert: „19. 2. 45"

Aus der Lechbrucker Zeit
zum Thema „Herzerweiterung, chronisch"

datiert: „21. 2. 45"

Aus der Lechbrucker Zeit

„Müder Armor"
und
„wacher Bub
beim Zeichnen"

datiert: „23. 1. 45"

datiert: „7. 2. 45"

Aus der Lechbrucker Zeit

„Kofferpacken und Rückreise"

datiert: „27. 1. 45"

Mitte der 40er Jahre

datiert: „25. 1. 45"

Ab 1945
Im Februar 1945 in Lechbruck dachte Paul Münch wohl schon an eine neue Ausgabe seiner „Pfälzisch Weltgeschicht" mit neuen Bildern. Nach Kriegsende machte er in Kaiserslautern weitere neue Entwürfe dafür.

datiert: „24. 2. 45"

vgl. „Die Pfälzisch Weltgeschicht" ab Ausgabe 16.–20. Tsd. bis 42.–44. Tsd. GW, Bd. 1, S. 72

Fünf Selbstbildnisse Paul Münchs aus seinem letzten Lebensjahr

Bleistift; Privatbesitz

Rötel; Nachlaß

Rötel; Nachlaß

Bleistift; Privatbesitz

Rötel; Nachlaß

Römische Kunst

Anmerkungen des Herausgebers:

Mit dem Aufsatz „Römische Kunst" wird eine schriftliche Arbeit des „Schulmeisters" Paul Münch vorgestellt.

Nach dem 2. Weltkrieg war Paul Münch ab 1. August 1945 Stellvertretender Leiter „seiner" Schule in Kaiserslautern, des heutigen Staatlichen Hohenstaufen-Gymnasiums (früher: Oberrealschule). Oberstudiendirektor war damals Dr. Arnold Lehmann. Am 1. Dezember 1946 wurde Paul Münch zum Oberstudienrat ernannt. Am 1. August 1949 – kurz vor Vollendung seines 70. Lebensjahres – trat er in den Ruhestand.

Aus dieser letzten Schaffenszeit des Zeichenlehrers und Kunsterziehers Paul Münch stammt sein Aufsatz „Römische Kunst". Er diente zu dieser Zeit – als es keine Schulbücher gab – zur Vorbereitung des Kunstunterrichts und der Aufbereitung des Lehrstoffes. Für die Entstehung des Aufsatzes kommt unwiderlegbar die Zeit von der Wiederaufnahme des Schulunterrichts nach dem 2. Weltkrieg bis spätestens Frühjahr 1947 in Betracht. Notizen im Text mit Datums- und Klassen-Angaben (12. 2., 8. Kl./8. 2., 9. Kl./15. 2., 9. Kl./19. 2., 8. Kl.), ohne Jahreszahl, informieren über die Behandlung des Stoffes im Unterricht.

Römische Kunst

Rom wurde während der Königszeit (753—510 v. Chr.) von den in der Kultur weiter fortgeschrittenen Etruskern künstlerisch sehr stark beeinflußt, namentlich im Tempelbau. Tempel etruskischen Stils wurden auch später noch viele in Rom errichtet und die Eroberung etruskischer Städte gab Anlaß zur Übersiedlung etruskischer Götterbilder nach Rom. Nach der Einnahme von Volsinii (Orvieto) im Jahre 265 v. Chr. sollen nicht weniger als 2000 Erzstatuen nach Rom gebracht worden sein.

Aber daneben her lief eine viel mächtigere und mannigfaltigere Einwirkung von griechischer Seite.

Schon seit dem 5. Jahrhundert v. Chr. griff wie in Griechenland die Sitte der Ehrenstatuen aus Erz um sich. Das berühmteste Denkmal dieser Art war die mit Schiffsschnäbeln geschmückte Säule (columna rostrata) mit dem Standbild des Duilius darauf, die den ersten römischen Seesieg (260 v. Chr.) verherrlichte. Rom teilte die Vorliebe für Porträtstatuen mit der ganzen griechischen Welt, sie fand aber bei den Römern eine besondere Nahrung an ihrem ausgeprägten Sinn für scharfes Erfassen und treue Wiedergabe der Bildniszüge. Diese Fähigkeit sprach sich besonders in den wächsernen *Ahnenbildern* der vornehmen Familien aus, bei denen es auf möglichst große Ähnlichkeit ankam. Den wirklichen Porträts schlossen sich, ganz wie in Griechenland, auch erfundene an. So füllte sich das Capitol mit den Statuen der Könige und anderer Gestalten der römischen Sage und Geschichte. Dahin läßt sich auch die eherne Wölfin mit den beiden Zwillingen rechnen.

Als nach dem Kriege gegen Pyrrhus ganz Unteritalien in politische Abhängigkeit von Rom geraten war, übte die griechische Kunst dieser Landschaften und Städte einen gesteigerten Einfluß aus. Zwar hören wir aus dieser kriegerischen Zeit nicht viel von den bildenden Künsten außer einigen Nachrichten über die Malerei, die aber zumeist von eingewanderten griechischen Künstlern ausgeübt wurde.

Mit der Eroberung und Plünderung der griechischen Pflanzstadt Syrakus durch Marcellus (212 v. Chr.) begann die Masseneinfuhr griechischer Statuen, Bilder und kostbaren Gold- und Silbergeschirrs, die nach der Besiegung Makedoniens bis zur Zerstörung Korinths durch Mummius (146 v. Chr.) fortgesetzt wurde, ohne jemals ganz aufzuhören. Rechnete man erst noch nach Hunderten und Tausenden von erbeuteten bzw. geraubten Kunstwerken, so zählte man bald nur noch nach Wagen- und Schiffsladungen. Was in Rom selbst an Werken der Bildhauerei, Malerei und Architektur hervorgebracht wurde, muß fast ausschließlich dem Wirken griechischer Künstler zugeschrieben werden, die sich mehr und mehr der aufblühenden Hauptstadt der Welt zuwandten. Wie so oft unterlagen auch hier die politischen Sieger dem überlegenen Kulturwillen der Besiegten.

Am ersten läßt sich dies an der Baukunst feststellen. Diese praktischste aller Künste sagte dem römischen Geist am meisten zu. Seit der Tätigkeit des Censors Appius Claudius (312 v. Chr.) gehörten Landstraßen (via Appia), Brückenbauten und Wasserleitungen zu den häufigsten Aufgaben der Ingenieure und Architekten.

Mit dem Beginn des 2. Jahrhunderts v. Chr. fanden die Markthallen (Basiliken), die für den Handelsverkehr und für die Rechtspflege bestimmt waren, rasch Eingang.

Säulen- und Bogengänge, z. T. doppelstöckig, liefen den Straßen entlang oder umsäumten die Plätze. Tore und Bogen, von Statuen bekrönt, dienten als Eingänge geschlossener Bezirke oder spannten sich über die Straßen, die Vorläufer der späteren Triumphbögen. All dies entsprach dem bisherigen Brauch der hellenistischen Städte. Nun wurden auch die Tempel prächtiger ausgestattet. Der alte kapitolinische Tempel erhielt nach 146 v. Chr. (dem Jahr der Zerstörung Karthagos und Korinths) vergoldete Decken und einen Fußboden von Mosaik. Säulenhallen wurden um den Tempelhof gelegt. Auf dem Marsfeld entstanden unter Leitung des griechischen Baumeisters Hermodoros zwei große Tempel aus griechischem Marmor, die von einem weiten Säulenhof umgeben waren.

Doch während wir in Rom fast ganz auf spärliche Nachrichten angewiesen sind, da spätere Neubauten die Spuren der älteren Anlagen getilgt haben, gewinnen wir dank der Asche des Vesuv ein sehr anschauliches Bild einer italienischen Stadt in Pompeji.

Die dort seit etwa zwei Jahrhunderten betriebenen Ausgrabungen lassen erkennen, daß Pompeji bis ins 2. vorchristliche Jahrhundert eine unbedeutende Stadt rein italischen Gepräges war. Das änderte sich, als durch den gesteigerten Handel mit dem Orient die Stadt mehr und mehr syrischen und ägyptischen Einflüssen sich öffnete. Die Umbildung zur hellenistischen Stadt, die nach der Zerstörung Karthagos begann, läßt sich deutlich verfolgen. Die Einführung der Säule veränderte rasch das ganze Stadtbild. Säulenhallen umgeben die Plätze. Theater und Bäder, Palästra usw. bezeugen das Eindringen griechischer Lebensgewohnheiten. Auch der Hausbau unterliegt einer raschen Umwandlung in griechischem Sinne. Die Häuser werden mit Wandgemälden geschmückt, großenteils mit Nachbildungen griechischer Originale. Zimmer, Empfangsräume, Gartenanlagen und Straßen füllen sich mit plastischen Kunstwerken, fast ausnahmslos Kopien griechischer oder hellenistischer Meisterwerke. Vor allem die verschütteten Einzelvillen vor der Stadt sind wahre Fundgruben für Gemälde, Bildwerke und Silbergeschirr.

In den letzten Jahrzehnten der Republik blickten die gebildeten Kreise Roms mehr und mehr auf Griechenland als ihr erstrebenswertes Muster, und in dem Erwerb griechischer Anschauungen und Kunstformen sahen Gelehrte und Künstler ihr höchstes Ziel. Griechische Künstler wurden zum Bau und zur Ausschmückung der neuen Tempel, der öffentlichen Gebäude und der privaten Anlagen herangezogen. Aber die schöpferische Kraft aller dieser Künstler ist in enge Grenzen gebannt. Gern wenden sie den Blick nach rückwärts, indem sie aus älteren Werken sich die Anregungen holen, oder sie kopieren diese geradezu. Der jetzt beginnenden Kopierkunst, die bei mangelnder eigener Erfindungsgabe dem römischen Massenverbrauch entgegenkam, verdanken wir zum großen Teil unsere Kenntnis der älteren griechischen Kunst. Meistens sind diese Kopisten namenlose Handwerker.

Eine Stärke der hellenistischen Kunst begegnete sich mit einer altitalischen Anlage in der Schöpfung lebendiger und charakteristischer Bildnisse. Die Büsten verdienen zumeist nicht allein wegen der dargestellten bedeutenden Persönlichkeiten unsere Beachtung, sie sind auch Meisterwerke psychologischer Charakteristik.

Mit Augustus beginnt eine Zeit der Ruhe und der geordneten Staatsverwaltung, die auch für die Kunst ihre reichen Früchte trägt. Die Hauptstadt erfuhr unter seiner langen Regierung eine völlige Umgestaltung, an welcher die stärkere Benutzung des carrarischen Marmors neben griechischen Marmorarten und dem Travertin ihren Anteil hatte. In dem einen Jahr 28 v. Chr., in dem Augustus offiziell die Staatsleitung übernahm, restaurierte er über 80 ältere Tempel; er vollendete 20 früher begonnene und fügte 40 neue Tempel und öffentliche Bauwerke hinzu. Er errichtete ein neues Forum mit dem großen Tempel des Mars ultor. Im Marsfeld entstanden prachtvolle Säulenhallen, außerdem das Theater des Marcellus, das für die Renaissance-Architektur ein so einflußreiches Muster abgab. Im Jahr 27 v. Chr. erbaute des Augustus Schwiegersohn Agrippa das vielbewunderte Pantheon und schenkte der

Stadt in seinen Thermen die erste öffentliche Bäderanlage nach hellenistischer Weise. Dabei kam eine vorzüglich ausgedachte Zentralheizung in Anwendung.

Von den Baustilen hat in dieser Zeit der korinthische nahezu die Alleinherrschaft gewonnen.

Auch außerhalb Roms bieten Italien und die Provinzen Belege eifriger Bautätigkeit. Die langen Bogenreihen der Wasserleitungen durchziehen die Campagna; großartige Brücken entstehen. Mit dem Bau von Landstraßen hing vielfach die Errichtung von Straßenbögen zusammen, die als Ehrenbögen oder Siegesdenkmale eine besondere Bedeutung annahmen.

Große Mannigfaltigkeit herrscht im Gräberbau. Noch heute wird die via Appia durch das im Mittelalter als Burg benutzte Grabmal der Cäcilia Metella beherrscht. Es ist ein gewaltiger turmartiger Rundbau auf viereckiger Basis. Augustus verwandte dieselbe Form in reicherer Gestalt für das Mausoleum der kaiserlichen Familie. Die Einwirkung der ägyptischen Kunst beweist die Aufstellung von Obelisken an verschiedenen Stellen der Hauptstadt. Im Gegensatz zu den pomphaften Einzelgräbern der Reichen wurden für die Ärmeren Massengräber errichtet, wegen der Ähnlichkeit mit Taubenschlägen „columbarien" genannt. In kleinen Nischen wurden die Aschenurnen beigesetzt.

Die Skulptur zur Zeit des Augustus

Wie in der Baukunst, so gab auch in der Plastik Griechenland den Ton an. Man fuhr fort, griechische Vorbilder zu kopieren und zu variieren; leider mit wenig Phantasie. Kunstgeschichtliche Interessen müssen die fehlende Schöpferkraft ersetzen. Man greift in der Nachahmung altertümlicher Werke bis in entlegene Perioden zurück. Es kehren ja der Geschmack und die Geistesrichtung zuweilen, als wären sie erschöpft und übersättigt, zu altertümlichen Mustern zurück, ähnlich wie es ja auch in neuerer Zeit geschah (Nazarener, Präraffeliten, Neu-Gotiker usw.). — Immerhin fällt in diese Zeit der Anfang der römischen historischen Skulptur, deren hauptsächliche Entwicklung aber erst der Folgezeit angehört. Ein frühes Hauptwerk dieser Art war der zu Ehren des Augustus errichtete Friedensaltar, geschmückt mit sehr schönen Ornamenten und großen figürlichen Reliefs, darunter auch ein Festzug der kaiserlichen Familie mit Gefolge; alle Personen mit treffenden Porträtzügen. —

Aufs engste sind dieser Richtung die vortrefflichen Einzelbildnisse verwandt wie die bekannte Statue des Augustus, die den Kaiser im reichverzierten Harnisch darstellt, den Feldherrnmantel über den linken Arm geworfen, die eine Hand die Lanze führend, die andere zur Ansprache erhoben.

Besondere Schönheit erreicht die Bildniskunst in den großen Pracht-Cammeen mit Darstellungen des Kaiserhauses, so in der berühmten Onyxgemme des Wiener Antikenkabinetts. Die Gemmenschneidekunst erreichte eine letzte Glanzzeit. Teils wurden treffliche Porträts geschnitten, teils ältere Statuen und Reliefs kopiert; dagegen sind eigene Erfindungen selten. Auch die künstlerische Bearbeitung von Gold- und Silbergeschirr beschränkte sich auf geschickte Wiedergabe älterer Muster.

Die römische Kunst nach Augustus

Zur Zeit des Augustus erreichte die römische Kunst einen Höhepunkt ihrer Entwicklung. Es ist der vollständige Sieg des Griechentums. Auch unter den nachfolgenden Kaisern Tiberius (14–37 n. Chr.), Caligula (37–41 n. Chr.) und Claudius (41–54 n. Chr.) blieb dies das Hauptkennzeichen der römischen Kunst. Als aber durch die gewaltigen Brände unter Nero (54–68 n. Chr.) und unter Titus (79–81 n. Chr.) das alte und großenteils auch das Rom des Augustus vernichtet war, entstand unter Nero und den flavischen Kaisern Vespasian (69–79 n. Chr.), Titus und Domitian (81–96 n. Chr.) ein neues, nach regelmäßigem Plan angelegtes Rom mit breiten Straßen, durchlaufenden Säulenhallen, reichen Wasseranlagen und gewaltigen Prachtbauten.

Zuerst entstand Neros „goldenes Haus", das mit seinen Anlagen 50 Hektar umfaßte. Dieses ward allerdings bald wieder vernichtet, aber es gab das Vorbild ab für die späteren kaiserlichen Paläste auf dem Palatin. Vespasians gewaltiger Bau, das sog. Colosseum, ein für 80 000 Zuschauer berechnetes Amphitheater wurde 80 n. Chr. durch Titus eingeweiht. Es hatte die für solche Anlagen übliche Grundrißform einer Ellipse. Die Anordnung des Innern war höchst sinnvoll für die Benutzung wie für die bequeme Zugänglichkeit aller Plätze eingerichtet. Das Äußere war in den drei unteren Stockwerken durch Halbsäulen gegliedert, dorisch, jonisch, korinthisch von unten nach oben aufeinanderfolgend, während die Mauer des obersten Stocks durch korinthische Pilaster belebt ist.

An das Forum des Augustus schlossen sich weitere Anlagen ähnlicher Art an. Vor allem das vielbewunderte Trajansforum, das schönste der Kaiserfora. Es wurde 111–114 n. Chr. von Apollodorus aus Damaskus errichtet und enthielt unter andern Prachtbauten die fünf-schiffige Basilica Ulpia. Vor dem Tempel Trajans stand die 33 Meter hohe Trajanssäule, gekrönt vom Standbild des Kaisers. Sie war von unten bis zum Kapitell von einem schräg umlaufenden, 200 Meter langen Band mit 2500 Relieffiguren geschmückt. Diese stellen Szenen aus Trajans Kriegen an der Donau dar.—

Kaiser Hadrian (117–138 n. Chr.) erneuerte das durch Feuer zerstörte Pantheon. In dieser erneuerten Gestalt ist es als Innenbau das schönste Werk römischer Kunst, das noch der Phantasie der Renaissance-Architekten als Ideal vorschwebte. Der mächtige Eindruck des Baues wird vor allem durch die Maße und die Beleuchtung bedingt. Die Höhe der Kuppel ist ihrem unteren Halbmesser gleich, ebenso hoch ist der runde Unterbau, auf dem die Kuppel ruht. Das wunderbar einheitliche Licht strömt ausschließlich durch eine runde Öffnung von fast 9 Meter Durchmesser in der Mitte der Kuppel. Bunte Marmorverkleidung erhöht die Pracht des Innern. Der antike Kuppelbau, aus dem Orient übernommen, hat im hadrianischen Pantheon seine reichste und reinste Wirkung erzielt.

Auch sonst entfaltete Hadrian eine erstaunliche Bautätigkeit. In Athen erbaute er das Olympieion, ein noch in Trümmern erstaunliches Bauwerk; auch in Syrien und Kleinasien betätigte er sich in großartigen Bauten.

Am Ende seiner Regierung erbaute Hadrian in Rom den pons Aelius (Engelsbrücke) und ein Mausoleum (die Engelsburg), das bestimmt war, ihn selbst und die weiteren Kaiser aufzunehmen. Er behielt den Typus des Augustusgrabes bei, gestaltete ihn aber architektonisch und durch reichen Skulpturenschmuck neu aus.

Der Niedergang der römischen Kunst

Unter den Künsten ist bei den Römern die Architektur immer die vornehmste und beliebteste gewesen. Auf diesem Gebiet fördern sie auch noch in der Verfallszeit großartige und neue Leistungen zu Tage. Am deutlichsten zeigt sich dies in den Bäder- (Thermen-)Anlagen, eine Verbindung von Bade- und Übungsräumen, das Hauptgebäude von einem weiten Platz nach Art eines Forums umgeben. So entstanden im Lauf eines Jahrhunderts 200–300 in verschiedenen Teilen Roms die vier kolossalen Thermen Caracallas (211–217 n. Chr.), des Alexander Severus (222–235 n. Chr.), Diocletians (284–305 n. Chr.) und Constantins (306–337 n. Chr.), lauter Marmorverkleidete Ziegelbauten, der Mauerkern mit Gußwerk (Mörtelmasse mit Steinbrocken) ausgefüllt. Die Ruinen der Caracallathermen machen noch heute einen ungeheuren Eindruck. In der Anwendung bunten Marmors zur Herstellung der Säulen und zum Belag der Wände und reich vergoldeter Bronze an den Decken lag ein Hauptreiz dieser Prachtbauten der Kaiserzeit.

Noch gewaltiger waren die Thermen des Diocletian, von denen um 1500 n. Chr. ein einziger der zahlreichen Räume von Michelangelo in eine große mehrschiffige Kirche umgewandelt wurde.

Die Bau- und Stilweise der Thermen fand auch Anwendung bei der Errichtung der riesigen Basilika des Constantin am Rande des forum Romanum, deren dreischiffige Anlage für den späteren Bau christlicher Kirchen vorbildlich geworden ist. Diese Basilika und das Pantheon gaben die Grundlage ab für Bramantes und Michelangelos Bauplan zur Peterskirche. In dieser ist das Pantheon auf die Konstantinsbasilika getürmt.

Die Kunst der Bildhauerei war nach Hadrian mehr und mehr abgesunken und brachte nur noch auf dem Gebiet des Porträts schönere Blüten hervor. Die Figuren der Marcussäule, die um 190 n. Chr. nach dem Vorbild der Trajans-Säule errichtet worden war, sind nüchtern und trocken in Anordnung und Ausführung. Der Triumphbogen des Constantin (um 326 n. Chr.) ist zwar mustergültig in seinen Verhältnissen und in der Verteilung der Skulpturen. Aber eben diese zeigen, daß die bildnerische Kraft versagt. Denn der plastische Schmuck dieses Bogens ist von Bauten Trajans geraubt und das Wenige, was in der Zeit Constantins an Eigenem hinzugefügt worden ist. beweist einen kläglichen Verfall der Kunst.

Die geringen Reste antiker Malerei aus dieser Spätzeit, die sich meist in Gräbern erhalten haben, zeigen dieselben Erscheinungen des Verfalls wie die Bildhauerei. Die in Rom und in den Provinzen zahlreich erhaltenen Mosaikfußböden ergänzen dieses Bild. Von abschreckender Roheit des Ausdrucks ist ein großes Mosaik mit Atlethenbildnissen aus den Caracallathermen. Aber auch in diesen Rowdy-Gestalten tritt noch die römische Begabung für das Porträt hervor, die bis zuletzt die stärkste Seite der römischen Kunst blieb, und zwar sowohl in der Malerei wie in der Skulptur.

Sarkophage

Die Sitte des Bestattens statt des Verbrennens der Leichname kam im 1. Jahrhundert n. Chr. wieder in Aufnahme. Der römische Sarkophag war bestimmt zur Aufstellung in einer zugänglichen Grabkammer. Das führte schon bald zur künstlerischen Ausstattung der Sarkophage. Bisweilen ruhen, wie bei den Etruskern, die Begrabenen im Abbild auf dem Sargkasten. Meist aber ist ein in hohem Relief ausgeführter Bilderschmuck rings um den Sarkophag geführt. Der künstlerische Wert kann in der Regel nicht hoch angeschlagen werden. Der Inhalt der Darstellungen fesselt mehr als Form und Ausführung. Keine Gruppe antiker Kunstwerke führt so unmittelbar in die christliche Kunst über.

Rom und Constantinopel

Um 275 n. Chr. ward Rom mit der weiten Mauer des Aurelian (270–275 n. Chr.) umzogen, um ein halbes Jahrhundert später seine maßgebende Rolle an Constantinopel abzutreten. Unter Constantin (312–337 n. Chr.) hatte Rom an äußerer Pracht den Gipfel erstiegen. Man zählte elf Fora und ebenso viele Thermen, zehn Basiliken und 28 Bibliotheken, über 30 Triumphbögen, 19 gewaltige Wasserleitungen, zahllose Tempel, 22 kolossale Reiterstatuen, 80 vergoldete und 74 goldelfenbeinerne Götterbilder, gegen 4000 eherne Porträtstatuen, nicht zu gedenken der Unzahl marmorner Bildwerke.

Aber im Jahre 330 verlegte Constantin die Hauptstadt des Reiches vom Tiber an den Bosporus, nach Byzanz, das jetzt den Namen Constantinopel erhielt. Damit endet die antike Kunstgeschichte Roms. Die nun entstehenden christlichen Bauten stellen keine Weiterentwicklung antiker Motive dar, sie sind vielmehr eine Angleichung an die Bedürfnisse einer neuen Weltanschauung.

Constantinopel sollte nun rasch zu einem „neuen Rom" gestaltet werden. Paläste und Regierungsgebäude, Fora, Bäder, Gymnasien, Wasserleitungen und Rennbahnen wuchsen rasch aus der Erde. Die kostbarsten Marmorarten wurden dazu verwendet, eine Unmasse Statuen aus Rom, Athen und von überall her zusammengebracht. Was von Erzbildern neu erstand, war überaus dürftig. Von Theodosius II. (379–395 n. Chr.) rührt die großartige, turmreiche Mauer her, die Constantinopel gegen das Festland hin schützt. Reliefsäulen des Theodosius und seines Sohnes Arkadius (395–408 n. Chr.) ahmten die Trajanssäule nach, zeigten aber in der Trockenheit der bildnerischen Darstellung einen traurigen Verfall der künstlerischen Kräfte.

Ein gleiches Verdorren ergreift auch die architektonischen Einzelformen, während die konstruktiven Aufgaben, namentlich der Zentralbau, noch eine so glänzende Lösung finden wie in Justinians (527–565 n. Chr.) Kirche der heiligen Sophia, die noch heute zu den gewaltigsten Denkmälern der Baukunst gehört. Unter ihm wurde auch die herrliche Kirche San Vitale in Ravenna erbaut. — Des Theodosius großartiger Versuch, die alte römische Herrlichkeit kulturell und politisch wiederherzustellen, bleibt zwar bewundernswert, das Mißlingen zeigt aber, daß das alte Rom tot und eine neue Zeit, die byzantinische Periode, angebrochen war.

Das Nachleben der Antike

Die antike Kunst bedeutet für die abendländischen Völker die Wiege und weiter den Stab, auf den gestützt ihre Kunst langsam der Vollendung entgegenschreitet. Nicht als ob diese Völker zu jeder Zeit die Antike bewußt zum Aufbau ihrer Kunst benutzt hätten! Mit Recht wird vielmehr der abgeschlossene Charakter der Antike betont, und ihr Wesen wird erst dann voll begreiflich, wenn man sie im ausschließlichen Dienst des Hellenen- und Römertums, als den verklärenden Ausdruck des hellenistischen und römischen Volksgeistes auffaßt. Dennoch erscheint es interessant, die Spuren der Antike im folgenden Weltalter aufzudecken.

Was ist nun in der Kunst der späteren Perioden auf das antike Erbe zurückzuführen?

Die antike Baukunst darf sich des reichsten und längsten Nachlebens rühmen. Die Säule, der Pfeiler, die Wölbung, die Gesimse und die andern Bauglieder wurden zwar in der verschiedensten Weise umgeformt, auch den Kern der Gestalt holte man vielfach aus der antiken Überlieferung. Zwar hatte die Gotik sich in schroffem Gegensatz zur Antike ihre herrlichen Dome und Burgen geformt, aber unmittelbar auf diese Periode erfolgt die unwiderstehliche Reaktion im Zeitalter der sogenannten Renaissance.

Auch im Bereich der zeichnenden Künste hat das Mittelalter die Spuren der Antike nicht vollständig verwischt. Der Inhalt antiker Kunstwerke wurde allerdings nicht mehr verstanden, aber das Auge wurde gefesselt durch die lebendige Darstellung, die aus eigenem Antrieb niemals gelang. Mochten auch Kirche und Volk in den Denkmälern der Römer vielfach Teufelswerk erblicken, die Formfreude fand an ihnen immer wieder neue Anregung. Zufällig erhaltene Arbeiten der Kleinkunst wie Gemmen, Elfenbeinreliefs usw. boten die häufigsten Muster. Stetig und ununterbrochen erbten sich die Elemente des Ornamentes fort, wenn sie auch weitgehenden Veränderungen unterworfen waren. Das gleiche gilt für die Schrift, die trotz des Schnörkelwesens auf den römischen Kern zurückgeführt werden muß.

Immer aber, wenn die Phantasie einer Auffrischung, die Kunst einer gründlichen Korrektur bedarf, kehrt sie zum Studium der Antike zurück. Eine Kunst, wie sie sich neuerdings durchzusetzen versucht, für welche die Antike ein leeres Blatt darstellt, erscheint wenigstens für das Abendland auf die Dauer undenkbar.

Manuskript; handschriftlich (Bleistift) in einem Schulheft; Nachlaß

Fotos.
Dokumentarische Aufnahmen
und Aufnahmen
aus dem Familien-Album

Anmerkungen des Herausgebers zu den Fotos:

In der Nürnberger-Lebkuchen-Blechkiste, die den literarischen und künstlerischen Nachlaß von Paul Münch enthält, befinden sich auch zahlreiche Fotografien von Paul Münch, ebenso das Foto-Album der Familie mit Aufnahmen von seinen Eltern und Geschwistern mit ihm. Zu diesen Fotos konnte ich eine weitere Anzahl ermitteln, die den Bestand im Nachlaß ergänzt, und weitere, die sein Schaffen, seine Auftritte in der Öffentlichkeit und auf der Bühne dokumentieren. Einige davon sind schon im Band 1 der „Gesammelten Werke" enthalten, z. B. Szenenfotos aus Aufführungen seiner Theaterstücke, z. T. mit ihm als Darsteller, und Porträt-Fotos aus der Entstehungszeit seiner bekanntesten Werke.

Hier folgt nun eine größere Auswahl aus dem im Nachlaß erhaltenen Bestand und aus den von mir ermittelten und mir zur Verfügung gestellten Aufnahmen. Die Fotos in diesem Kapitel werden — sofern es sich nicht um recherchierte Pressefotos handelt — zum größten Teil hier erstmals veröffentlicht.

Eltern Münch, Lustadt

Kusel 1888, Münchekinder; Paul Mitte 2. Reihe

Fünf Photographien, mit Versen versehen, aus der Studentenzeit

Hier lesen wir das Busch-Album
Und lachen uns kaputt und krumm.

Sieh, da backen wir gerad'
Pfannkuchen mit Salat,
Das bekannte Leibgericht,
Das so sehr zum Herzen spricht.

Hier ist um den Pfannkuchen
Heiß entbrannt ein brünst'ger Strauß,
Motten fliegen, Haare sausen,
Das gibt Leben in das Haus.

Hier zechen wir des Bieres Bräune
Und wackelig sind die Gebeine.

Hier krönt man den verdienten Dichter,
Und weihevoll sind die Gesichter.
Das Volk preist Gott und singet Psalmen;
Der Dichter freut sich seiner Palmen.

Verse handschriftlich auf der Rückseite der Photographien in Umschlag mit folgender Beschriftung:
„Die inliegenden Photographien wurden während des letzten Semesters in meiner Bude mit Blitzlicht gemacht.
Beachte die Rückseiten! Die anderen 3 Leute sind Zimmernachbarn von mir aus Germersheim und Landau."
Nachlaß

Paul Münch als Kunstjünger

Hausmusik im Elternhaus; Paul Münch mit Gitarre

Dirigent: Pfr. Philipp Münch; mit der Gitarre Paul Münch

Paul Münch, untere Reihe, zweiter von rechts

Paul Münch, untere Reihe, erster von links

Im Stiftswalder Forsthaus bei Kaiserslautern, 1911, Paul Münch links außen

Beim Schachspiel. Die Geschwister Münch mit ihrer Mutter
v.l.n.r. (stehend): Hermann, Otto, Mutter Münch
    (sitzend): Ernst, Karl, Martha, Paul

Ney-Tag, ca. 1913
Paul Münch, hintere Reihe, vierter von rechts

Ney-Tag, 1930 in Neustadt
Paul Münch, hintere Reihe, erster von links

Paul Münch beim Musizieren

In Sils-Maria (Engadin)
v.l.n.r.: Ferdinand Hahn, Thomas, Paul Münch, Dr. Arnold Lehmann

Paul Münch als Kanonier 1916 in Metz
Foto: H. Eberhard, Metz, St. Metardenstraße 10
Paul Münch, zweite Reihe von hinten, dritter von links

Paul Münch, stehend, dritter von links

Paul Münch und die „Niederländer"

Paul Münch, hintere Reihe, zweiter von rechts

Auf dem Gutenbrunnen, August 1928

Im Hagelgrund, 23. September 1928
Paul Münch links außen

Paul und Friedel Münch

In Faulenbach bei Füssen

Im Hagelgrund

Auf dem Langenberg
bei Kaiserslautern

Portrait-Fotos Paul Münch

Aufn. Photographisches Atelier
Hermann Tietz München, Bahnhofsplatz

1927

1927

Die Mundartpoeten Paul Münch, August Heinrich, Karl Räder, Ludwig Hartmann und Ernst Christmann
(v.l.n.r.) am „Dichtertag" – 1. März 1942 – im großen Saal der „Fruchthalle" zu Kaiserslautern.

Paul Münch beim „Urlaubertreffen" am 26. 4. 1941 im Stadthotel Kaiserslautern.
Foto aus Stadtarchiv Kaiserslautern; Repro: Gunther Balzer

Paul Münch beim „Urlaubertreffen" am 29. 4. 1942 in Kaiserslautern.
Foto aus Stadtarchiv Kaiserslautern; Repro: Gunther Balzer

Foto: Landesbildstelle Rheinpfalz, Kaiserslautern

Paul Münch
im Zeichensaal

Paul Münch beim Vortrag
Foto: W. Munzinger, Miesau

Paul Münch „in Aktion"
Fotos: W. Munzinger, Miesau

Paul Münch in seinem letzten Lebensjahr.
v.l.n.r. Professor Otto Dill, Leopold Reitz, Hans Moster, Waltraut Ritter, Paul Münch und Karl Heinz. Foto: Hans Franck

Der „Bellemer Heiner", Paul Münch und Ludwig Hartmann beim Heimatabend der ersten „Verkehrsverbands"-Tagung nach dem Kriege in Annweiler a. Tr. – 24. November 1950. – Eine der letzten Aufnahmen von Paul Münch; wenig später, am 2. Januar 1951, ist er in Neustadt/Wstr., 71 Jahre alt verstorben.

Nachträge

Anmerkungen des Herausgebers zu den Nachträgen:

Nachzutragen zu den literarischen Werken von Paul Münch sind noch poetische Gästebuch-Eintragungen, Reklame-Verse für Bier, das Fragment eines Gelegenheitsgedichtes, ein Weihnachtsgruß auf einem Einblatt-Druck und — als Kuriositäten — die gereimte Beurteilung einer ungereimten Schülerarbeit aus dem Jahre 1910 und spontane Reimereien aus seiner Zeit als Zeichenlehrer und eine aus dem Jahre 1948.

Gästebuch-Eintragungen in Versen

An der Seite meiner Friedel
Mach' ich itzo dieses Liedel:
Jährlich, wenn die Knospen springen,
Wenn die Nachtigallen singen,
Holt gar mancher ein Papier
Und den Bleistift sich herfür,
Um mit diesen beiden Dingen
Ein Gedicht hervorzubringen,
Welches meistens mit Trochä'n
Und mit manchem Reim versehn.
Also mache es auch ich,
Der glücksel'ge Bräuterich.
Aber schon ist es genug
Und es folgt mein Namenszug.
   Paul Münch,
   Marnheim u.
   Elfriede Interwies
   aus Kitzingen.

Außerdem sind hier noch heute
Diese braven, guten Leute,
Die hier auf den nächsten Zeilen
Einzuschreiben sich beeilen:
   Tante Julchen Münch
   Marie Interwies
   Ph. Münch, Schwiegerpapa i. sp.

Eintragung am 17. 4. 1905 in das Gästebuch des Justizrates Wilhelm Ney, Landau/Pfalz, Xylanderstraße 2

Heute wieder mit der Braut
Man in Landau mich erschaut.
   Paul Münch
   Elfriede
   Mutter und Schwiegermutter M. Interwies

Eintragung am 25. 4. 1905 in das Gästebuch des Justizrates Wilhelm Ney, Landau/Pfalz, Xylanderstraße 2

'es Frl. Jung un ich han heit
Die Laute herrlich ingeweiht.
'es Bermesenser Publikum
War vor Entzicke erscht ganz stumm,
Wie in der Kerch so feierlich;
Doch wie 's erum war han se sich
Fascht weh un wund gebatscht ehr Händ
Un sich vor Freed kaum ausgekennt.

Un aach e sehr berihmter Mann
(Der wo fein komponiere kann)
War vun der Laute ganz begeeschtert
Un sa't, mer hätten se „gemeeschtert".

Un zum Beweis, daß es so wär
Setzt er sei Unnerschrift doher:
                      P. M.

Konzept einer Eintragung in ein Gästebuch in Pirmasens; Bleistift; schwarzes Notizbuch; Nachlaß

„Den Namenszug geb ich sehr gern
Ins Fremdenbuch für bessre Herrn.
                    Paul Münch"

Die von Paul Münch unter den 15 Unterschriften unter der Eintragung „Vom Verbandstag des Pfälz. Verkehrsverbandes am 27. u. 28. Mai 1933 in Kusel zogen zur Burg Lichtenberg"; Eintragung in das „1. Gästebuch der Burg Lichtenberg"; Fotokopie der Eintragung erhalten von Burgwart i. R. Daniel Hinkelmann

Dogewest! 31. März 42
                    Paul Münch

Eintragung am 31. 3. 1942 in das Gästebuch seines Landstuhler Freundes Joseph Dreyer anläßlich eines Besuches zur Vorbereitung der Veranstaltung „Zwei frohe Stunden mit Paul Münch" am 1. Mai 1942 im Saalbau der Sickinger-Stadt Landstuhl; Fotokopie der Eintragung erhalten von Theo Schohl

Reklame-Verse für die Parkbrauerei Pirmasens

Parkbräubier aus Pirmasens
Schlägt die ganze Konkurrenz.

Lieber Freund, merke dir:
Parkbräu ist ein Edelbier.

Hast du Sorgen, rat ich dir:
Trinke fleißig Parkbräubier!

Laß' den Kopf nicht hängen!
Parkbräu gibt's in Mengen.

Trink Parkbräubier,
Es mundet dir!

Trink womöglich
Parkbräu täglich!

Trinke den Gesundheitsquell
Parkbräu dunkel oder hell!

Jedes Werk gelingt
Wenn man Parkbräu trinkt.

Nachts, morgens, mittags und am Abend
Schmeckt Parkbräu herrlich und erlabend.

Parkbräu hell
Gesundheitsquell!

Parkbräu stärkt, erfrischt und nährt
Und ist überall begehrt.

Oder:
Parkbräu stärkt und nährt
Und ist viel begehrt.

Parkbräu labt und stärkt zugleich
Und ist kalorienreich.

Der Sportsmann merkt,
Wie Parkbräu stärkt.

Die Welt ist schlecht
Parkbräu bleibt echt.

Wozu denn Wein?
Parkbräu schmeckt fein.

Mundartlich:
Loss' de Kopp nit hänge,
Parkbräu gebbt's in Menge.

Freind, nor fescht getrunk!
Parkbräu gebbt's genunk.

Anmerkung des Herausgebers zu den Reklameversen für die Parkbrauerei Pirmasens:

In einem Buch „Faßliches und Un-Faßliches" von Helmut Stier, illustriert von Heinz Friedrich, „Sonderdruck für die Freunde der Parkbrauerei AG Pirmasens-Zweibrücken, Wilhelm Seitz zum 6. März 1976" gewidmet, erschienen 1976 bei der Pfälzischen Verlagsanstalt Neustadt-Landau, befassen sich zwei Seiten mit Paul Münch. Dort heißt es auf Seite 13: „Aus seinem Nachlaß wurde der Parkbrauerei ein mit der Maschine beschriebens Blatt überbracht. Es enthält Verse, die Paul Münch irgendwann verfaßt hatte, so zwischendurch, aus reinem Spieltrieb. Einer der schönsten Zweizeiler war diese Schlußformel von gelassener Heiterkeit. Sie gleicht einem Wappenspruch:

‚Loßt de Kopp nie hänge,
Parkbräu gebbt's in Menge!'"

Nachdem längere Zeit die Suche nach dem kompletten Text vergeblich war, fand Dr. Peter Neumann, Vorsitzender des Literarischen Vereins in Pirmasens und Justitiar der Parkbrauerei AG Pirmasens-Zweibrücken, den der Herausgeber um Hilfe gebeten hatte, durch Zufall das Blatt. Das Manuskriptblatt trägt einen Stempelaufdruck „4. 10. 55" und einen handschriftlichen Vermerk von Helmut Stier: „Verse von Paul Münch, erhalten von Roth sen., Kaisersl.". Mit freundlicher Genehmigung von Frau Lore Stier und der Parkbrauerei AG Pirmasens-Zweibrücken werden hier erstmals die bisher unbekannten Werbe-Texte von Paul Münch abgedruckt.

Fragment eines Gelegenheitsgedichtes

Heit gäb ich Hab un Gut drum her,
Wann ich e großer Dichter wär.
Do dät ich dichte als wie doll
Noch meh wie hunnert Seite voll
Un 's gäb kee Versmaß weit un breet,
Do wo ich nix drin dichte dät.
Dann draus in Speyer werd jo heit
Es Palz-Museum ingeweiht.
(Do kloppt bei jedem Pälzer Berger
Vor lauter Stolz es Herz viel ärger)
Kreizdunnerschda', is das e Freed,
E Juwel un e Feschtlichkeet.
In Speyer wussel's uf de Gasse
Vun Pälzer Leit in schwere Masse.
Aus jedem Speyrer Bergerhaus,
Do henken finf, sechs Fahne raus;
Un bumbs! Die Katzekepp, die krache;
Die Leit, die kreische, juchse, lache.
…
… *(zwei Zeilen Steno, nur bruchstückhaft zu entziffern)*
Un jedi Gass' un Stroß is fleißig
Mit Kränz' gebutzt un Dannereisig,
Un vun de Bergersleit hat jeder
Sei nei'schte Stiwwel an un Kleeder
Un jeder hat sei Hoor geberscht
Un alles freet sich wie e Fersch.
Korzum, es is e Feschtlichkeet,
So war nix seit die Welt besteht.
Ei jo, heit hat jed Pälzer Kinn
E Recht, druf froh un stolz zu sin.

Anmerkung des Herausgebers:

unvollständig; Konzept; Manuskript; handschriftlich, Bleistift; Nachlaß. Anfang von „Prolog zur Einweihung des Historischen Museums der Pfalz in Speyer am 22. Mai 1910", P. M., "G. W.", Bd. 2, S. 155 ff.; von gedruckter Fassung z. T. (stark) abweichend

Weihnachtsgruß!

Ehr brave Pälzer Kriegersleit
Do krie'n ehr aus der Hämet heit
E jeder e paar Weihnachtssache,
For eich e kleeni Freed zu mache. —

Am beschte hätt's uns jo gefall,
Mer kennten jedem vun eich all
E ganzi Fuhr voll Sache schicke
For Herz und Mage zu erquicke;
Doch, liewe Leit, des is halt schwer.
Ja, wann noch was zu hawe wär!
Dann 's is jo alles weit un breet
Beschlagnahmt vun de Obrigkeet. —

Drum nemmt halt unser Sache an
So wie se sin un freet eich dran
An unsre Pälzer Hämets-Gawe!
Un seid in eierm Schitzegrawe
In dere schwere Weihnachtszeit
Gegrießt vun alle Pälzer Leit. —

Doch 's nächscht Johr, wann der Krieg erum is
Un wann der Friede widder kumm is,
Do hocken ehr dann schee bequem
Deheem um eier Weihnachtsbääm.
Das winscht eich Krieger allerseits
Deheem 'es Pälzer „rote Kreiz".

Anmerkung des Herausgebers:

Einblatt-Druck; Druck von A. Dieckert, Speyer; zur Kriegsweihnacht 1914 (?) entstanden im Zusammenhang mit einer Liebesgaben-Sendung an die Front. Der Einblatt-Druck wurde von Bruno Hain in einem Antiquariat unter einem Stapel Papier entdeckt und in Kopie freundlicherweise dem Herausgeber zur Veröffentlichung in der Gesamtausgabe der Werke von Paul Münch zur Veröffentlichung überlassen.

Kuriositäten

Gereimte Beurteilung einer ungereimten
Schülerarbeit im Zeichenunterricht, 1910

Grausig, lausig,
Ruppig, struppig,
Hochauf sträubt sich jedes Haar,
Das nicht kurz geschnitten war.

Anmerkung des Herausgebers:

Abschrift, maschinenschriftlich; Sammlung Dr. Wilh. Gleich sen., Kaiserslautern; Kopie im Stadtarchiv Kaiserslautern

Spontan-Reimereien

Eine Kurzfassung — nur die beiden letzten Zeilen — der angeführten gereimten Beurteilung einer Schülerarbeit gibt auch — mit weiteren spontanen Reimereien — Herr Cassel in „Erinnerungen an Paul Münch" wieder im „Kuseler Tagblatt", Jg. 1951, Nr. 99. Dort heißt es: „*Da zeichnete ein Schüler mit einem stumpfen Bleistift. Die Antwort des Herrn Professors: ‚Dieses Bleistift ist so stumpf wie des gemästeten Schweines Rumpf.' Der Schüler Spieß hatte den Unwillen seines Herrn und Meisters erregt und wurde folgendermaßen angedichtet: ‚Schüler Spieß, ich sag dir dies, du bist ein gräßliches Gemies. Es wäre besser, man erdolchte dich per Messer, oder man gäbe dir Giftgewässer, oder es fräße dich ein Menschenfresser.' Ein andermal der Herr Professor: ‚Wo ist der Schüler Kurz?' Als er mit Schnupfen entschuldigt wurde, hieß es gleich: ‚Hat der Kurz den Schnupfen, ins Bett tut er gleich hupfen.'"*

Mer Pälzer sin so, wie mer sin,
Net besser un net schlechter,
Un wann ich in de Wertschaft bin,
Wär ich im Reeche rechter!

Anmerkung des Herausgebers:

Beispiel einer spontanen Reimerei von Paul Münch im Spätsommer 1948, als er in Speyer von einem starken Regen überrascht wurde und in die (frühere) Weinwirtschaft „Sternemoos" flüchtete. Mitgeteilt von Gustav Adolf Held, fr. Landrat von Kusel, in „Erinnerungen an Paul Münch" in Festschrift Kaiserslautern 1979, 2. Auflage

Schachaufgaben und Rätsel

Anmerkungen des Herausgebers:

Paul Münch war ein ausgesprochener Liebhaber des „königlichen Spiels" und ein ambitionierter Schachspieler. Schon in der Zeit seines Studiums in München war er Mitglied des dortigen „Akademischen Schachklubs". Damals bereits war er bekannt als „starker Spieler". Später war er in Kaiserslautern „eine Stütze" des „Schachklubs Kaiserslauern 1905" und spielte – besonders in den 20er Jahren – „nach Tisch . . . fast täglich im Nebenzimmer des Café Käfer", wobei „neben dem Partiespiel seine besondere Liebe immer dem Schachproblem" galt (Quelle: Festschriften 1955 und 1980 des „SK Kaiserslautern 1905"). Sein Freund und Berufskollege Dr. Arnold Lehmann schrieb zu diesem Thema in „Etwas vom ‚unbekannten' Paul Münch" in der Zeitung „Die Rheinpfalz" vom 31. Dezember 1960: „Paul Münch war ein eifriger, starker Schachspieler, der auch ohne Ansicht des Brettes spielte, und ein Problemkomponist von Rang. . . . Sein Interesse für das königliche Spiel blieb bis in seine letzten Stunden hinein wach. . . . Wenige Tage vor seinem Tode schrieb er mir von seinem Krankenbett kurz vor einer schweren Operation: ‚Wenn Du mir den Daumen hältst, wird schon alles gut gehen. Zu meiner Unterhaltung mache ich schlechte Verse und dito Schachprobleme. Diese Last wird wohl von allein aufhören, wenn ich von der Schlachtbank komme.'"

Schon sehr früh, kurz vor 1900, wurden Schachaufgaben von Paul Münch in Zeitungen und Zeitschriften veröffentlicht. Eine große Anzahl (besonders) seiner frühen Aufgaben hat er in einem Notizbuch mit dem Titel „Schachaufgaben" festgehalten und mit Angaben über ihre Veröffentlichung und z. T. mit Kommentaren versehen. Kurz vor seinem Tod hat er – wie aus seinem Nachlaß hervorgeht – seine Schachaufgaben, die er zu seinen „gesammelten Werken" zählte, z. T. überarbeitet und dabei entsprechende Anmerkungen gemacht.

Transkription der Schachaufgaben und -partien von Paul Münch, Erstellen der Diagramme, Kommentierung und Überprüfung der Lösungen: **Helmut Hürter**, *Trippstadt, vom „SK Kaiserslautern 1905"*

Schach-Probleme

Opus 1

Stellung

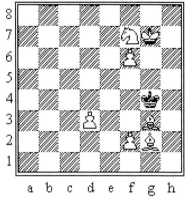

Matt in zwei Zügen

Lösung:

1. Lg2–f1	Kg4–f3	2. Lf7–e5	#
1. Lg2–f1	Kg4–h5	2. Lf1–e2	#
1. Lg2–f1	Kg4–f5	2. Lf1–h3	#

„einfach und niedlich" (B. Hülsen)
veröffentlicht in der November-Nummer des „Ratgebers fürs evangelische Pfarrhaus", 1898.

Opus 2

Stellung

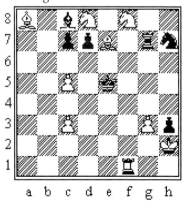

Matt in zwei Zügen

Lösung:

1. La8–h1	Tg7–e7	2. Sf8–g6	#
1. La8–h1	Tg7–g3	2. Sd8–f7	#
1. La8–h1	Sh7–f8	2. Le7–f6	#
1. La8–h1	Lc8 bel.	2. Sf8–d7	#
1. La8–h1	c7–c6	2. Le7–d6	#
1. La8–h1	d7–d5	2. Sd8–c6	#

veröffentlicht in der Oktober-Nummer 1899 des „Pfarrboten", ferner im „Niederschlesischen Anzeiger".

Opus 3

Stellung

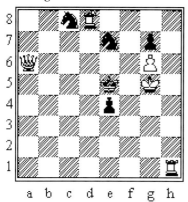

Matt in zwei Zügen

Lösung:

1. Da6–d3	e4xd3	2. Th1–e1	#
1. Da6–d3	e4–e3	2. Dd3xe3	#
1. Da6–d3	Ke5–e6	2. Dd3xe4	#
1. Da6–d3	Sc8 bel.	2. Dd3–d6	#
1. Da6–d3	Sd7 bel.	2. Dd3–d4	#

veröffentlicht in „Aus aller Welt" (Berlin), Heft Nummer 16, 1899; ferner im „Deutschen Wochenschach" Heft 17, 1899 unter Nummer 3895.

Opus 4

Stellung

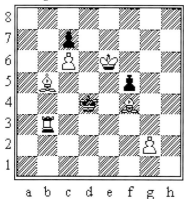

Matt in zwei Zügen

Lösung:

1. Tb3–b2	Kd4–c3	2. Lf4–e5	#
1. Tb3–b2	Kd4–c5	2. Lf4–e3	#
1. Tb3–b2	Kd4–e4	2. Tb2–b4	#

Opus 5

Stellung

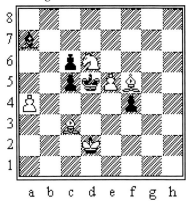

Matt in zwei Zügen

Lösung:

1. Sd6–c4	Kd5xc4	2. Lf5–e6	#
1. Sd6–c4	La7 bel.	2. Lc4–b6	#
1. Sd6–c4	f4–f3	2. Sc4–b6	#

veröffentlicht in „Aus aller Welt" (Berlin, Zeitschriftenverein) Heft Nummer 24, 1899.

Opus 6

Stellung

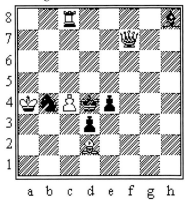

Matt in zwei Zügen

Lösung:

1. Tc8–c6	Sb4xc6	2. Df7–d5	#
1. Tc8–c6	Lh8–g7	2. Df7xg7	#
1. Tc8–c6	Lh8–f6	2. Df7xf6	#
1. Tc8–c6	Lh8–e5	2. Df7–a7	#
1. Tc8–c6	e4–e3	2. Df7–f4	#
1. Tc8–c6	Kd4–e5	2. Ld2–c3	#

Opus 7

Stellung

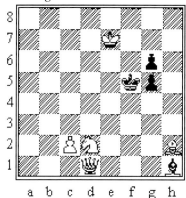

Matt in zwei Zügen
Lösung:

1. Sd2–e4	Kf5xe4	2. Dd1–d3	#
1. Sd2–e4	Lh1–g2	2. Sc4–g6	#
1. Sd2–e4	Lh1–f3	2. Dd1xf3	#
1. Sd2–e4	Lh1xe4	2. Dd1–d7	#
1. Sd2–e4	g5–g4	2. Dd1–d5	#

veröffentlicht in der Februar-Nummer 1899 des „Pfarrboten", ferner im „Niederschlesischen Anzeiger" vom 12. März 1899 unter Nummer 181.

Opus 8

Stellung

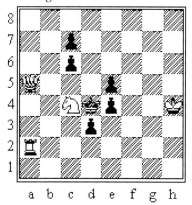

Matt in drei Zügen
Lösung:

1. Sc4–e3   Kd4xe3   2. Da5–c5 + bel.
3. Dc5–f2 #

1. Sc4–e3   d3–d2   2. Ta2–a3   bel.
3. Dc5–c3 oder Dc5–d2 #

1. Sc4–e3   c6–c5   2. Ta2–e2!   bel.
3. Dc5–a1 oder Dc5–d2 oder Se3–f5 #

veröffentlicht im „Reichsboten" vom 23. April 1899 unter Nummer 107.
Bleistift-Notiz vom 23. April 1950: „muss stark verändert werden" (*vermutlicher Grund: Nebenlösung in Variante b*)

Opus 9

Stellung

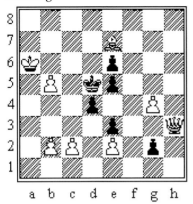

Matt in drei Zügen

Lösung:

1. Dh3–h8	Kd5–e4	2. Dh8–a8 + Kd4–e4
3. Da8–f3 #		
1. Dh3–h8	Kd5–c4	2. Dh8–c8 + Kc4–d5
3. Dc8–c6 #		
1. Dh3–h8	g2–g1D	2. Dh8–a8 + Kd4–c4
3. Da8–c6 #		
1. Dh3–h8	d4–d3	2. e2xd3 e5–e4; bel.
3. c2–c4; Dh8–d8 #		
1. Dh3–h8	e5–e4	2. Dh8–h5 + Kd5–c4; e6–e5
3. Dh5–c5; Dh5–f7 #		

Bleistift-Notiz vom 23. April 1950: „abändern! vereinfachen!" (*vermutlicher Grund: zu viele Bauern*)

Opus 10

Stellung

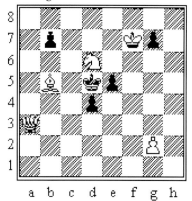

Matt in zwei Zügen
Lösung:

1. Sd6–e4	Kd5xe4	2. Da3–f3	#
1. Sd6–e4	b7–b6	2. Da3–a8	#
1. Sd6–e4	g7–g5	2. Se4–f6	#
1. Sd6–e4	d4–d3	2. Da3xd3	#

Opus 11

Stellung

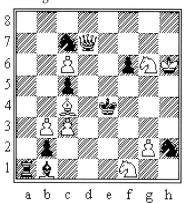

Matt in zwei Zügen
Lösung:

1. Dd7–d1	Ke4–f5	2. Sf1–g3	#
1. Dd7–d1	Ta1 bel.	2. Dd1xb1	#
1. Dd7–d1	Lb1–c2	2. Dd1xc2	#
1. Dd7–d1	Lb1–d3	2. Dd1xd3	#
1. Dd7–d1	f6–f5	2. Dd1–e2 oder Dd1–e1	#
1. Dd7–d1	Sc7 bel.	2. Dd1–d5	#
1. Dd7–d1	Sh2–g4 +	2. Dd1xg4	#
1. Dd7–d1	Sh2xf1	2. Dd1–f3	#

veröffentlicht im „Deutschen Wochenschach", Heft Nummer 15/16 vom 16. April 1899 unter Nummer 3869.

Opus 12

Stellung

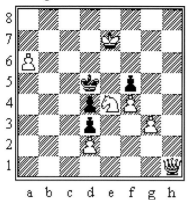

Matt in zwei Zügen
Lösung:

1. Dd7–b1	Kd5xe4	2. Db1–h1 oder	
		Db1–b7	#
1. Dd7–b1	Kd5–c6	2. Db1–b7	#
1. Dd7–b1	Kd5–c4	2. Db1–b3	#
1. Dd7–b1	f5xe4	2. Db1–b5	#

Opus 13

Stellung

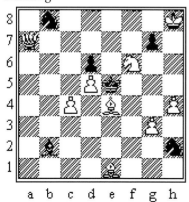

Matt in zwei Zügen
Lösung:

1. Le4–g6	Sb8 bel.	2. Sf6–d7	#
1. Le4–g6	Sh2 bel.	2. Sf6–g4	#
1. Le4–g6	Lb2–a1	2. Da7xa1	#
1. Le4–g6	Lb2–d4	2. Da7–e7	#
1. Le4–g6	L bel. and.	2. Le1–c3	#
1. Le4–g6	Ke5xf6	2. Da7xg7	#
1. Le4–g6	g7xf6	2. Da7–e3	#

veröffentlicht in dem „Pfarrboten", Juni-Heft 1899 und im „Niederschlesischen Anzeiger" vom 6. August 1899.

Opus 14

Stellung

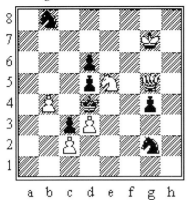

Matt in zwei Zügen
Lösung:

1. Dg5–h6	Kd4xe5	2. Dh6–f6	#
1. Dg5–h6	d6xe5	2. Dh6–b6	#
1. Dg5–h6	Sg2 bel.	2. Dh6–f4	#
1. Dg5–h6	Sb8 bel.	2. Se5–c6	#
1. Dg5–h6	g4–g3	2. Se5–f3	#

veröffentlicht im „Reichsboten" vom 10. September 1899, im „Niederschlesischen Anzeiger" vom 22. Oktober 1899 und in der „Frankfurter Schachzeitung" vom 6. Oktober 1899.

Opus 15

Stellung

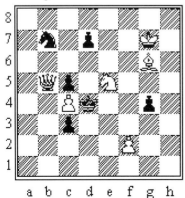

Matt in zwei Zügen
Lösung:

1. Db5–a6	d7–d6	2. Se5–c6	#
1. Dg5–a6	g4–g3	2. Se5–f3	#
1. Dg5–a6	c3–c2	2. Da6–a1	#
1. Dg5–a6	Kd4xe5	2. Da6–f6	#
1. Dg5–a6	Sb7 bel.	2. Da6–d6	#

Opus 16

Stellung

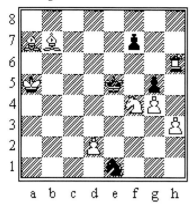

Matt in zwei Zügen

Lösung:

1. Th6–a6	Ke5xf4	2. La7–b8	#
1. Th6–a6	Se1 bel.	2. Sf4–d3	#
1. Th6–a6	g5xf4	2. d2–d4	#
1. Th6–a6	f7–f6	2. Sf4–g6	#

veröffentlicht im „Deutschen Wochenschach", Heft Nummer 19 vom 7. Mai 1899 unter Nummer 3920 und im „Niederschlesischen Anzeiger".

Opus 17

Stellung

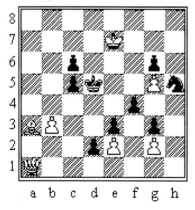

Matt in drei Zügen

Lösung:

1. La3–b2   Sh5–g7   2. Lb2xg7 bel.
3. Da1–e5   #

1. La3–b2   Sh5–f6   2. Lb2xf6 bel.
3. Da1–e5   #

1. La3–b2   f4–f3   2. Da1–a4 bel.
3. Da4–c4   #

1. La3–b2   d2–d1D   2. Da1xd1 Kd5–e4
3. Dd1–d3   #

1. La3–b2   Kd5–e4   2. Da1–b1+ Ke4–d5
3. Db1–d3   #

1. La3–b2   c5–c4   2. Da1–a5+ bel.
3. Da5–e5; Da5–a8   #

veröffentlicht im „Deutschen Wochenschach", Heft Nummer 17 vom 23. April 1899 unter Nummer 3885.

Opus 18

Stellung

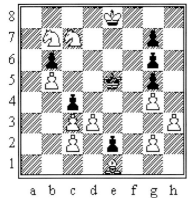

Matt in drei Zügen
Lösung:

1. Sb7–d6   Ke5xd6   2. Le1–g3+   Kd6–c5
3. d3–d4 #
1. Sb7–d6   Ke5–f4   2. d3–d4   Kf4–e3
3. Sc7–d5 #
1. Sb7–d6   Ke5–f6   2. Sd6–e4+ Kf6–e5
3. Le1–g3 #
1. Sb7–d6   c4xd3   2. Le1–g3+ Ke5–f6
3. Sd6–e4 #

Opus 19

Stellung

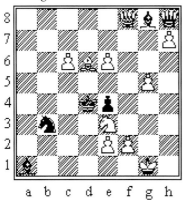

Matt in zwei Zügen
Lösung:

1. Ld6–a3   Sg8 bel.   2. Df8xh8   #
1. Ld6–a3   Dh8–g7   2. Df8xg7   #
1. Ld6–a3   Dh8–f6; xh7   2. Df8xf6   #
1. Ld6–a3   La1–b2   2. La3xb2   #
1. Ld6–a3   Kd4–e5   2. Df8–d6   #
1. Ld6–a3   Kd4–c3   2. Df8–b4   #
1. Ld6–a3   Dh8–e5   2. Df8–d6   #
1. Ld6–a3   La1–c3   2. Df8–d6   #
1. Ld6–a3   Sb3 bel.   2. Df8–c5   #

veröffentlicht im „Reichsboten" vom 9. Juli 1899, ferner in der „Täglichen Rundschau" vom 3. August 1899, im „Niederschlesischen Anzeiger" vom 16. September 1899 und in der „Frankfurter Abendzeitung" vom 21. Juli 1899.

Opus 20

Stellung

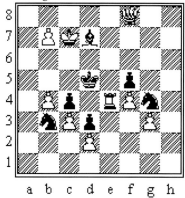

Matt in zwei Zügen

Lösung:

1. Df8–h6	Kd5xe4	2. Df8–h1	#
1. Df8–h6	f5xe4	2. Df8–d6	#
1. Df8–h6	Ld7–a5	2. Df8–e6	#
1. Df8–h6	Ld7–c8	2. Df8–c6	#
1. Df8–h6	Sg4 bel.	2. Te4–e5	#
1. Df8–h6	Sb3 bel.	2. Te4–d4	#

Opus 21

Stellung

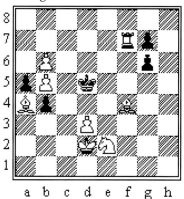

Matt in drei Zügen

Lösung:

1. Se2–d4	b4–b3	2. Sd4–e6	bel.
3. La4–b3	#		
1. Se2–d4	Kd5xd4	2. Tf7–d7 +	Kd4–c5
3. Lf4–e3	#		
1. Se2–d4	g6–g5	2. Tf7–f5 +	Kd4xd4
3. Lf4–e3	#		
1. Se2–d4	Kd5–c5	2. Sd4–e6 +	Kd4xb6; Kc5–d5
3. Lf4–e3; La4–b3 #			

643

Opus 22

Stellung

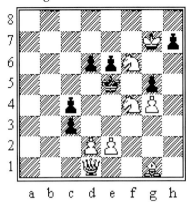

Matt in zwei Zügen

Lösung:

1. Dd1–b3	c4xb3	2. d2–d4	#
1. Dd1–b3	Ke5xf4	2. Lg1–h2	#
1. Dd1–b3	h7–h6	2. Sf4–g6	#
1. Dd1–b3	g5xf4	2. Db3xc3	#
1. Dd1–b3	c3xd2	2. Db3–e3	#
1. Dd1–b3	d6–d5	2. Db3–b8	#

Opus 23

Stellung

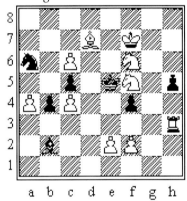

Matt in drei Zügen

Lösung:

1. Sf5–d4   Ke5xd4   2. Th3–d3   Kd4xc4; Kd4–e5
3. Ld7–e6; Td3–d5 #

1. Sf5–d4   c5xd4; Lb2xd4   2. Th3–h5+   Ke5–d6
3. Sf6–e8   #

1. Sf5–d4   Ke5–d6   2. Sd4–b5+   Kd5–e5
3. Th3–h5   #

1. Sf5–d4   Sa6–c7   2. Sd4–f3+   Ke5–d6
3. Sf6–e4   #

1. Sf5–d4   bel. and.   2. Sd4–f3+   Ke5–d6; Ke5–f4
3. Sf6–e8; e2–d3 #

Opus 24

Stellung

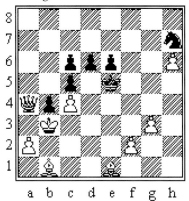

Matt in drei Zügen

Lösung:

1. Da4–a7   Ke5–d4   2. Da7–a3   b4xa3; bel.
3. Le1–c3; Da3–b2 #
1. Da4–a7   Sh7–f6   2. f2–f4 +   Ke5–d4
3. Le1–f2   #
1. Da4–a7   d6–d5   2. Da7–c7 + Ke5–d4; Ke5–f6
3. Dc7–f4; Dc7–g7 #

Opus 25

Stellung

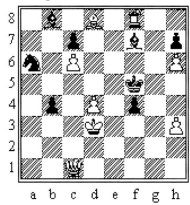

Matt in drei Zügen

Lösung:

1. Ld8–h4   Kf5–e6   2. Dc1–c4 +   K bel.
3. Dc4xf7; Tf8–d8   #
1. Ld8–h4   Kf5–g6   2. Dc1–g1 +   K bel.
3. Dg1–g4; Dg1–g5   #
1. Ld8–h4   Sa6–c5+   2. Dc1xc5 +   K bel.
3. Dc5–e5; Dc5–g5   #
1. Ld8–h4   bel. and.   2. Dc1xf4 +   K bel.
3. Tf8xf7; Df4–e5; Df4–g5 #

Opus 26

Stellung

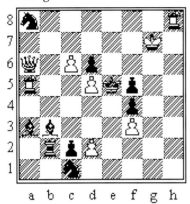

Matt in drei Zügen

Lösung:

1. Da6–c8	Lb3xd5	2. Dc8–e6+Ke5xe6; Ke5–d4
3. Th8–e8; De5xd5	#	
1. Da6–c8	L od. S and.	2. Dc8xf5+Ke5xf5; Ke5–d4
3. Th8–h5; Df5xe4	#	
1. Da6–c8	Ke5–d4	2. Dc8xf5 bel.
3. Df5–e4	#	

Opus 27

Stellung

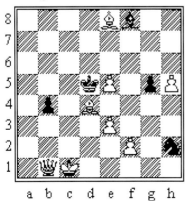

Matt in drei Zügen

Lösung:

1. f2–f3   Kd5–e6 2. Db1–f5 +   K bel.
3. Le8–d7; Df5–f7; Df5–d7 #
1. f2–f3   Kd5–c4 2. Db1–d3 +   K bel.
3. Le8–b5; Dd3–b3 #
1. f2–f3   Sh2xf3 2. Db1–d3 + Kd5–e4
3. Le8–g6 #

Opus 28

Stellung

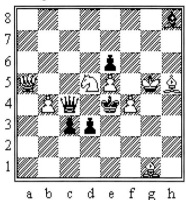

Matt in zwei Zügen

Lösung:

1. Da5–a2	Dc4xa2	2. Sd5–c3	#
1. Da5–a2	Lh8–f6 +	2. Sd5xf6	#
1. Da5–a2	Ke4xd5	2. Lh5–f3	#
1. Da5–a2	bel. and.	2. Da2xc4; Da2–g2	#

Opus 29

Stellung

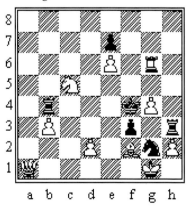

Matt in zwei Zügen

Lösung:

1. Da1–h8	Th3xh8	2. Lf2–g3	#
1. Da1–h8	Th3xh2	2. Dh8xh2	#
1. Da1–h8	Sg2 bel.	2. Lf2–e3	#
1. Da1–h8	Tb4–a4; Tb4–c4	2. Dh8–b8	#
1. Da1–h8	Tb4–e4	2. Sc5–d3	#
1. Da1–h8	Tb4 and.	2. Dh8–d4	#

Op. 1 bis Op. 29 handschriftlich (Tinte) in hellbraunem Notizbuch mit dem Titel „Schachaufgaben"; Nachlaß.

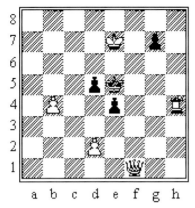

(Weiß am Zuge, setzt in drei Zügen, beginnend mit Da1 + Matt)
handschriftlich; in Umschlag „Verschiedenes"; Nachlaß.

Schach-Probleme
in der Festschrift 1955 des „SK Kaiserslautern 1905"

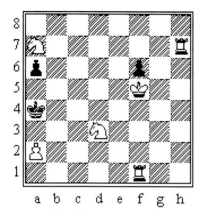

Matt in drei Zügen

Lösung:

*1. Ta1 Ka5 (Ka3 Th4 a5 Sb5#;
a5 Th4+ Ka3 Sb5#)
2. a4 Kb6 3. a5 #*

Erstveröffentlichung in der „Pfälzischen Presse", 1927; nähere Angaben unbekannt. Nachgedruckt in „Paul Münch Festschrift" des Hohenstaufen-Gymnasiums Kaiserslautern, 1979.
Außerdem wurde 1955 in der Festschrift des „SK Kaiserslautern 1905" die Schachaufgabe Op. 16 veröffentlicht und ebenfalls 1979 in der Festschrift des Hohenstaufen-Gymnasiums nachgedruckt.

Schach-Probleme
in der Festschrift 1980 des „SK Kaiserslautern 1905"

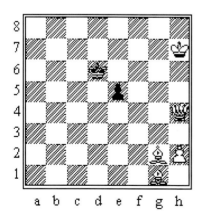

Matt in drei Zügen

Lösung:

1. Dd8+ Ke6 2. Le4 Kf7 3. Ld5 #

Erstveröffentlichung in der „Pfälzischen Presse", 1926; nähere Angaben unbekannt. Außerdem wurden die beiden schon in der Festschrift 1955 wiedergegebenen Schachaufgaben Op. 16 und das Problem aus der „Pfälzischen Presse" von 1927 abgedruckt.

Schachpartien
Münch (Weiß) – Jäger (Schwarz)

1. e2–e4	e7–e5	2. Sg1–f3	d7–d6
3. d2–d4	Sb8–c6	4. Lf1–b5	Lc8–d7
5. Sb1–c3	e5xd4	6. Sf3xd4	Sg8–f6
7. O-O	Lf8–e7	8. Sd4xc6	b7xc6
9. Lb5–c4	O-O	10. f2–f4	Ld7–g4
11. Dd1–d3	Dd8–d7	12. h2–h3	Lg4–h5
13. f4–f5	d6–d5	14. e4xd5	Ta8–d8
15. Lc1–g5	c6xd5	16. Lg5xf6	Le7xf6
17. Sc3xd5	Lf6xb2	18. Ta1–b1	Lb2–f6
19. g2–g4	c7–c6	20. Sd5xf6+	g7xf6
21. Dd3xd7	Td8xd7	22. g4xh5	Td7–d4
23. Lc4–d3	Td4–h4	24. Kg1–h2	Th4xh5
25. Tf1–g1+	Kg8–h8	26. Tb1–b7	a7–a5
27. Tb7xf7	Tf8xf7		

(*hier bricht die Partienotation unvermittelt ab, die Schlußstellung ist gewonnen für Schwarz*)
Notierung handschriftlich in hellbraunen Notizbuch mit dem Titel „Schachaufgaben"; Nachlaß.

Breyer-Asztalos

1. d2–d4	d7–d5	2. e2–e3	Sg8–f6
3. Lf1–d3	Sb8–c6	4. c2–c4	e7–e5
5. Sg1–e2	Lf8–b4+	6. Sb1–c3	d5xc4
7. Ld3xc4	O-O	8. O-O	e5xd4
9. e3xd4	Sc6–e7	10. Lc1–g5	Se7–g6
11. f2–f4	Lb4xc3	12. Se2xc3	Dd8–d6
13. f4–f5!	Sg6–e7	14. Lg5–f4	Dd6–b4
15. Dd1–e2	Se7xf5	16. Lf4–e5	Sf5–d6
17. Lc4–d3	Lc8–g4	18. De2–f2	Sd6–e8
19. Df2–h4	Db4xb2	20. Tf1xf6	Se8xf6
21. Le5xf6	Db2xa1+	22. Kg1–f2	Da1–b2+
23. Sc3–e2	Db2xe2+	24. Ld3xe2	Lg4–f5
25. Lf6–e5	Ta8–c8	26. Dh4–g3	Lf5–g6
27. h2–h3	h7–h5	28. Le2xh5	f7–f6
29. Lh5xg6	f6xe5+	30. Kf2–g1	e5xd4
31. Dg3–b3+	Kg8–h8	32. Db3–d5	Tf8–d8
33. Dd5–h5+	Kh8–g8	34. Lg6–f7+	Kg8–f8
35. Lf7–e6	Aufgabe		

Notierung handschriftlich in schwarzem Merkbuch von 1918/20; Nachlaß.

Notierungen von Stellungen, wahrscheinlich Hängepartien

Stellung

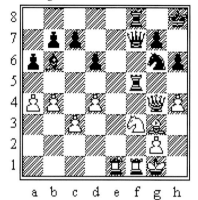

Schwarz Sg6–e7. 20. Januar 1917.

Stellung

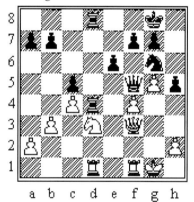

Schwarz am Zug.

Stellung

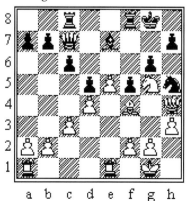

Schwarz am Zug.

Stellung

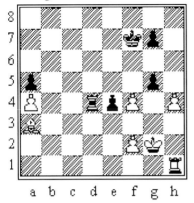

Letzter Zug von Schwarz Td6–d4.
Weiß am Zug.

Stellung

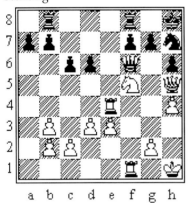

Anmerkung zu Schwarz:
Paul. Weiß am Zug. 25.Januar 1918.

Stellung

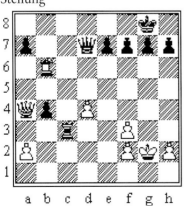

Anmerkung zu Schwarz:
Ernst. Schwarz am Zug.
24. Januar 1918. Letzter Zug Tb5xb6

Notierungen handschriftlich (Bleistift) in rotem Merkbuch von 1917/18; Nachlaß.

Stellung

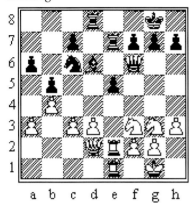

Schwarz am Zug.

Stellung

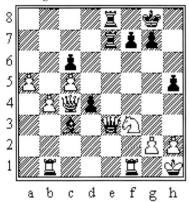

Schwarz am Zug.

Notierungen handschriftlich in schwarzem Merkbuch von 1918/20; Nachlaß.

Rätsel

Anmerkung des Herausgebers:

In der Öffentlichkeit absolut unbekannt war, daß Paul Münch auch Rätsel verfaßt hat. Aus einem vier Doppelblätter umfassenden Rest eines Schulheftes – in dem auch ein Konzept seines Gedichtes „Zur Tagung der Saarpfälzischen Lehrerschaft in Kaiserslautern" (P.M., „G.W.", Bd. 2, S. 245–245) notiert ist – geht hervor, daß er wohl zur Zeit des 2. Weltkrieges Kreuzwort-, Silben- und andere Rätsel „gemacht" hat. Neben Entwürfen stehen auf diesen Blättern, die sich in seinem Nachlaß befinden, fertige Rätsel, die auch veröffentlicht wurden. So sind z.B. – wie ich nachweisen konnte – im „Kaiserslauterer Heimatbrief an unsere Soldaten" auf Seite 504 zwei verfassermäßig nicht gekennzeichnete Kreuzworträtsel abgedruckt, die ohne den geringsten Zweifel von Paul Münch stammen. Eine Veröffentlichung von drei weiteren „fertigen" Rätseln dagegen war – bisher – nicht festzustellen.

Kreuzworträtsel

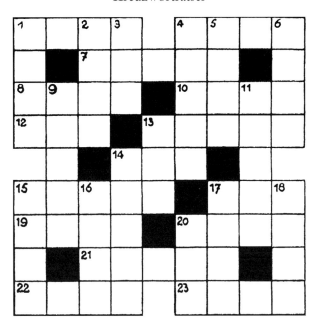

Waagrecht: 1. Abschnitt der Erdgeschichte, 4. männliches Haustier, 7. Insel im ägäischen Meer, 8. Schwung, 10. griechische Landschaft, 12. Kirchenbau, 13. Pfälzer Weinort, 14. Drehpunkt, 15. Lehrling, 17. Schicksal, 19. Zeitabschnitt, 20. Gerücht, Sage, 21. männlicher Vorname, 22. männlicher Vorname, 23. Singvogel.

Senkrecht: 1. Gesangsstück, 2. Münchener Baumeister des Barock, 3. Nebenfluß der Weichsel, 4. Dorf der Vorderpfalz, 5. Europäische Hauptstadt, 5. Speise, 9. Weibl. Vorname, 11. Eigentümliche Sprechweise, 13. Farbe, 14. Teil der Westmark, 15. Stoffbehälter, 16. Asiatischer Staat, 17. Bürde, 18. Fluß in der Westmark, 20. Tonstufe.

Kreuzworträtsel

Waagrecht: 1. indianische Trophäe, 4. Büro – Möbel, 5. Prachtentfaltung, 9. Teil des Baumes, 10. Haustier, 12. weibl. Vorname, 14. Landschaft der Ostmark, 17. starker Wind, 19. Wärmestufe, 21. Nahrungsmittel, 23. Asiatisches Gebirge, 24. Körperteil, 25. Stütze des Wanderers, 26. Gangart der Pferde, 27. Amerikanischer General des Sezessionskrieges.

Senkrecht: 1. Holzsplitter, 2. Stadt in Westrich, 3. Singstimme, 6. Körperteil, 7. Nebenfluß des Rheins, 8. schönes Ländchen am Rhein, 10. hochgelegenes Pfälzer Dorf mit Burgruine, 11. Kloster, 13. Gebirge Afrikas, 15. ausgestorbenes Wildrind, 16. Temperaturstufe, 18. Stadt in Südtirol, 20. Statue im Naumburger Dom, 22. bekannte Kaiserlauterer Persönlichkeit, 24. Papagei-Art.

Kreuzworträtsel Auflösung

waagrecht:
1 Lias 4 Bock 7 Samos 8 Elan 10 Elis 12 Dom 13 Rhodt 14 Pol 15 Stift 17 Los 19 Aera 20 Fama 21 Alois 22 Kunz 23 Star
senkrecht:
1 Lied 2 Asam 3 San 4 Boehl 5 Oslo 6 Kost 9 Lotte 11 Idiom 13 Rot 14 Pfalz 15 Sack 16 Iran 17 Last 18 Saar 20 Fis

waagrecht:
1 Skalp 4 Pult 5 Pomp 9 Ast 10 Schaf 12 Ria 14 Lobau 17 Sturm 19 Lau 21 Ei 23 Altai 24 Arm 25 Stab 26 Trab 27 Grant
senkrecht:
1 Span 2 Kusel 3 Alt 6 Ohr 7 Main 8 Pfalz 10 Stauf 11 Abtei 13 Atlas 15 Ur 16 Kalt 18 Meran 20 Uta 22 Imbt 24 Ara

Drei weitere Rätsel

Die Anfangs- und Schluß-Buchstaben, jeweils von oben nach unten gelesen, ergeben einen Gruß zum Weihnachtsfest.

1.	K	u	Krakau
2.	a	m	Asselheim
3.	i	f	Immenhof
4.	s	e	Spende
5.	e	s	Elternhaus
6.	r	t	Rinderpest
5.	s	s	Sepsis
8.	l	e	Linde
9.	a	i	Abdeckerei
10.	u	n	Ungarn
11.	t	e	Tinte
12.	e	r	Eber
13.	r	s	Rotenfels
14.	n	o	Notturno
15.	d	l	Diesel
16.	e	d	Elberfeld
17.	n	a	Nizza
18.	k	t	Konzert
19.	t	e	Teilnahme
20.	z	n	Zabern	Kaiserslautern denkt zum Fest seiner Soldaten

1.	w	z	Wettersturz
2.	i	e	Immensee
3.	r	n	Romanshorn
4.	g	u	Glogau
5.	r	n	Roman
6.	u	s	Unterhaus
7.	e	e	Ebereiche
8.	s	r	Stadttheater
9.	s	e	Sense
10.	e	s	Elternhaus
11.	n	o	Notturno
12.	v	l	(Vogel) Virgil
13.	o	d	Odenwald
14.	n	a	Nizza
15.	h	t	Halberstadt
16.	e	e	Eleve
17.	r	n	Riechorgan (Rasen)	Wir grüßen von Herzen unsere Soldaten

1.	w	s	Wirtshaus
2.	e	a	Elvira
3.	i	u	Ilmenau
4.	h	s	Hinterhaus
5.	n	d	Niederwald
6.	a	e	Apfelsine
7.	ch	r	Choleriker
8.	t	h	Tintenfisch
9.	s	e	Stiege
10.	g	i	Glockengießerei
11.	r	m	Rosenheim
12.	u	a	Urania
13.	s	t	Soldat	Weihnachtsgruß aus der Heimat

Berichtigungen und Verbesserungen

zu: „Pfälzer im Schlaraffenland", P. M., „G. W.", Bd. 1, S. 509

Bei der Montage der Druck-Vorlagen ist das auf Seite 517 richtig eingesetzte Szenen-Foto fälschlicherweise auch auf S. 509 eingesetzt worden, und zwar anstelle eines anderen Fotos, das beim Umbruch richtig eingebaut war. Darüber war ich als Herausgeber vom Verlag nicht informiert worden. Dabei hätte es im Verlag doch auffallen müssen, daß ein Foto noch einmal klischiert werden mußte, während das Klischee eines anderen Bildes „übrig geblieben" war — wenn man sich schon bei der Montage nicht an den Umbruch gehalten hat. Hier nun das auf S. 509 gehörende Bild:

zu: „E Pälzer Fahneweih", P- M., „G. W.", Bd. 2, S. 179–180

Der Text des parodistischen Vortrags wird hier komplett wiederholt, weil in Bd. 2 auf S. 180 beim Montieren die Anfänge der Zeilen z. T. zerstört wurden und infolgedessen fehlen.

E Pälzer Fahneweih

Zum Winterfest des Pfälzerwald-Vereins Kaiserslautern und zur Feier seines zehnjährigen Bestehens am 10. Januar 1914

Ihr Dame un ihr Mannsleit! Ihr liewe Gääsezuchtbrieder! Seht ihr ihn do, de Gääsefahne, wie er jetzt luschtig im Winde flatschert! Is der nit scheen un prachtvoll un wunnerbar? Meine Damen un Herrn! Eigentlich hat mer jo der Schulmeeschter e feine Redd gemacht, wo ich jetzt halte soll un wo ich a fein außewenzig gelernt han; awer mei Herz is vor lauter Freed iwer dene scheene Fahne un iwer unser nobli Fahneweih so begeeschtert, daß ich redde muß, wie mer's ums Herz is un wie mer de Schnawwel gewachse is. Un was 'em Schulmeeschter sei Redd betrefft, die kann ich dann jo e anner mol halle, vielleicht bei nächschte Missionsfescht odder beim Preiskegele. Meine Damen und Gääsezuchtbrieder! Do, de Jokob hot eich jo schun ausenanner gesetzt, was mer mit dere Fahne for e Geschäft gehat han, bis se so scheen un billig war. Do gucken her! Weit un breet gebt's so ebbes nimmi. Gewitternochemol! In wellem Ort is noch e Fahne anzutreffe mit so eme feine Gääsebock druf. Meine Damen und Herrn! Der Bock do druf is kee so gewehnlicher Bock. Das is derselb Bock, wo mer geschosse hätten, wammer dene Fahne nit angeschafft hätte. Un der Bock soll uns ein Vorbild sein, meine Damen un Herrn, nit ufzeheere for unser hohe Ideale inzustehe un nit zu ruhe, bis jeder im Ort e Paar Gääse im Stall stehe hot, Gebt's dann uf der Welt ebbes Erhabeneres als die Gääsezucht, gebt's ebbes Besseres als e so Schoppe kuhwarmi Gääsemilch? Gebt's ebbes Feineres als e Teller voll Gääsesauermilch, odder e rechter Flade Brot mit weißem Kees druf vun Gääsemilch mit Schnittlaach druf un Zwiwwele, odder mittags am vier Uhr sein Schoppe Wein mit eem, zwee Gääsehandkees, ehr liewe Leit, wer des nit zu eschtimiere weeß, der heert gefress' vun de Kannibale in Essig un Öl.

Ja, die Gääsezucht, ich will nit unbescheide sein, awer sell is un bleibt wohr, daß *ich* erscht de richtige Schwung dehinner gebrocht hab. Die Gääse sin mei Leitstern gewest un meiner eifrige un uneigenitzige Tätigkeit han ehr's zu verdanke, daß die Gääse sich so eifrig vermehrt han. Sagen doch selbscht, ehr Gääseschweschtre un Gääsebrieder, war's bei dene Erfolge nit notwennig, daß e Vereinsfahne herkummt? Mir hätten uns jo schämme misse vor unsere College in Mölschbach, Moorlautere un Danseberg, wo allminanner schun Vereinsfahne han. Awer — Gott sei Dank! — so fein wie *unser* Fahne gebt's nie meh.

Ehr liewe Leit, do bassen uf. Das macht Effekt bis dortenaus, wann mer emol angerickt kumme uf Lautre mit unserm Fahne un mit Mussik vorredran, wann widder Hauptausflug vom Pälzerwald-Verein dort is. Gewiddernochemol, was werren do die Pälzerwäldler die Aagedeckel in die Heeh zieche un unsern scheene Fahne betrachte un unser liewe, scheene Mädcher vum Gääsezuchtverein. Dann die Pälzerwäldler, die wissen aach, was wiescht is un was scheen is. Un wer weeß, uf eemol macht noch eeni vun eich Mädcher ehr Glick un kriegt so en feine Pälzerwäldler aus der Stadt, so en halwe Baron odder sunscht ebbes Feines. Un das hat se dann bloß unserm Verein zu verdanke, unserm geliebte Gääsezuchtverein mit seiner feine Vereinsfahne.

Ja, unsern Gääsezuchtverein, den haw' ich in mei Herz geschlosse vun Ewigkeit zu Ewigkeit. Kee Krieg, Hunger, Feiersnot, Pescht, Cholera kann mich abbringe in meiner Lieb un Trei und Anhänglichkeit for unere guti Sach; noch nit emol die Maul- und Klaueseich! Trei und fescht wolle mer zammehalte in gute un in beese Zeite for unser edli Sach for unser Gääse. In eire Aage kann ich's lese, wie ihr begeischtert sin, wie eier Herze glihn, wie eier Odre schlage for unsern Verein.

Liewe Schwestern, liewe Brieder,
Laßt uns treu un fescht un bieder
Für den Gääsezuchtverein
Unsern Leib un Leben weih;
Unser Hab un unser Gut,
Unsern letschten Troppe Blut,
Unser Herz im Busen drin,
Unsre Weiber, unser Kinn,
Unser Gail un Kih un Schwein
Für den Gääsezuchtverein!!

Der Gääsezuchtverein, er lewe hoch! hoch! hoch!

So, ehr liewe Leit, das Hoch is jetzt verklung, mei Redd is gehall un bis jetzt is alles gut erum gang. Un jetzt, ihr Mäd un ihre Buwe, jetzt is *eier* Zeit kumme, jetzt geht's ans Danze, do kammer uns alt Eise nimmi brauche defor. Allo hopp, ehr Borsch, gagieren eier Mädcher an un die Mussik soll blose, was Zeig halt.

zu: „Weihnachtsgruß 1942", P. M., „G. W.", Bd. 2, S. 364:

Die Anmerkung zu diesem Gedicht muß korrigiert werden. Wie sich später bei einer Nachprüfung in dem wohl einzigen, kompletten Sammelband des „Kaiserslauterer Heimatbriefes" herausstellte, ist das Gedicht doch dort veröffentlicht worden, und zwar unter dem Titel „Weihnacht" in der Ausgabe Nr. 33, 34, 35 und 36, September—Dezember 1942, S. 474.

zu: „Am Suundagowend", P. M., „G. W.", Bd. 2, S. 386—387

Das Gedicht hatte ich, als von Paul Münch stammend, im „Pälzer Feierowend", Beilage der Zeitung „Die Rheinpfalz", Jg. 7. 1955, Nr. 41, S. 8 gefunden. Ausdrücklich wird dort Paul Münch als Autor des Gedichts genannt. Redaktionell zuständig für den „Pälzer Feierowend" — und damit auch für die Aufnahme und Kennzeichnung des Gedichts — war Dr. Wilhelm Dautermann. Er konnte mir damals bei meiner Nachfrage keine Angaben machen über die Herkunft des Gedichts, versicherte mir aber, es stamme — so wie von ihm veröffentlicht — von Paul Münch. Im Archiv der Zeitung „Die Rheinpfalz" gibt es nach meinen damaligen Recherchen keine Unterlagen zur Veröffentlichung, auch nicht über die Herkunft und den Verbleib der Druck-Vorlage. Mit ungutem Gefühl hatte ich daraufhin das Gedicht in den Band 2 der Ausgabe der „Gesammelten Werke" von Paul Münch aufgenommen und meine Quellen-Angabe mit dem Vermerk „Original-Manuskript nicht erhalten. Abdruck-Umstände ungeklärt" erweitert. Bald nach Erscheinen des Bandes konnte ich feststellen, daß das Gedicht überhaupt nicht von Paul Münch, sondern von Richard Müller stammt und ein Ausschnitt aus der „Budderbärwel vun Diefedhal" ist. Ich hatte mich also täuschen lassen — und merkte es zu spät. Danach meldeten sich bei mir zwei aufmerksame Leser, die ebenfalls bemerkt hatten, daß die Zuschreibung, auf die ich mich verlassen hatte, falsch ist.

Bibliographie zu „Die Pälzisch Weltgeschicht"
(Fortschreibung)

1. Auflage (1,5 Tsd.)	1909	
2. und 3. Doppelauflage	1909	
4. und 5. Doppelauflage	1909	
6. Auflage	1909	
7. Auflage	1909	
8. Auflage	1909	
9. Auflage	1909	
9.–12. Tsd.	1910	
13.–15. Tsd.	1910	
16.–20. Tsd.	1913 u. 1914	„vermehrt durch neue Zeichnungen"
21.–25. Tsd.	1916	„stark vermehrte Aufl." bzw. „vermehrt durch neue Gedichte und Zeichnungen"
25.–32. Tsd.	1917	„Jubiläumsauflage"
33.–38. Tsd.	1919	
39.–41. Tsd.	1925	
42.–44. Tsd.	1927	
44. Tsd.	1930	
45.–46. Tsd.	1933	
47.–49. Tsd.	1937	
50.–52. Tsd.	1940	
53. Tsd.	194?	
54.–57. Tsd.	1941	
58.–60. Tsd.	194?	
61.–70. Tsd.	1943	
71.–73. Tsd.	1950	
74.–78. Tsd.	1953	„Gedächtnisausgabe"
keine Angaben (79.–?)	1958	
keine Angaben (?–83. Tsd.	1961	
84.–88. Tsd.	1962	
89.–95. Tsd.	1964	
96.–100. Tsd.	1969	
keine Angaben (101.–104.)	1973(?)	
105. Tsd.	1974	
110. Tsd.	1976	
115. Tsd.	1978	
120. Tsd.	1980	
121.–125. Tsd.	1981	in: „G.W", Bd. 1
126.–130. Tsd.	1984	
131.–135.Tsd.	1986	
136.–140. Tsd.	1988	
141.–145. Tsd.	1991	
146.–150. Tsd.	1993	
151.–154. Tsd.	1996	

Die verschiedenen Fassungen der „Pälzisch Weltgeschicht"

	1.–5. Auflage	6. Auflage–12. Tsd.	13.–20. Tsd.	21.–32. Tsd.	33.–38. Tsd.	39.–44. Tsd.	45.–70. Tsd.	ab 71. Tsd.
Mer Pälzer un die Weltachs	—	—	—	—	—	1	1	1
's Paradies	1	1	1	1	1	2	2	2
Die Palz vor de Sindflut	2	2	2	2	2	3	3	3
Der Urmensch vun Heidelberg (homo heidelbergensis)	—	—	—	—	—	4	4	4
Die Sindflut	3	3	3	3	3	5	5	5
Die babylonisch Sproochverwerrung	4	4	4	4	4	6	6	6
De Hannibal	—	—	—	—	5	7	7	7
De Kelteforscher	5	5	—	—	—	—	—	—
Die Cimbre un Teitone	6	6	5	5	6	8	8	8
De Cäsar	—	7	6	6	7	9	9	9
Die Schlacht im Teitoborger Wald	7	8	7	7	8	10	10	10
Wie's Chrischtedum is in de Palz ingefehrt worr	8	9	8	8	9	11	11	11
Die Hunne	9	10	9	9	10	12	12	12
(De) Siegfried, de Dracheteeter	10	11	10	10	11	13	13	13
De Kaiser Barbarossa	11	12	11	11	12	14	14	14
De Kaiser Rudolf vun Habsborg	12	13	12	12	13	15	15	15
De Ruprecht vun de Palz	—	—	13	13	14	16	16	16
Die pälzisch Kuldur im Middelalter	13	14	14	14	15	18	17	17
Die Belagerung vun ere Pälzer Stadt im Middelalter	14	15	15	15	16	19	18	18
Hexebrenne (im Mittelalter)	—	—	—	—	—	17	—	19
Die Entdeckung vun Amerika	15	16	16	16	17	20	19	20
De Baurekrieg	16	17	17	17	18	21	20	21
Die Gräfin Eva vun Neileininge	17	18	18	18	19	22	21	22
's Liselottche	18	19	19	19	20	23	22	23
Die Pälzer in Amerika	—	—	—	—	—	24	23	24
Anno siwezig	19	20	20	20	21	—	24	—
De Hoddedoddekrieg (ab 33. Tsd., vorher: Sidwescht-Afrika)	20	21	21	21	22	25	25	25
Die Lothringer Schlacht	—	—	—	22	23	—	26	—
De Helfferich	—	—	—	23	24	—	—	—
Die Wertshaussstratege	—	—	—	24	—	—	—	—
Die Zweeezwanziger	—	—	—	25	25	—	—	—
„Der Untergang des Abendlandes"	—	—	—	—	—	26	27	26
Anno 1950	—	—	—	—	—	—	—	27

Die Ziffern in der Tabelle beziehen sich auf die Reihenfolge der Gedichte in den verschiedenen Fassungen der „Pälzisch Weltgeschicht".

Biographische Daten

Paul *Friedrich* Münch

Am 10. Dezember 1879 im alten protestantischen Pfarrhaus in Ruchheim (seit 1974 Stadtteil von Ludwigshafen/Rhein) als Sohn des Pfarrers Philipp Münch und seiner Ehefrau Julia geb. Ney geboren.
Paul Münch hatte noch eine Schwester und vier Brüder. Die Schwester wurde Lehrerin, zwei Brüder wurden Ärzte, zwei Forstleute und Paul Münch wurde Zeichenlehrer.
Als Paul Münch nicht ganz zwei Jahre alt war, wurde sein Vater nach Kusel versetzt.
Bis 1891, d. h. bis zu Paul Münchs zwölften Lebensjahr, Kindheit in Kusel.
Das Wohnhaus befand sich in der Landschaftsstraße.
Besuch der Volksschule in Kusel.
1891 übernahm der Vater die Pfarrei in Lustadt.
1891—1897 besuchte Paul Münch — von Lustadt aus — die Lateinschule in Landau/Pfalz und
1897—1898 das Progymnasium in Germersheim.
Das Abschlußzeugnis von 1898 bescheinigte ihm „tadelloses Betragen, großen Fleiß und gute Leistungen".
Im Elternhaus von Paul Münch wurde viel Hausmusik gemacht und Schach gespielt.
1898—1900 Studium an der Kgl. Kunstgewerbeschule bzw. Kunstakademie in München,
1900—1902 an der Kgl. Technischen Hochschule in München.
1902 Prüfung/Staatsexamen für das Höhere Lehramt als Zeichenlehrer.
1902—1904 Assistent an der Dammschen Real- und Handelsschule in Marktbreit.
1904—1907 drei Jahre Lehrer an der Realanstalt am Donnersberg bei Marnheim (später Heimschule Weierhof).
16. August 1904 Verlobung mit Elfriede (Friedel, Frieda) Interwies, geboren am 2. Juni 1884 in Kitzingen.
24. August 1905 Eheschließung in Würzburg.
Ab September 1907 in Kaiserslautern 43 Jahre Zeichenlehrer und zeitweilig auch Lehrer für Geschichte an der Oberrealschule, jetzt Hohenstaufen-Gymnasium, und an der Lehrerbildungsanstalt.
1907 Assistent an der Oberrealschule.
1909 als Kgl. Gymnasialzeichenlehrer an die Kgl. Lehrerbildungsanstalt versetzt.
1911 Ernennung zum Studienrat.
Ab 1912 wieder an der Oberrealschule.
Während des Ersten Weltkriegs kurze Militär-Dienstzeit als Kanonier in Metz.
1922 Ernennung zum Studienprofessor.

Ab 1. August 1945 Stellv. Leiter der Anstalt (Oberstudiendirektor war Dr. Arnold Lehmann, Halbjude, Leutnant d. R., EK I).
1. Dezember 1946 Ernennung zum Oberstudienrat.
1. August 1949 Eintritt in den Ruhestand, kurz vor Vollendung seines 70. Lebensjahres.
Am 2. Januar 1951 gestorben im Hetzelstift in Neustadt/Weinstraße.
Am 5. Januar 1951 Beisetzung auf dem Waldfriedhof Kaiserslautern.
Am 9. März 1951 Tod seiner Frau Friedel.

Paul Münch wohnte in Kaiserslautern ab 21. Oktober 1907 in der Blücherstraße 21, ab 1. Januar 1912 in der Luitpoldstraße 21 bzw. — ab 1920 — Nr.19 (heute Rudolf-Breitscheid-Straße), ab 26. April 1922 in der Amselstraße 38 und — bedingt durch die Krankheit seiner Frau — ab 22. Oktober 1949 im Gravius-Heim in der Friedrich-Karl-Straße 27.

(Bei der Besorgung der Daten aus dem Melderegister der Stadt Kaiserslautern war mir der Leiter des dortigen Stadtarchivs, Herr Gerd Rauland, behilflich).

Daten zu den Eltern und Geschwistern von Paul Münch

Vater: Philipp Münch, Pfarrer
geb. am 15. Oktober 1843 in Neukirchen
gest. am 4. Juli 1929 in Speyer

Mutter: Julia Münch, geb. Ney
geb. am 17. Oktober 1849 in Speyer
gest. am 17. August 1923 in Speyer

Eheschließung am 15. Oktober 1872 in Mutterstadt

Geschwister: Otto, Dr. med.
geb. am 3. August 1873 in Ruchheim
gest. am 30. August 1950 in Bocholt

Karl, Dr. med.
geb. am 10. September 1874 in Ruchheim
gest. am 9. Januar 1927 in Göppingen

Ernst, Universitätsprofessor
geb. am 26. November 1876 in Ruchheim
gest. am 9. Oktober 1946 in Lechbruck

Martha, Lehrerin
geb. am 4. Juli 1878 in Ruchheim
gest. 1943 in Heidelberg

Paul (s. o.)

Hermann, Forstassessor
geb. am 1. Juni 1884 in Kusel
gefallen am 3. November 1914 bei Ypern

(Zusammengestellt nach den familiengeschichtlichen Unterlagen von Prof. Dr. Fritz Münch)

Dank

Der Herausgeber dankt folgenden Bibliotheken, Archiven und Institutionen für die Unterstützung und Hilfe bei der rund 20jährigen Arbeit an der Gesamtausgabe der Werke von Paul Münch:
der Pfälzischen Landesbibliothek in Speyer,
der Pfalzbibliothek des Bezirksverbandes Pfalz in Kaiserslautern, incl. der Palatina-Bibliothek im Theodor-Zink-Museum, der Bibliothek der Landesgewerbeanstalt der Pfalz und der Bibliothek des Instituts für Pfälzische Geschichte und Volkskunde (früher Heimatstelle Pfalz),
der Bayerischen Staatsbibliothek und dem Zentralkatalog in München,
der Badischen Landesbibliothek in Karlsruhe,
der Württembergischen Landesbibliothek und dem Zentralkatalog Baden-Württemberg in Stuttgart,
der Hessischen Staatsbibliothek in Wiesbaden und dem Zentralkatalog in Frankfurt/M.
den Universitätsbibliotheken in Heidelberg, Frankfurt/Main, Mainz, Mannheim und Saarbrücken,
der Deutschen Bücherei in Leipzig, Gesamtarchiv des deutschsprachigen Schrifttums,
dem Deutschen Buch- und Schriftmuseum in Leipzig,
dem Institut fü Pfälzische Geschichte und Volkskunde in Kaiserslautern,
den Stadtmuseen in Ludwigshafen/Rhein und Neustadt/Weinstraße,
den Stadtbibliotheken bzw. -büchereien in Donaueschingen, Frankenthal, Germersheim, Heidelberg, Homburg/Saar, Köln, Landau/Pfalz, Ludwigshafen/Rhein, Mainz, Mannheim, Merzig, Neunkirchen/Saar, Neustadt/Weinstraße, Pirmasens, Saarbrücken, Saarlouis, Speyer/Rhein und Zweibrücken und der Stadt- und Kreisbücherei Kusel,
dem Gymnasium Weierhof am Donnersberg, vorher Jugenddorf-Christophorusschule, früher Heimschule Weierhof in Marnheim am Donnersberg,
dem Hohenstaufen-Gymnasium in Kaiserslautern,
dem Eduard-Spranger-Gymnasium in Landau/Pfalz,
der Werksbibliothek/Heimatbibliothek der BASF in Ludwigshafen/Rhein,
den Stadtarchiven von Bad Dürkheim, Ludwigshafen/Rhein, Kaiserslautern, Landau/Pfalz, Neustadt/Weinstraße und dem Archiv der Kreisverwaltung Kusel,
dem Pfälzerwaldverein, Geschäftsstelle des Hauptvorstandes in Neustadt/Weinstraße und der Ortsgruppe Kaiserslautern,
der Freireligiösen Landesgemeinde Pfalz in Ludwigshafen/Rhein,
dem Zentralkomitee der deutschen Katholiken, Generalsekretariat, in Bonn,
den Staatlichen Kunstsammlungen, Puppentheatersammlung, in Dresden und Radebeul,
dem Institut für Theater-, Film- und Fernsehwissenschaft der Universität Köln,
dem Museum für Figurentheater, Sammlung Fritz Fey jun., in Lübeck,
dem Verband Deutsche Puppentheater e. V. in Lüneburg,
dem Landesmuseum in Mannheim,
dem Reiss-Museum, Theatersammlung, in Mannheim,
dem Stadtmuseum der Landeshauptstadt München, Abt. Puppentheatermuseum,
dem Österreichischen Theatermuseum, Wien,
dem Pfalztheater Kaiserslautern,
dem Pfälzischen Schachbund e. V.,
dem Schachklub 1905 Kaiserslautern,
der Stiftung Jugendburg Ludwigstein und Archiv der Deutschen Jugendbewegung in Witzenhausen,
dem Deutschen Patentamt München und seiner Dienststelle in Berlin,
der Maggi GmbH in Frankfurt/Main,
der Kurverwaltung von Bad Bergzabern,
und ganz besonders den Damen und Herren, die mir Werke von Paul Münch beschafft, zur Verfügung gestellt oder mir entscheidende weiterführende Hinweise gegeben haben:

Annemarie Altschuh, Kaiserslautern,
Walter André, Kirchheimbolanden,
Pfarrer und Oberstudiendirektor Dr. Dr. Georg Ballod, Marnheim,
Gunther Balzer, Bruchmühlbach,
Pfarrer Friedrich Barth, Ruchheim,
Dr. Dieter Basch, Kaiserslautern,
Dekan Klaus Beck, Landau/Pfalz,
Rolf Bönninghaus, Düsseldorf,
Siegfried Bönninghaus, Emsdetten,
Herbert Broschat, (= Enkel von OB Müller)
Studiendirektor Carl Kramer, Bolanden,
Dr. Hans Derlon, Bad Dürkheim,
Walter Dexheimer, Luxemburg,
Oberstudiendirektor Dr. Martin Dolch, Kaiserslautern,
Studiendirektor Rudolf Fendler, Landau/Pfalz,
Heinz Friedel, Kaiserslautern,
Zahnarzt Dr. Friedrich Wilhelm Gleich, Kaiserslautern,
Stellv. Studiodirektor des SWF Karl Grösch, Kaiserslautern/Mainz,
Hans Dieter Gros, Kaiserslautern,
Prälat Gundermann, Kaiserslautern,
Bruno Hain, Böhl-Iggelheim,
Oberstudiendirektor Helmut Haury, Bolanden-Weierhof,
Dr. Werner Heeger, Aschaffenburg,
Landrat Gustav Adolf Held, Kusel,
Liselotte Homerding, Mannheim,
Regierungspräsident Hans Keller, Neustadt/Weinstraße,
Peter Kämmer, Kaiserslautern,
Schauspieler und Regisseur Felix Lademann, Kaiserslautern,
Dr. Ernst Lehmann, Kaiserslautern,
Oberstudiendirektor Karl Werner Leonhardt, Kaiserslautern,
Gertrud Lorch, Heidelberg,
Henning Miehe, Neustadt/Weinstraße,
Dr. Winfried Mogge, Burg Ludwigstein, Witzenhausen,
Apotheker Dr. Moser, Landau/Pfalz,
Universitätsprofessor Dr. Fritz Münch, Heidelberg (Neffe von Paul Münch),
Gertrud Münch, Rosshaupten, (Nichte von Paul Münch),
Dr. Peter Neumann, Pirmasens,
Dr. Arne Oeckinghaus, Beigeordneter der Stadt Kaiserslautern,
Roland Paul, Kaiserslautern,
Gerhard Rauland, Kaiserslautern,
Ilse Rohnacher, Ziegelhausen bei Heidelberg,
Klaus Rothenbücher, Neustadt/Weinstraße,
Peter Ruf, Ludwigshafen/Rhein,
Theo Schohl, Landstuhl,
Pfarrer und Oberstudienrat Dr. Werner Seeling, Kaiserslautern,
Karl Senk, Ludwigshafen/Rhein,
Heiner Stauder, Neustadt/Weinstraße,
Wolfgang Stoeppler, Landau/Pfalz,
Ernst Teubner, Pirmasens,
Jürgen Urban, Kaiserslautern,
Hildegard Werner, Landau-Godramstein/Pfalz,
Klaus Peter Westrich, Neustadt/Weinstraße,
Hans Ziegler, Dudenhofen bei Speyer/Rhein,
— und meinem Freund Alfons Kloos, Speyer/Rhein, für die mühevolle Entzifferung der in altertümlichem Steno geschriebenen Texte und Helmut Hürter, Trippstadt, für die Aufbereitung der Schach-Aufgaben und -Partien.

Inhaltsverzeichnis zu den einzelnen Kapiteln

- 11 *Theater*
- 19 „Der Bauernkrieg in der Pfalz und die Gräfin Eva von Neuleinigen"
- 49 *Lieder*
- 51 I. Text und Komposition von Paul Münch
- 51 Was bekümmert's mich
- 52 Silbern ruht auf Gass' und Dach
- 52 Jetzt nun ist der Schluß gemacht
- 53 Rosmarin
- 54 Ein geistlich Schlemmerlied
- 56 Der schüchterne Jüngling
- 58 In ihrer Kemenaten
- 61 Ständche
- 62 Bauremädche, nemm dich zamme
- 64 Wasgau-Lied
- 66 Pfälzer Landknechtslied
- 67 Der Schnapphahn
- 69 Ein Strolchlied
- 70 O schöne, wonnige Frühlingsnacht
- 72 Vermißt
- 74 Es starb einmal ein Pfälzer Mann
- 76 Es starb einmal ein Brezelbu
- 78 Der schwere Kanonier
- 80 II. Text von Paul Münch, Komposition von anderen
- 80 Kneip-Lied
- 83 Wenn mich die Sorgen plagen
- 83 Stell ich mir den Himmel
- 84 Fahrende Schüler
- 85 Pfalzweinlied
- 86 Mei Herzerweiterung
- 87 Pälzer Mädche, nemm dich zamme
- 88 Ständche
- 91 Ständche
- 92 Frijohr
- 94 III. Komposition von Paul Münch, Text von anderen
- 94 Langemarck
- 96 Der Posten
- 98 Dragonerart
- 100 Der weltliche Mönch
- 102 IV. Text und Komposition nicht-eigener Lieder, geschrieben von Paul Münch und Zeichnungen dazu
- 103 Mei Amiche
- 104 Das Häusel am Rhein

105 *Texte für Nikolaus-Feiern*
107 Nikolaus-Predigt in Fischbach bei Kaiserslautern
110 Nikolaus-Predigt 9. 12. 27
125 Nikolaus-Predigt 17. 12. 27
132 Nikolaus-Predigt 7. 12. 28
149 Nikolaus-Predigt 18. 12. 36

157 *Gedichte aus der Pennäler- und Studentenzeit*
159 Leiden eines Pennälers
161 Die Thaten des Fratsch
165 Das Leben ist eine Hühnerleiter
168 Verse zu einer „Moritat, die an Fasching herumgetragen ward"
171 Fragmente von Ritter-Schauer-Balladen:
171 Der Burggraf Ivo von Gurgelstein
171 Der Ritter Ivo von Pumpenfels
172 Eine gar schauerliche Ballade
173 Kuß und Rausch
177 Katholisch hot die Kunscht zu sei (Am letschte Katholikentag)
179 Der Glühwurm
181 Gekränkte Lieb und Ehre
182 Mina oder Der Lehramtskandidat
184 Parodie auf eine Szene aus „Wilhelm Tell"
185 Muse, nun leihe mir göttliche Kräfte
186 Tugend und Laster
190 Der Fleiß
191 Zu einer Zeichnung im Kneipbuch
192 Willkommensgruß
196 Prolog zur Kneipe am 10. Juni 1902
199 Es quält der Wolf mit starken Armen
200 Erst ward bei Weihrauch gebetet
201 Wenn Seiling seine Geige meistert
202 Die Minne
204 Ha, ha, der übermütig freche Fant
205 Mit leichtem Bündel zieh ich daher

207 *Schul- und Verbindungs-Gedichte*
209 Lauscht jetzt, liebe Bundesbrüder
212 Dicke Tränen könnt ich heulen
215 Die Palz vun sunscht un vun heitzudag
219 Doch die Reue kommt zu spat, wenn man schon das Zeugnis hat. (Der Schluß des Schuljahres 1906/07.)
223 Werbung. (Kaum daß man sich eines neuen Papstes wieder kann erfreuen.)
225 Was ist doch der Doktortitel

231 *Dichtergaul und andere Widmungsgedichte*
233 Widmung für Albert Becker, Zweibrücken, 16. 7. 1909
233 Widmung für Prof. Steinel, 10. Juni 1917

233	In Dankbarkeit zugeeignet vom Verfasser P. M., Kanonier a. D., Weihnachten 1916
236	Es fehlt mir nicht an Selbstkritik
237	Widmung für Faber-Kaltenbach
237	Vun jeher han mer Pälzer Leit
237	Die Edelsteen sin nie so groß
238	Die Edelsteen sin nie so groß
238	Die Pälzer Sprooch klingt frisch un klor. 1. April 1941
238	Die Pälzer Sprooch klingt frisch un klor. 3. 12. 1946
239	Die hochdeitsch Sprooch in alle Ehre!
240	Die hochdeitsch Sprooch in alle Ehre!
241	Die hochdeitsch Sprooch in alle Ehre!
242	Wer aus'm Weschtrich stammt vun Kusel
243	Wer aus'm Weschtrich stammt von Kusel. Varianten und Ergänzungen
244	Was muß mer for de heechscht Genuß. Ostern 1941 für Dr. Hermann Moos
246	Was muß mer for de heechscht Genuß. 15. April 1941
247	Was muß mer for de heechscht Genuß. 19. 2. 1946
249	„Ach", sa't un greint der Dichtergaul. 10. Jan. 1942
251	„Ach", heilt un greint der Dichtergaul. 15. 12. 1944
253	„Ach", sa't un greint der Dichtergaul. 14. Dez. 1948
254	Geplogt bin ich bei Dag un Nacht
255	Ehr liewe Leit, mei Dichtergaul. Veröffentlicht 10. Dez. 1949
256	Wie's bei de Schlamper halt so geht. Widmung für Frau Jung
258	Wie's bei de Schlamper halt so geht
259	Mei Pälzer Mundartdichtergaul
260	Der Dichtergaul vum Münche Paul. Widmung für Herrn von Goehl
261	Wie's bei de Schlamper halt so geht. Widmung für Herrn Klotz
262	'em Münche Paul sei Dichtergaul. Widmung für Eduard Grill
263	Das do is 'em Münche Paul
264	Das do, das is em Münche Paul. Widmung für Frau Hechelhammer
265	Das do is mei Dichtergaul. Widmung für Frau Diehl
266	Das do das is mei Dichtergaul. ca. 1946
266	Fragment. 'em Münche Paul sei Dichtergaul
267	Fragment. Doch was der Münch verspricht, das halt' er!
268	Was lest dann nor das Männche do? 1943
269	Es hockt e Mann am Zaun im Gras. 24. 12. 1944
270	Do hockt e Mann am Zaun im Gras
271	Do hockt e Mann am Stroßerand. Widmung für Eduard Grill, Februar 1947
273	Do hockt e Mann am Stroßerand
274	Do hockt e Mann am Stroßerand. Widmung für „Theo"
275	Das Männche, wo do hockt un lacht. Widmung für Dr. Weber, 23. 5. 1950
276	Was nor den Mann so freehlich macht
277	„Zu beneiden sind die Knaben". Widmung für Nichte Trudel, 24. Dezember 1944

279	Im sechsten Kriegsjahr ist es schwer. Widmung für Frau Fichtl, Weihnacht 1944
280	Sie han bei mir e Steen im Brett. Widmung für Frau Diehl
281	Geschicht zu schreibe, das is schwer. Widmung für Dr. Arnold Lehmann, Ostern 1946
283	Geschicht zu schreiwe, das is schwer
284	Du bischt jo a' e Pälzer Borsch. Widmung für „Schuff"
284	De Weihnachtsmann, der dut mer leed
285	Osterhase. Un wenn a' die Gelehrte lache. Widmung für Fräulein Rettich
287	De Grönebacher Osterhas. 19. April 1945
289	Wann's bloß ums Eierlege war'. Widmung für Dr. Arnold Lehmann, Ostern 1947
290	In junge Johre war ich leeder. Widmung für Frau Diehl, 23. 12. 1947
291	Ihr liewe Landsleit...
293	*Illustrierte Karten und gedichtete Briefe*
295	Gedichtete und gezeichnete Karten an seine Braut
299	... an die Schwester seiner Braut
299	... an seine Braut
312	... an seine Frau
332	12 Feldpostkarten mit Bleistiftzeichnungen und Versen
342	von einem Bergsteiger-Urlaub
344	3 Karten aus einem Bergsteiger-Urlaub
347	Gezeichnete und gedichtete Karten an seine Schwester Martha
350	„Hausgemachte" Karten an seinen Vater, seine Mutter und seinen Vetter Otto
353	Gedichtete Briefe an seine Frau
353	Dresdner Wochenchronik
355	Liebe teuere Elfriede!
356	Liebe Gattin! Dies Papier...
357	Mächtig ist des Franzmanns Spaß
358	Meine liebste Friedel 30. 7. 28
360	Meine liebe Friedel 31. 7. 28
361	Meine liebste Friedel 1. 8. 28
362	An Friedel 23. 12. 1930
368	Zum 2. Juni 1931
369	Ich weiß es, wie die Frauen dürsten
371	... an seine Eltern in Lustadt
371	Die Schwiegertochter und der Sohn
373	*Gereimte Glückwünsche und andere Gelegenheitsgedichte*
375	... an Hermann Hussong und Familie
400	... an Gertrud Lorch
418	... an seine Kollegen
418	Sehr geehrter Herr Kollege
419	Zum 30. Geburtstag des Mathematiklehrers und Kollegen Johann Schneider
420	An Ferdinand Hahn. 20. Februar 1915

421	Wanschers 58. Geburtstag. Zum 13. März 1946
423	An Robert Wanscher zum 62. Geburtstag. Zum 13. März 1950
424	Zum 75. Geburtstag des Kollegen Raab. 14. 1. 1949
425	An Dr. Arnold Lehmann. Zu Neujahr 1945
426	. . . an andere Freunde und Bekannte
426	Nach so vielen schönen Reden
428	Ich weeß, ich kumm halt widder hinne no'
429	Sehr geehrte Damen Jung
430	Zum 75. Geburtstag eines Wissenschaftlers
431	An Karl Krauß aus Schwäbisch Hall. 8. 8. 1929
432	Zum 70. Geburtstag von Dr. Blodig. 14. 10 1929
434	An Schwägerin Mathilde in Lechbruck. Zum 63. Geburtstag am 22. 4. 1945
436	An Betty (Hänchen) zum Geburtstag
437	An Betty. Glückwünsche zum Geburtstag
438	An Emma Stöppler zum 10. 4. 1948
439	Frau Gleich zum 75. Geburtstag
440	An Lisabeth zum Geburtstag am 13. 2. 1947
441	Helene zum 50. Geburtstag
443	An Helene
445	Glückwunschverse für ein Geburtstagskind
446	Teuerste Ida
448	Glückwunschverse nach Amerika zu einer Goldenen Hochzeit
450	Zum 65. Geburtstag des Oberbürgermeisters Alex Müller in Kaiserslautern am 4. 12. 1950
454	Auftragsarbeiten
454	Gu'n Tag, ihr Eh'leit, kiss' die Hand
455	Zur Hochzeit von Karl und Emilie Piper (Uf dere Welt gebt's manchmal Sache)
456	Im Weltkrieg war bei viele Leit (Zur Geburt von Ingeborg Greulich, 1921)
459	*Gedichtete Dankesbriefe*
459	Lieber Freund! Dein schönes Bild
461	Ach, liewer Gott, ich schäm mich schun
462	E sießer Draam. (Gewidder! Han ihr mich verschreckt)
464	Es Hamschtre is e schweri Kunscht
466	Ehr Brief mit dene Vers vun letscht
468	Das soll Dir nie vergessen sein (an Emma Stöppler)
469	Für eine Kiste Wein (Dankverse an Walter Fried)
470	Dank an die Weilerbacher. (Als wir am Samstag heimgekommen) 7. 1. 1937
472	Und ich steh da mit leeren Händen (Lechbruck, 24. 12. 1944)
473	E scheener Appel, gut un saftig (an Ernst Grill, Hundheim/Glan)
474	Dank an Fam. Lelbach in Odernheim. (Gewidderherrschaftdunnerkeil!)
475	Verse und Damenstrümpfe. (Verehrte Frau Kommerzienrat)
476	Dank für einen Schirmständer. (Danken will ich prompt und schnell)
477	Du bischt im Bild, Du kennscht mich jo (an Else Rittersbacher)

479	*Der Blinddarm (1936) und Die Letzten Verse (1950)*
481	Der Zweck des Blinddarms
482	Das Fieber hab (bin) ich gänzlich los
483	Im übrigen, ihr lieben Leute
484	Als Gott der Herr die Welt erschaffen
486	Die Prostata, die ich besitze
487	Heut ward der Darm mir durchgeputzt
488	Seit heut bin ich im Hetzelstift
489	Noch heut, bevor es zehn Uhr schlägt
490	So, Gott sei Dank, die Metzelei
491	*Vorwort und Zeichnungen zu Arbeiten anderer Autoren*
493	Geleitwort zu „Familie Hemmer. Geschichte einer Arbeiterfamilie" von Karoline Kriechbaum
495	Zeichnungen zu „Das Märchen vom Glaskieffer"
498	Zeichnungen zu Beiträgen anderer Autoren im „Kaiserslauterer Heimatbrief für unsere Soldaten"
520	Umschlagbezeichnung zu „Pfälzer Humor in Sprache und Volkstum" von F. W. Hebel
521	Zeichnungen in „Alt-Wandervogel. Monatsschrift für Jugendwandern"
523	*Zeichnungen und Skizzen von Paul Münch aus seinem Nachlaß*
579	*Römische Kunst*
591	*Fotos. Dokumentarische Aufnahmen und Aufnahmen aus dem Familien-Album*
621	*Nachträge*
623	Gästebuch-Eintragungen in Versen:
623	An der Seite meiner Friedel
623	Heute wieder mit der Braut
624	's Frl. Jung un ich han heit
624	Den Namenszug geb ich sehr gern
624	Dogewest!
625	Reklame-Verse für die Parkbrauerei
627	„Heit gäb ich Hab un Gut . . ." (Fragment)
628	Weihnachtsgruß
629	Kuriositäten:
629	Gereimte Beurteilung einer ungereimten Schülerarbeit
629	Spontane Reimerei
631	*Schach-Aufgaben und Rätsel*
657	*Berichtigungen und Verbesserungen*
661	*Bibliographie zu „Die Pälzisch Weltgeschicht"*
663	*Biographische Daten*